贵州统计年鉴 2022

GUIZHOU STATISTICAL YEARBOOK

中国统计出版社
China Statistics Press

贵州统计年鉴

GUIZHOU STATISTICAL YEARBOOK 2022

贵州省统计局 国家统计局贵州调查总队 编

Compiled by Guizhou Provincial Bureau of Statistics NBS Survey Office in Guizhou

中国统计出版社
China Statistics Press

图书在版编目（CIP）数据

贵州统计年鉴. 2022 = Guizhou Statistical Yearbook 2022：汉英对照 / 贵州省统计局，国家统计局贵州调查总队编. -- 北京 ：中国统计出版社，2022.11
ISBN 978-7-5037-9918-1

Ⅰ. ①贵… Ⅱ. ①贵… ②国… Ⅲ. ①统计资料-贵州-2022-年鉴-汉、英 Ⅳ. ①C832.73-54

中国版本图书馆 CIP 数据核字（2022）第 148379 号

贵州统计年鉴 2022

作　　者/ 贵州省统计局　国家统计局贵州调查总队
责任编辑/ 高媛媛
装帧设计/ 多彩贵州网有限责任公司
出版发行/ 中国统计出版社有限公司
地　　址/ 北京市丰台区西三环南路甲 6 号
邮政编码/ 100073
电　　话/ 邮购（010）63376909　书店（010）68783171
网　　址/ http://www.zgtjcbs.com
印　　刷/ 贵州新华印务有限责任公司
经　　销/ 新华书店
开　　本/ 890mm×1240mm　1/16
字　　数/ 1100 千字
印　　张/ 32
版　　别/ 2022 年 11 月第 1 版
版　　次/ 2022 年 11 月第 1 次印刷
定　　价/ 330.00 元　　Price：330.00　yuan（RMB）

本书附同版本 CD-ROM 一张，光盘内容以书面文字为准。
如有印装差错，由本社发行部调换。

《贵州统计年鉴2022》编辑人员

Guizhou Statistical Yearbook 2022 Editorial staff

《贵州统计年鉴 2022》联合编辑

*Guizhou Statistical Yearbook*2022 Joint Editor

编辑人员：（按姓氏笔划为序）	**Editorial Staff：**
王远海（省公安厅交通管理局）	Wang Yuan Hai
王　俊（省邮政管理局）	Wang Jun
尹亚林（贵州证监局）	Yin Ya Lin
卢　萍（省高级人民法院）	Lu Ping
代　远（省司法厅）	Dai Yuan
刘建江（省水利厅）	Liu Jian Jiang
江　晓（省机场集团有限公司）	Jiang Xiao
安旭慧（省住房城乡建设厅）	An Xu Hui
许雪琴（省通信管理局）	Xu Xue Qin
许望洋（省应急管理厅）	Xu Wang Yang
苏莉淑（省商务厅）	Su Li Shu
杜启莉（省人力资源和社会保障厅）	Du Qi Li
李峥柏（省民政厅）	Li Zheng Bai
杨　平（省气象局）	Yang Ping
杨志成（消防救援总队）	Yang Zhi Cheng
吴利波（省农业农村厅）	Wu Li Bo
何　佳（省医保基金运行服务中心）	He Jia
汪　帆（省委宣传部）	Wang Fan
张发刚（省民宗委）	Zhang Fa Gang
陈冰洁（省文化和旅游厅）	Chen Bing Jie
陈泓江（省广播电视局）	Chen Hong Jiang
林渝涛（省体育局）	Lin Yu Tao

罗　丹(省残疾人联合会)	Luo Dan
赵　鹏(省税务局)	Zhao Peng
胡鹤飞(省生态环境厅)	Hu He Fei
段志茹(省教育厅)	Duan Zhi Ru
姚作嘉(省市场监督管理局)	Yao Zuo Jia
郭荔丹(省消费者协会)	Guo Li Dan
郭　艳(省卫生健康委)	Guo Yan
唐明辉(省公安厅情报指挥中心)	Tang Ming Hui
张弋夫(贵阳海关)	Zhang Yi Fu
黄利元(省科技厅)	Huang Li Yuan
黄珍沂(省电力行业协会)	Huang Zhen Yi
黄艳妮(省退役军人事务厅)	Huang Yan Ni
黄海琳(省财政厅)	Huang Hai Lin
商明菊(省交通运输厅)	Shang Ming Ju
梁　军(省林业局)	Liang Jun
程　丹(省人民检察院)	Cheng Dan
路　音(人行贵阳中心支行)	Lu Yin
蔡　鹏(贵州银保监局)	Cai Peng
谭　浩(省科学技术协会)	Tan Hao
穆仁琴(省自然资源厅)	Mu Ren Qin
戴啟民(省能源局)	Dai Qi Min

编 者 说 明

一、《贵州统计年鉴2022》系统收录了2021年贵州省国民经济和社会发展等各方面统计数据，改革开放以来特别是2017年以来的主要统计数据,全省各市(州)、县(市、区、特区)和全国及各省(区、市) 主要统计数据,是反映贵州省情的重要工具书之一。

二、本年鉴包括26个部分:综合,国民经济核算,人口,就业人员和职工工资,固定资产投资,对外经济贸易,能源,财政税收,价格指数,人民生活,城市概况,资源和环境,农业,工业,建筑业,运输和邮电,批发、零售、住宿和餐饮业,旅游业,金融业,教育,科学技术,文化、体育和卫生,社会服务及其他,民族自治地方,市(州)、县(市、区、特区)资料,全国及各省(区、市)资料。为便于读者了解和使用统计数据,在每部分首页作简要说明,后面附有主要统计指标解释。

三、本年鉴中,凡由有关部门(单位)提供的数据均在表下注明数据来源，部分指标统计范围、口径发生变化的在表下均有注释,使用时请读者注意。

四、本年鉴中部分数据合计数或相对数由于计算单位或取舍不同而产生的计算误差,均未作机械调整。

五、本年鉴表中符号使用说明:“…”表示数据不足最小计量单位,“空格”表示该统计指标数据不详或无数据,“#表示为上级指标的其中项”。

本年鉴在编辑、出版过程中,得到了有关部门(单位) 的大力支持和帮助,在此谨致衷心感谢!

Editor´s Notes

I. *Guizhou Statistical Yearbook* 2022 is an annual statistical publication, it systematically includes the statistical data, which reflects comprehensively the economic and social development of Guizhou Province. It covers data of year 2021,key statistical data for the years since Reform and opening-up specially the year 2017, and Main Statistics of Province (autonomous regions, municipalities) as well as the whole country. It is a useful reference book to thoroughly know Guizhou.

II. The Yearbook contains 26 chapters: General Survey; National Accounts; Population; Employment and Wage; Investment in Fixed Assets; Foreign Trade and Economic Cooperation; Energy; Government Finance and Taxation; Price Indices; Peoples Living Conditions; General Information of Cities; Resources and Environment; Agriculture; Industry; Construction; Trans port, Post and Telecommunication Services; Wholesale and Retail Trades; Hotel, Catering Services and Tourism; Financial Intermediation; Education, Science and Technology; Culture, Sports and Public Health; Social Services and Others; Minority Nationality Autonomous Areas; Main Statistics of Prefectures and Counties; Main Statistics of Provinces (autonomous regions, municipalities) and the Whole Country. Explanatory Notes on Main Statistical Indicators is attached to the end of each chapter to help the readers to use the statistical data in this book.

III. Data sources are indicated below the statistical tables where data are provided by the departments (units) concerned. Some of the statistical range and caliber of indicators have changed, all of which are annotated at the bottom of the table.

IV. Statistical discrepancies on totals and relative figures due to rounding are not adjusted in the yearbook.

V. Notations used in the yearbook: "…" indicates that the figure is not large enough to be measured with the smallest unit in the table; "blank space" indicates that data are unknown or are not available; "#" indicates one of the parent indices.

Heartfelt thanks to the departments (units) concerned for the great support and help in the editing and publication of this yearbook.

目 录
CONTENTS

一 综 合
General Survey

二 国民经济核算
National Accounts

三 人 口
Population

四 就业人员和职工工资
Employment and Wages

五　固定资产投资
Investment in Fixed Assets

六 对外经济贸易
Foreign Trade and Economic Cooperation

七 能 源
Energy

八 财政税收 Government Finance and Taxation

九 价格指数 Price Indices

十 人民生活
People´s Living Conditions

十一　城市概况
General Survey of Cities

十二　资源和环境
Resources and Environment

十三 农 业
Agriculture

十四　工　业
Industry

二十一 科学技术
Technology

二十二 文化、体育和卫生
Culture, Sports and Public Health

二十三　社会服务及其他
Social Services and Others

二十四 民族自治地方
Minority Nationality Autonomous Areas

二十五　市(州)、县(市、区、特区)资料
Main Statistics of City(State,Prefecture) and County(City,District,Special Region)

二十六　全国及各省(区、市)资料
Main Statistics of Provinces(autonomous regions, municipalities)in the Whole Country

综 合

General Survey

1

简 要 说 明

一、主要内容

综合部分包括全省行政区划、法人单位数、国民经济和社会发展综合资料。

二、资料来源

国民经济和社会发展的总量、速度、结构、比例和效益状况及变化，根据有关资料由省统计局编辑整理。

"行政区划"资料由省民政厅汇总整理并提供。

Brief Introduction

一、Main Contents

This chapter consists of four parts: divisions of administrative areas, number of legal entities, summary data on the national economy and social development.

二、Sources of Data

The summary data on the national economy reflect the overall situation of the economic and social development by presenting further processed statistics including growth, structure, ratio and efficiency data derived from other chapters, which are edited and sorted out by Guizhou Provincial Bureau of statistics.

The data of "divisions of administrative areas" are prepared and provided by the Department of Civil Affairs of Guizhou Province.

1-1 行政区划(2021)

Divisions of Administrative Areas

单位:个 (unit)

市(州)名称	City (State)	地级单位 Units at Prefectural Level	#市 Cities	县级单位 Units at County Level	县 Counties	自治县 Autonomous Counties	县级市 Cities at County Level	市辖区 Districts under the Jurisdiction of City
全省合计	Total	9	6	88	50	11	10	16
贵 阳 市	Guiyang	1	1	10	3		1	6
六盘水市	Liupanshui	1	1	4			1	2
遵 义 市	Zunyi	1	1	14	7	2	2	3
安 顺 市	Anshun	1	1	6	1	3		2
毕 节 市	Bijie	1	1	8	5	1	1	1
铜 仁 市	Tongren	1	1	10	4	4		2
黔西南布依族苗族自治州	Qianxinan	1		8	6		2	
黔东南苗族侗族自治州	Qiandongnan	1		16	15		1	
黔南布依族苗族自治州	Qiannan	1		12	9	1	2	

注:资料来源于省民政厅(下表同)。

Note: The data in the table are obtained from the Department of Civil Affairs of Guizhou Province(the same applies to the next table).

1-1 续表 continued

市(州)名称	City (State)	特区 Special District	镇 Town	街道办事处 Street Communities	乡 Tow-nship	民族乡 Ethnic Community Township	城市社区居民委员会 Neighbourhood Committees	村民委员会 Village Committees
全省合计	Total	1	831	364	122	192	4642	13216
贵 阳 市	Guiyang		47	73	9	18	661	996
六盘水市	Liupanshui	1	39	27	1	25	413	722
遵 义 市	Zunyi		179	54	13	8	660	1431
安 顺 市	Anshun		46	26	8	10	267	911
毕 节 市	Bijie		135	53	19	72	1481	2223
铜 仁 市	Tongren		94	38	11	38	340	2599
黔西南布依族苗族自治州	Qianxinan		83	43	12	2	289	998
黔东南苗族侗族自治州	Qiandongnan		129	28	45	15	280	2154
黔南布依族苗族自治州	Qiannan		79	22	4	4	251	1182

1-2　各市(州)、县(市、区、特区)名称(2021)

Name of Each City (Autonomous Prefecture) and County (City, District, Special Region)

市(州)名称 City(State)	县(市、区、特区)名称 County(City,District,Special Region)
贵阳市 Guiyang	南明区　云岩区　花溪区　乌当区　白云区　观山湖区　开阳县　息烽县　修文县　清镇市 Nanming　Yunyan　Huaxi　Wudang　Baiyun　Guanshanhu　Kaiyang　Xifeng　Xiuwen　Qingzhen
六盘水市 Liupanshui	钟山区　六枝特区　水城区　盘州市 Zhongshan　Liuzhi　Shuicheng　Panzhou
遵义市 Zunyi	红花岗区　汇川区　播州区　桐梓县　绥阳县　正安县　道真仡佬族苗族自治县 Honghuagang　Huichuan　Bozhou　Tongzi　Suiyang　Zhengan　Daozhen 务川仡佬族苗族自治县　凤冈县　湄潭县　余庆县　习水县　赤水市　仁怀市 Wuchuan　Fenggang　Meitan　Yuqing　Xishui　Chishui　Renhuai
安顺市 Anshun	西秀区　平坝区　普定县　镇宁布依族苗族自治县　关岭布依族苗族自治县 Xixiu　Pingba　Puding　Zhenning　Guanling 紫云苗族布依族自治县 Ziyun
毕节市 Bijie	七星关区　大方县　金沙县　织金县　纳雍县　威宁彝族回族苗族自治县　赫章县　黔西市 Qixingguan　Dafang　Jinsha　Zhijin　Nayong　Weining　Hezhang　Qianxi
铜仁市 Tongren	碧江区　万山区　江口县　玉屏侗族自治县　石阡县　思南县　印江土家族苗族自治县 Bijiang　Wanshan　Jiangkou　Yuping　Shiqian　Sinan　Yinjiang 德江县　沿河土家族自治县　松桃苗族自治县 Dejiang　anhe　Songtao
黔西南布依族苗族自治州 Qianxinan	兴义市　兴仁市　普安县　晴隆县　贞丰县　望谟县　册亨县　安龙县 Xingyi　Xingren　Puan　Qinglong　Zhenfeng　Wangmo　Ceheng　Anlong
黔东南苗族侗族自治州 Qiandongnan	凯里市　黄平县　施秉县　三穗县　镇远县　岑巩县　天柱县　锦屏县 Kaili　Huangping　Shibing　Sansui　Zhenyuan　Cengong　Tianzhu　Jinping 剑河县　台江县　黎平县　榕江县　从江县　雷山县　麻江县　丹寨县 Jianhe　Taijiang　Liping　Rongjiang　Congjiang　Leishan　Majiang　Danzhai
黔南布依族苗族自治州 Qiannan	都匀市　福泉市　荔波县　贵定县　瓮安县　独山县　平塘县　罗甸县　长顺县 Duyun　Fuquan　Libo　Guiding　Wengan　Dushan　Pingtang　Luodian　Changshun 龙里县　惠水县　三都水族自治县 Longli　Huishui　Sandu

1-3 法人单位数
Number of Legal Entities

单位:个 (unit)

指 标	Item	2017	2018	2019	2020	2021
法人单位数	**Number of Legal Entities**	**447650**	**455227**	**471133**	**543603**	**634478**
按三次产业分	**Grouped by Three Strata of Industry**					
第一产业	Primary Industry	97661	107093	102106	108209	114693
第二产业	Secondary Industry	79790	71833	77158	92893	109311
#工业	Industry	61011	57259	54281	59793	66367
第三产业	Tertiary Industry	270199	276301	291869	342501	410474
按经济类型分	**Grouped by Registration Status**					
国有经济	State-owned Economic Units	32314	38865	39075	38086	39466
集体经济	Collective Economic Units	3427	3375	3340	5340	6426
私营经济	Private Economic Units	274674	295654	333858	405109	489819
联营经济	Joint Ownship Units	628	494	366	581	747
股份制经济	Share Cooperative Units	3667	3781	21739	27541	28038
外商投资经济	Foreign Investment Units	289	234	313	345	359
港澳台商投资经济	Units with Funds from Hong Kong, Macao and Taiwan	349	231	287	361	404
其他经济	Others	132302	112593	72155	66240	69219
按机构类型分	**Grouped by Type of Institutions**					
企业	Enterprises	342973	340292	361145	431382	519641
事业单位	Institutions	21416	25876	25550	25866	22807
机关	Agencies	7347	6943	7024	7322	7214
社会团体	Social Organizations	5807	5911	5772	6031	7308
民办非企业单位	Private Non-enterprise Units	3245	5163	5179	5676	6899
农民专业合作社	Farmer professional cooperatives	44730	51237	46626	47654	50716
其他组织机构	Others	22132	19805	19837	19672	19893

注:1. 2018年第一产业法人单位数为第四次经济普查单位清查数,第二、三产业为单位普查数(下表同)。2. 按经济类型分组中,2017年-2018年股份制经济含股份有限公司,2019年股份制经济含股份有限公司和其它有限责任公司。

Note: 1. Data of 2018 are from the fourth economic census (the same as in the following tables). 2. Grouped by economic type, the shareholding economy from 2017 to 2018 includes joint stock limited companies, and the shareholding economy from 2019 includes joint stock limited companies and other limited liability companies.

1-4 按行业分法人单位数

Number of Legal Entities Grouped by sector

单位:个 (unit)

行业门类	Item	2017	2018	2019	2020	2021
全省总计	**Total**	**447650**	**455227**	**471133**	**543603**	**634478**
农、林、牧、渔业	Farming , Forestry, Animal Husbandry, Fishery	100143	108581	103738	110156	117625
采矿业	Mining	8003	4326	4280	4757	5313
制造业	Manufacturing	50398	46302	47820	52591	58383
电力、热力、燃气及水生产和供应业	Production and Supply of Electricity, Heat, Gas and Water	2610	2089	2181	2445	2671
建筑业	Construction	19090	19521	23301	33578	43491
批发和零售业	Wholesale and Retail Trades	94259	91682	97147	119765	151233
交通运输、仓储和邮政业	Transport,Storage and Post	7698	7709	8270	10370	12607
住宿和餐饮业	Hotels and Catering services	16341	17053	17207	18625	20470
信息传输、软件和信息技术服务业	Information Transmission, Software and Information Technology	8080	8179	9344	11738	15089
金融业	Financial Intermediation	2535	1509	1502	1641	1813
房地产业	Real Estate	11711	11596	12923	15427	18310
租赁和商务服务业	Leasing and Business Services	34597	35243	39748	49635	64217
科学研究和技术服务业	Scientific Research and Technical Services	9234	11100	11836	13804	17507
水利、环境和公共设施管理业	Management of Water Conservancy, Environment and Public Facilities	3125	3373	3613	4231	5499
居民服务、修理和其他服务业	Services to Households ,Repairs and Other Services	12186	13950	14726	17383	20015
教育	Education	13558	15828	16440	18456	20146
卫生和社会工作	Health and Social Service	5522	5569	5621	5964	6248
文化、体育和娱乐业	Culture, Sports and Entertainment	8783	9258	9162	10059	11518
公共管理、社会保障和社会组织	Public Management, Social Security and Social Organization	39777	42359	42274	42978	42323

注:行业分类按《国民经济行业分类》(GB/T4754-2017)执行。

Note: The industry classification is implemented according to Classification of National Economy Industry (GB/T4754-2017).

1-5 国民经济和社会发展主要指标

指 标	Item	总量指标		
		1978	2000	2010
人口	**Population**			
年末常住人口(万人)	Total Population at the Year-end (10000 persons)	2686.40	3755.72	3479.00
#城镇人口	Urban Population	323.97	896.49	1176.25
乡村人口	Rural Population	2362.43	2859.23	2302.75
#男性人口	Male	1364.82	1968.00	1797.43
女性人口	Female	1321.58	1787.72	1681.57
年平均人口(万人)	Annual Average Population(10000 persons)	2663.27	3732.89	3508.00
就业	**Employment**			
就业人员(万人)	Year-end Employees (10000 persons)	1053.67	1866.28	1779.00
#非私营单位在岗职工人数	Staff and Workers	171.19	193.96	210.67
城镇登记失业人数 (万人)	Urban Registration Unemployment (10000 persons)		10.23	12.18
国民经济核算	**National Accounting**			
地区生产总值(亿元)	Gross Domestic Product (100 million yuan)	46.62	1029.92	4518.95
第一产业增加值	Value-added of Primary Industry	19.42	270.99	602.80
第二产业增加值	Value-added of Secondary Industry	18.73	391.20	1820.67
第三产业增加值	Value-added of Tertiary Industry	8.47	367.73	2095.48
人均地区生产总值(元)	Per capita GDP(yuan)	175	2759	12882
对外贸易	**Foreign Trade**			
进出口总额 (亿美元)	Total Value of Imports and Exports(USD 100 million)	0.16	6.60	31.47
#出口额	Total Exports	0.03	4.21	19.20
利用外资	**Utilization of Foreign Capital**			
实际利用外资金额(万美元)	Foreign Capital Actually Absorbed(USD 10000)	※148	19545	34026
财政	**Government Finance**			
财政总收入(亿元)	Total Financial Revenue(100 million yuan)	14.20	153.04	969.57
#一般公共预算收入(亿元)	General Public Budget Revenue (100 million yuan)	6.26	85.23	533.73
一般公共财政支出(亿元)	General Public Financial Expenditure (100 million yuan)	12.30	201.57	1631.48
价格指数(上年=100)	**Price Indices(preceding year=100)**			
居民消费价格总指数	Consumer Price Index	100.3	99.5	102.9
商品零售价格总指数	Retail Price Index	100.3	97.3	103.0
农业生产资料价格总指数	General Price Index of Means of Agricultural Production	102.1	100.6	101.1
工业生产者出厂价格指数	Ex-Factory Price Index of Industrial Producer		100.4	104.7
工业生产者购进价格指数	Purchasing Price Index of Industrial Producer		102.9	109.8

Major Indicators on National Economic and Social Development

Aggregate Indicators		增长速度 (%) Indices and Growth Rates (%)						
		2021年比以下各年增长 Increase Rate in 2021over the Following Years				平均增长速度 Average Annual Growth Rate		
2020	2021	1978	2000	2010	2020	1979–2020	2001–2020	2021
3858.00	3852.00	43.4	2.6	10.7	−0.2	0.9	0.1	−0.2
2050.53	2092.79	546.0	133.4	77.9	2.1	4.5	4.3	2.1
1807.47	1759.21	−25.5	−38.5	−23.6	−2.7	−0.7	−2.4	−2.7
1971.44	1971.00	44.4	0.2	9.7	0.0	0.9	0.0	0.0
1886.56	1881.00	42.3	5.2	11.9	−0.3	0.8	0.3	−0.3
3853.00	3855.00	44.7	3.3	9.9	0.1	0.9	0.2	0.1
1892.00	1886.00	79.0	1.1	6.0	−0.3	1.4	0.1	−0.3
303.36	307.58	79.7	58.6	46.0	1.4	1.4	2.3	1.4
19.50	32.04		213.2	163.1	64.3		3.3	64.3
17860.41	19586.42	5618.3	760.4	192.0	8.1	9.9	10.9	8.1
2539.93	2730.92	718.5	181.6	92.4	7.7	4.9	4.9	7.7
6262.98	6984.70	10008.8	3377.9	227.8	9.4	11.4	12.0	9.4
9057.51	9870.80	12098.1	991.4	194.1	7.3	11.9	12.3	7.3
46355	50808	3862.2	732.7	165.6	8.0	9.0	10.8	8.0
79.08	101.24	61443.0	1433.9	221.7	28.0	15.8	13.2	28.0
62.27	75.40	264453.3	1692.6	292.7	21.1	20.1	14.4	21.1
43907	23778		21.7	−30.1	−45.8		4.1	−45.8
3082.03	3415.19	23950.6	2131.6	252.2	10.8	13.7	16.2	10.8
1786.80	1969.39	31360.0	2210.7	269.0	10.2	14.4	16.4	10.2
5739.50	5590.01	45347.2	2673.2	242.6	−2.6	15.8	18.2	−2.6
102.6	100.1							
101.6	101.2							
112.2								
98.3	106.5							
98.6	112							

1-5 续表1

指 标	Item	总量指标		
		1978	2000	2010
能源生产与消费	**Total Production and Consumption of Energy**			
一次能源生产总量 (万吨标准煤)	Total Production of Primary Energy(10000 tons of SCE)	1204.51	3288.83	13100.00
能源消费总量(万吨标准煤)	Total Energy Consumption(10000 tons of SCE)	674.50	4278.60	8175.43
农业	**Agriculture**			
主要农产品产量(万吨)	Output of Major Farm Products(10000 tons)			
粮 食	Grain	643.36	1161.30	1112.30
油 料	Oil-bearing Crops	9.89	74.34	60.34
#油菜籽	Rapeseed	7.34	66.20	51.62
烤 烟	Flue-cured Tobacco	8.11	31.09	37.02
肉类总产量	Meat	12.80	124.06	179.09
水产品	Aquatic Products	0.37	6.24	8.79
工业	**Industry**			
规模以上工业企业	Industrial Enterprises above Designated Size			
增加值 (亿元)	Added Value(100 million yuan)		216.99	1227.17
轻工业	Light Industry		82.16	413.99
重工业	Heavy Industry		134.83	813.18
主营业务收入(亿元)	Revenue from Principal Business(100 million yuan)		593.80	3926.01
利税总额(亿元)	Total Profits(100 million yuan)		87.44	671.39
主要工业产品产量	Output of Major Industrial Products			
发电量(亿千瓦小时)	Electricity(100 million kwh)	41.43	404.70	1358.69
原铝(万吨)	Aluminum(10000 tons)	2.32	27.19	88.79
成品钢材(万吨)	Rolled Steel(10000 tons)	4.95	150.93	391.04
水泥(万吨)	Cement(10000 tons)	130.93	783.88	3694.84
磷矿石(万吨)	Phosphorite(10000 tons)	169.02	588.70	1579.21
卷烟(万箱)	Cigarettes(10000 cases)	31.60	187.40	239.24
建筑业	**Construction**			
建筑业总产值(亿元)	Gross Output Value of Construction(100 million yuan)	4.40	109.06	622.96
房屋建筑施工面积(万平方米)	Floor Space of Buildings under Construction(10000 sq.m)	313	1792	5756
房屋建筑竣工面积(万平方米)	Floor Space of Buildings Completed(10000 sq.m)	164	824	1350
交通运输业	**Transportation**			
运输线路长度(公里)	Length of Transportation Routes(km)			
铁路营业里程	Length of Railways	1365	1641	2002
公路线路里程	Length of Highways in Operation	25954	34643	151644
客运量(万人)	Passenger Traffic(10000 persons)	3294	53032	97793
旅客周转量(亿人公里)	Passenger-Kilometers(100 million passenger-km)	25.50	238.36	514.41
货运量(万吨)	Freight Traffic(10000 tons)	3467	15615	40310
货物周转量(亿吨公里)	Freight Ton-Kilometers(100 million ton-km)	79.60	404.07	1012.20

continued

Aggregate Indicators		增长速度 (%) Indices and Growth Rates (%)						
2020	2021	2021年比以下各年增长 Increase Rate in 2021 over the Following Years				平均增长速度 Average Annual Growth Rate		
		1978	2000	2010	2020	1979–2020	2001–2020	2021
11171.06	11640.07	866.4	253.9	−11.1	4.2	5.4	6.3	4.2
10621.44	11263.82	1570.0	163.3	37.8	6.0	6.8	4.7	6.0
1057.63	1094.86	70.2	−5.7	−1.6	3.5	1.2	−0.5	3.5
103.40	94.88	859.4	27.6	57.3	−8.2	5.7	1.7	−8.2
76.17	80.87	1001.8	22.2	56.7	6.2	5.7	0.7	6.2
21.14	21.99	171.2	−29.3	−40.6	4.1	2.3	−1.9	4.1
207.86	228.54	1685.5	84.2	27.6	9.9	6.9	2.6	9.9
24.87	26.20	6981.1	319.9	198.1	5.3	10.5	7.2	5.3
			1284.9	233.0	12.9		13.4	12.9
			1375.2	283.2	19.8		13.4	19.8
			1176.5	201.0	8.2		13.1	8.2
9120.36	10217.80		1620.7	160.3	12.0		14.6	12.0
2043.71	2198.87		2414.7	227.5	7.6		17.1	7.6
2174.34	2238.99	5304.3	453.2	64.8	3.0	9.9	8.8	3.0
135.58	132.93	5629.7	388.9	49.7	−2.0	10.2	8.4	−2.0
741.09	811.16	16287.1	437.4	107.4	9.5	12.7	8.3	9.5
10797.36	9328.35	7024.7	1090.0	152.5	−13.6	11.1	14.0	−13.6
2132.89	2415.36	1329.0	310.3	52.9	13.2	6.2	6.6	13.2
232.01	234.43	641.9	25.1	−2.0	1.0	4.9	1.1	1.0
4080.24	4578.04	103946.4	4097.7	634.9	12.2	17.7	19.9	12.2
17167	17892	5623.4	898.2	210.8	4.2	10.0	12.0	4.2
3952	4036	2361.9	389.8	199.0	2.1	7.9	8.2	2.1
3873	3873	183.7	136.0	93.5	持平	2.5	4.4	持平
206693	207190	698.3	498.1	36.6	0.2	5.1	9.3	0.2
40137	25483	673.6	−51.9	−73.9	−36.5	6.1	−1.4	−36.5
524.47	404.65	1486.8	69.8	−21.3	−22.8	7.5	4.0	−22.8
86444	94985	2639.7	508.3	135.6	9.9	8.0	8.9	9.9
1265.12	1301.15	1534.6	222.0	28.5	2.8	6.8	5.9	2.8

1-5 续表2

指　标	Item	总量指标	
		1978	2000
邮电通信业	**Post and Telecommunication**		
邮政业务总量(亿元)	Business Volume of Postal Services (100 million yuan)		
邮路网路总长度(公里)	Length of Postal Network(km)		63538
函件(万件)	Number of Letters(10000 pcs)	3880	6943
交换机容量(万门)	Capacity of Telephone Exchanges(10000 lines)	8.95	260.46
年末固定电话用户(万户)	Number of Fixed Telephones Subscribers at the Year-end (10000 subscribers)	3.80	153.70
移动电话用户(万户)	Number of Mobile Telephones Subscribers(10000 subscribers)		79.70
互联网宽带接入端口(万个)	Number of Subscribers of Internet Service(10000 subscribers)		
旅游业	**Tourism**		
旅游总人数(万人次)	Total Number of Visitors(10000 person-time)		1980
#入境旅游人数	Number of International Tourists Inbound		18.39
旅游总收入(亿元)	Total Tourism Income(100 million yuan)		57.95
#国际旅游外汇收入(万美元)	International Earnings from Tourism (USD 10000)		6092.23
金融业	**Financial Intermediation**		
全部金融机构人民币各项存款余额(亿元)	Total Savings Deposit Balance(100 million yuan)	18.05	1106.64
#个人储蓄存款	Personal Savings Deposits	1.84	539.49
全部金融机构人民币各项贷款余额(亿元)	Total Loan Balance (100 million yuan)	21.62	1064.82
教育	**Education**		
专任教师数	Full-time Teachers		
普通高等学校(万人)	Regular Institutions of Higher Education (10000 persons)	0.28	0.72
普通中学(万人)	Regular Secondary Schools (10000 persons)	5.42	8.12
小学(万人)	Primary Schools(10000 persons)	15.59	17.48
在校学生数	Students Enrollment		
普通高等学校(万人)	Regular Institutions of Higher Education (10000 persons)	1.33	7.55
普通中学(万人)	Regular Secondary Schools(10000 persons)	137.17	157.20
小学(万人)	Primary Schools(10000 persons)	423.60	500.21
小学学龄儿童入学率(%)	Enrollment Rate of School-age Children (%)	89.5	98.5
文化	**Culture**		
图书总印数(万册)	Number of Books Printed Copies (10000 copies)	5842	10289
杂志总印数(万册)	Number of Magazines Printed Copies(10000 copies)	69	994
报纸总印数(万份)	Number of Newspapers Printed Copies(10000 copies)	11930	28799
家庭	**Household**		
城镇居民平均每户常住家庭人口(人)	Average Persons Per Urban Household(person)	5.41	3.11
农村居民平均每户常住人口(人)	Average Persons Per Rural Household(person)	5.80	4.52
婚姻	**Marital**		
准予登记结婚(万对)	Marriage Registration Permitted(10000 couples)	△7.02	28.02
离婚人数(万人)	Divorce(10000 persons)	△0.38	1.54
居住	**Residence**		
城镇人均住宅建筑面积(平方米)	Per Capita Building Space in Urban Areas(sq.m)	5.45	17.60
农村居民人均年末使用房屋面积(平方米)	Per Capita Living Space in Rural Areas(sq.m)		19.75
收入	**Income**		
城镇常住居民人均可支配收入(元)	Per Capita Annual Disposable Income of Urban Residents(yuan)	261	5121
农村常住居民人均可支配收入(元)	Per Capita Annual Disposable Income of Rural Residents(yuan)	109	1374

continued

Aggregate Indicators			增长速度 (%) Indices and Growth Rates (%)						
			2021年比以下各年增长 Increase Rate in 2021 over the Following Years				平均增长速度 Average Annual Growth Rate		
2010	2020	2021	1978	2000	2010	2020	1979-2020	2001-2020	2021
15.50	85.48	87.81			466.5	2.7			2.7
96174	175412	161501		154.2	67.9	-7.9		4.8	-7.9
5939	3809	2481	-36.1	-64.3	-58.2	-34.9	-0.04	-3.0	-34.9
3673.01	6731.36	6597.94	73620.0	2433.2	79.6	-2.0	17.08	17.7	-2.0
432.61	223.14	239.47	6201.8	55.8	-44.6	7.3	10.18	1.9	7.3
1964.40	4386.92	4503.84		5551.0	129.3	2.7		22.2	2.7
231.69	1744.46	2045.11			782.7	17.2			17.2
12913.02	61781.49	64436.68		3154.4	399.0	4.3		18.8	4.3
50.01	4.36	5.56		-69.8	-88.9	27.5		-6.9	27.5
1061.23	5785.09	6642.16		11361.9	525.9	14.8		25.9	14.8
12957.88	2110.80	1949.00		-68.0	-85.0	-7.7		-5.2	-7.7
7363.92	28276.31	30048.12	166371.6	2615.3	308.0	6.3	19.14	17.6	6.3
3244.99	11280.79	12610.70	685264.1	2237.5	288.6	11.8	23.08	16.4	11.8
5747.53	32235.75	35829.38	165623.3	3264.8	523.4	11.1	19.00	18.6	11.1
2.04	3.94	4.07	1376.9	461.6	99.8	3.2	6.54	8.8	3.2
14.31	19.81	20.03	269.4	146.8	40.0	1.1	3.13	4.6	1.1
19.79	21.50	21.27	36.4	21.7	7.5	-1.1	0.77	1.0	-1.1
32.33	84.02	88.16	6528.9	1067.7	172.7	4.9	10.37	12.8	4.9
276.75	275.59	276.55	101.6	75.9	-0.1	0.3	1.68	2.8	0.3
433.50	397.27	396.32	-6.4	-20.8	-8.6	-0.2	-0.15	-1.1	-0.2
97.9	99.9	99.9	11.7	1.5	2.1	0.0	0.26	0.1	0.0
8069	13052	12714	117.6	23.6	57.6	-2.6	1.93	1.2	-2.6
1300	1436	1410	1943.2	41.8	8.5	-1.8	7.50	1.9	-1.8
37004	23440	22217	86.2	-22.9	-40.0	-5.2	1.62	-1.0	-5.2
3.03	3.46	3.54	-34.6	13.7	16.7	2.2	-1.06	0.5	2.2
4.34	3.70	3.64	-37.3	-19.5	-16.2	-1.7	-1.06	-1.0	-1.7
37.51	31.76	29.28		4.5	-21.9	-7.8		0.6	-7.8
12.79	32.29	14.59		846.0	14.0	-54.8		16.4	-54.8
27.42	40.41	42.02	671.0	138.8	53.3	4.0	4.89	4.2	4.0
27.26	49.23	44.80		126.8	64.3	-9.0		4.7	-9.0
14143	36096	39211	14908.5	665.7	177.3	8.6	12.45	10.3	8.6
3472	11642	12856	11662.3	835.6	270.3	10.4	11.76	11.3	10.4

1-5 续表3

指 标	Item	总量指标		
		1978	2000	2010
社会保险	Social Insurance			
社会保险基金收入(亿元)	Revenue of Social Insurance Fund (100 million yuan)		22.87	201.56
社会保险基金支出(亿元)	Expenses of Social Insurance Fund (100 million yuan)		23.41	151.41
参加城镇职工基本养老保险人数(万人)	Number of Urban Employees Basic Pension Insurance (10000 persons)		165.42	257.31
参加失业保险人数(万人)	Number of Unemployment Insurance (10000 persons)		131.33	152.48
卫生	Health Care			
医院、卫生院(个)	Number of Hospitals and Health Centers(unit)	4510	1878	2005
执业(助理)医师(万人)	Number of Licensed (Assistant) Doctors (10000 persons)	2.12	4.57	4.22
医院、卫生院床位数(万张)	Number of Beds(10000 beds)	3.75	5.51	9.75
城市市政建设	Municipal Construction			
供水总量(万立方米)	Volume of Tap Water Supply(10000 cu.m)	5389	45693	63572
城市排水管道长度(公里)	Length of Sewer Pipelines(km)	214	1665	5507
出租汽车(辆)	Taxi(unit)	☆33	7352	15087
年末公共交通运营车辆数(辆)	Number of Public Vehicles under Operation at Year-end (unit)	326	4144	4984
年末实有道路长度(公里)	Length of Paved Roads at Year-end(km)	184	1679	4081
城市绿化覆盖面积(公顷)	Urban Green Coverage (hectare)	1037	9939	45500
环境	Environment			
环保资金投入(亿元)	Environment Protection Investment(100 million yuan)	0.17	10.98	89.52
环境污染事故(起)	Accident of Environment Pollution(case)			4
火灾、交通事故	Basic Statistics on Fires and Traffic Accidents			
火灾发生数(起)	Number of Fires(case)	2501	1608	1630
直接财产损失(万元)	Direct Property Loss(10000 yuan)	1734.21	2814.70	4416.80

注:1.年末常住人口及分项指标1978,2000年为常住一年口径。2.规模以上工业统计口径2000-2010年为年主营业务收入500万元及以上的工业企业,2011年起为年主营业务收入2000万元及以上工业企业。3.本表速度指标中,地区生产总值、工业增加值和城乡居民收入及分项指标均按可比价格计算。4.储蓄存款2010年及以前为城乡居民储蓄存款。5.农村常住居民人均可支配收入2013年及以前为农民人均纯收入。6.“△”为1979年数据;“☆”为1981年数据;"※"为1985年数据。

continued

Aggregate Indicators		增长速度(%) Indices and Growth Rates (%)						
2020	2021	2021年比以下各年增长 Increase Rate in 2021 over the Following Years				平均增长速度 Average Annual Growth Rate		
		1978	2000	2010	2020	1979–2020	2001–2020	2021
1307.04	1594.61		6873.5	691.1	22.0		22.4	22.0
1219.31	1309.67		5493.8	765.0	7.4		21.9	7.4
713.98	755.84		356.9	193.7	5.9		7.6	5.9
297.93	320.92		144.4	110.5	7.7		4.2	7.7
2755	2826	−37.3	50.5	40.9	2.6	−1.2	1.9	2.6
9.86	10.54	396.4	130.7	149.9	6.9	3.7	3.9	6.9
27.58	27.90	643.3	405.9	186.2	1.2	4.9	8.4	1.2
127035	134405	2394.1	194.1	111.4	5.8	7.8	5.2	5.8
17650	20738	9590.5	1145.5	276.6	17.5	11.1	12.5	17.5
42221	45310		516.3	200.3	7.3		9.1	7.3
11013	11586	3454.0	179.6	132.5	5.2	8.7	5.0	5.2
17267	18189	9785.2	983.3	345.7	5.3	11.4	12.4	5.3
122693	166589	15964.5	1576.1	266.1	35.8	12.0	13.4	35.8
200.52	198.20	116488.2	1705.1	121.4	−1.2	18.3	15.6	−1.2
11	4				−63.6			−63.6
	14062	462.3	774.5	762.7				
	17053	883.3	505.8	286.1				

Note:1.As to permanent population at the year−end and subitems in this table,the year 1978 − 2000 refer to permanent population in one year scope. 2.The scale above ind ustrial enterprises statistics was the industrial of main business income of 5 million yuan and above in2000 to 2010. And from 2011, it is the industrial of main business income of 20 million yuan and above. 3.As to growth rates in the table,GDP,value−added of industry, per capita annual disposable income of urban households and per capita annual net income of rural residents and their sub items were calculated at constant price. 4.The year 2010 and before,savings deposit refer to savings deposit of urban and rural residents. 5.The year 2013 and before, per capita disposable income of rural permanent residents refer to rural percapita net income. 6.Data with "△" refer to the year 1979, with "☆" refer to the year 1981, with "※" refer to the year 1985.

1-6 国民经济和社会发展主要指标结构

Composition Indicators on National Economic and Social Development

单位:% (%)

指　标	Item	2017	2018	2019	2020	2021
人　口	**Population**					
城镇、乡村	Grouped by Urban and Rural Area					
城　镇	Urban Population	46.0	47.5	49.0	53.2	54.3
乡　村	Rural Population	54.0	52.5	51.0	46.9	45.7
性　别	Grouped by Sex					
男　性	Male	51.6	51.7	51.2	51.1	51.2
女　性	Female	48.4	48.3	48.8	48.9	48.8
就业人员	**Employment**					
第一产业	Primary Industry	44.0	40.5	37.1	33.5	32.8
第二产业	Secondary Industry	20.8	22.2	23.5	25.0	25.2
第三产业	Tertiary Industry	35.2	37.3	39.4	41.5	42.0
国民经济核算	**National Accounting**					
地区生产总值	GDP					
第一产业增加值	Value-added of Primary Industry	14.9	14.0	13.6	14.2	13.9
第二产业增加值	Value-added of Secondary Industry	36.5	35.9	35.6	35.1	35.7
第三产业增加值	Value-added of Tertiary Industry	48.5	50.1	50.8	50.7	50.4
投资	**Investment**					
全社会固定资产投资	Structure of Total Investment in Fixed Assets in the Whole Province					
中　央	Central	2.6	1.3	4.0	4.1	2.1
地　方	Local	97.4	98.7	96.0	95.9	97.9
#国有经济	State-owned Economic Unit	54.8	52.4	44.8	41.4	36.8
非国有经济	Non-State-owned Economic Unit	45.2	47.6	55.2	58.6	63.2
资金来源结构	Grouped by Source of Funds					
国家预算资金	State Budgetary Appropriation	8.3	7.3	5.4	6.1	6.5
国内贷款	Domestic Loans	17.2	19.4	15.0	14.6	11.8
利用外资	Foreign Investment	0.2	0.1	0.2	0.1	0.1
自筹资金	Self-raising Funds	56.3	47.0	50.6	50.6	54.9
其他资金	Others	18.0	26.2	28.8	28.7	26.7
对外贸易	**Foreign Trade**					
出　口	Total Exports	71.0	67.4	72.2	78.9	74.5
进　口	Total Imports	29.0	32.6	27.8	21.1	25.5
财　政	**Government Finance and Tax**					
一般公共预算收入	General Public Budget Revenue					
省　级	Provincial Level	18.3	19.8	25.4	26.3	31.5
市　级	Prefectural Level	19.7	20.9	20.5	22.0	19.2
县　级	County level	52.2	50.1	47.5	45.7	42.9
乡　级	Township Level	9.8	9.2	6.7	6.0	6.3

注:2018年起投资统计口径为计划总投资500万元及以上的固定资产项目投资和房地产开发项目投资。

Note: Starting from 2018, the investment statistics cover fixed asset project investment and real estate development project investment with a total planned investment of 5 million yuan or more.

1-6 续表1 continued

单位:% (%)

指 标	Item	2017	2018	2019	2020	2021
能 源	**Energy**					
一次能源生产总量	Structure of Total Energy Production					
#原 煤	Coal	80.3	77.9	76.5	72.2	74.6
水 电	Hydro-power	19.0	21.4	22.7	26.5	24.0
能源终端消费总量	Structure of Total Energy Consumption					
#原 煤	Coal	36.8	31.7	30.9	29.1	23.6
天然气	Natural Gas	1.9	3.9	4.2	4.5	5.3
电 力	Electricity	42.3	43.5	44.1	44.6	46.8
农 业	**Agriculture**					
农林牧渔业增加值	Structure of Value-added of FFAFS					
农 业	Farming	61.1	63.3	65.1		
林 业	Forestry	7.3	7.7	7.6		
畜牧业	Animal Husbandry	24.8	22.3	20.5		
渔 业	Fishery	1.8	1.5	1.6		
农林牧渔服务业	FFAF Services	5.0	5.1	5.3	5.1	5.1
工 业	**Industry**					
规模以上工业增加值	In the Industrial Enterprises above Designated Size					
轻工业	Light Industry	39.7	45.1	47.2	49.8	41.8
重工业	Heavy Industry	60.3	54.9	52.8	50.2	58.2
#大型企业	Large Industry	29.8	41.2	44.8	52.3	44.8
中型企业	Medium-sized Industry	21.7	19.5	18.4	17.5	23.2
小型企业	Small Industry	45.1	35.0	33.3	26.1	29.3
建筑业	**Construction**					
建筑业总产值	Structure of Gross Output Value of Construction					
国有及国有控股	State-owned	65.4	56.3	53.9	51.2	62.4
非国有经济	Non-state-owned	34.6	43.7	46.1	48.8	37.6
交通运输业	**Transportation**					
货运量	Structure of Freight Traffic					
铁 路	Railways	5.5	5.4	5.2	6.7	7.5
公 路	Highways	92.9	93.0	93.2	91.9	91.9
水 运	Waterways	1.6	1.6	1.6	1.4	0.6
客运量	Structure of Passenger Traffic					
铁 路	Railways	5.7	7.3	7.7	13.8	25.1
公 路	Highways	92.4	90.3	89.9	83.7	73.5
水 运	Waterways	1.9	2.4	2.4	2.5	1.4
旅游业	**Tourism**					
来黔涉外旅游人数	Structure of Tourists Visiting Guizhou					
外 国 人	Foreigners	51.1	54.3	49.8	44.5	41.9
港澳同胞	Compatriots from Hong Kong and Macao	24.5	24.4	20.6	34.4	39.4
台湾同胞	Compatriots from Taiwan	24.4	21.3	29.6	20.9	18.7
金融业	**Financial Intermediation**					
金融机构人民币各项存款余额	Structure of Total Savings Deposit Balance					
#财政存款	Treasury Deposit	3.2	2.8	1.7	2.2	2.6
#个人储蓄存款	Personal Savings Deposit	36.7	40.0	42.4	45.1	47.3

1-6 续表2 continued

单位:% (%)

指标	Item	2017	2018	2019	2020	2021
金融机构人民币各项贷款余额	Structure of Total Loan Balance					
#短期贷款	Short-Term Loan	18.2	17.3	17.1	16.6	16.3
中长期贷款	Middle-Term & Long-Term Loan	80.5	81.0	81.0	81.0	81.7
教育(学历教育口径)	**Education**					
在校学生	Structure of Students Enrollment					
#高等教育阶段	Higher Education	9.8	10.3	11.0	11.9	12.3
高中阶段	Senior Secondary Schools	19.6	19.0	17.9	17.0	16.8
初中阶段	Junior Secondary Schools	23.7	23.1	22.4	22.0	22.1
小学阶段	Primary Schools	46.9	47.6	48.6	49.1	48.8
专任教师	Structure of Full-time Teachers					
#高等教育阶段	Higher Education	7.9	8.0	8.2	8.4	8.7
高中阶段	Senior Secondary Schools	18.4	18.4	18.4	18.3	18.6
初中阶段	Junior Secondary Schools	28.5	28.1	27.6	27.5	27.5
小学阶段	Primary Schools	45.2	45.5	45.8	45.8	45.1
人民生活	**People´s Living Conditions**					
城镇居民消费性支出	Consumption Structure of Urban Residents					
#食品烟酒	Food, Alcohol and Tobacco	33.0	32.4	32.2	31.9	30.7
衣　着	Clothing	7.7	7.6	7.6	7.0	7.2
居　住	Residence	17.5	17.9	18.1	18.1	17.7
生活用品及服务	Articles and Services for Daily Use	6.7	6.7	6.7	6.9	6.3
医疗保健	Medicines and Medical Services	5.8	5.9	5.9	6.3	7.7
交通通信	Transport and Communications	13.9	14.1	14.0	13.9	15.1
教育文化娱乐	Education, Cultural and Recreation Services	13.4	13.4	13.6	13.6	12.9
农村居民生活消费支出	Consumption Structure of Rural Residents					
#食品烟酒	Food, Alcohol and Tobacco	38.0	36.9	36.7	36.8	31.3
衣　着	Clothing	5.0	5.5	5.4	5.5	5.4
居　住	Residence	20.3	19.9	19.4	19.9	21.6
生活用品及服务	Articles and Services for Daily Use	5.4	5.5	5.6	5.6	5.9
医疗保健	Medicines and Medical Services	7.3	7.7	8.0	8.9	7.5
交通通信	Transport and Communications	13.0	13.3	13.4	12.2	14.6
教育文化娱乐	Education, Culture and Recreation	9.5	9.6	9.8	9.5	11.9
卫　生	**Health Care**					
卫生机构床位数	Structure of Beds of Health Care Institutions					
#医院、卫生院	Hospitals and Health Centers	94.9	94.7	94.7	94.4	94.0
卫生技术人员	Medical Technical Personnels					
#执业(助理)医师	Licensed(Assistant) Doctors	33.4	33.2	33.6	34.1	34.1
环　境	**Environment**					
环保相关资金投入	Structure of Environment Protection Investment					
#老工业污染源治理资金	Old Industry Pollute Fountain Treatment	3.4	3.7	5.4	7.7	4.9
城市环境基础设施建设	Urban Environment Infrastructure Investment	50.2	46.0	45.1	39.9	63.1

1-7　国民经济和社会发展主要指标比例、效益

Major Indicators on Proportions and Efficiency in National Economic and Social Development

指　　标	Item	2017	2018	2019	2020	2021
人口与就业	**Population and Employment**					
城镇人口比重(%)	Proportion of Urban Population(%)	46.02	47.52	49.02	53.15	54.33
人口出生率(‰)	Birth Rate(‰)	13.98	13.90	13.65	13.70	12.17
人口死亡率(‰)	Death Rate(‰)	6.88	6.85	6.95	7.17	7.19
人口自然增长率(‰)	Natural Growth Rate(‰)	7.10	7.05	6.70	6.53	4.98
城镇登记失业率(%)	Registered Unemployment Rate in Urban Areas(%)	3.23	3.16	3.11	3.75	4.45
国民经济核算	**National Accounting**					
新经济增加值占GDP比重(%)	Added Value in New Economic Share of GDP(%)	18.0	18.9	19.7	20.1	
民营经济增加值占GDP比重(%)	Added Value in Non-public-owned Economic Share of GDP(%)	53.2	54.1	53.7	52.6	
人均地区生产总值(元)	Per Capita Gross Domestic Product(yuan)	35988	40271	43727	46355	50808
固定资产投资	**Investment in Fixed Assets**					
固定资产交付使用率(%)	Rate of Fixed Assets Available for Use(%)	58.1	41.2	40.8	35.7	46.9
项目投产竣工率(%)	Completed Rate of Projects Put into Production(%)	66.0	45.9	52.7	51.5	62.1
消　费	**Consumption**					
人均社会消费品零售额(元)	Per Capita Ratail Sales of Consumer Goods(yuan)	11644	19736	20613	20314	23116
对外贸易	**Foreign Trade**					
进出口总额相当于地区生产总值比例(%)	Proportion of Total Value of Imports and Exports as Percentage to GDP(%)	4.1	3.4	2.7	3.1	3.3
财　政	**Government Finance**					
财政总收入相当于地区生产总值比例(%)	Proportion of Total Financial Revenues to GDP(%)	19.6	20.1	18.2	17.3	17.4
一般公共预算支出相当于地区生产总值比例(%)	Proportion of General Budget Expenditure to GDP (%)	34.1	34.0	35.5	32.2	28.5
能　源	**Energy**					
电力生产弹性系数	Elasticity Ratio of Electricity Production	0.28	0.57	0.76	0.49	0.33
能源消费弹性系数	Elasticity Ratio of Energy Consumption	0.25	0.21	0.47	0.42	0.74
电力消费弹性系数	Elasticity Ratio of Electricity Consumption	1.13	0.77	0.48	0.64	1.22
每万元地区生产总值能耗(吨标准煤/万元)(可比价)	Energy Consumption Per Unit of GDP (ton of SCE/10000 yuan) (equivalent value)	0.7668	0.7166	0.6880	0.6712	0.5836
农　业	**Agriculture**					
每亩播种面积农产品产量	Output of Farm Crops Per Mu of Sowning Area					
粮　食(公斤)	Grain(kg)	271	258	259	256	262
油　料(公斤)	Oil-bearing Crops(kg)	116	115	115	119	126

注：每万元地区生产总值能耗2017年按2015年不变价计算。2021年起按2020年不变价计算

Note: Energy consumption per 10000 yuan of regional GDP is calculated at constant prices in 2015 from 2017 to 2020 and at constant prices in 2020 from 2021 onwards.

1-7 续表1 continued

指　标	Item	2017	2018	2019	2020	2021
工业(规模以上)	**Industry (above Designated Size)**					
总资产贡献率(%)	Ratio of Total Assets to Industrial Output Value (%)	12.85	13.57	12.46	12.89	13.27
资本保值增值率(%)	Capital Maintenance and Appreciation Rate (%)	108.21	106.81	106.43	105.25	98.27
流动资产周转次数(次/年)	Turnover Times of Circulating Assets (times/year)	1.65	1.42	1.35	1.23	1.36
成本费用利润率(%)	Ratio of Profits to Industrial Cost (%)	9.52	12.22	11.77	15.21	13.64
建筑业	**Construction**					
技术装备率(元/人)	Value of Machinery Per Laborer (yuan/person)	9109	7705	6443	6181	5562
产值利税率(%)	Ratio of Per-tax Profits to Gross Output Value (%)	7.1	7.5	5.8	6.4	3.6
交通运输业	**Transportation**					
铁路网密度(公里/万平方公里)	Railway Density (km/10000 sq.km)	186.47	202.08	213.04	219.85	219.85
公路网密度(公里/万平方公里)	Highway Density (km/10000 sq.km)	11038	11177	11621	11731	11765
邮电通信业	**Postal and Telecommunication Services**					
电话普及率(包括移动电话)(部/百人)	Popularization Rate of Telephone (set/100 persons)	114.47	125.36	128.94	127.25	130.92
移动电话普及率(部/百人)	Popularization Rate of Mobile Telephone (set/100 persons)	107.44	118.68	122.52	121.09	124.31
旅游业	**Tourism**					
来黔境外旅游者人均消费支出(美元/人·天)	Daily Expenditure of Per Tourists Visiting Guizhou (USD/person and day)	203.11	231.90	181.41	127.44	172.61
金　融	**Finance**					
金融机构人民币各项存款余额相当于地区生产总值比例(%)	Deposit of Financial Institutions as Percentage of GDP (%)	191.8	172.4	162.0	158.3	153.4
金融机构人民币各项贷款余额相当于地区生产总值比例(%)	Loans of Financial Institutions as Percentage of GDP (%)	153.3	161.0	169.6	180.5	182.9

1-7 续表2 continued

指 标	Item	2017	2018	2019	2020	2021
教 育	**Education**					
学龄儿童入学率(%)	Enrollment Rate of School-age Children (%)	99.6	99.7	99.7	99.9	99.9
初中阶段毛入学率(%)	Enrollment Rate of Primary School Graduates Entering into Junior Secondary Schools (%)	108.8	109.7	109.9	109.8	111.1
九年义务教育巩固率(%)	The Consolidation Rate of Nine Year Compulsory Education (%)	90.0	91.0	93.0	95.0	95.5
高中阶段毛入学率(%)	Enrollment Rate of Junior secondary School Graduates Entering into Senior secondary Schools (%)	87.0	88.0	89.0	90.7	91.5
高等教育毛入学率(%)	Enrollment Rate of Senior secondary School Graduates Entering into Institution of Higher Learning (%)	34.0	36.0	38.2	41.6	45.7
教师负担学生系数(学生/教师)	Student-Teacher Ratio (student/teacher)					
普通高校	Regular Institution of Higher Education	17.90	18.97	20.28	18.48	21.50
普通高中	Regular Senior Secondary Schools	15.77	15.13	14.57	13.80	13.70
普通初中	Regular Junior Secondary Schools	14.35	14.10	13.98	14.12	13.90
小 学	Primary Schools	17.92	17.89	18.27	21.32	18.60
城乡收入比例	**Urban-rural Income Ratio**					
城乡居民收入比(以农村常住居民人均可支配收入=1)	Ratio of Annual Income of Urban Residents to Rural (rural resident=1)	3.28	3.25	3.20	3.10	3.05
卫 生	**Health Care**					
每万人拥有执业(助理)医师数(人)	Number of Licensed(Assistant) Doctors Per 10000 Persons (person)	21.1	22.6	24.8	25.6	27.4
每万人拥有床位数(张)	Number of Beds in Hospitals and Health Centers Per 10000 Persons (bed)	65.1	68.2	73.1	71.5	72.4
城市建设	**City Construction**					
人均公园绿地面积(平方米)	Per Capita Area of Parks and Green Land (sq.m)	13.02	13.54	14.72	15.38	15.29
用水普及率(%)	Percentage of Population with Access to Tap Water (%)	93.2	93.8	95.3	97.3	97.8
燃气普及率(%)	Percentage of Households with Access to Tap Gas (%)	73.7	74.6	81.2	88.0	86.4
环境、灾害	**Environment and Disaster**					
环保投入相当于地区生产总值比例(%)	Environment Protection Investment as Percentage to GDP (%)	1.3	1.2	1.0	1.1	1.0
亿元地区生产总值生产安全事故死亡人率(人/亿元)	Deaths of Industrial Accidents per Unit of GDP (person/100 million yuan)	0.10	0.08	0.06	0.04	0.03

1-8 贵州经济社会主要指标占全国比重

Proportion of Guizhou´s Main Economic and Social Indicators to the Whole Country

指 标	Item	全 国 China		贵 州 Guizhou		贵州占全国比重(%) Proportion of Guizhou to China(%)	
		2021	2020	2021	2020	2021	2020
土地面积(万平方公里)	**Area of Territory(10000 sq.km)**	**960**		**17.62**		**1.8**	
人 口	**Population**						
年末总人口(万人)	Total Population at the Year-end (10000 persons)	141260	141178	3852	3858	2.7	2.7
就 业	**Employment**						
就业人员(万人)	Employees(10000 persons)	74652	75064	1886	1892	2.5	2.5
非私营单位在岗职工年平均工资(元)	Average Wage of Staff and Workers (yuan)	110221	100512	99324	94276	90.1	93.8
国民经济核算	**National Accounting**						
地区生产总值(亿元)	Gross Domestic Product (100million yuan)	1143670	1015986	19586.42	17860.41	1.7	1.8
第一产业增加值	Value-added of Primary Industry	83086	77754	2730.92	2539.88	3.3	3.3
第二产业增加值	Value-added of Secondary Industry	450904	384255	6984.70	6211.62	1.5	1.6
第三产业增加值	Value-added of Tertiary Industry	609680	553977	9870.80	9075.07	1.6	1.6
人均地区生产总值(元)	Per Capita Gross Domestic Product (yuan)	80976	72000	50808	46355	62.7	64.4
对外贸易	**Foreign Trade**						
进出口总额(亿美元)	Total Value of Imports and Exports (USD 100 million)	60515	46463	101.24	79.08	0.2	0.2
#出口	Total Exports	33640	25906	75.40	62.27	0.2	0.2
财 政	**Government Finance**						
一般公共预算收入(亿元)	General Public Budget Revenue (100 million yuan)	202539	182895	1969.39	1786.80	1.0	1.0
一般公共预算支出(亿元)	General Public Budget Expenditure (100 million yuan)	246322	245588	5590.01	5739.50	2.3	2.3
能 源	**Energy**						
一次能源生产总量(万吨标准煤)	Total Production of Primary Energy (10000 tons of SCE)	433000	408000	11640.07	11171.06	2.7	2.7
能源消费总量(万吨标准煤)	Consumption of Energy (10000 tons of SCE)	524000	498000	11263.82	10621.44	2.1	2.1
农 业	**Agriculture**						
粮食产量(万吨)	Output of Grain(10000 tons)	68285	66949	1094.86	1057.63	1.6	1.6
油料产量(万吨)	Output of Oil-bearing Crops(10000tons)	3613	3586	94.88	103.40	2.6	2.9
工 业	**Industry**						
发电量(亿千瓦小时)	Output of Electricity (100 million kwh)	85342	77791	2238.99	2174.34	2.6	2.8
水 泥(万吨)	Cement (10000 tons)	237811	239484	9328.35	10797.36	3.9	4.5

1-8 续表 continued

指 标	Item	全 国 China		贵 州 Guizhou		贵州占全国比重(%) Proportion of Guizhou to China(%)	
		2021	2020	2021	2020	2021	2020
交通运输业	Transportation						
铁路营业里程(万公里)	Length of Railways(10000 km)	15.07	14.63	0.39	0.39	2.6	2.6
公路里程(万公里)	Length of Highways(10000 km)	528.07	519.81	20.72	20.67	3.9	4.0
旅客周转量(亿人公里)	Passenger-Kilometers (100 million passenger-km)	19758	19251	404.65	524.47	2.0	2.7
货物周转量(亿吨公里)	Freight Ton-Kilometers(100 million ton-km)	223600	202069	1301.15	1265.12	0.6	0.6
邮电通信业	Post and Telecommunication						
电信业务总量(亿元)	Business Revenue of Telecommunications (100 million yuan)	13698	136758	431.10	5077.70	3.1	3.7
邮政业务总量(亿元)	Business Volume of Postal Services (100 million yuan)	16960	21053	87.81	85.48	0.5	0.4
旅游业	Tourism						
国际旅游外汇收入(亿美元)	International Earnings from Tourism (USD 100 million)			0.19	0.21		
金融业	Finance						
金融机构人民币各项存款余额(亿元)	Total Savings Deposit Balance (100 million yuan)	2322500	2125721	30048.12	28276.31	1.3	1.3
金融机构人民币各项贷款余额(亿元)	Total Loan Balance(100 million yuan)	1926903	1727452	35829.38	32235.75	1.9	1.9
教 育	Education						
普通高等学校(所)	Regular Institutions of Higher Education(unit)	2756	2738	75	75	2.7	2.7
普通高等学校专任教师(万人)	Full-time Teachers of Regular Institutions of Higher Education(10000 persons)	187	183	4.07	3.94	2.2	2.2
普通高校在校大学生(万人)	Students Enrollment of Regular Institutions of Higher Education(10000 persons)	3496	3285	88.16	84.02	2.5	2.6
文 化	Culture						
图书总印数(亿册)	Number of Books Printed Copies (100 million copies)	110	104	1.27	1.31	1.2	1.3
期刊总印数(亿册)	Number of Magazines Printed Copies (100 million copies)	20	20	0.14	0.14	0.7	0.7
报纸总印数(亿份)	Number of Newspapers Printed Copies (100million copies)	276	289	2.22	2.34	0.8	0.8
卫 生	Health Care						
医疗卫生机构(万个)	Number of Health Institutions(10000 unit)	103	102	0.28	0.28	0.3	0.3
执业(助理)医师(万人)	Number of Licensed(Assistant) Doctors (10000 persons)	429	409	10.54	9.86	2.5	2.4
医院床位(万张)	Number of Beds in Hospitals(10000 beds)	741	713	27.90	27.58	3.t8	3.9
人民生活	People´s Livelihood						
城镇常住居民人均可支配收入(元)	Per Capita Annual Disposable Income of Urban Permanent Households(yuan)	47412	43834	39211	36096	82.7	82.3
农村常住居民人均可支配收入(元)	Per Capita Annual Disposable Income of Rural Residents(yuan)	18931	17131	12856	11642	67.9	68.0

注：贵州占全国比重中，非私营单位职工平均工资、人均地区生产总值、城乡居民人均收入占比表示贵州相当于全国的比例。
Note: In the proportion of Guizhou to China, the ratio in average wage of workers in non-private units, in per capita gross domestic product, and in per capita income of urban and rural households shows the ratio of Guizhou to China.

主要统计指标解释

行政区划 国家对行政区域的划分。

国民经济行业分类 2017年起统计定期报表使用国民经济行业分类(GB/T 4754—2017)。该分类是由国家统计局、国家标准化研究院起草,国家统计局组织修订,经国家质量监督检验检疫总局和国家标准化管理委员会批准,于2017年6月30日发布,10月1日起实施。该次修订是在2011年分类标准的基础上,参照联合国《国际标准产业分类》修订第四版(ISIC/Rev.4)进行的。修订后的《国民经济行业分类》(GB/T4754-2017)共有门类20个,大类97个,中类473个,小类1381个。

可比价格 指计算各种总量指标所采用的扣除价格变动因素的价格,可进行不同时期总量指标的对比。按可比价格计算总量指标有两种方法:一种是直接用产品产量乘某一年的不变价格计算;另一种是用价格指数进行换算。

平均增长速度 **反映社会经济指标在较长时期内各期(年)平均增长程度的相对数。以倍数或百分数表示。**我国计算平均增长速度有两种方法:一种是"水平法",又称几何平均法,是以间隔期最后一年的水平同基期水平对比来计算平均每年增长(或下降)速度;另一种是"累计法",又称代数平均法或方程法,是以间隔期内各年水平的总和同基期水平对比来计算平均每年增长(或下降)速度。在一般正常情况下,两种方法计算的平均每年增长速度比较接近;但在经济发展不平衡、出现大起大落时,两种方法计算的结果差别较大。

本《年鉴》内所列的平均增长速度,均用"水平法"计算。从某年到某年平均增长速度的年份,均不包括基期年在内。如改革开放以来年平均增长速度是以1978年为基期计算的,则写为1979-2021年平均增长速度。

Explanatory Notes on Main Statistical Indicators

Divisions of Administrative Areas refers to the division of administrative areas by the state.

Industrial Classification of the National Economy The statistics of periodic statements has been classified by Industrial Classification of the National Economy (GB/T 4754 - 2017) since 2017. The classification was drafted by the National Bureau of Statistics as well as the National Institute of Standardization, and then revised by the National Bureau of Statistics. It was approved by the General Administration of Quality Supervision, Inspection and Quarantine of the State and the Standardization Administration of the State, which was released on June 30, 2017 and came into effect on October 1, 2017. The revision was based on the 2011 classification, with reference to the revised fourth edition of the United Nations International Standard Industrial Classification (ISIC / Rev.4). The revised version of the Industrial Classification of the National Economy (GB/T4754-2017) is composed of 20 sections, 97 divisions, 472 major groups and 1381 classes.

Comparable Price refers to the price that is used to calculate various aggregate indicators after deducting price change factors, which can be used to compare aggregate indicators in different periods. There are two ways to calculate the total amount of the total index: one is that the output of the product is directly used to multiply by the constant price of a certain year. The other is to use the price index for conversion.

Average Annual Growth Rate refers to the relative number reflecting the average growth of socio–economic indicators in each period (year) over a rather long period, expressed in multiples or percentages. There are two methods for calculating the average growth rate of our country: one is "horizontal", also known as the geometric mean method, which calculates the average annual growth (or decline) rate by comparing the level of the last year of the interval with the level of the base period; another is the "cumulative method", also known as algebraic average method and equation method is combined with a interval in each level compared with the base period level to calculate average annual growth (or decline) speed. In the normal case, two methods for calculating the average annual growth rate is close to; but when the unbalanced economic development, the emergence of big ups and downs, two methods to calculate the results vary greatly.

The average annual growth rates listed in the Yearbook are calculated by the level approach. The base year is not listed in the duration for which average annual growth rates are computed. For instance, the average annual growth rate since the reform and opening up is calculated based on 1978, but it is shown as the average annual growth rate from 1979 to 2021 without showing the base year 1978.

国民经济核算

National Accounts

2

简 要 说 明

一、主要内容

国民经济核算资料主要包括地区生产总值及其有关资料。

二、地区生产总值

地区生产总值数据是根据不同产业部门、不同支出构成的特点和资料来源情况而采用不同方法计算的。

本年鉴公布的地区生产总值数据，如遇普查，在能够获得更详细的基础资料的情况下，会对地区生产总值的历史数据进行修订。

地区生产总值是一个价值量指标，其价值的变化受价格变化和物量变化两大因素影响。不变价地区生产总值是把按当期价格计算的地区生产总值换算成按某个固定期（基期）价格计算的价值，从而使两个不同时期的价值进行比较时，能够剔除价格变化的影响，以反映物量变化，反映生产活动成果的实际变动。随着经济的不断发展，各行业的价格结构也会不断发生变化，为了更好地反映这种变化对于经济的影响，计算不变价国内生产总值需要每隔若干年调整一次基期。我国自开始核算国内生产总值以来，共有1952年、1957年、1970年、1980年、1990年、2000年、2005年、2010年、2015年、2020年10个不变价基期，目前的基期是2020年。按照国家统计局要求，根据地区生产总值核算方法的调整变动，从2016年起将研发支出计入地区生产总值核算，同时对2011-2015年地区生产总值及各行业数据进行修订。

三、资料来源

本篇资料由省统计局根据产业部门资料加工计算。

Brief Introduction

I. Main Contents

Statistics on national accounts mainly include Gross Domestic Product and other related data.

II. Gross Domestic Product

Data on Gross Domestic Product (GDP) are computed based on different approaches in the light of the different features of various sectors, various expenditure structures and different data sources.

Gross Domestic Product (GDP) data published in this Yearbook are subject to revision of historical data when more detailed underlying information is available in the case of censuses.

Gross Domestic Product (GDP) is a measurement of value which changes depending on changes of price and production. GDP at constant prices converts the gross domestic product based on the current price into a value based on the price of the base period. When adjusted for price changes, the values of two different periods can be compared to reflect changes of both products and production activities. As economy grows, changes takes place in the price structures of various industries, and the base period for the measurement of constant-price GDP thus needs to be adjusted every few years in order to better reflect the impact of price changes on the economy. Since China started GDP calculation, ten constant-price base periods have been used, i.e., 1952, 1957, 1970, 1980, 1990, 2000, 2005, 2010, 2015 and 2020,and the current base period is 2020. According to the requirements of the National Bureau of Statistics, based on the adjustment and changes of GDP accounting method, R&D expenditure has been included in GDP accounting from 2016, and GDP as well as industry data from 2011 to 2015 have been revised.

III. Sources of Data

The data in this chapter which are based on various industry sectors are computed by Guizhou Provincial Bureau of Statistics.

2-1 地区生产总值

Gross Domestic Product

单位:亿元 (100 million yuan)

指 标	Item	2017	2018	2019	2020	2021	2021年比2020年增长(%) Increase Rate in 2021over 2020(%)
地区生产总值	**Gross Domestic Product**	**13605.42**	**15353.21**	**16769.34**	**17860.41**	**19586.42**	**8.1**
按产业分	**By Three Strata of Industry**						
第一产业增加值	Primary Industry	2032.27	2156.02	2280.56	2539.93	2730.92	7.7
第二产业增加值	Secondary Industry	4970.85	5506.24	5971.45	6262.98	6984.70	9.4
第三产业增加值	Tertiary Industry	6602.30	7690.95	8517.33	9057.51	9870.80	7.3
按国民经济行业分	**By Sector**						
农林牧渔业	Farming, Forestry, Animal Husbandry and Fishery	2139.97	2272.97	2408.03	2675.64	2877.74	7.7
#农林牧渔专业及辅助性活动	Professional and Support Activities for Farming, Forestry, Animal Husbandry and Fishery	107.70	116.95	127.47	135.71	146.82	7.3
工 业	Industry	3821.40	4165.48	4458.97	4666.20	5337.49	12.3
#金属制品、机械和设备修理业	Repair Service of Metal Products,Machinery and Equipment	3.19	3.48	3.80	3.78	5.02	74.1
建筑业	Construction	1152.64	1344.94	1517.06	1601.33	1653.25	1.0
批发和零售业	Wholesale and Retail Trades	1040.11	1181.19	1269.90	1386.75	1562.42	9.3
交通运输、仓储和邮政业	Transport, Storage and Post	576.27	655.29	709.88	708.14	817.75	12.3
住宿和餐饮业	Hotels and Catering Services	337.20	378.42	417.18	383.41	461.10	18.8
金融业	Financial Intermediation	874.53	992.28	1060.02	1083.76	1157.95	4.0
房地产业	Real Estate	487.75	572.33	644.24	827.62	866.60	2.8
其 他	Others	3175.55	3790.31	4284.06	4527.56	4852.13	6.4
人均地区生产总值(元)	**Per Capita Gross Domestic Product(yuan)**	**35988**	**40271**	**43727**	**46355**	**50808**	**8.0**

注:1. 2016年起地区生产总值含研发支出(R&D)的数据。2. 增长速度已扣除价格因素。3. 2018年前数据根据四经普数据进行修订。(以下表同)

Note: 1. Since 2016, the data of gross domestic product has included the data of research and development expenditure (R&D). 2. The growth rate has ruled out the influence of price. 3.The data before 2018 were revised according to the fourth economic census.(the same as in the following table)

2-2 地区生产总值构成

Compostion of Gross Domestic Product

单位:% (%)

指 标	Item	2017	2018	2019	2020	2021
地区生产总值	**Gross Domestic Product**	**100.0**	**100.0**	**100.0**	**100.0**	**100.0**
按产业分	**By Three Strata of Industry**					
第一产业增加值	Primary Industry	14.9	14.0	13.6	14.2	13.9
第二产业增加值	Secondary Industry	36.5	35.9	35.6	35.1	35.7
第三产业增加值	Tertiary Industry	48.5	50.1	50.8	50.7	50.4
按国民经济行业分	**By Sector**					
农林牧渔业	Agriculture, Forestry, Animal Husbandry and Fishery	15.7	14.8	14.4	15.0	14.7
#农林牧渔专业及辅助性活动	Professional and Support Activities for Farming, Forestry, Animal Husbandry and Fishery	0.8	0.8	0.8	0.8	0.7
工 业	Industry	28.1	27.1	26.6	26.1	27.3
建筑业	Construction	8.5	8.8	9.0	9.0	8.4
批发和零售业	Wholesale and Retail Trade	7.6	7.7	7.6	7.8	8.0
交通运输、仓储和邮政业	Transport, Storage and Post	4.2	4.3	4.2	4.0	4.2
住宿和餐饮业	Hotel and Catering Services	2.5	2.5	2.5	2.1	2.4
金融业	Financial Intermediation	6.4	6.5	6.3	6.1	5.9
房地产业	Real Estate	3.6	3.7	3.8	4.6	4.4
其 他	Others	23.3	24.7	25.5	25.3	24.8

2-3 三次产业对地区生产总值增长的贡献率

Share of the Contributions of the Three Strata of Industry to the Increase of the GDP

单位:%　　(%)

指　　标	Item	2017	2018	2019	2020	2021
地区生产总值	**Gross Domestic Product**	**100.0**	**100.0**	**100.0**	**100.0**	**100.0**
第一产业增加值	Primary Industry	9.3	10.9	9.8	19.7	13.6
第二产业增加值	Secondary Industry	38.4	40.3	41.3	37.0	40.7
#工　业	Industry	26.8	29.7	30.0	24.1	39.9
第三产业增加值	Tertiary Industry	52.3	48.9	48.9	43.3	45.7

2-4 三次产业对地区生产总值增长的拉动

Contribution of the Three Strata of Industry to GDP Growth

单位:百分点　　(percerrtage point)

指　　标	Item	2017	2018	2019	2020	2021
地区生产总值	**Gross Domestic Product**	**10.2**	**9.1**	**8.3**	**4.5**	**8.1**
第一产业增加值	Primary Industry	0.9	1.0	0.8	0.9	1.1
第二产业增加值	Secondary Industry	3.9	3.7	3.4	1.7	3.3
#工　业	Industry	2.7	2.7	2.5	1.1	3.2
第三产业增加值	Tertiary Industry	5.3	4.4	4.0	1.9	3.7

2-5 历年地区生产总值

Gross Domestic Product Over the Years

单位:亿元 (100 million yuan)

年 份 Year	地 区 生产总值 Gross Domestic Product	第一产业 增加值 Primary Industry	第二产业 增加值 Secondary Industry	#工 业 Industry	#建筑业 Construction	第三产业 增加值 Tertiary Industry	#交通运输、仓储和邮政业 Transport, Storage and Post	人均地区 生产总值(元) Per Capita GDP(yuan)
1978	46.62	19.42	18.73	15.24	3.49	8.47	1.68	175
1979	55.28	23.29	22.41	18.33	4.08	9.58	1.86	204
1980	60.26	24.86	24.00	19.37	4.63	11.40	2.01	219
1981	67.89	29.90	24.95	20.36	4.59	13.04	2.56	242
1982	79.39	37.37	27.44	22.58	4.86	14.58	2.74	278
1983	87.38	37.76	33.14	28.16	4.98	16.48	3.76	303
1984	108.27	45.73	43.51	36.85	6.66	19.03	4.66	371
1985	123.92	50.45	49.88	41.96	7.92	23.59	5.86	420
1986	139.57	56.46	50.96	43.57	7.39	32.15	7.34	467
1987	165.50	66.46	60.11	49.93	10.18	38.93	7.74	543
1988	211.79	85.20	78.63	68.32	10.31	47.96	9.78	683
1989	235.84	92.88	86.74	77.26	9.48	56.22	12.36	749
1990	260.14	100.10	92.83	82.15	10.68	67.21	11.69	808
1991	295.90	115.71	101.54	88.96	12.58	78.65	13.98	899
1992	339.91	121.18	122.08	106.41	15.67	96.65	19.00	1018
1993	417.69	133.40	155.03	135.40	19.63	129.26	25.45	1234
1994	524.46	183.52	194.80	173.03	21.77	146.14	18.02	1527
1995	636.21	227.06	232.52	208.75	23.77	176.63	22.77	1826
1996	723.18	254.43	255.09	225.36	29.73	213.66	26.79	2048
1997	805.79	271.83	288.99	251.10	37.89	244.97	23.51	2250
1998	858.39	264.86	319.40	273.82	45.58	274.13	29.14	2364
1999	937.50	267.57	350.41	294.42	55.99	319.52	59.17	2545
2000	1029.92	270.99	391.20	328.73	62.47	367.73	65.86	2759
2001	1133.27	274.17	433.52	360.73	72.79	425.58	73.47	3000
2002	1243.43	280.82	481.96	395.45	86.51	480.65	79.48	3257
2003	1428.97	290.90	570.70	474.48	96.22	567.37	84.51	3708
2004	1649.40	335.10	667.02	565.13	101.89	647.28	94.64	4244
2005	1939.94	362.49	797.87	679.00	118.87	779.58	113.84	5218
2006	2264.09	367.15	952.97	806.98	145.99	943.97	131.57	6103
2007	2847.46	430.64	1187.17	1000.86	186.31	1229.65	164.12	7778
2008	3504.48	522.55	1437.70	1206.98	230.72	1544.23	195.73	9697
2009	3856.66	531.20	1574.87	1296.98	277.89	1750.59	212.21	10814
2010	4518.95	602.80	1820.67	1484.88	335.79	2095.48	244.9	12882
2011	5615.55	699.56	2258.85	1822.94	435.91	2657.14	297.88	16024
2012	6742.24	862.69	2716.80	2185.79	531.01	3162.75	335.58	18947
2013	7973.06	999.34	3170.99	2533.25	638.67	3802.73	383.07	22089
2014	9173.13	1281.52	3582.36	2840.26	743.14	4309.25	421.92	25101
2015	10541.00	1641.98	4026.71	3195.95	833.43	4872.31	454.72	28547
2016	11792.35	1861.81	4468.73	3501.68	969.97	5461.81	503.33	31589
2017	13605.42	2032.27	4970.85	3821.40	1152.64	6602.30	576.27	35988
2018	15353.21	2156.02	5506.24	4165.48	1344.94	7690.95	655.29	40271
2019	16769.34	2280.56	5971.45	4458.97	1517.06	8517.33	709.88	43727
2020	17860.41	2539.93	6262.98	4666.20	1601.33	9057.51	708.14	46355
2021	19586.42	2730.92	6984.70	5337.49	1653.25	9870.80	817.75	50808

注:1. 三次产业划分1978-1991年按老行业分类标准计算,1992年起采用2017年国民经济行业分类和三次产业划分标准计算。2. 2005年起人均地区生产总值按常住半年人口计算,以往年份按常住一年人口计算。3. 2003-2018数据根据四经普数据进行修订。(以下表同)

Note: 1. From 1978 to 1991, the three industries were calculated according to the old industry classification standard. Since 1992, the 2017 national economic industry classification and the three industries classification standard were used for all the calculations. 2. Since 2005, per capita GDP is calculated by resident population of six months, and in previous years, it was calculated by resident population of one year. 3. Data from 2003 to 2018 are revised according to the fourth economic census. (the same as in the following table)

2-6 历年地区生产总值增长速度

Growth Rate of Gross Domestic Product Over the Years

单位:% (%)

年 份 Year	地区生产总值 Gross Domestic Product	第一产业增加值 Primary Industry	第二产业增加值 Secondary Industry	工 业 Industry	建筑业 Construction	第三产业增加值 Tertiary Industry	交通运输、仓储和邮政业 Transport, Storage and Post	人均地区生产总值 Per Capita GDP
1978	23.7	6.6	37.3	39.7	23.7	32.7	33.6	21.1
1979	11.0	2.8	17.3	19.1	5.2	11.4	7.2	9.2
1980	4.4	0.4	4.3	6.9	-14.4	11.7	6.5	3.0
1981	6.5	9.9	1.7	-0.9	12.7	9.5	9.8	4.6
1982	15.8	23.0	9.3	11.4	1.3	12.6	3.6	14.0
1983	12.6	4.6	22.9	26.4	8.8	12.3	34.6	11.1
1984	19.8	18.2	23.8	23.8	23.5	14.9	37.6	18.6
1985	7.9	-1.2	12.8	12.0	16.6	17.8	24.3	6.7
1986	5.6	6.1	-2.0	-0.3	-9.5	20.9	8.7	3.8
1987	10.8	2.9	16.2	13.8	28.6	14.8	13.9	8.9
1988	8.6	-1.0	13.2	15.5	3.1	15.0	8.3	7.0
1989	4.5	6.3	3.9	6.8	-10.6	3.3	13.0	2.9
1990	4.3	1.7	6.1	5.6	8.8	4.6	-15.1	2.0
1991	9.2	13.2	3.5	3.5	3.8	11.2	6.8	6.9
1992	8.1	-0.7	15.0	16.0	8.0	12.6	21.2	6.5
1993	10.4	3.9	13.5	15.8	-4.8	14.8	15.1	8.9
1994	8.4	3.7	11.8	12.4	5.8	9.8	11.9	6.9
1995	7.5	2.4	10.5	11.1	4.0	9.3	7.8	5.9
1996	8.9	3.8	12.6	12.1	17.8	9.2	11.1	7.4
1997	9.0	4.2	12.3	11.8	18.0	9.3	12.5	7.5
1998	8.5	1.5	11.8	10.4	26.4	10.5	17.5	7.0
1999	8.8	3.4	13.2	11.8	25.1	7.3	14.5	7.3
2000	8.4	3.6	7.6	7.5	8.3	13.7	17.5	6.9
2001	8.8	1.1	9.4	9.2	10.7	13.6	5.3	7.5
2002	9.1	2.2	13.2	11.0	24.5	9.3	3.6	7.9
2003	10.1	3.0	13.3	13.3	13.5	11.0	3.8	9.1
2004	10.4	5.3	13.3	14.8	6.5	10.1	16.0	9.5
2005	12.7	5.2	12.0	13.0	7.4	17.6	26.5	17.9
2006	12.8	2.9	13.4	13.8	11.2	16.8	29.6	13.0
2007	14.8	3.3	13.2	14.0	8.6	21.2	29.4	16.4
2008	11.3	6.8	8.1	8.6	4.7	15.9	19.4	12.8
2009	11.4	4.3	12.1	10.1	24.9	13.2	5.3	12.9
2010	12.8	4.7	16.6	15.7	22.1	12.0	15.2	14.7
2011	15.4	1.2	18.8	18.9	18.5	16.5	15.3	15.5
2012	13.0	8.6	16.1	15.1	20.8	11.3	13.8	11.3
2013	12.4	5.8	14.1	13.1	18.7	12.5	12.4	10.8
2014	10.8	6.6	12.3	11.0	17.8	10.3	9.3	9.4
2015	10.7	6.5	11.4	9.7	17.8	11.1	9.4	9.6
2016	10.5	6.0	11.3	9.9	16.6	11.4	10.1	9.3
2017	10.2	6.3	10.1	9.0	14.1	11.4	10.6	8.8
2018	9.1	6.8	9.5	9.0	11.2	9.4	8.3	8.2
2019	8.3	5.7	8.8	8.3	10.6	8.5	6.8	7.6
2020	4.5	6.3	4.2	3.6	6.4	4.1	1.9	4.0
2021	8.1	7.7	9.4	12.3	1.0	7.3	12.3	8.0

2-7 历年地区生产总值指数(1978年=100)

Indices of Gross Domestic Product Over the Years (year of 1978=100)

年 份 Year	地区生产总值 Gross Domestic Product	第一产业增加值 Primary Industry	第二产业增加值 Secondary Industry	工 业 Industry	建筑业 Construction	第三产业增加值 Tertiary Industry	人均地区生产总值 Per Capita GDP
1978	100.0	100.0	100.0	100.0	100.0	100.0	100.0
1979	111.0	102.8	117.3	119.1	105.2	111.4	109.2
1980	115.9	103.2	122.3	127.3	90.1	124.5	112.5
1981	123.5	113.4	124.4	126.2	101.5	136.3	117.6
1982	142.9	139.5	135.9	140.6	102.8	153.5	134.1
1983	161.0	146.0	167.0	177.7	111.9	172.4	149.0
1984	192.8	172.6	206.7	219.9	138.1	198.0	176.7
1985	208.1	170.6	233.2	246.3	161.1	233.3	188.5
1986	219.8	180.9	228.6	245.6	145.8	282.1	195.7
1987	243.6	186.2	265.7	279.5	187.5	324.0	213.2
1988	264.5	184.4	300.9	322.8	193.3	372.4	228.1
1989	276.5	196.1	312.5	344.8	172.8	384.7	234.8
1990	288.3	199.5	331.5	364.1	188.0	402.3	239.4
1991	315.0	225.9	343.2	376.8	195.2	447.3	256.0
1992	340.5	224.2	394.9	437.0	210.9	503.7	272.6
1993	375.8	232.9	448.3	505.9	200.7	578.5	296.9
1994	407.5	241.5	501.1	568.5	212.3	635.3	317.3
1995	437.9	247.2	553.8	631.8	220.7	694.1	336.0
1996	476.7	256.7	623.6	708.4	260.0	758.1	360.9
1997	519.7	267.5	700.4	792.1	306.8	828.8	387.8
1998	563.6	271.4	783.2	874.4	387.8	915.6	414.8
1999	613.1	280.5	886.5	978.1	485.3	982.7	445.0
2000	664.6	290.7	953.5	1051.1	525.4	1117.6	475.8
2001	722.7	294.0	1043.6	1147.9	581.6	1269.8	511.3
2002	788.2	300.6	1181.1	1274.1	724.2	1387.9	551.7
2003	867.7	309.6	1338.6	1443.6	821.9	1540.3	601.7
2004	957.9	326.0	1516.9	1657.1	875.3	1696.5	658.6
2005	1079.9	343.0	1699.4	1871.9	940.1	1995.5	776.4
2006	1218.1	353.1	1927.3	2130.2	1045.4	2329.9	877.6
2007	1398.8	364.7	2181.8	2428.5	1134.8	2823.4	1021.3
2008	1557.1	389.5	2358.2	2638.1	1188.2	3272.3	1151.6
2009	1735.3	406.3	2644.1	2904.9	1484.4	3702.6	1300.6
2010	1958.2	425.4	3083.7	3359.6	1812.5	4147.3	1491.9
2011	2260.0	430.5	3664.3	3994.6	2147.8	4833.1	1723.2
2012	2553.8	467.5	4255.5	4597.2	2594.2	5380.3	1917.9
2013	2871.2	494.6	4855.2	5197.2	3078.8	6053.2	2125.0
2014	3180.8	527.3	5454.2	5768.4	3625.7	6675.8	2324.8
2015	3521.9	561.6	6073.6	6329.2	4270.5	7414.2	2548.0
2016	3892.1	595.5	6759.2	6956.0	4979.2	8257.5	2784.9
2017	4287.3	633.1	7443.4	7584.4	5679.5	9199.7	3030.0
2018	4676.2	676.4	8150.5	8268.0	6318.0	10065.0	3278.5
2019	5062.0	714.9	8867.7	8954.2	6987.7	10920.5	3527.6
2020	5289.8	760.0	9240.2	9276.6	7434.9	11368.2	3668.7
2021	5718.3	818.5	10108.8	10417.6	7509.3	12198.1	3962.2

主要统计指标解释

国内生产总值(GDP) 指一个国家所有常住单位在一定时期内生产的全部最终产品和服务的价值总和。国内生产总值有三种表现形态,即价值形态、收入形态和产品形态。从价值形态看,它是所有常住单位在一定时期内生产的全部产品和服务价值减去同期投入的全部产品和服务价值的差额,即所有常住单位的增加值之和;从收入形态看,它是所有常住单位在一定时期内的生产活动所形成的原始收入之和;从产品形态看,它是所有常住单位在一定时期内最终使用的产品和服务减去进口的产品和服务的价值总和。在实际核算中,国内生产总值有三种计算方法,即生产法、收入法和支出法。三种方法分别从不同的方面反映国内生产总值及其构成。

对于一个地区来说,称为地区生产总值。

三次产业 三次产业的划分:

第一产业指农业、林业、畜牧业、渔业(不含农林牧渔服务业)。

第二产业指采矿业(不含开采辅助活动),制造业(不含金属制品、机械和设备修理业),电力、热力、燃气及水的生产和供应业,建筑业。

第三产业指除第一、二产业以外的其他行业。

Explanatory Notes on Main Statistical Indicators

Gross Domestic Product (GDP) refers to the final products and services produced by all resident units in a country (or a region) during a certain period of time. Gross domestic product is expressed in three different perspectives, namely value, income, and products respectively. GDP in its value perspective refers to the balance of total value of all goods and services produced by all resident units during a certain period of time, minus the total value of input of goods and services of the nature of non-fixed assets; in other words, it is the sum of the added value of all resident units. GDP from the perspective of income includes the sum of the primary income formed by the production activities of all resident units in a certain period of time. GDP from the perspective of products refers to the sum of the value of the products and services ultimately used by all resident units minus the imported products and services in a certain period of time. In the practice of national accounting, gross domestic product is calculated from three approaches, namely production approach, income approach and expenditure approach, which reflect gross domestic product and its composition from different angles.

For a region, it is called as Gross Regional Product.

Three Strata of Industry Classification of economic activities into three strata of industry:

Primary industry refers to farming, forestry, animal husbandry and fishery (excluding services in support of these industries).

Secondary industry refers to mining and quarrying (excluding support activities for mining), manufacturing (excluding repair services of metal products, machinery and equipment), production and supply of electricity, heat, gas and water, and construction.

Tertiary industry refers to all other economic activities not included in the primary or secondary industries.

人 口

Population 3

简 要 说 明

一、主要内容

本篇资料反映全省人口方面的基本情况，包括全省七次人口普查数据；年末常住人口数、城镇人口、乡村人口；出生率、死亡率、自然增长率、人口受教育程度、婚姻等。

二、统计调查方法

目前由省统计局人口和就业统计处实施的人口统计调查有：在逢“0”的年份进行全省人口普查；在逢“5”的年份进行全省1%人口抽样调查；其余年份进行全省人口变动情况抽样调查，其样本量约占总人口的1‰左右。人口抽样调查是以全省为总体，市级单位为次总体，采用分层、多阶段、整群概率比例抽样方法抽取样本。

三、资料来源

本篇资料由省统计局整理。年末常住人口数据资料来源于人口普查和年度人口变动抽样调查数据，户籍人口数据资料由省公安厅提供，计划生育数据资料由省卫生健康委员会提供，婚姻数据资料由省民政厅提供。

Brief Introduction

I. Main Contents

The data in this chapter show the basic condition of the population in Guizhou Province, which include data from seven censuses across the province; The main statistical indicators include provincial residential population at the year-end, urban population and rural population over the years, as well as birth rates, death rates, natural growth rates, population dependency coefficient and education attainments of the population, marriages etc.

II. Sampling Methodology

The statistical surveys on population which are conducted by Department of Population and Employment Statistics of Guizhou Provincial Bureau of Statistics are as follows: the provincial population census is conducted in the year ending with 0; the provincial 1 percent population sample survey is conducted in the year ending with 5; sample surveys on population changes are conducted in the rest of the years which cover about 1 thousandth of the total population of the province. The sample survey on population change takes the whole province as the population and each city, autonomous region or municipality as sub–populations, and the stratified, multi–stage and cluster probability proportional sampling method is used to extract samples.

III. Sources of Data

The data in this chapter are prepared by Guizhou Provincial Bureau of Statistics. The year–end resident population data were obtained from the census and the annual population change sample survey. The household registered population are provided by the Public Security Department of Guizhou Province, family planning data in the table are provided from the Provincial Health Committee, and the marriage data are provided by the Department of Civil Affairs of Guizhou Province.

3-1　全省历次人口普查主要指标

Main Indicators on Province Population Census in 1953,1964,1982,1990,2000 ,2010 and 2020

单位：万人　(10000 persons)

指　标	Item	第一次 (1953年) The First	第二次 (1964年) The Second	第三次 (1982年) The Third	第四次 (1990年) The Forth	第五次 (2000年) The Fifth	第六次 (2010年) The Sixth	第七次 (2020年) The Seventh
总人口	**Total Population**	**1503.73**	**1714.05**	**2855.29**	**3239.11**	**3524.77**	**3474.65**	**3856.21**
按城镇、乡村分	**Grouped by Residence**							
城镇人口	Urban population	109.91	203.55	540.22	623.17	844.51	1174.78	2049.59
乡村人口	Rural population	1393.82	1510.51	2315.07	2615.94	2680.25	2299.87	1806.62
城镇人口比重(%)	The proportion of urban population(%)	7.31	11.88	18.92	19.24	23.96	33.81	53.15
按性别分	**Grouped by Gender**							
男	Male	759.80	868.48	1464.08	1676.88	1846.45	1795.15	1970.53
女	Female	743.93	845.57	1391.21	1562.22	1678.32	1679.50	1885.69
性别比(以女性为100)	Sex Ratio(female=100)	102.13	102.71	105.24	107.34	110.02	106.89	104.50
人口年平均增长率(%)	The growth rate of Annual Average Population(%)		1.32	2.89	1.59	0.82	-0.14	1.05
家庭总户数(万户)	Total Number of Household (10000 households)	340.15	390.96	565.93	721.04	923.94	1038.96	1269.66
户均规模(人/户)	Average Family Size(person/household)	4.42	4.38	4.93	4.41	3.74	3.24	2.81
人口自然变动(‰)	**Natural Change of Population(‰)**							
出生率	Birth Rate	38.43	52.62	24.81	23.09	20.59	13.96	13.70
死亡率	Death Rate	17.61	20.66	7.60	7.90	7.53	6.55	7.17
自然增长率	Natural Growth Rate	20.82	31.96	17.21	15.19	13.06	7.41	6.53
年龄结构(%)	**Age Composition (%)**							
0-14岁	Ages 0-14	37.88	38.82	40.88	32.68	30.17	25.22	23.97
15-64岁	Ages 15-64	58.52	58.42	54.45	62.71	63.87	66.21	64.47
65岁及以上	Ages 65 and Above	3.59	2.76	4.66	4.61	5.97	8.57	11.56
民　族	**Population by Ethnicity**							
汉　族	Han	1109.84	1312.89	2112.95	2114.88	2191.17	2219.85	2451.19
占总人口比重(%)	Percentage to Total Population(%)	73.81	76.61	74.00	65.29	62.16	63.89	63.56
年均增长率(%)	Annual average growth rate(%)		0.37	-0.35	-1.24	-0.49	0.27	1.00
少数民族	Ethnic Minorities	393.89	401.16	742.35	1124.23	1333.60	1254.80	1405.03
占总人口比重(%)	Percentage to Total Population(%)	26.19	23.39	26.00	34.71	37.84	36.11	36.44
年均增长率(%)	Annual average growth rate(%)		-1.12	1.06	2.93	0.87	-0.46	1.14
受教育程度	**Education Attainments**							
小　学	Primary School		352.71	822.65	1210.75	1535.30	1368.07	1230.93
初　中	Junior Secondary School		53.80	325.86	475.78	727.48	1035.07	1174.76
高　中	Senior Secondary School		13.38	84.72	127.50	199.67	253.02	383.74
大专以上	College and Higher Level		3.96	11.09	25.06	67.49	183.88	422.33
文盲人口	Illiterate Population			1202.24	969.11	598.58	303.85	257.43
文盲率(%)	Illiterate Rate(%)			42.11	29.92	16.98	8.74	6.68
每十万人口拥有的各种受教育程度人口(人)	**Population with Various Education Attainments Per 100000 Persons(person)**							
小　学	Primary School				37379	43557	39373	31921
初　中	Junior Secondary School				14688	20639	29789	30464
高中/中专	Senior Secondary School and Technical Secondary School				3973	5665	7282	9951
大专及以上	College and Higher Level				774	1915	5292	10952

注：数据来源于历次人口普查公报。
Note:The data in this table are from the communique of the seven national population censuses.

3-2 人口普查全省世居民族人口数

Population of all Ethnic Groups on the Seventh National Population Census

单位：万人 (10000 persons)

指 标	Item	第六次人口普查(2010年) The Sixth Population Census(2010)	第七次人口普查(2020年) The Sixth Population Census(2020)
总人口	Total Population	3474.8556	3856.2148
男	Male	1790.5471	1970.5293
女	Female	1684.3085	1885.6855
汉族	Han	2234.4156	2451.1882
男	Male	1151.7873	1253.3161
女	Female	1082.6283	1197.8721
蒙古族	Mongolian	4.1561	4.9780
男	Male	2.3203	2.7024
女	Female	1.8358	2.2756
回族	Hui	18.4788	20.4962
男	Male	9.5009	10.4295
女	Female	8.9779	10.0667
苗族	Miao	396.8400	450.6912
男	Male	204.0932	229.0519
女	Female	192.7468	221.6393
彝族	Yi	83.4461	95.9302
男	Male	42.9553	48.6529
女	Female	40.4908	47.2773
壮族	Zhuang	5.2577	6.7845
男	Male	2.6500	3.1525
女	Female	2.6077	3.6320
布依族	Bouyei	251.0565	271.0606
男	Male	127.1051	136.7517
女	Female	123.9514	134.3089
满族	Manchu	2.3086	2.6817
男	Male	1.1932	1.3900
女	Female	1.1154	1.2917
侗族	Dong	143.1928	165.0871
男	Male	75.0208	85.6037
女	Female	68.1720	79.4834
瑶族	Yao	4.0879	4.6759
男	Male	2.1428	2.3801
女	Female	1.9451	2.2958
白族	Bai	17.9510	21.4802
男	Male	9.5923	11.2979
女	Female	8.3587	10.1823
土家族	Tujia	143.6977	169.6664
男	Male	73.6526	86.5330
女	Female	70.0451	83.1334
畲族	She	3.6558	4.1794
男	Male	1.9096	2.1557
女	Female	1.7462	2.0237
水族	Shui	34.8746	37.1367
男	Male	18.0317	19.2167
女	Female	16.8429	17.9200
仫佬族	Mulam	2.4956	4.6066
男	Male	1.3293	2.3798
女	Female	1.1663	2.2268
羌族	Qiang	0.1605	0.2089
男	Male	0.0899	0.1128
女	Female	0.0706	0.0961
毛南族	Maonan	2.7332	2.9766
男	Male	1.4243	1.5112
女	Female	1.3089	1.4654
仡佬族	Gelao	49.5182	55.0322
男	Male	25.8935	28.5682
女	Female	23.6247	26.4640
其他未识别的民族	Others	61.2780	69.8234
男	Male	32.0125	36.3838
女	Female	29.2655	33.4396

注：数据来源于第六次、第七次人口普查机器汇总数。
Note:The data in this table are obtained from machine summary number of the sixth and the seventh population census.

3-3 常住人口主要指标

Permanent Resident Population (at least half a year)

单位：万人 (10000 persons)

指 标	Item	2017	2018	2019	2020	2021
年末总人口	Total Population at the Year-end	3803.00	3822.00	3848.00	3858.00	3852.00
家庭年末总户数(万户)	Total Number of Household at the Year-end (10000 households)	1085.46	1101.08	1112.03	1269.66	1274.30
家庭户规模(人/户)	Average Family Size(person/household)	3.24	3.21	3.20	2.81	2.80
人口自然变动	Natural Change of Population					
出生人数	Number of Birth	50.05	49.90	49.30	52.79	46.92
出生率(‰)	Birth Rate(‰)	13.98	13.90	13.65	13.70	12.17
死亡人数	Number of Death	24.63	24.59	25.10	27.63	27.72
死亡率(‰)	Death Rate(‰)	6.88	6.85	6.95	7.17	7.19
自然增长人数	Natural Increase of Population	25.42	25.31	24.20	25.16	19.20
自然增长率(‰)	Natural Growth Rate(‰)	7.10	7.05	6.70	6.53	4.98

3-4 常住人口年龄结构和抚养比

Age Composition and Dependency Ratio of Population

单位：万人 (10000 persons)

指 标	Item	2017	2018	2019	2020	2021
年末总人口	Total population (year-end)	3803.00	3822.00	3848.00	3858.00	3852.00
0-14岁人口数	Population ages 0-14	863.66	877.53	902.36	924.76	905.99
占总人口比重(%)	Proportion of total (%)	22.71	22.96	23.45	23.97	23.52
15-64岁人口数	Population ages 15-64	2536.60	2529.02	2513.51	2487.25	2493.01
占总人口比重(%)	Proportion of total (%)	66.70	66.17	65.32	64.47	64.72
65岁及以上人口数	Population ages 65 and above	402.74	415.45	432.13	445.98	453.00
占总人口比重(%)	Proportion of total (%)	10.59	10.87	11.23	11.56	11.76
总抚养比(%)	Gross Dependency Ratio (%)	49.93	51.13	53.09	55.11	54.51
少儿抚养比(%)	Children Dependency Ratio (%)	34.05	34.70	35.90	37.18	36.34
老年抚养比(%)	Old-age Dependency Ratio (%)	15.88	16.43	17.19	17.93	18.17

3-5 3岁及以上人口受教育程度构成

Population Ages 3 and above by Education

单位:% (%)

指　标	Item	2020	2021
3岁及以上人口	Population Ages 3 and above		
未上过学	No schooling	8.01	7.77
学前教育	Preschool Education	4.81	4.15
小　学	Primary schools	33.41	32.50
初　中	Junior Secondary schools	31.89	30.75
高　中	Senior Secondary schools	10.42	10.86
大　专	College Students	11.46	13.98
15岁及以上人口平均受教育年限(年)	Average Years of Education for People Ages 15 and above (year)	8.75	8.93

注: 2020年数据根据第七次全国人口普查机器汇总数推算得出。

Note:The data in this table are calculated from machine summary number of the seventh population census.

3-6 婚　姻

Marriages and Divorces

指　标	Item	2017	2018	2019	2020	2021
准予登记结婚(对)	**Registered Marriages(couple)**	**403564**	**400272**	**361397**	**317557**	**292779**
#初婚(人)	First Marriages(person)	772711	671777	575289	497455	445712
再婚(人)	Remarriages(person)	34417	128767	147505	137659	139846
#女性	Female	17499	69920	83409	78754	81169
涉外婚姻(对)	**Registered Marriages with Foreigner and the Citizen of Hong Kong, Macao, Taiwan(couple)**	**427**	**450**	**350**	**117**	**109**
#国内公民(人)	Domestic Citizen(person)	427	450			109
#女性	Female	275	262			
离婚人数(人)	**Divorces(person)**	**268950**	**303488**	**331758**	**322936**	**220220**
民政部门批准	Permitted by Civil Administration Department	208540	241246	268172	265616	148386
法院调判	Court Mediation and Judgment	60410	62242	63586	57320	71834

注:1.资料来源于省民政厅、省高级人民法院。2.民政部门批准离婚人数为内地居民离婚人数。

Note: 1.The data in the table are provided by the Civil Affairs Department of Guizhou Province and Guizhou Provincial Higher People's Court. 2.The number of divorce Permitted by Civil Administration Department refers to the number of divorce among the residents in China Mainland.

3-7 残疾人事业基本情况

Basic Statistics on the Work for Person with Disablities

单位：人 (person)

指 标	Item	2017	2018	2019	2020	2021
康 复	**Rehabilitation**					
视力残疾康复	**Rehabilitation of Persons with Visual Disability**					
贫困白内障患者免费手术(例)	Free Surgeries for Poor Cataract Patients(case)	4082	297	1386		
盲人定向行走训练	Blind Persons Receiving Orientation Skill Training			558	623	20086
低视力者配用助视器	Persons with Low-vision Fitted with Vision-aids	10317	9731	4779	10614	513
聋儿康复	**Rehabilitation of Children with Hearing Disability**					
年收训聋儿	Deaf Children Trained in the year	680	353	634	398	903
培训家长	Parents Trained	1178	—	634	399	903
精神病防治康复	**Prevention and Rehabilitation of Mental Illness (PRMI)**					
开展精神病防治康复工作市县数(个)	Cities and Counties Carried on the Works of Prevention and Rehabilitation of Mental Illness(unit)	83	88	88	88	77
接受治疗的精神病患者	Treatment Provided for Patients with Sever Psychiatric Diseases	10643	15733	20699	5015	3803
孤独症儿童训练	Children with Autism Trained	231	221	475	1284	473
肢体残疾康复	**Rehabilitation of Persons with Physical Disability**					
肢体残疾人社区康复训练	Persons with Mobility Impairment Receiving Rehabilitation Training in Communities	47371	90053	84970	97338	62666
脑瘫儿童机构康复训练	Rehabilitation Training Institutions for Children with Cerebral Palsy	501	749	671	2025	3432
贫困肢体残疾儿童矫治手术	Rehabilitation of Children with Physical Disability in Poverty	67	121	121	560	309
智力残疾康复	**Rehabilitation of Persons with Intellectual Disability**					
智残儿童社区康复训练	Children with Intellectual Disability Receiving Rehabilitation Training at Community	327	414	3213	2025	1968
智残儿童机构康复训练	Children with Intellectual Disability Receiving Rehabilitation Training at Institutions	448	650	504	970	2993
辅助器具供应服务数(件)	**Provision of Assistive Devices (piece)**	**56804**	**89351**	**56912**	**41186**	**61446**
贫困残疾人假肢装配例数(例)	**Prosthesis Installed for Poor Disabled(case)**	**39265**	**770**	**10211**	**31369**	**100**
社区康复协调员培训	**Workers Trained for Disabled person at Community**	**9442**	**6194**	**9707**	**18708**	**7915**
教 育	**Education**					
高中阶段特殊教育	Special education in Senior High School					
机构数(个)	Number of Institutions (unit)	5	6	6	6	7
在校生人数(人)	Number of students in attendance (person)	384	718	657	569	1503
普通高等院校当年录取残疾考生数(人)	Number of disabled candidates admitted by ordinary institutions of higher learning(person)	606	731	638	857	889

注：1.资料来源于省残联。2. 2017年统计方法制度调整，“贫困白内障患者免费手术、盲人定向行走训练”整合为“复明手术、定向行走等训练”，“低视力者配用助视器”更名为“盲杖、助视器等适配服务”。3.“智残儿童机构康复训练”统计口径为0-6岁智残儿童。

Note: 1. The data in the table are provided by the Disabled Federation of Guizhou Province. 2. According to the Adjustment of statistical methods and systems in 2017, "Free Surgeries for Poor Cataract Patients" and " Blind Persons Receiving Orientation Skill Training" are combined into "Rehabilitation Surgery, Directional Walking and Other Training", and "Persons with Low-vision Fitted with Vision-aids" is renamed as "Tactile Sticks, Visual Aids and Other Ancillary Services". 3. The statistical caliber of "Children with Intellectual Disability Receiving Rehabilitation Training at Institutions" is 0-6 years old children with intellectual disability.

3-7 续表 Continued

单位:人 (person)

指 标	Item	2017	2018	2019	2020	2021
就 业	**Employment**	**335241**	**343664**	**331707**	**333935**	**365930**
城镇残疾人就业	Employed PWDs in Urban Areas	34005	35984	34262	33845	37654
农村残疾人就业	Employed PWDs in Rural Areas	301236	307680	297445	300090	328276
按比例就业	Employed by Quote Scheme	7758	9212	8492	8702	9730
#城镇残疾人	Urban disabled	4504	5292	4601	4482	4984
农村残疾人	Rural disabled	3249	3920	3891	4220	4746
集中就业	Employed in Collective Form	5745	6137	6220	6399	6719
#城镇残疾人	Urban disabled	1548	1545	1402	1408	1466
农村残疾人	Rural disabled	4196	4592	4818	4991	5253
个体及其他形式就业	Self-employed or Employed in Other Forms	20669	19132	19040	19357	21165
#城镇残疾人	Urban disabled	5022	4895	4488	4397	4603
农村残疾人	Rural disabled	13575	14237	14552	14960	16562
公益性岗位安置	Employed at Public Institution	1398	1645	2054	3036	4024
#城镇残疾人	Urban disabled	767	803	787	778	784
农村残疾人	Rural disabled	630	842	1267	2258	3240
辅助性就业	Auxiliary employment	3055	2986	2866	2860	2926
#城镇残疾人	Urban disabled	692	648	589	566	541
农村残疾人	Rural disabled	2363	2338	2277	2294	2385
从事农业种养就业	Engaged in agricultural breeding and employment	202785	203914	191885	186164	198597
#城镇残疾人	Urban disabled	6766	6948	6734	6448	6941
农村残疾人	Rural disabled	195964	196966	185151	179716	191656
灵活就业	Flexible employment	44973	50647	53259	107417	122769
#城镇残疾人	Urban disabled	8664	10237	10403	15766	18335
农村残疾人	Rural disabled	36301	40410	42856	91651	104434
社区就业	Community employment	2069	1860	1897		
#城镇残疾人	Urban disabled	1093	873	774		
农村残疾人	Rural disabled	976	987	1123		
居家就业	Home employment	48931	48131	45994		
#城镇残疾人	Urban disabled	4949	4743	4484		
农村残疾人	Rural disabled	43982	43388	41510		
残疾人就业服务机构(个)	Employment Service Institutions for Handicapped (unit)	81	88	88	97	84
省	Provinces	1	1	1	1	1
市、州	Prefectures, Autonomous Prefectures	9	8	8	9	9
县、市、区	County, Cities	72	79	79	87	74
盲人按摩	**Massage by Persons with Visual Disability**					
保健按摩人员培训	Massage Therapists Training	710	717	412	206	435
医疗按摩人员培训	Keep-fit Massage Training	171	169	136		174
残联组织建设	**Organization Development of the Disabled Persons´ Federation**					
残联机关工作人员	Workers Working for the Disabled	2794	2650	2567	2600	2606

3-8 历年年末常住人口

Permanent Population at the Year-end over the Years

单位：万人 (10000 persons)

年 份 Year	合 计 Total	按城镇、乡村分 Grouped by Urban and Rural		按性别分 Grouped by Sex		性别比 Sex Ratio (女=100) (female=100)	年平均人口 Annual Average Population
		城 镇 Urban	乡 村 Rural	男 Male	女 Female		
1978	2686.40	323.97	2362.43	1364.82	1321.58	103.27	2663.27
1979	2730.99	520.82	2210.17	1386.93	1344.06	103.19	2708.70
1980	2776.67	543.18	2233.49	1409.61	1367.06	103.11	2753.83
1981	2826.78	528.41	2298.37	1439.89	1386.89	103.82	2801.73
1982	2875.21	542.13	2333.08	1470.43	1404.78	104.67	2851.00
1983	2901.46	550.96	2350.50	1484.73	1416.73	104.80	2888.33
1984	2931.85	854.14	2077.71	1501.55	1430.30	104.98	2916.65
1985	2972.18	883.18	2089.00	1522.93	1449.25	105.08	2952.02
1986	3025.86	909.55	2116.31	1550.90	1474.96	105.15	2999.02
1987	3072.58	1002.93	2069.65	1576.23	1496.35	105.34	3049.22
1988	3127.27	951.23	2176.04	1599.01	1528.26	104.63	3099.93
1989	3171.00	1000.26	2170.74	1628.85	1542.15	105.62	3149.14
1990	3267.53	1083.67	2183.86	1684.53	1583.00	106.41	3219.27
1991	3314.63	1238.48	2076.15	1709.31	1605.32	106.48	3291.08
1992	3360.96	2256.05	1104.91	1735.46	1625.50	106.76	3337.80
1993	3408.69	2324.92	1083.77	1761.65	1647.04	106.96	3384.83
1994	3458.41	2371.06	1087.35	1789.32	1669.09	107.20	3433.55
1995	3508.08	2408.78	1099.30	1815.63	1692.45	107.28	3483.25
1996	3555.41	2457.33	1098.08	1840.38	1715.03	107.31	3531.75
1997	3605.81	2503.75	1102.06	1866.48	1739.33	107.31	3580.61
1998	3657.60	2539.76	1117.84	1893.29	1764.31	107.31	3631.70
1999	3710.06	2539.80	1170.26	1920.40	1789.66	107.30	3683.83
2000	3755.72	896.49	2859.23	1968.00	1787.72	110.08	3732.89
2001	3798.51	910.12	2888.39	1973.41	1825.10	108.13	3777.12
2002	3837.28	932.11	2905.17	1993.15	1844.13	108.08	3817.90
2003	3869.66	958.52	2911.14	2010.22	1859.44	108.11	3853.47
2004	3903.70	1025.89	2877.81	2022.22	1881.48	107.48	3886.68
2005	3730	1002.25	2727.75	1920.55	1809.45	106.14	3717.61
2006	3690	1013.27	2676.73	1908.85	1781.15	107.17	3710
2007	3632	1025.68	2606.32	1879.70	1752.30	107.27	3661
2008	3596	1046.79	2549.21	1868.73	1727.27	108.19	3614
2009	3537	1057.21	2479.79	1827.56	1709.44	106.91	3567
2010	3479	1176.25	2302.75	1797.43	1681.57	106.89	3508
2011	3530	1236.56	2293.44	1832.88	1697.12	108.00	3505
2012	3587	1302.08	2284.92	1872.41	1714.59	109.20	3558.50
2013	3632	1376.16	2255.84	1890.15	1741.85	108.50	3609.50
2014	3677	1479.62	2197.38	1905.49	1771.51	107.56	3654.50
2015	3708	1592.96	2115.04	1912.44	1795.56	106.54	3692.50
2016	3758	1712.14	2045.86	1938.14	1819.86	106.50	3733.00
2017	3803	1816.31	1986.69	1960.90	1842.10	106.45	3780.50
2018	3822	1893.42	1928.58	1974.65	1847.35	106.89	3812.50
2019	3848	1980.95	1867.05	1971.54	1876.46	105.07	3835.00
2020	3858	2050.53	1807.47	1971.44	1886.56	104.50	3853.00
2021	3852	2092.79	1759.21	1971.00	1881.00	104.78	3855.00

注：1. 1984年前数据为公安、统计共同数据，1985年起为统计局抽样调查推算数据。2. 2000年及以后的城镇、乡村人口的划分标准按国家统计局1999年发布的《关于统计上划分城乡的规定》计算，与以前年份数据不可比。3. 2005年及以后为常住半年口径。4. 2006-2009年常住总人口数据已根据第六次人口普查资料进行修订、2011-2019年常住人口数据已根据第七次全国人口普查资料进行修订（下表同）。

Note: 1.The data before 1984 were the common data from public security and statistics, and since 1985, they have been the calculated data of sampling survey of the Bureau of statistics. 2. Since 2000, standards of grouping rural and urban residents have been calculated on the basis of Statistical Partition Ordain about Urban or Rural that had been issued by National Bureau of Statistial in 1999, so the data are not comparable with the preceding years. 3. Population cablier refers to permanent population in half a year scope from 2005. 4. The data of total permanent population from 2006 to 2009 were revised according to the sixth national population census, and the data of permanent population from 2011 to 2019 were revised according to the seventh national population census (the same applies to the next table).

3-9 历年人口自然变动

Natural Change of Population over the Years

单位：万人 (10000 persons)

年 份 Year	出 生 Birth		死 亡 Death		自然增长 Natural Growth	
	人 数 Number of Persons	率(‰) Rate(‰)	人 数 Number of Persons	率(‰) Rate(‰)	人 数 Number of Persons	率(‰) Rate(‰)
1978	76.22	28.62	19.65	7.38	56.57	21.24
1979	72.84	26.89	19.23	7.10	53.61	19.79
1980	68.02	24.70	19.39	7.04	48.63	17.66
1981	66.46	23.72	21.07	7.52	45.39	16.20
1982	70.73	24.81	21.67	7.60	49.06	17.21
1983	60.11	20.81	26.46	9.16	33.65	11.65
1984	54.98	18.85	21.29	7.30	33.69	11.55
1985	59.97	20.33	17.43	5.91	42.54	14.42
1986	72.04	24.11	18.08	6.05	53.96	18.06
1987	71.77	23.69	25.87	8.54	45.90	15.15
1988	73.76	23.81	18.62	6.01	55.14	17.80
1989	67.08	21.23	21.58	6.83	45.50	14.40
1990	74.13	23.09	25.36	7.90	48.77	15.19
1991	72.96	22.42	26.39	8.11	46.57	14.31
1992	73.61	22.40	28.00	8.52	45.61	13.88
1993	74.96	22.6	28.19	8.50	46.77	14.10
1994	76.93	22.92	27.32	8.14	49.61	14.78
1995	76.14	21.86	26.47	7.60	49.67	14.26
1996	77.88	22.05	27.16	7.69	50.72	14.36
1997	79.31	22.15	27.46	7.67	51.85	14.48
1998	79.97	22.02	28.18	7.76	51.79	14.26
1999	80.75	21.92	28.29	7.68	52.46	14.24
2000	76.86	20.59	28.11	7.53	48.75	13.06
2001	70.10	18.56	27.31	7.23	42.79	11.33
2002	68.57	17.96	27.53	7.21	41.04	10.75
2003	61.31	15.91	26.47	6.87	34.84	9.04
2004	58.61	15.08	24.68	6.35	33.93	8.73
2005	54.00	14.59	25.00	7.21	29.00	7.38
2006	51.83	13.97	24.89	6.71	26.94	7.26
2007	48.62	13.28	24.16	6.60	24.46	6.68
2008	48.75	13.49	24.47	6.77	24.28	6.72
2009	48.68	13.65	23.86	6.69	24.82	6.96
2010	48.52	13.96	22.76	6.55	25.76	7.41
2011	46.24	13.31	24.07	6.93	22.17	6.38
2012	46.13	13.27	24.20	6.96	21.93	6.31
2013	45.58	13.05	24.97	7.15	20.61	5.90
2014	45.50	12.98	25.17	7.18	20.33	5.80
2015	45.74	13.00	25.34	7.20	20.40	5.80
2016	47.40	13.43	24.46	6.93	22.94	6.50
2017	50.05	13.98	24.63	6.88	25.42	7.10
2018	49.90	13.90	24.59	6.85	25.31	7.05
2019	49.30	13.65	25.10	6.95	24.20	6.70
2020	52.79	13.70	27.63	7.17	25.16	6.53
2021	46.92	12.17	27.72	7.19	19.20	4.98

3-10 历年户籍人口

Household Registered Population over the Years

单位:万人 (10000 persons)

年 份 Year	年末总人口 Total Population at the Year-end	按农业非农业分 Grouped by Agriculture and Non-agriculture		占总人口比重(%) Proportion(%)	
		农 业 Agriculture	非农业 Non-agriculture	农 业 Agriculture	非农业 Non-agriculture
1978	2686.40	2380.52	305.88	88.6	11.4
1979	2730.99	2416.67	314.32	88.5	11.5
1980	2776.67	2456.37	320.30	88.5	11.5
1981	2826.78	2500.74	326.04	88.5	11.5
1982	2875.21	2544.10	331.11	88.5	11.5
1983	2901.46	2564.92	336.54	88.4	11.6
1984	2931.85	2588.11	343.74	88.3	11.7
1985	2967.91	2609.04	358.87	87.9	12.1
1986	3007.99	2643.57	364.42	87.9	12.1
1987	3051.39	2678.60	372.79	87.8	12.2
1988	3143.94	2760.47	383.47	87.8	12.2
1989	3184.05	2793.35	390.70	87.7	12.3
1990	3236.97	2840.21	396.76	87.7	12.3
1991	3271.40	2868.27	403.13	87.7	12.3
1992	3300.97	2887.95	413.02	87.5	12.5
1993	3332.30	2910.71	421.59	87.3	12.7
1994	3380.58	2927.54	453.04	86.6	13.4
1995	3419.54	2957.32	462.22	86.5	13.5
1996	3459.54	2979.85	479.69	86.1	13.9
1997	3495.50	3004.76	490.74	86.0	14.0
1998	3536.54	3032.50	504.04	85.7	14.3
1999	3582.05	3063.23	518.82	85.5	14.5
2000	3676.63	3144.98	531.65	85.5	14.5
2001	3710.20	3156.33	553.87	85.1	14.9
2002	3747.68	3175.17	572.51	84.7	15.3
2003	3786.84	3196.70	590.14	84.4	15.6
2004	3831.19	3224.62	606.57	84.2	15.8
2005	3867.73	3258.05	609.68	84.2	15.8
2006	3921.91	3295.08	626.83	84.0	16.0
2007	3985.04	3346.09	638.95	84.0	16.0
2008	4036.75	3385.66	651.09	83.9	16.1
2009	4090.78	3429.36	661.43	83.8	16.2
2010	4189.00	3512.92	676.07	83.9	16.1
2011	4238.44	3551.18	687.26	83.8	16.2
2012	4249.48	3557.14	692.34	83.7	16.3
2013	4286.15	3584.17	701.98	83.6	16.4
2014	4325.49	3616.27	709.22	83.6	16.4
2015	4395.33				
2016	4452.80				
2017	4474.94				
2018	4528.63				
2019	4571.45				
2020	4620.12				
2021	4637.32				

注:资料来源于省公安厅。1984年及以前为公安、统计共同使用的数据,1985年起为公安户籍人口统计口径。2015年户籍制度改革,取消农业、非农业之分。

Note: The data in the table are provided by Guizhou Provincial Public Security Department. The data in 1984 and before were the common data used by the public security and bureau of statistics, the datafrom 1985 and after are registered residence population of public security. The 2015 reform of the household registration system abolished the distinction between agriculture and non-agricultrue.

主要统计指标解释

总人口 指一定时间、一定地区范围内的有生命的个人的总和。年度统计的年末人口数指每年12月31日24时的人口数。

城镇人口和乡村人口 城镇人口是指居住在城镇范围内的全部常住人口;乡村人口是除上述人口以外的全部人口。

出生率(又称粗出生率) 指在一定时期内(通常为一年)一定地区的出生人数与同期内平均人数之比,用千分率表示。本资料中的出生率指年出生率,其计算公式为:

$$出生率=\frac{年出生人数}{年平均人数}\times 1000‰$$

公式中:出生人数指活产婴儿,即胎儿脱离母体时(不管怀孕月数),有过呼吸或其他生命现象。年平均人数指年初、年底人口数的平均数,也可用年中人口数代替。

死亡率(又称粗死亡率) 指在一定时期内(通常为一年)一定地区的死亡人数与同期内平均人数之比,用千分率表示。本资料中的死亡率指年死亡率,其计算公式为:

$$死亡率=\frac{年死亡人数}{年平均人数}\times 1000‰$$

人口自然增长率 指在一定时期内(通常为一年)人口自然增加数(出生人数减死亡人数)与该时期内平均人数之比,用千分率表示。计算公式为:

$$人口自然增长率=\frac{本年出生人数-本年死亡人数}{年平均人数}\times 1000‰$$
$$=人口出生率-人口死亡率$$

Explanatory Notes on Main Statistical Indicators

Total Population refers to the total number of living individuals within a given time and area. The annual statistics on total population is taken at midnight, the 31st of December.

Urban Population and Rural Population Urban population refers to all people residing in cities and towns, while rural population refers to population other than urban population.

Birth Rate (or Crude Birth Rate) refers to the ratio of the number of births to the average population during a certain period of time (usually a year), expressed in ‰. Birth rate in the chapter refers to annual birth rate. The following formula is used:

$$\text{Birth Ratio}=\frac{\text{Number of Births}}{\text{Annual Average Population}}\times 1000‰$$

Number of births in the formula refers to live births, i.e. when a baby has breathed or showed any vital phenomena regardless of the length of pregnancy.

Annual average population is the average of the number of population at the beginning of the year and that at the end of the year. Sometimes it is substituted by the mid-year population.

Death Rate(or Crude Death Rate) refers to the ratio of the number of deaths to the average population during a certain period of time (usually a year), expressed in ‰. Death rate in the chapter refers to annual death rate. The following formula is used:

$$\text{Death Ratio}=\frac{\text{Number of Death}}{\text{Annual Average Population}}\times 1000‰$$

Natural Growth Rate of Population refers to the ratio of natural increase in population (number of births minus number of deaths) in a certain period of time (usually a year) to the average population of the same period, expressed in ‰. The following formula is applied:

$$\text{Natural Growth Rate of Population}=\frac{\text{Number of Births}-\text{Number of Death}}{\text{Annual Average Population}}\times 1000‰$$

$$=\text{Birth Rate}-\text{Death Rate}$$

就业人员和职工工资

Employment and Wages

4

简 要 说 明

一、主要内容

本篇资料反映劳动经济方面的基本情况，如：经济活动人口数，就业人员数，城镇登记失业人数，就业人员工资总额，平均工资等。

二、统计范围及统计调查方法

《劳动工资统计报表制度》的调查范围为全部地域法人单位；《培训就业统计报表制度》的填报范围为全省就业服务和职业介绍机构；私营企业及个体工商业统计范围为全社会。

本篇“城镇单位”均指“城镇非私营单位”。

劳动工资统计中，一套表单位采用全面调查方法，非一套表单位采用抽样调查方法；就业统计及私营企业和个体工商业统计利用行政登记资料加工整理。

三、资料来源

1. 就业基本情况及分组资料、工资总额等资料，由省统计局人口和就业统计处根据《劳动工资统计报表制度》搜集资料，加工整理。

2. 城镇新增就业、城镇登记失业人数，由省人力资源社会保障厅整理提供。

3. 私营企业及个体工商户数，由省市场监督管理局整理提供。

Brief Introduction

I. Main Contents

The data in this chapter show the basic conditions of the labour economy, such as the economically active population, number of employed persons, number of registered unemployed persons in urban areas, total wages bills of employed persons and average wages, etc.

II. Scope and Methodology of Statistics

The Reporting Form System on Labour Wage Statistics covers corporate units in all urban area. The Reporting Form System on Training and Employment Statistics covers all agencies and units providing employment services and job centers. The scope of statistics on private enterprises and self- employed individuals covers the whole province.

In this chapter, urban corporate units refer to non-private urban corporate units.

In labor wage statistics, a set of table units adopts the comprehensive survey method, and a non-set of table units adopts the sample survey method. Statistics on employment, private enterprises and self-employed individuals are collected and compiled on basis of administrative registering records.

III. Sources of Data

(1) The data on basic conditions of employment, data by groups, total wage bills of staff and workers are collected and compiled through the Reporting Form System on Labour Wage Statistics by the Department of Population and Employment Statistics of Guizhou Provincial Bureau of Statistics.

(2) The data on the urban new employment conditions and on the number of registered unemployed persons in urban areas are provided by the Ministry of Human Resources and Social Security of Guizhou Province.

(3) The number of private enterprises and individual industrial and commercial households shall be compiled and provided by the Administration for Market Regulation of Guizhou Province.

4-1 全社会就业人员

Number of Employed Personnels

指　　标	Item	2017	2018	2019	2020	2021	2021年比2020年增长(%) Increase Rate in 2021 over 2020(%)
就业人员(万人)	**Number of Employed Persons (10000 persons)**	**1881.00**	**1886.00**	**1888.00**	**1892.00**	**1886.00**	**-0.32**
按产业分	**Grouped by Three Strata of Industry**						
第一产业	Primary Industry	828.02	764.96	700.45	634.00	618.00	-2.52
第二产业	Secondary Industry	391.81	417.94	443.49	472.00	475.00	0.64
第三产业	Tertiary Industry	661.17	703.10	744.06	786.00	793.00	0.89
按城乡分	**Grouped by Urban and Rural Areas**						
城镇	Urban Area	794.19	856.07	909.90	977.00	995.00	1.84
乡村	Rural Area	1086.81	1029.93	978.10	915.00	891.00	-2.62

4-2 城镇单位就业人员及平均工资

Number of Employed Persons and Wages in Urban Units

指　　标	Item	2017	2018	2019	2020	2021	2021年比2020年增长(%) Increase Rate in 2021over 2020(%)
城镇单位就业人数(万人)	**Number of Employed Persons in Urban Units (10000 persons)**	**450.5**	**443.29**	**458.93**	**481.02**	**480.99**	**-0.0**
非私营单位就业人数(万人)	Number of Employed Persons in Non-private Units(10000 persons)	315.22	308.54	321.08	335.29	336.71	0.4
非私营单位在岗职工人数(万人)	Total Number of Staff and Workers of Non-privately-owned Unit (10000 persons)	285.46	274.96	290.39	303.36	307.58	1.4
私营单位就业人数(万人)	Number of Engaged Persons in Private Units(10000 persons)	135.28	134.75	137.85	145.73	144.28	-1.0
城镇单位就业人员平均工资(元)	**Average Wage of Employed Persons in Urban Units (yuan)**	**62924**	**67952**	**72113**	**76547**	**81570**	**6.6**
非私营单位就业人员平均工资(元)	Average Wage of Employed Persons in Non-private Units(yuan)	71795	78316	83298	89228	94487	5.9
非私营单位在岗职工平均工资(元)	Average Wage of Staff and Workers of Non-privately-owned Unit (yuan)	75109	82597	87970	94276	99324	5.4
私营单位就业人员平均工资(元)	Average Wage of Engaged Persons in Private Units(yuan)	41796	43582	45526	47381	51557	8.8

注:在岗职工包含劳务派遣人员(以下相关表同)。

Note:The staff at work include labor dispatching personnels (the related tables in the chapter are the same).

4-3 非私营单位就业人员年末人数(2021)

Number of Employed Persons in Non-private Units at Year-end

单位:人 (person)

指 标	Item	就业人员 Number of Employed Persons	国有单位 Stateowned Units	集体单位 Collective-owned Units	其他单位 Unit of Other Type of Ownership
总 计	**Total**	**3367140**	**1744417**	**26962**	**1595760**
按企事业、机关分	**By Enterprises,Institutions and Agencies**				
企 业	Enterprises	1776318	167184	22194	1586940
政 府	Governments	1573131	1570176	1483	1472
民间非营利组织	Private Non-profit Organizations	17500	7039	3255	7206
其 他	Others	191	18	30	143
按产业分	**By Three Strata of Industry**				
第一产业	Primary Industry	11743	2226	352	9165
第二产业	Secondary Industry	961524	84362	8286	868876
第三产业	Tertiary Industry	2393873	1657830	18324	717720
按国民经济行业分	**By Sector**				
农、林、牧、渔业	Farming, Forestry, Animal Husbandry and Fishery	11743	2226	352	9165
采矿业	Mining	142831	2488	254	140089
制造业	Manufacturing	310818	5360	1129	304330
电力、热力、燃气及水生产和供应业	Production and Supply of Electricity, Heat, Gas and Water	95951	47636	325	47990
建筑业	Construction	411923	28878	6578	376467
批发和零售业	Wholesale and Retail Trades	120272	20638	833	98801
批发业	Wholesale	60177	18870	523	40785
零售业	Retail Trades	60096	1768	311	58016
交通运输、仓储和邮政业	Transport,Storage and Post	129854	8966	908	119979
住宿和餐饮业	Hotels and Catering Services	28861	2253	413	26195
信息传输、软件和信息技术服务业	Information Transmission, Software and Information Technology	45508	3940	2	41565
金融业	Financial Intermediation	141792	2942	2397	136452
房地产业	Real Estate	103725	2589	734	100402
租赁和商务服务业	Leasing and Business Services	78804	9922	5412	63470
租赁业	Leasing Services	1282	18	0	1264
商务服务业	Business Services	77522	9904	5412	62206
科学研究、技术服务业	Scientific Research and Technic Services	55220	27581	336	27303
水利、环境和公共设施管理业	Management of Water Conservancy, Environment and Public Facilities	50808	14859	187	35761
居民服务、修理和其他服务业	Services to Households, Repair and Other Services	17453	3064	415	13973
教 育	Education	578604	551382	4605	22617
卫生和社会工作	Health and Social Services	293657	271939	1874	19844
卫 生	Health	288825	267917	1649	19258
社会工作	Social Services	4833	4022	225	586
文化、体育和娱乐业	Culture,Sports and Entertainment	24825	13443	54	11329
#新闻和出版业	News Publishing Companies	4855	2218	0	2637
广播、电视、电影和影视录音制作业	Radio, Television, Movies and Video Recordings	4629	3338	0	1291
体 育	Sports	2437	893	27	1517
公共管理、社会保障和社会组织	Public Management, Social Securities and Social Organizations	724491	724310	153	28

4-4 非私营单位女性就业人员年末人数(2021)

Number of Employed Female in Non-private Units at the Year-end

单位:人 (person)

行业	Sector	女性就业人员数 Number of Employed Female	国有单位 Stateowned Units	集体单位 Collective-owned Units	其他单位 Unit of Other Type of Ownership
总计	**Total**	**1337325**	**808562**	**10134**	**518629**
农、林、牧、渔业	Farming,Forestry,Animal Husbandry and Fishery	4424	574	126	3724
采矿业	Mining and Quarrying	15450	231	18	15201
制造业	Manufacturing	107620	1513	468	105640
电力、热力、燃气及水生产和供应业	Production and Supply of Electricity, Heat, Gas and Water	25259	12472	82	12705
建筑业	Construction	66695	2778	1382	62535
批发和零售业	Wholesale and Retail Trades	55962	5016	308	50639
批发业	Wholesale	19902	4175	182	15545
零售业	Retail Trades	36060	841	125	35094
交通运输、仓储和邮政业	Transport,Storage and Post	36721	2575	380	33766
住宿和餐饮业	Hotels and Catering Services	18193	1417	277	16499
信息传输、软件和信息技术服务业	Information Transmission, Software and Information Technology	18206	1640	0	16566
金融业	Financial Intermediation	70720	1190	1036	68494
房地产业	Real Estate	40783	1053	307	39422
租赁和商务服务业	Leasing and Commerce Services	29038	3552	665	24821
租赁业	Leasing Services	383	7	0	376
商务服务业	Commerce Services	28656	3545	665	24445
科学研究、技术服务业	Scientific Research,Technic Services	15803	8301	96	7407
水利、环境和公共设施管理业	Management of Water Conservancy, Environment and Public Facilities	26672	6795	106	19770
居民服务、修理和其他服务业	Services to Households Repair and Other Services	9677	1705	170	7802
教育	Education	333825	316609	3345	13872
卫生和社会工作	Health and Social Services	200789	185381	1271	14137
卫生	Health	197685	182831	1119	13734
社会工作	Social Services	3103	2549	152	402
文化、体育和娱乐业	Culture,Sports and Entertainment	11963	6333	19	5611
#新闻和出版业	News Publishing Companies	2353	1080	0	1273
广播、电视、电影和影视录音制作业	Broadcasting,Television,Film and Video Trade	2162	1518	0	643
体育	Sports	1021	366	5	650
公共管理、社会保障和社会组织	Public Administration Social Securities and Social Organizations	249524	249428	79	17

4-5 非私营单位各行业在岗职工年末人数(2021)

Working Staff and Workers in Non-private Units at the Year-end by Sector

单位:人 (person)

指 标	Item	职工人数 Number of Staff and Workers	国有单位 Stateowned Units	集体单位 Collective-owned Units	其他单位 Unit of Other Type of Ownership
总 计	**Total**	**3075792**	**1568782**	**24757**	**1482253**
按企事业、机关分	**By Enterprises,Institutions and Agencies**				
企 业	Enterprises	1649053	155467	19996	1473589
政 府	Governments	1409812	1406876	1481	1455
民间非营利组织	Private Non-profit Organizations	16737	6421	3250	7066
其 他	Others	190	18	30	142
按产业分	**By Three Strata of Industry**				
第一产业	Primary Industry	9945	1936	196	7813
第二产业	Secondary Industry	902247	78348	6528	817371
第三产业	Tertiary Industry	2163600	1488498	18033	657069
按国民经济行业分	**By Sector**				
农、林、牧、渔业	Farming,Forestry,Animal Husbandry and Fishery	9945	1936	196	7813
采矿业	Mining	140873	2476	254	138143
制造业	Manufacturing	303858	4859	1085	297914
电力、热力、燃气及水生产和供应业	Production and Supply of Electricity, Heat, Gas and Water	94458	47110	319	47029
建筑业	Construction	363058	23903	4870	334285
批发和零售业	Wholesale and Retail Trades	116225	18662	802	96761
批发业	Wholesale	57376	16975	491	39910
零售业	Retail Trades	58850	1688	311	56851
交通运输、仓储和邮政业	Transport,Storage and Post	126294	8777	886	116630
住宿和餐饮业	Hotels and Catering Services	27906	2221	412	25273
信息传输、软件和信息技术服务业	Information Transmission,Software and Information Technology	44358	3875	2	40481
金融业	Financial Intermediation	98199	2916	2384	92899
房地产业	Real Estate	100810	2343	654	97814
租赁和商务服务业	Leasing and Business Services	75622	9422	5337	60864
租赁业	Leasing Services	1264	18	0	1246
商务服务业	Business Services	74358	9404	5337	59618
科学研究、技术服务业	Scientific Research and Technic Services	52557	26034	323	26200
水利、环境和公共设施管理业	Management of Water Conservancy, Environment and Public Facilities	44634	10122	184	34328
居民服务、修理和其他服务业	Services to Households Repair and Other Services	16670	2642	394	13633
教 育	Education	535533	508825	4596	22112
卫生和社会工作	Health and Social Services	272597	251219	1857	19520
卫 生	Health	268319	247739	1632	18948
社会工作	Social Services	4278	3480	225	573
文化、体育和娱乐业	Culture,Sports and Entertainment	23192	12611	54	10527
#新闻和出版业	News Publishing Company	4767	2155	0	2612
广播、电视、电影和影视录音制作业	Radio, Television, Movies and Video Recordings	4256	3280	0	976
体 育	Sports	2161	671	27	1463
公共管理、社会保障和社会组织	Public Management, Social Securities and Social Organizations	629004	628828	149	27

4-6 非私营单位在岗职工工资总额(2021)

Total Wages Bill of Working Staff and Workers in Non-private Units

单位:亿元

(100 million yuan)

指 标	Item	工资总额 Total Wage Bill	国有单位 Stateowned Units	集体单位 Collective-owned Units	其他单位 Unit of Other Type of Ownership
总 计	**Total**	**3009.94**	**1627.27**	**18.04**	**1364.64**
按企事业、机关分	**By Enterprises,Institutions and Agencies**				
企 业	Enterprises	1551.66	178.78	14.53	1358.35
政 府	Governments	1447.16	1444.02	1.72	1.42
民间非营利组织	Private non-profit organizations	10.99	4.46	1.77	4.76
其 他	Else	0.13	0.01	0.01	0.11
按产业分	**By Three Strata of Industry**				
第一产业	Primary Industry	6.12	1.67	0.07	4.38
第二产业	Secondary Industry	794.16	88.44	3.57	702.15
第三产业	Tertiary Industry	2209.67	1537.16	14.39	658.11
按国民经济行业分	**By Sector**				
农、林、牧、渔业	Farming,Forestry,Animal Husbandry and Fishery	6.12	1.67	0.07	4.38
采矿业	Mining	115.47	2.23	0.13	113.12
制造业	Manufacturing	277.19	3.18	0.63	273.39
电力.热力.燃气及水生产和供应业	Production and Supply of Electricity,Heat,Gas and Water	121.41	63.59	0.14	57.67
建筑业	Construction	280.08	19.43	2.68	257.97
批发和零售业	Wholesale and Retail Trades	106.28	31.50	0.38	74.40
批发业	Wholesale	68.44	30.11	0.24	38.09
零售业	Retail Trades	37.84	1.39	0.13	36.32
交通运输、仓储和邮政业	Transport,Storage and Post	129.95	6.79	0.59	122.57
住宿和餐饮业	Hotels and Catering Services	13.96	1.24	0.18	12.53
信息传输、软件和信息技术服务业	Information Transmission,Software and Information Technology	53.39	5.18	0.00	48.22
金融业	Financial Intermediation	186.90	3.66	5.23	178.02
房地产业	Real Estate	81.21	1.44	0.42	79.35
租赁和商务服务业	Leasing and Business Services	52.71	6.27	2.69	43.75
租赁业	Leasing Services	0.91	0.01		0.90
商务服务业	Business Services	51.80	6.27	2.69	42.85
科学研究、技术服务业	Scientific Research and Technic Services	58.35	28.02	0.26	30.07
水利、环境和公共设施管理业	Management of Water Conservancy, Environment and Public Facilities	26.63	7.93	0.11	18.59
居民服务、修理和其他服务业	Services to Households Repair and Other Services	8.48	2.18	0.26	6.05
教 育	Education	535.19	516.03	2.32	16.84
卫生和社会工作	Health and Social Service	311.93	291.23	1.80	18.90
卫 生	Health	309.32	289.00	1.69	18.63
社会工作	Social Service	2.61	2.23	0.11	0.27
文化、体育和娱乐业	Culture,Sports and Entertainment	21.59	12.77	0.02	8.80
#新闻和出版业	News Publishing Company	5.72	2.19		3.53
广播.电视.电影和影视录音制作业	Radio,Television,Movies and Video Recordings	4.48	3.83		0.64
体 育	Sports	1.51	0.55	0.01	0.95
公共管理、社会保障和社会组织	Public Management Social Securities and Social Organization	623.09	622.93	0.13	0.03

4-7 非私营单位各行业在岗职工平均工资(2021)

Average Wages of Working Staff and Workers in Non-private Units by Sector

单位:元 (yuan)

指标	Item	平均工资 Average Wage	国有单位 Stateowned Units	集体单位 Collective-owned Units	其他单位 Unit of Other Type of Ownership
总计	**Total**	**99324**	**104471**	**71308**	**94275**
按企事业、机关分	**By Enterprises, Institutions and Agencies**				
企业	Enterprises	96138	115833	70643	94390
政府	Governments	103385	103373	116465	101192
民间非营利组织	Private Non-profit Organizations	66757	69989	55115	69205
其他	Others	64867	43611	41367	72265
按产业分	**By Three Industries**				
第一产业	Primary Industry	63394	85173	35498	58434
第二产业	Secondary Industry	91779	113613	53664	89927
第三产业	Tertiary Industry	102514	104015	78068	99832
按国民经济行业分	**By Sector**				
农、林、牧、渔业	Farming, Forestry, Animal Husbandry and Fishery	63394	85173	35498	58434
采矿业	Mining	87527	108821	49910	87265
制造业	Manufacturing	93928	65441	57023	94548
电力、热力、燃气及水生产和供应业	Production and Supply of Electricity, Heat, Gas andWater	126568	130480	44699	123059
建筑业	Construction	81816	87565	53691	81856
批发和零售业	Wholesale and Retail Trades	91457	166733	46985	77090
批发业	Wholesale	119711	175091	49061	96471
零售业	Retail Trades	64096	81954	43624	63674
交通运输、仓储和邮政业	Transport,Storage and Post	102538	76166	65551	104835
住宿和餐饮业	Hotels and Catering Services	50292	58709	43644	49695
信息传输、软件和信息技术服务业	Information Transmission, Software and Information Technology	119635	132863	20000	118374
金融业	Financial Intermediation	190319	127335	216896	191577
房地产业	Real Estate	78619	61965	64107	79099
租赁和商务服务业	Leasing and Business Services	71264	66760	46488	74424
租赁业	Leasing Services	71548	54824		71774
商务服务业	Business Services	71259	66782	46488	74482
科学研究、技术服务业	Scientific Research and Technic Services	112145	109105	80232	115540
水利、环境和公共设施管理业	Management of Water Conservancy, Environment and Public Facilities	57432	77375	56349	51749
居民服务、修理和其他服务业	Services to Households Repair and Other Services	51631	84783	63776	44944
教育	Education	100736	102173	51754	77470
卫生和社会工作	Health and Social Services	116165	117715	97883	98016
卫生	Health	117057	118477	104529	99624
社会工作	Social Services	60968	64176	48454	46591
文化、体育和娱乐业	Culture,Sports and Entertainment	90119	101876	35000	77440
#新闻和出版业	News Publishing Company	119556	102348		133492
广播、电视、电影和影视录音制作业	Radio, Television, Movies and Video Recordings	103415	116876		61307
体育	Sports	66115	84310	30478	59188
公共管理、社会保障和社会组织	Public Management Social Securities and Social Organizations	99518	99521	89662	94926

4-8 非私营单位各行业从业人员平均工资(2021)

Average Wages of Employees in Non-private Units by Sector

单位:元 (yuan)

指 标	Item	平均工资 Average Wage	国有单位 Stateowned Units	集体单位 Collective-owned Units	其他单位 Unit of Other Type of Ownership
总 计	**Total**	**94487**	**97953**	**70025**	**91066**
按企事业、机关分	**By Enterprises,Institutions and Agencies**				
企 业	Enterprises	92940	112802	69122	91159
政 府	Governments	96540	96518	116352	100101
民间非营利组织	Private Non-profit Organizations	65365	66467	55131	68974
其 他	Others	64462	43611	41367	71536
按产业分	**By Three Industries**				
第一产业	Primary Industry	57459	76325	34884	53645
第二产业	Secondary Industry	90177	110316	52969	88484
第三产业	Tertiary Industry	96342	97352	77482	94525
按国民经济行业分	**By Sector**				
农、林、牧、渔业	Farming, Forestry, Animal Husbandry and Fishery	57459	76325	34884	53645
采矿业	Mining	87356	108400	49910	87100
制造业	Manufacturing	92949	61966	56438	93654
电力、热力、燃气及水生产和供应业	Production and Supply of Electricity, Heat, Gas and Water	125216	129405	44106	121462
建筑业	Construction	80317	85315	52917	80371
批发和零售业	Wholesale and Retail Trades	91019	162239	46721	76401
批发业	Wholesale	118670	169976	48568	95461
零售业	Retail Trades	63581	79959	43624	63184
交通运输、仓储和邮政业	Transport,Storage and Post	101505	75358	64844	103778
住宿和餐饮业	Hotels and Catering Services	49925	58447	43600	49325
信息传输、软件和信息技术服务业	Information Transmission,Software and Information Technology	118727	132005	20000	117471
金融业	Financial Intermediation	142097	126688	216142	141112
房地产业	Real Estate	77398	57346	61057	78012
租赁和商务服务业	Leasing and Business Services	69595	65134	46299	72526
租赁业	Leasing Services	71080	54824		71297
商务服务业	Business Services	69570	65151	46299	72552
科学研究、技术服务业	Scientific Research and Technic Services	109495	106751	77549	112617
水利、环境和公共设施管理业	Management of Water Conservancy, Environment and Public Facilities	54507	63378	55636	50995
居民服务、修理和其他服务业	Services to Households Repair and Other Services	51168	80118	61321	44805
教 育	Education	95667	96789	51776	77002
卫生和社会工作	Health and Social Services	112348	113541	97387	97499
卫 生	Health	113268	114348	103890	99116
社会工作	Social Services	57954	60259	48454	46029
文化、体育和娱乐业	Culture,Sports and Entertainment	86242	97844	35000	73823
#新闻和出版业	News Publishing Company	118406	101080		132723
广播、电视、电影和影视录音制作业	Radio, Television, Movies and Video Recordings	96709	115197		51960
体 育	Sports	62140	71140	30478	57863
公共管理、社会保障和社会组织	Public Management, Social Securities and Social Organizations	90990	90991	87861	91893

4-9 按行业分私营企业户数(2021)

Number of Private Enterprise Households by Industry

指 标	Item	私营企业户数(户) Number of Private Enterprises (household)		
		期末实有 The Final Actual	本期登记 This Registration	本期注销 This Cancellation
总 计	**Total**	**796002**	**129524**	**63760**
农、林、牧、渔业	Farming,Forestry,Animal Husbandry and Fishery	95324	7791	6528
采矿业	Mining and Quarrying	6674	519	306
制造业	Manufacturing	70284	6349	4328
电力、热力、燃气及水生产和供应业	Production and Supply of Electricity, Heat, Gas and Water	2864	421	163
建筑业	Construction	78777	16717	4880
批发和零售业	Wholesale and Retail Trades	238268	42079	20017
交通运输、仓储和邮政业	Transport,Storage and Post	17503	3172	1446
住宿和餐饮业	Hotels and Catering Services	25564	2915	2804
信息传输、软件和信息技术服务业	Information Transmission, Software and Information Technology	34842	5531	3467
金融业	Financial Intermediation	2800	243	174
房地产业	Real Estate	22660	3778	1739
租赁和商务服务业	Leasing and Commerce Services	101324	17960	9283
科学研究、技术服务业	Scientific Research,Technic Services	31690	8134	2486
水利、环境和公共设施管理业	Management of Water Conservancy, Environment and Public Facilities	4367	487	327
居民服务、修理和其他服务业	Services to Households, Repair and Other Services	33313	6282	3271
教 育	Education	9451	2634	809
卫生和社会工作	Health and Social Services	3156	842	238
文化、体育和娱乐业	Culture,Sports and Entertainment	16155	3642	1430
其他行业	Others	986	28	64

注:资料来源于省市场监管局(下表同)。

Note: The data in the table are obtained from the Administration of Market Regulation of Guizhou Province (the same applies to the next table).

4-10 按行业分城乡个体工商户数(2021)

The Number of Individual Industrial and Commercial Households by Industry

指　标	Item	个体工商户数(户) Number of Individual Industrial and Commercial Households(Household)		
		期末实有 The Final Actual	本期登记 This Registration	本期注销 This Cancellation
总　计	**Total**	**2902854**	**580473**	**214493**
农、林、牧、渔业	Farming,Forestry,Animal Husbandry and Fishery	110489	20882	16480
采矿业	Mining and Quarrying	1924	38	110
制造业	Manufacturing	119970	15412	5031
电力、热力、燃气及水生产和供应业	Production and Supply of Electricity, Heat, Gas and Water	728	70	45
建筑业	Construction	12760	2878	1115
批发和零售业	Wholesale and Retail Trades	1531288	192417	108283
交通运输、仓储和邮政业	Transport,Storage and Post	35239	7144	2163
住宿和餐饮业	Hotels and Catering Services	509412	102568	50635
信息传输、软件和信息技术服务业	Information Transmission, Software and Information Technology	175967	117482	4863
金融业	Financial Intermediation	266	31	48
房地产业	Real Estate	928	303	127
租赁和商务服务业	Leasing and Commerce Services	96288	66536	3984
科学研究、技术服务业	Scientific Research,Technic Services	3480	1327	464
水利、环境和公共设施管理业	Management of Water Conservancy, Environment and Public Facilities	998	131	59
居民服务、修理和其他服务业	Services to Households, Repair and Other Services	272417	47538	18681
教　育	Education	2222	505	252
卫生和社会工作	Health and Social Services	4999	847	448
文化、体育和娱乐业	Culture,Sports and Entertainment	17536	4359	1464
其他行业	Others	5943	5	241

4-11 城镇新就业人数和失业人数

Number of Newly Employed Persons and Unemployed Persons in Urban Areas

单位:万人 (10000 persons)

指 标	Item	2017	2018	2019	2020	2021
新就业人数总计	Total Incremental Employed Personnels	80.58	82.69	81.25	67.52	71.22
#新增就业人数	Number of Newly Incremental employed persons	76.93	77.71	78.49	61.64	64.75
城镇登记失业人数	Number of Registered Unemployed Persons in Urban Areas	14.90	15.06	15.33	19.50	32.04
城镇登记失业率(%)	Registered Unemployment Rate in Urban Areas(%)	3.23	3.16	3.11	3.75	4.45

注:资料来源于省人力资源社会保障厅(以下相关表同)。

Note: The data in the table are obtained from Guizhou Human Resources and Social Security (the related tables in the chapter are the same).

4-12 下岗失业人员享受再就业优惠政策情况

Statistics of Re-employment Preferential Policies for Laid-off Workers

单位:人 (person)

指 标	Item	2017	2018	2019	2020	2021
下岗失业人员实现再就业	Laid-off Workers	143872	145381	146589	143727	144684
#就业困难对象实现就业	Residents Experiencing Employment Difficulty Employed	78247	77881	79276	75856	77212
消除零就业家庭(户)	Eliminate Zero-employment Families (household)	199	58	18	100	40
促进零就业家庭成员就业	Promoting Zero-employment Families Employed	216	87	18	100	51
从事城镇公益性岗位人数	Number of Persons Engaged in Urban Public-service Jobs	68546	60182	63133	55931	47330
享受职业培训补贴人数	Number of Persons Receiving Professional Training Subsidies	209226	429938	612449	380492	377875
享受技能鉴定补贴人数	Number of Persons Receiving Skill Identification Subsidies	52791	62888	60176	23872	17230
享受社会保险补贴人数	Number of Persons Receiving Social Insurance Subsidies	70316	58431	50321	65743	62064
使用就业再就业资金(万元)	Using Employment and Re-employment Funds(10000 yuan)	186839	220345	273009	248483	261501
#社会保险补贴	Social Insurance Subsidies	44203	48620	48790	43260	50591
岗位补贴	Post Subsidies	87842	85588	76155	60586	73817
职业培训补贴	Professional Training	36087	59814	65640	34744	34759

4-13 职业技能鉴定

Occupation Skill Appraisal

单位:人 (person)

指 标	Item	2017	2018	2019	2020	2021
参加职业技能鉴定	Number of Persons Joining in Occupation Skill Appraisal	221508	195109	152025	99452	154272
获取证书人数	Number of Persons with Qualification Certificates	193698	175326	136074	89271	85901
#高级技工	Advanced Mechanic	27548	27125	20943	15122	19511
#技 师	Technician	1243	799	969	1234	2457
#高级技师	Advanced Technician	345	312	302	361	630

4-14 历年就业人员

Employed Persons over the Years

单位:万人 (10000 persons)

年 份 Year	就业人员 Total Employed Persons	第一产业 Primary Industry	第二产业 Secondary Industry	第三产业 Tertiary Industry
1978	1053.67	872.89	108.26	72.52
1979	1060.62	873.88	105.63	81.11
1980	1109.63	919.69	102.01	87.93
1981	1152.95	954.55	102.64	95.76
1982	1207.06	989.78	109.53	107.75
1983	1234.18	1014.15	109.99	110.04
1984	1285.32	1037.71	122.12	125.49
1985	1335.17	1018.38	185.98	130.81
1986	1383.17	1053.26	197.09	132.82
1987	1435.85	1115.35	180.53	139.97
1988	1501.32	1172.51	185.80	143.01
1989	1570.84	1228.64	163.19	179.01
1990	1651.75	1292.30	169.10	190.35
1991	1701.47	1329.56	177.72	194.19
1992	1739.03	1359.00	173.35	206.68
1993	1779.01	1374.00	171.00	234.01
1994	1828.30	1365.00	181.90	281.40
1995	1812.20	1312.80	268.80	230.60
1996	1783.20	1235.60	278.50	269.10
1997	1796.70	1251.10	256.60	289.00
1998	1844.43	1284.72	251.57	308.14
1999	1832.50	1299.90	201.40	331.20
2000	1866.28	1305.28	221.80	339.20
2001	2068.01	1692.33	133.88	241.80
2002	2106.14	1698.39	108.89	298.86
2003	2145.00	1671.20	120.49	353.31
2004	2186.00	1672.29	124.60	389.11
2005	1944.29	1497.26	164.00	283.04
2006	1953.24	1487.40	174.17	291.67
2007	1872.64	1388.02	172.31	312.31
2008	1867.20	1350.32	180.73	336.15
2009	1841.92	1299.29	197.60	345.03
2010	1779.00	1215.06	204.41	359.54
2011	1772.00	1149.85	226.64	395.51
2012	1780.00	1092.21	252.05	435.74
2013	1796.00	1039.88	278.20	477.92
2014	1820.00	990.81	306.12	523.07
2015	1842.00	937.58	335.06	569.36
2016	1859.00	883.03	362.32	613.66
2017	1881.00	828.02	391.81	661.17
2018	1886.00	764.96	417.94	703.10
2019	1888.00	700.45	443.49	744.06
2020	1892.00	634.00	472.00	786.00
2021	1886.00	618.00	475.00	793.00

注:2010年数据是根据第六次人口普查长表数据推算,2020年根据第七次全国人口普查长表数据推算。2005-2009年数据根据第六次人口普查结果采用趋势离差法进行修订,2011-2019年数据根据第七次全国人口普查结果采用趋势离差法进行修订。

Note: The data in 2010 were calculated according to the 6th national population census and the data in 2020 were calculated according to the 7th national population census. The data from 2005 to 2009 were revised by the trend deviation method according to the result of the 6th national population census, and the data from 2011 to 2019 were revised by the trend deviation method according to the result of the 7th national population census.

4-15 历年非私营单位在岗职工人数

Number of Working Staff and Workers in Non-private Units over the Years

单位:万人 (10000 persons)

年 份 Year	合 计 Total	国有单位 State-owned Units	集体单位 Collective-owned Units	其他单位 Units of Other Types of Ownership
1978	171.19	137.66	33.53	
1979	175.56	142.32	33.24	
1980	178.18	146.14	32.04	
1981	185.73	153.50	32.23	
1982	191.03	158.08	32.95	
1983	193.33	160.54	32.79	
1984	197.13	159.53	37.60	
1985	202.33	162.11	40.03	0.19
1986	206.69	167.81	38.78	
1987	211.92	172.58	38.88	0.46
1988	214.43	176.32	37.56	0.55
1989	216.70	180.10	35.90	0.70
1990	225.48	185.35	39.19	0.94
1991	231.88	190.45	40.49	0.94
1992	235.80	193.61	40.94	1.25
1993	233.11	192.83	38.35	1.93
1994	230.88	194.47	34.87	1.54
1995	226.55	193.36	29.63	3.56
1996	231.64	196.60	30.45	4.59
1997	232.80	196.08	31.33	5.39
1998	207.01	167.14	23.98	15.89
1999	197.80	156.86	21.03	19.91
2000	193.96	153.55	19.00	21.41
2001	189.18	148.87	15.73	24.58
2002	188.47	146.96	14.39	27.12
2003	188.70	141.75	13.71	33.24
2004	192.67	139.57	12.77	40.33
2005	202.02	140.50	9.81	51.71
2006	201.87	137.86	8.86	55.15
2007	207.53	141.48	8.10	57.95
2008	199.76	140.97	7.42	51.37
2009	206.44	141.79	6.69	57.96
2010	210.67	146.81	6.41	57.45
2011	225.91	158.26	7.17	60.47
2012	249.67	161.19	6.16	82.32
2013	273.27	152.41	5.49	115.37
2014	278.63	153.30	5.27	120.07
2015	277.62	152.36	4.62	120.64
2016	278.57	154.79	4.15	119.63
2017	285.46	152.10	4.02	129.34
2018	274.96	149.72	3.61	121.64
2019	290.39	142.66	2.58	145.15
2020	303.36	154.68	2.74	145.93
2021	307.58	156.88	2.48	148.23

4-16 历年非私营单位在岗职工平均工资

Average Wages of Working Staff and Workers in Non-private Units over the Years

单位:元 (yuan)

年 份 Year	在岗职工平均工资 Average Wages of Staff and Workers	国有单位 State-owned Units	集体单位 Collective-owned Units	其他单位 Units of Other Types of Ownership
1978	616	642	450	
1979	654	692	448	
1980	755	797	502	
1981	774	804	535	
1982	783	815	562	
1983	801	830	608	
1984	913	949	708	
1985	1066	1132	787	
1986	1216	1297	859	1236
1987	1319	1395	961	1204
1988	1531	1627	1072	1389
1989	1676	1777	1158	1647
1990	1947	2070	1347	2281
1991	2090	2214	1489	2527
1992	2406	2543	1717	3286
1993	2823	2958	2104	3375
1994	3870	4085	2618	4475
1995	4475	4672	3061	5369
1996	4917	5125	3456	5613
1997	5206	5434	3556	6461
1998	5775	5819	4426	7289
1999	6595	6695	5008	7456
2000	7453	7594	5444	8325
2001	8991	9308	6218	8831
2002	9810	10150	6566	9680
2003	11037	11390	7504	10975
2004	12431	12870	8630	12103
2005	14344	14681	10506	14161
2006	16815	17638	12873	15365
2007	20668	22106	16893	17668
2008	24602	25874	20914	21659
2009	28245	29956	22167	24772
2010	31458	32718	24703	29006
2011	37331	38914	31601	33851
2012	42733	45825	40420	36816
2013	49087	52327	50545	44819
2014	54685	56918	59458	51627
2015	62591	69068	69106	54087
2016	69678	77585	75197	59231
2017	75109	84470	84410	63644
2018	82597	90529	91710	72525
2019	87970	93814	60996	82619
2020	94276	100992	67611	87572
2021	99324	104471	71308	94275

主要统计指标解释

就业人员 指在16周岁及以上，从事一定社会劳动并取得劳动报酬或经营收入的人员。这一指标反映了一定时期内全部劳动力资源的实际利用情况，是研究我国基本国情国力的重要指标。

单位就业人员 指在各级国家机关、政党机关、社会团体及企业、事业单位中工作，取得工资或其他形式的劳动报酬的全部人员。包括在岗职工、再就业的离退休人员、民办教师以及在各单位中工作的外方人员和港澳台方人员、兼职人员、借用的外单位人员和第二职业者。不包括离开本单位仍保留劳动关系的职工。各单位的就业人员反映了各单位实际参加生产或工作的全部劳动力。

在岗职工 指在本单位工作并由单位支付工资的人员，以及有工作岗位，但由于学习、病伤产假等原因暂未工作，仍由单位支付工资的人员。

国有单位职工指在国有经济单位及其附属机构工作，并由其支付工资的各类人员。

城镇集体单位职工指在城镇集体经济单位及其管理部门工作，并由其支付工资的各类人员。

其他单位职工指在联营经济、股份制经济、外商投资经济、港、澳、台投资经济单位工作，并由其支付工资的各类人员。

工资总额 指各单位在一定时期内直接支付给本单位全部就业人员的劳动报酬总额。工资总额的计算原则应以直接支付给就业人员的全部劳动报酬为根据。各单位支付给就业人员的劳动报酬以及其他根据有关规定支付的工资，不论是计入成本的还是不计入成本的，不论是按国家规定列入计征奖金税项目的，还是未列入计征奖金税项目的，不论是以货币形式支付的还是以实物形式支付的，均包括在工资总额内。

平均工资 指企业、事业、机关单位的就业人员在一定时期内平均每人所得的货币工资额。它表明一定时期职工工资收入的高低程度，是反映就业人员工资水平的主要指标。计算公式为:

$$\text{平均工资}=\frac{\text{报告期实际支付的全部就业人员工资总额}}{\text{报告期全部就业人员平均人数}}$$

城镇登记失业人员 在一定的劳动年龄内(16周岁至退休年龄)，有劳动能力，无业而要求就业，并在当地劳动保障部门进行失业登记的人员。

城镇登记失业率 城镇登记失业人员与城镇单位就业人员(扣除使用的农村劳动力、聘用的离退休人员、港澳台及外方人员)、城镇单位中的不在岗职工、城镇私营业主、个体户主、城镇私营企业和个体就业人员、城镇登记失业人员之和的比。计算公式为：

$$\text{城镇登记失业率}=\frac{\text{城镇登记失业人数}}{\begin{array}{l}\text{（城镇单位就业人员－使用的农村劳动力－聘用的离退休人员－聘用的港澳台}\\\text{及外方人员）＋不在岗职工＋城镇私营业主＋城镇个体户主＋城镇私营企业}\\\text{及个体就业人员＋城镇登记失业人数}\end{array}}\times 100\%$$

Explanatory Notes on Main Statistical Indicators

Employed Persons refer to persons aged 16 and over who are engaged in social working and receive remuneration payment or earn business income. This indicator reflects the actual utilization of total labour force during a certain period of time and is often used for the research on China's economic situation and national power.

Persons Employed in Various Units refer to all the persons working in government agencies of various levels, political and party organizations, social organizations, enterprises and institutions, and receiving wages or other forms of payment. They include fully–employed staff and workers, re–employed retirees, teachers in the schools run by the local people, foreigners and Chinese compatriots from Hong Kong, Macao, and Taiwan working in various units, part–time employees, employees of other units working temporarily at current posts, and employees holding the second job, but exclude staff and workers who have left their working units while keeping their labour contract (employment relation) unchanged. This indicator reflects the total number of laborers actually engaged in production or other operations in various units.

Employed Staff and Workers refer to persons who work in, and receive wages from their working units, including persons who have their work posts but are temporarily absent from work for reasons of study or on sick, injury or maternal leave and still receive wages from their working units.

Staff and Workers in State–Owned Unit refer to the person who work in the state–owned economic units and their subsidiary bodies, and all kinds of personnel to pay wages.

Staff and Workers of Collective Owned Units in Urban Areas refers to the person who work in collective owned units in urban areas and their management department and receive payment therefrom

Staff and Workers in Units of Other types of Ownership refers to the joint venture, the joint stock economy, foreign investment in the economy, Hong Kong, Macao, Taiwan investment economic units, and by the payment of all kinds of personnel.

Total Wage Bill refers to the total remuneration payment to employed persons in various units during a certain period of time. The calculation of total wage bill is based on the total remuneration payment to employed persons . Therefore, all the wages and salaries and other payments to employed persons are included in the total wage bill regardless of sources, reckoning the cost of production or not, category, listing as items of premium taxation or not, and forms, paying in cash or in kind.

Average Wage refers to the average wage in money terms per person during a certain period of time for employed persons in enterprises, institutions, and government agencies, which reflects the general level of wage income during a certain period of time and is calculated as follows:

$$\text{Average Wage}=\frac{\text{Total Wage Bill of Employed Persons at Reference Time}}{\text{Average Number of Persons Employed at Reference Time}}\times 100\%$$

Registered Unemployed Persons in Urban Areas refer to the persons at certain working ages (16 years old to retirement age), who are capable of working, unemployed and willing to work, and have been registered at the local employment service agencies to apply for a job.

Registered Unemployment Rate in Urban Areas refers to the ratio of the number of the registered unemployed persons to the sum of the number of persons employed in various units (minus the employed rural labour force, re-employed retirees, and Hong Kong, Macao, Taiwan or foreign employees), laid-off staff and workers in urban units, owners of private enterprises in urban areas, owners of self-employed individuals in urban areas, employees of private enterprises in urban areas, employee of self-employed individuals in urban areas, and the registered unemployed persons in urban areas. The formula is as follows:

$$\text{Registered unemployment rete in urban areas} = \frac{\text{number of registered urban unemployed persons}}{\begin{array}{l}\text{(number of persons employed in urban units} - \text{employed rural labour forcere} - \text{employed} \\ \text{retirees} - \text{Hong Kong, Macan, Taiwan of foreign employees)} + \text{laid} - \text{off staff and workers} + \\ \text{owners of urban private enterprises} + \text{owners of urban self} - \text{employed individuals} + \text{employees} \\ \text{of urban private enterprises} + \text{employees of urban self} - \text{employed individuals} + \text{registered} \\ \text{unemployed persons in urban areas}\end{array}} \times 100\%$$

固定资产投资

Investment in Fixed Assets 5

简 要 说 明

一、主要内容

本篇资料通过对一定时期建造和购置固定资产活动的数量方面的描述，反映报告期内固定资产投资的规模、速度、结构和比例关系，以及固定资产投资的资金来源和投资效果等。

二、统计口径

固定资产投资统计口径为全省计划总投资500万元及以上的固定资产项目投资和房地产开发项目投资。房地产开发企业统计范围包括全省纳入基本单位名录的所有房地产开发企业。

三、资料来源

本篇资料由省统计局提供。

Brief Introduction

I. Main Contents

Statistics in this chapter describe activities on the construction and purchase of fixed assets of the whole country during a given period of time, and reflect the size, growth, structure, ratio, financing and results of the investment in fixed assets during the reference period.

II. Scope of Statistics

The total investment in fixed assets refers to fixed asset project investment and real estate development project investment with total planned investment of 5 million yuan or above. The statistics scope of real estate evelopment enterprises are the whole real estate development enterprises in Guizhou Province which are included in the basic unit directory.

III. Sources of Data

The data in this chapter are provided by Guizhou Provincial Bureau of Statistics.

5-1 固定资产投资增速

Growth Rate in Fixed Assets Investment

单位:% %

指　标	Item	2017	2018	2019	2020	2021
固定资产投资额	**Investment in Fixed Assets**	**20.1**	**15.8**	**1.0**	**3.2**	**-3.1**
按产业分	**Grouped Strata of Industry**					
第一产业	Primary Industry	29.9	29.0	2.8	45.5	33.1
第二产业	Secondary Industry	5.8	13.2	32.2	11.4	19.6
第三产业	Tertiary Industry	23.3	15.6	-3.8	-0.4	-10.7
#基础设施投资	Infrastructure Investment	25.5	15.8	-10.5	-2.5	-15.5
#铁路投资	Railway Investment	-34.6	8.2	-17.6	-4.6	-40.1
公路投资	Highway Investment	13.2	7.1	-16.1	2.6	-21.9
工业投资	Industry Investment	5.2	13.1	32.6	11.8	19.7
房地产开发投资	Investment in Real Estate Development	2.4	6.7	27.3	14.3	-1.0
按构成分	**Grouped by Structure**					
#建筑工程	Construction	22.9	15.5	-1.2	4.6	-3.4
安装工程	Installation	5.9	2.0	-26.3	1.8	32.4
设备工器具购置	Purchase of Equipment	6.8	24.3	4.0	4.3	-2.2
本年资金来源小计	**Sources of Funds This Year**	**19.1**	**4.4**	**-7.0**	**1.1**	**5.7**
#国家预算资金	State Budget	12.8	0.6	-30.9	12.6	13.1
国内贷款	Domestic Loans	24.0	-0.5	-28.2	-1.9	-14.3
自筹资金	Self-raising Funds	13.7	-0.8	0.2	1.0	14.8
利用外资	Foreign Investment	-11.6	-45.2	9.7	-58.9	144.0

注:本表统计口径为计划总投资500万元及以上的固定资产项目投资和房地产开发项目投资(以下表同)。

Note: The statistical caliber of this table is total planned investment of 5 million yuan and above in the fixed assets investment projects and investment in real estate development projects (the same as in the following tables).

5-2 按行业分固定资产投资增速

Growth Rate of Investment in Fixed Assets by Sector

单位：% %

指 标	Item	2017	2018	2019	2020	2021
固定资产投资	**Investment in Fixed Assets**	**20.1**	**15.8**	**1.0**	**3.2**	**−3.1**
农、林、牧、渔业	Farming, Forestry, Animal Husbandry and Fishery	36.8	29.8	2.2	48.1	30.0
采矿业	Mining	−7.6	11.3	58.0	14.1	41.1
#煤炭开采和洗选业	Mining and Washing of Coal	−8.7	17.3	51.3	6.3	39.7
制造业	Manufacturing	10.8	14.6	19.3	−0.8	18.3
#农副食品加工业	Processing of Food from Agricultural Products	26.6	33.6	25.6	0.9	16.1
食品制造业	Manufacture of Foods	20.2	33.2	21.2	−1.6	31.9
酒、饮料和精制茶制造业	Manufacture of Liquor, Beverages and Refined Tea	−9.9	8.2	23.0	4.3	56.8
烟草制品业	Manufacture of Tobacco	220.1	9.9	−21.0	27.6	−66.3
石油加工、炼焦和核燃料加工业	Processing of Petroleum, Coking, Processing of Nuclear Fuel	4.7	−10.5	−5.1	−30.9	−43.7
化学原料和化学制品制造业	Manufacture of Raw Chemical Materials and Chemical Products	−9.1	−3.5	21.3	−30.0	90.3
医药制造业	Manufacture of Medicines	14.4	14.6	24.7	−4.9	65.4
非金属矿物制品业	Manufacture of Non−metallic Mineral Products	−9.7	0.7	0.4	25.5	0.6
黑色金属冶炼和压延加工业	Smelting and Pressing of Ferrous Metals	7.4	−6.8	2.7	−52.6	−19.1
有色金属冶炼和压延加工业	Smelting and Pressing of Non−ferrous Metals	11.6	9.1	4.8	9.8	−10.8
汽车制造业	Manufacture of Automobiles	48.0	16.6	35.5	−26.1	−58.9
电气机械和器材制造业	Manufacture of Electrical Machinery and Apparatus	26.7	73.8	−6.0	4.2	27.1
计算机、通信和其他电子设备制造业	Manufacture of Computer,Communication and Other Electronic Equipment	130.6	31.5	30.0	−33.6	36.1
电力、热力、燃气及水生产和供应业	Production and Supply of Electricity, Heat, Gas and Water	1.8	9.9	51.9	36.6	9.8
#电力、热力生产和供应业	Production and Supply of Electric Power and Heat Power	−0.4	9.3	22.8	59.5	−4.6
建筑业	Construction	100.3	7.9	−13.1	−90.7	75.0
交通运输、仓储和邮政业	Transport, Storage and Post	7.7	6.0	−11.7	4.2	−25.0
#铁路运输业	Railway Transport	−34.6	8.2	−17.6	−4.6	−40.1
道路运输业	Road Transport	11.3	9.9	−11.5	1.9	−24.5
仓储业	Storage	80.4	−15.8	−3.8	23.2	−12.3
信息传输.软件和信息技术服务业	Information Transmission, Software and Information Technology	69.4	49.7	5.3	31.4	−2.5
#电信、广播电视和卫星传输服务业	Telecommunication Radio and Television and Satellite Transmission Services	45.0	38.5	4.6	−13.4	54.8
批发和零售业	Wholesale and Retail Trades	46.7	24.5	−14.1	−3.5	1.3
住宿和餐饮业	Hotels and Catering Services	52.4	29.7	−6.0	−16.3	−4.3
金融业	Financial Intermediation	41.4	15.9	4.1	52.0	4.7
房地产业	Real Estate	3.6	10.3	8.3	1.5	−3.9
租赁和商务服务业	Leasing and Business Services	55.0	39.8	16.5	−2.3	−10.9
科学研究和技术服务业	Scientific Research and Technical Service	40.3	18.0	15.9	2.3	−43.3
水利、环境和公共设施管理业	Management of Water Conservancy, Environment and Public Facilities	44.5	20.5	−17.9	−17.3	−17.3
#水利管理业	Management of Water Conservancy	53.7	47.4	−3.1	−9.3	−10.5
居民服务、修理和其他服务业	Services to Households, Repair and Other Services	33.1	14.1	−7.6	0.7	−20.5
教 育	Education	49.4	35.9	1.5	11.7	1.6
卫生和社会工作	Health and Social Service	79.1	38.9	1.7	69.7	−15.0
#卫 生	Health	56.8	44.0	2.6	80.4	−16.9
文化、体育和娱乐业	Culture, Sports and Entertainment	59.9	34.0	−4.9	−11.8	13.1
公共管理、社会保障和社会组织	Public Management, Social Security and Social Organization	−2.3	15.1	3.6	74.8	−24.8

5-3 房地产开发企业基本情况(2021)

单位:亿元

指 标	Item	总 计 Total
企业个数(个)	**Number of Enterprises(unit)**	**2842**
年末从业人员总计(人)	**Number of Employed Persons at the Year-end (person)**	**96919**
本年实际到位资金(资金来源小计)	**Actual Funds This Year (Source of Funds)**	**2807.34**
#国内贷款	Domestic Loans	106.35
自筹资金	Self-raising Funds	1062.21
定金及预收款	Deposits and Advance Payment	787.54
个人按揭贷款	Individual Mortgage Loans	753.97
其他资金来源	Others	97.27
土地购置费	Land Acquisition Costs	614.87
待开发土地面积(万平方米)	Land Space Pending Development (10000 sq.m)	1734.90
本年土地购置面积(万平方米)	Land Space Purchased This Year(10000 sq.m)	362.96
房屋施工面积(万平方米)	Floor Space of Buildings under Construction(10000 sq.m)	28749.89
本年房屋竣工面积(万平方米)	Floor Space of Buildings Completed This Year (10000 sq.m)	916.35
房屋建筑面积竣工率(%)	Rate of Floor Space of Buildings Completed(%)	3.19
新开工房屋面积(万平方米)	**Floor Space Started This Year(10000 sq.m)**	**4528.09**
住 宅	Residential Buildings	3311.51
办公楼	Office Buildings	29.49
商业营业用房	Houses for Business Use	402.68
其 他	Others	784.40

Basic Conditions of Real Estate Development Enterprises

(100 million yuan)

内资企业 Domestic Funded Enterprises	#国有企业 State-owned Enterprises	#私营有限责任公司 Private Limited Liability Company	#私营股份有限公司 Private Share-holding Corporations Limited	港澳台商投资企业 Enterprises with Funds from HongKong, Macao and Taiwan	外商投资企业 Foreign Funded Enterprises
2817	**16**	**1884**	**17**	**18**	**7**
95893	**344**	**57558**	**437**	**869**	**157**
2787.27	**21.37**	**1322.69**	**11.25**	**16.85**	**3.23**
106.35	1.75	20.85			
1060.26	11.59	496.26	4.00	0.09	1.86
771.39	2.67	340.40	3.21	15.03	1.12
752.00	0.61	411.46	3.57	1.72	0.25
97.27	4.74	53.72	0.46		
613.10	0.39	124.39	0.82	0.24	1.53
1734.90	7.23	730.97	12.79		
362.96	13.92	146.25			
28447.02	113.01	14773.78	172.07	245.80	57.07
910.89	1.94	466.35		5.46	
3.20	1.72	3.16		2.22	
4497.93	**18.76**	**2232.93**	**17.84**	**11.40**	**18.76**
3300.81	12.87	1616.80	12.99	7.83	2.88
29.49		8.94			
389.75	2.61	228.55	1.95	3.57	9.35
777.88	3.27	378.64	2.90		6.53

5-4 房地产开发投资主要指标

Main Indicator on Real Estate Development

指　标	Item	2017	2018	2019	2020	2021	2021年比2020年增长(%) Increase Rate in 2021over 2020(%)
本年土地购置面积(万平方米)	**Land Space Purchased This Year (10000 sq.m)**	**438.87**	**596.56**	**534.26**	**348.57**	**362.96**	**4.1**
本年完成投资(亿元)	**Investment Completed This Year (100 million yuan)**	**2201.00**	**—**	**—**	**—**	**—**	**-1.0**
#住　宅	Residential Buildings	1365.33	—	—	—	—	2.0
本年实际到位资金(资金来源小计)(亿元)	**Actual Funds This Year (Source of Funds)(100 million yuan)**	**2296.50**	**2662.13**	**2939.41**	**2961.78**	**2807.34**	**-5.2**
#国内贷款	Domestic Loans	149.60	128.31	101.44	114.02	106.35	-6.7
自筹资金	Self-raising Funds	779.40	823.45	1084.77	1050.00	1062.21	1.2
房屋建筑面积(万平方米)	**Floor Space of Buildings (10000 sq.m)**						
房屋施工面积	Floor Space under Construction	20385	21953	27775	26923	28750	6.8
#本年新开工面积	Floor Space Started This Year	3311	5689	7240	5441	4528	-16.8
#住　宅	Residential Buildings	12790	13985	18427	18390	20033	8.9
本年房屋竣工面积	Floor Space Completed This Year	1172	1280	955	862	916	6.3
#住　宅	Residential Buildings	785	842	634	568	626	10.3

注：2017年起"本年资金来源小计"改为"本年实际到位资金"(下表同)。
Note: "Source of Funds This Year" has changed into "Actual Funds This Year" since 2017 (the same as in the following tables).

5-5 房地产开发企业商品房销售面积(2021)

Floor Space of Commercialized Buildings Sold of Enterprises for Real Estate Development

单位:万平方米 (10000 sq.m)

指标	Item	本年商品房销售面积 Floor Space of Commercialized Buildings Sold This Year	#住宅 Residential Buildings
总计	**Total**	**5585.99**	**4825.53**
现房	Existing House	454.55	299.24
期房	Forward House	5131.44	4526.29
按登记注册类型分	**Grouped by status of Registration**		
#内资企业	Domestic-funded Enterprises	5536.43	4792.71
#国有企业	State-owned Enterprises	21.59	19.56
其他有限责任公司	Other Limited Liability Corporations	2187.11	1941.98
股份有限公司	Share-holding Corporations Ltd.	17.51	17.47
私营独资企业	Private-funded Enterprises		
私营有限责任公司	Private Limited Liability Corporations	2919.76	2488.09
私营股份有限公司	Private Share-holding Corporations Ltd.	35.74	33.03
港澳台商投资企业	Enterprises with Funds from Hong Kong, Macao and Taiwan	42.78	27.32
#与港澳台商合资经营企业	Joint-venture Enterprises	11.46	11.46
港澳台商独资经营企业	Enterprises with Sole Fund	31.31	15.86
外商投资企业	Foreign Funded Enterprises	6.77	5.50

5-6 房地产开发企业商品房销售额(2021)

Total Sale of Commercialized Buildings Sold of Enterprises for Real Estate Development

单位:亿元 (100 million yuan)

指标	Item	本年商品房销售额 Total Sale of Commercialized Buildings Sold This Year	#住宅 Residential Buildings
总计	**Total**	**3243.93**	**2713.37**
现房	Existing House	218.65	136.63
期房	Forward House	3025.27	2576.74
按登记注册类型分	**Grouped by Status of Registration**		
#内资企业	Domestic-funded Enterprises	3200.08	2682.02
#国有企业	State-owned Enterprises	9.00	7.42
其他有限责任公司	Other Limited Liability Corporations	1577.77	1363.56
股份有限公司	Share-holding Corporations Ltd.	8.97	8.93
私营独资企业	Private-funded Enterprises		
私营有限责任公司	Private Limited Liability Corporations	1411.42	1151.34
私营股份有限公司	Private Share-holding Corporations Ltd.	14.06	13.24
港澳台商投资企业	Enterprises with Funds from Hong Kong, Macao and Taiwan	40.82	29.23
#与港澳台商合资经营企业	Joint-venture Enterprises	10.22	10.22
港澳台商独资经营企业	Enterprises with Sole Fund	30.59	19.00
外商投资企业	Foreign Funded Enterprises	3.03	2.12

主要统计指标解释

固定资产投资 是以货币形式表现的在一定时期内建造和购置固定资产的工作量以及与此有关的费用的总称。该指标是反映固定资产投资规模、结构和发展速度的综合性指标,又是观察工程进度和考核投资效果的重要依据。

房地产开发投资 指各种登记注册类型的房地产开发公司、商品房建设公司及其他房地产开发法人单位和附属于其他法人单位实际从事房地产开发或经营活动的单位统一开发的包括统代建、拆迁还建的住宅、厂房、仓库、饭店、宾馆、度假村、写字楼、办公楼等房屋建筑物和配套的服务设施,土地开发工程(如道路、给水、排水、供电、供热、通讯、平整场地等基础设施工程)的投资;不包括单纯的土地开发和交易活动。

固定资产投资的资金来源 根据固定资产投资的资金来源不同,分为国家预算资金、国内贷款、利用外资、自筹资金和其他资金。

(1)国家预算资金 指各级政府用于固定资产投资的财政资金。国家预算包括一般预算、政府性基金预算、国有资本经营预算和社保基金预算。各类预算中用于固定资产投资的资金全部作为国家预算资金填报,其中一般预算中用于固定资产投资的部分包括基建投资、车购税、灾后恢复重建基金和其他财政投资。各级政府债券也应归入国家预算资金。

(2)国内贷款 指报告期固定资产投资项目单位向银行及非银行金融机构借入用于固定资产投资的各种国内借款,包括银行利用自有资金及吸收存款发放的贷款、上级主管部门拨入的国内贷款、国家专项贷款(包括煤代油贷款、劳改煤矿专项贷款等),地方财政专项资金安排的贷款、国内储备贷款、周转贷款等。

(3)利用外资 指报告期收到的境外(包括外国及港澳台地区)资金(包括设备、材料、技术在内)。包括对外借款(外国政府贷款、国际金融组织贷款、出口信贷、外国银行商业贷款、对外发行债券和股票)、外商直接投资、外商其他投资(包括补偿贸易、加工装配由外商提供的设备价款、国际租赁,外商投资收益的再投资资金)。不包括我国自有外汇资金(国家外汇、地方外汇、留成外汇、调济外汇和中国境内银行自有资金发放的外汇贷款等)。各类外资按报告期的外汇牌价(中间价)折成人民币计算。

(4)自筹资金 指在报告期内筹集的用于项目建设和购置的资金。包括自有资金、股东投入资金和借入资金,但不包括各类财政性资金、从各类金融机构借入资金和国外资金。

(5)其他资金来源 指在报告期收到的除以上各种资金之外的用于固定资产投资的资金。

固定资产投资按国民经济行业分 根据建设项目建成投产后的主要产品种类或主要用途及社会经济活动种类来填报,不根据项目单位本身的行业类别来划分。一般情况下,一个建设项目或一个企业、事业单位只能属于一种国民经济行业。

固定资产投资按隶属关系分 是按照建设单位或企业、事业、行政单位的主管上级机关确定的。

(1)中央 是由中共中央、人大常委会和国务院各部、委、局、总公司以及直属机构直接领导的建设项目和企业、事业、行政单位。这些单位的固定资产投资计划由国务院各部门直接编制和下达,统一组织或委托下级实施。

(2)地方 是由省(自治区、直辖市)、地区(州、盟、省辖市)、县(旗、县级市)三级政府及业务主管部门直接领导和管理的建设项目、企业、事业、行政单位。地方项目还包括不隶属以上各级政府及主管部门的建设项目和企业、事业单位,如外商投资企业和无主管部门的企业等。

固定资产投资按构成分 固定资产投资活动按其工作内容和实现方式分为建筑安装工程,设备、工具、器具购置,其他费用三个部分。

(1)建筑安装工程(建筑安装工作量):指各种房屋、建筑物的建造工程和各种设备、装置的安装工程。包括各种房屋建造工程;各种用途设备基础和各种工业窑炉的砌筑工程及金属结构工程;为施工而进行的各种准备工作和临时工程以及完工后的清理工作等;铁路、道路的铺设,矿井的开凿及石油管道的架设等;水利工程;防空地下建筑等特殊工程;列入房屋工程预算内的暖气、卫生、通风、照明、煤气等设备的价值及装设油饰工程;列入建筑工程预算内的各种管道(蒸汽、压缩空气、石油、给排水等管道)、电力、电讯电缆导线等的敷设工程;以及各种机械设备的安装工程;为测定安装工程质量,对设备进行的试运工作;房地产开发单位进行的商品房屋开发建设工程、土地开发工程。

在建筑安装工程中,不包括被安装设备本身的价值。

(2)设备、工具、器具购置:指报告期内购置或自制的,达到固定资产标准的设备、工具、器具的价值。新建单位及扩建单位的新建车间,按照设计或计划要求购置或自制的全部设备、工具、器具,不论是否达到固定资产标准均计入"设备、工具、器具购置"中。

(3)其他费用:指在固定资产建造和购置过程中发生的,除建筑安装工程和设备、工器具购置投资完成额以外的应当分摊计入固定资产投资的费用,不指经营中财务上的其他费用。

房屋施工面积 指报告期内施工的全部房屋建筑面积。包括本期新开工的房屋建筑面积、上期跨入本期继续施工的房屋建筑面积、上期停缓建在本期恢复施工的房屋建筑面积、本期竣工的房屋建筑面积以及本期施工后又停缓建的房屋建筑面积。多层建筑应填各层建筑面积之和。

房屋竣工面积 指报告期内房屋建筑按照设计要求已全部完工,达到住人和使用条件,经验收鉴定合格或达到竣工验收标准,可正式移交使用的各栋房屋建筑面积的总和。

竣工面积以房屋单位工程(栋)为核算对象,在整栋房屋符合竣工条件后按其全部建筑面积一次性计算,而不是按各栋施工房屋中已完成的部分或层次分割计算。

计算房屋竣工面积,要求严格执行房屋竣工验收标准。民用建筑一般应按设计要求在土建工程和房屋本身附属的水、电、卫(包括设计中有的煤气、暖气)工程已经完工,通风、电梯等设备已经安装完毕,做到水通、灯亮,经验收鉴定合格,并正式交付给使用单位后,才能计算竣工面积。工业及科研等生产性房屋建筑一般应按设计要求在土建工程(包括水、暖、电、卫、通风)及属于房屋组成部分的生活间、操作间等已经完成(不包括安装设备的基础工程),可以进行工艺设备和管线安装时,方可计算房屋竣工面积。

商品房销售面积 指报告期内出售商品房屋的合同总面积(即双方签署的正式买卖合同中所确定的建筑面积)。由现房销售建筑面积和期房销售建筑面积两部分组成。

商品房销售额 指报告期内出售商品房屋的合同总价款(即双方签署的正式买卖合同中所确定的合同总价)。该指标与商品房销售面积同口径,由现房销售额和期房销售额两部分组成。

Explanatory Notes on Main Statistical Indicators

Total Investment in Fixed Assets in the Whole Country refers to the volume of activities in construction and purchases of fixed assets of the whole province and related fees, expressed in monetary terms during the reference period. It is a comprehensive indicator which shows the size, structure and growth of the investment in fixed assets, providing a basis for observing the progress of construction projects and evaluating results of investment. Total investment in fixed assets in the whole province includes investment in fixed assets , investment in real estate development and rural household investment. Total investment in fixed assets in the whole province includes, by type of ownership, the investment by State–owned units, collective–owned units, individuals, joint ownership units, share–holding units, as well as investments by entrepreneurs from foreign investors and from Hong Kong, Macao and Taiwan, and by other units.

Investment in Real Estate Development refers to investment by real estate development companies, commercialized buildings construction companies and other real estate development legal entities and units attached to other legal entities that are actually engaged in real estate development or business activities, including houses built by the general agent, housing of demolition and reconstruction, factories, warehouses, restaurants, hotels, resorts, office buildings, office buildings and other buildings and supporting services, and land development projects, such as roads, water supply, water drainage, power supply, heating supply, telecommunications, land leveling and other infrastructural projects. It does not include activities in pure land transactions.

Sources of Funds for Investment in Fixed Assets are categorized as funds from the State budget, domestic loans, bonds , foreign investment, self–raised funds, and others, depending on the sources of investment.

(1)Fund from the State budget: the financial funds of all levels of government that is using for investment in fixed assets are budget funds. State budget consists of general budget, government fund budget, operation budget of state–owned assets and social security fund budget. Funds for investment in fixed assets from various budgets are reported as fund from the state budget, of which, the general budget utilized on fixed assets investment includes investment on infrastructure construction, vehicle purchase tax, post–disaster restoration and reconstruction funds and other financial investment. Government bonds at all levels should also be included.

(2) Domestic loans refer to loans of various forms borrowed by investing units from banks and non–bank financial institutions during the reference period for the purpose of investment in fixed assets, including loans issued by banks from their self–owned funds and deposit, loans appropriated by higher authorities, special loans by government(Including loan for substituting petroleum with coal, special loans for reform–though–labour coal mines), loans arranged by local government from special funds, domestic reserve loan, and revolving loan, etc.

(3) Foreign investment refers to foreign overseas (including foreign countries ,Hong Kong, Macao and Taiwan) funds received during the reference period (covering equipment, materials and technology), including foreign borrowings (loans from foreign governments and international financial institutions, export credit, commercial loans from foreign banks, issue of bonds and stocks overseas), foreign direct investment and other foreign investments(including funds from foreign direct investment income that are reinvested in fixed assets domestically). Excluded from this category is capital in foreign exchanges owned by China (foreign exchanges owned by the central and local governments, foreign exchanges retained by enterprises, foreign exchanges by enterprises through the regulating mechanism, loans in foreign exchanges issued by the Bank of China with its own fund, etc.). In calculating the utilization of foreign capital, foreign currencies are converted into Chinese Renminbi applying the exchange rate (central parity rate) at the end of the reference period.

(4) Self–raised funds refer to funds for investment in fixed assets received during the reference period by investing units, including investment in fixed assets using own funds of various enterprises and institutions or funds raised from other units other than financial funds, funds borrowed from financial institutions and overseas funds.

(5) Others refer to funds for investment in fixed assets received from sources other than those listed above,funds raised from individuals and through donations, and funds transferred from other units.

Investment in Fixed Assets by Sector refer to the classification of construction projects by sector is determined by the major products or the purpose of the projects when they are put into production or use, and by the nature of their social economic activities. In general, one project or one enterprise or institution can only be classified into one sector.

Investment in Fixed Assets by Jurisdiction of Management refers to the classification of investment by the competent authorities under which investment is made by construction units, enterprises, institutions or administrative units.

(1)Central investment refers to the investment in projects or by enterprises, institutions or administrative units which are under the direct leadership and management of the State Council and of the national commissions, ministries, agencies and State–owned large corporations. Various ministries and departments of the State Council prepare and implement plans through unified organization or lower–level commissions.

(2) Local investment refers to the investment in projects or by enterprises, institutions or administrative units which are under the direct leadership and management of competent departments and governments at the level of province (autonomous regions and municipalities directly under the Central Government), prefecture (prefectures, cities and leagues) and county (districts, cities and banners). Also included are projects by foreign–invested enterprises and enterprises without competent managing authorities.

Investment in Fixed Assets by Structure By their contents and the mode of implementation, investment activities are classified into 3 categories, i.e. construction and installation, purchase of equipment and instrument, and other expenses.

(1)Construction and installation (work volume of construction and installation): refers to the construction of houses and buildings and the installation of various kinds of equipment and instruments, including construction of houses, equipment foundations, industrial kilns and stoves, and metal structure work, preparation works and temporary works for project construction, and clearing up works after project construction, pavement of railways and roads, drilling of mines and putting up of oil pipes, construction of water conservancy, construction of underground air–raid shelters and construction of other special projects, value of heating, sanitation, ventilation, lighting and gas equipment and the installation of oil decoration works that are covered by the budget of housing projects, laying out of various pipelines (for steam, compressed air, petroleum, tap water and sewage) and wiring and cabling for electric power and for communications, installation of various machinery and equipment, testing operation for the quality of installation projects, and commercial housing development and construction projects, land development projects conducted by real estate developers.

The value of equipment installed itself is not included in the value of installation projects.

(2) Purchase of equipment and instruments: refers to the total value of equipment, tools, and instruments purchased or self–produced which come up to the cut–off point for fixed assets by the construction units or investing enterprises or institutions. Equipment, tools and instruments purchased or self–produced for new workshops by newly established or expanded units are categorized as "purchase of equipment and instruments" no matter whether they come up to the cut–off point for fixed assets.

(3) Other expenses: refer to expenses arising during the construction or purchase of fixed assets other than those those expenses on construction, installation and purchase of equipment and instruments. Other financial expenses arising in operation are not included.

Floor Space of Buildings under Construction refers to the total floor space area of all the buildings in the reference period, It includes buildings started in the year, continued from the previous year, suspended in earlier years but restarted in the year, completed in the year, and started in the year but suspended in the year as well. The floor space of a multi–storied building should be the sum of floor space of all the stories.

Floor Space of Buildings Completed refers to the total floor space area of the buildings completed in the reference period, which meet the requirements as designed, reach the criteria set for people to live in or use, have passed the acceptance checks, and are ready for delivery or use.

The accounting object of the completion of the area is unit of housing project (building), the entire houses meet the completed conditions, in accordance with all construction area to disposable calculated, rather than divisional calculated in accordance with the construction of the building house which finished part or hierarchical.

In calculating the size of houses completed this year is demanded strictly enforced housing completion and acceptance criteria. Civil construction should generally be in accordance with the design requirements of civil works and the house itself attached water, electricity, health (including the design of some gas, heating) project has been completed, Ventilation, elevators and other equipment has been installed, to water and lights, through acceptance accreditation, and formally delivered to the use of the unit, in order to calculate the completion of the area. Industry and research and other production of housing construction general design requirements should be in the civil works (including water, heating, electricity, health, ventilation) and are an integral part of life, housing, the operating room, etc. which have been completed (not including the installation of foundation engineering equipment), process equipment and piping can be installed, then we can calculate the area of housing construction this year.

Housing construction area completion rate refers to the rate of total gross floor area of completed housing area accounted for housing construction area during the reference period.

Area of Commercialized Housing Sold refers to total contracted area of commercialized housing (i.e. area of floor space as designated in the formal contracts signed by both sides) during the reference time. It constitutes floor space of completed housing and floor space of future housing.

Value of Commercialized Housing Sold refers to the total contracted value (i.e. value of sales/purchase for selling/purchase of commercialized housing as designated in the contract signed by both sides) during the reference time. This indicator has the same coverage as the area of commercialized housing sold, which constitutes floor space of completed housing and floor space of housing yet to be completed.

对外经济贸易

6 Foreign Trade and Economic Cooperation

简 要 说 明

一、主要内容

本篇资料综合反映全省对外贸易、利用外资、对外直接投资、对外经济合作等情况。

对外贸易主要内容包括:进出口总额、按地区分进出口商品总额、进出口商品分类等项目。

利用外资主要内容包括:外商直接投资和外商其他投资,外商投资企业登记注册情况。

二、统计范围

对外贸易统计范围:按照联合国的国际贸易统计原则制定,即凡能引起中华人民共和国关境内物质资源存量增加或减少的进出口货物,除制度另有规定者外,均列入该项统计。调查方法为全面调查。

利用外资统计范围:凡经工商行政管理机关核准登记,在贵州省所有利用外资的单位和部门,经批准设立的中外合资经营企业、合作经营企业、外资企业、外商投资股份制企业、合作开发项目等具有法人资格的独立核算企业(包括港澳台地区投资企业),在贵州省从事经营活动的外国及港澳台地区企业及外国公司在贵州省境内设立的分支机构。

对外直接投资统计范围:包括境内投资主体通过直接投资在境外设立的各类公司型企业和非公司型企业。

三、资料来源

对外贸易统计资料来源于贵阳海关。

利用外资统计资料来源于省发展改革委、省商务厅。

对外直接投资资料来源于省商务厅。

Brief Introduction

I. Main Contents

The data in this chapter comprehensive reflected the province situation of foreign trade, utilization of foreign capital, overseas direct investment and overseas economic cooperation etc.

The data on foreign trade include: total value of imports and exports, total value of imports and exports of goods by region, imports and exports of goods classification etc.

Utilization of foreign capitals includes: foreign direct investments and other foreign investments, and the basic condition of registration of foreign funded enterprises.

II. Statistics Coverage

The scope of foreign trade statistics is designed according to United Nations' principles on international trade statistics, that is: all imports or exports that will lead to stock changes of material resources with the territory of People's Republic of China; excluding goods by escape clause. The survey method is overall statistical survey.

The utilization of foreign capitals' statistics cover all the units and departments which have utilized foreign capitals, all the Sino-foreign joint ventures, Sino-foreign cooperative enterprises, ventures exclusively with foreign investment, foreign-funded stock companies, Sino-foreign cooperative development projects (including the enterprises funded by the entrepreneurs from Hong Kong, Macao and Taiwan) with independent accounting system and legal person status, and all foreign enterprises or enterprises funded by the entrepreneurs from Hong Kong, Macao and Taiwan which are engaged in business activities, and branches of foreign companies which have been approved to be set up within the boundaries of Guizhou Province after verification and registration through administrative authorities for industry and commerce.

The overseas direct investment statistics cover all types of overseas corporate and non-corporate enterprises by direct investment of domestic investors.

III. Sources of Data

The data on foreign trade are from Guiyang Customs.

The data on utilization of foreign capitals are from Guizhou Development & Reform Commission and the Department of Commerce.

The data on overseas direct investment are from the Department of Commerce of Guizhou Province.

6-1 进出口总额

Total Value of Imports and Exports

指　标	Item	2017	2018	2019	2020	2021	2021年比2020年增长(%) Increase Rate in 2021 over 2020(%)
进出口总额(万元)	Total Value of Imports and Exports (RMB 10000 yuan)	5512842	5028661	4531977	5465225	6539382	19.7
出口总额	Total Exports	3912875	3385298	3271469	4312090	4871164	13.0
进口总额	Total Imports	1599967	1643363	1260509	1153135	1668218	44.7
进出口差额	Balance	2312908	1741935	2010960	3158955	3202946	1.4
进出口总额(万美元)	Total Value of Imports and Exports (USD 10000)	816231	763133	656817	790784	1012382	28.0
出口总额	Total Exports	579371	513725	474028	622674	753977	21.1
进口总额	Total Imports	236860	249409	182789	168110	258405	53.7
进出口差额	Balance	342511	264316	291239	454564	495572	9.0

注:资料来源于贵阳海关(以下相关表同)。

Note: The data in the table are obtained from Guiyang Customs(the same applies to the relative tables below) .

6-2 按地区分的进口商品总额

Total Value of Imports by Region

单位:万美元 (USD 10000)

地　区	Region	2017	2018	2019	2020	2021
总　计	Total	236860	249409	182789	168110	258405
亚　洲	Asia	174828	194796	127298	114816	165403
非　洲	Africa	15287	9746	12764	10841	17453
欧　洲	Europe	13463	11421	10292	15135	13596
拉丁美洲	Latin America	6850	1863	2741	2202	5735
北美洲	North America	8999	13028	10025	7905	10014
大洋洲	Oceanic	17430	18554	19667	17022	45935
其　他	Others	2		1	189	270

6-3 海关出口商品分类

单位：万美元

指 标	Item
总 计	**Total**
#活动物；动物产品	Live Animals; Animal Products
植物产品	Vegetable Products
动、植物油、脂及其分解产品；精制的食用油脂；动、植物蜡	Animal or Vegetable Fats and Oil and their Cleavage Products; Refined Edible Oil; Animal or Vegetable Waxes
食品；饮料、酒及醋；烟草及烟草代用品的制品	Prepared Foodstuffs; Beverages, Spirits And Vinegar; Tobacco and Manufactured Tobacco Substitutes
矿产品	Mineral Products
化学工业及其相关工业的产品	Products of the Chemical or Industries Allied
塑料及其产品；橡胶及其制品	Plastics and Articles Thereof; Rubber and Articles Thereof
生皮、皮革、毛皮及其制品；鞍具及挽具；旅行用品、手提包及类似品；动物肠线(蚕胶丝除外)制品	Raw Hides and Skins, Leather, Fur Skins and Articles Thereof; Saddlery and Harness; Travel Goods, Handbags and Similar Containers; Articles of Animal Gut (Other Than Silk-Worm Gut)
木及木制品；木炭；软木及软木制品；稻草、秸秆、针茅或其他编结材料制品；篮筐及柳条编结品	Wood and Articles of Wood; Wood Charcoal; Cork and Articles of Cork; Manufactures of Straw, of Esparto or of Other Plaiting Materials; Basket Ware and Wickerwork
木浆及其他纤维状纤维素浆；纸及纸板的废碎品；纸、纸板及其制品	Pulp of Wood or of Other Fibrous Cellulosic Material; Waste and Scrap of Paper or Paperboard; Paper and Paperboard and Articles Thereof
纺织原料及纺织制品	Textiles and Textile Articles
鞋、帽、伞、杖、鞭及其零件；已加工的羽毛及其制品；人造花；人发制品	Footwear, Headgear, Umbrellas, Sun Umbrellas, Walking-Sticks, Seat-Sticks, Whips, Riding-Crops and Parts Thereof; Prepared Feathers and Articles Made Therewith; Artificial Flowers; Articles of Human Hair
石料、石膏、水泥、石棉、云母及类似材料的制品；陶瓷产品；玻璃及其制品	Articles of Stone, Plaster, Cement, Asbestos, Mica or Similar Materials; Ceramic Products; Glass and Glassware
天然或养殖珍珠、宝石或半宝石、贵金属、包贵金属及其制品；仿首饰；硬币	Natural or Cultured Pearls, Precious or Semi-Precious Stones, Precious Metals, Metals Clad With Precious Metal and Stones, Precious Metals, Metals Clad With Metal and Articles Thereof; Imitation Jewellery; Coin
贱金属及其制品	Base Metals and Articles of Base Metal
机器、机械器具、电气设备机器及其零件、录音机及放声机、电视图象、声音的录制和重放设备及其零件、附件	Machinery and Mechanical Appliances; Electrical Equipment; Parts Thereof; Sound Recorders and Reproducers, Television Image and Sound Recorders and Reproducers; and Parts and Accessories of Recorders and Reproducers; and Parts and Accessories of Such Articles
车辆、航空器、船舶及有关运输设备	Vehicles, Aircraft, Vessels and Associated Transport Equipment
光学、照相、电影、计量、检验、医疗或外科用仪器及设备、精密仪器及设备；钟表；乐器及上述物品的零件、附件	Optical, Photographic, Cinematographic, Measuring, Checking, Precision, Medical or Surgical Instruments and Apparatus; Clocks and Watches; Musical Instruments; Parts and Accessories Thereof
杂项制品	Miscellaneous Manufactured Articles
艺术品、收藏品及古物	Works of Art, Collectors´ Pieces and Antiques

Classfication of Customs Export Commodities

(USD 10000)

2017	2018	2019	2020	2021	2021年比2020年增长(%) Increase Rate in 2021 over 2020(%)
579371	**513725**	**474028**	**622674**	**753977**	**21.1**
163	152	163	173	326	88.7
8241	4425	6110	10872	23876	119.6
93	109	216	71	164	130.1
45844	55674	59378	40624	52466	29.2
13270	14376	9334	7740	9440	22.0
98803	101919	93555	94031	164215	74.6
26593	23505	21854	25550	30687	20.1
4692	5038	6863	6944	5410	-22.1
1273	734	1161	861	923	7.2
2293	1754	1807	2369	1129	-52.3
8863	11950	13085	22693	18316	-19.3
5680	3917	6527	9032	7111	-21.3
10472	4213	4370	3361	3669	9.2
399	749	685	1203	754	-37.3
29288	27939	22444	18603	29743	59.9
291301	224618	155618	309836	330043	6.5
4986	4172	4162	3232	5489	69.8
5778	17439	50754	34502	33071	-4.1
21278	9583	15721	20924	23117	10.5
30	34	76	257	30	-88.3

6-4 按国别(地区)分的进出口总额

Imports and Exports by Countries or Regions

单位:万美元 (USD 10000)

国别(地区)	Country (Region)	进出口总额 Total Imports and Exports		进口 Imports		出口 Exports	
		2021	2020	2021	2020	2021	2020
进出口贸易总额	**Total Import-Export Value**	**1012382**	**790784**	**258405**	**168110**	**753977**	**622674**
亚洲	Asia	591461	556853	129495	114816	461966	442037
#香港	Hong Kong	288020	264419	5	23	288014	264396
印度	India	30371	13450	652	1259	29719	12191
印度尼西亚	Indonesia	13102	8781	557	515	12545	8266
澳门	Macau	2558	1691	0		2558	1691
马来西亚	Malaysia	47502	44589	17892	10377	29609	34212
巴基斯坦	Pakistan	3695		0		3695	
菲律宾	Philippines	9291	8252	558	846	8733	7406
沙特阿拉伯	Saudi Arabia	15152	5293	11812	2004	3340	3289
新加坡	Singapore	3655	7007	216	401	3439	6606
韩国	South Korea	32589	16082	2806	5334	29783	10748
泰国	Thailand	39423	26954	21809	14899	17615	12055
阿拉伯联合酋长国	UAE	16594	8591	6875	1677	9719	6914
越南	Vietnam	19659	17250	1872	1075	17787	16175
台湾	Taiwan	69849	52109	64440	49087	5408	3022
非洲	Africa	16551	27979	9044	10841	7507	17138
#南非	South Africa	16551	11526	9044	6219	7507	5307
欧洲	Europe	43618	87927	7905	15135	35714	72792
#比利时	Belgium	5190	4423	358	367	4832	4056
英国	UK	11427	23134	768	736	10659	22398
德国	Germany	9298	10727	3977	5880	5321	4847
法国	France	13212	9300	2006	1089	11206	8211
俄罗斯	Russia	4491	6521	796	2864	3696	3657
拉丁美洲	Latin America	25609	27764	2001	2202	23607	25562
#巴西	Brazil	19915	10345	1141	1175	18774	9170
墨西哥	Mexico	5694	3500	861	729	4834	2771
北美洲	North America	55548	43454	10014	7905	45534	35549
#加拿大	Canada	7773	6002	1435	848	6338	5154
美国	USA	47774	37451	8579	7058	39196	30393
大洋洲	Oceania	84951	46618	45935	17021	39017	29597
#澳大利亚	Australia	70457	34603	45871	16962	24586	17641
新西兰	New Zealand	14494	11398	63	60	14431	11338
东盟组织	ASEAN	141272	125291	43029	28136	98243	97155
欧盟组织	European Union	59107	55173	10462	11320	48646	43853

注:东盟组织为东盟10国,欧盟组织不含英国。

Note:The ASEAN organization is the 10 countries of the Association of South East Asian Nations, and the European Union does not include the UK.

6-5 海关进口商品分类

Customs Import Commodities by category

单位:万美元 (USD 10000)

指 标	Item	2017	2018	2019	2020	2021
总 计	**Total**	**236860**	**249409**	**182789**	**168110**	**258405**
#活动物产品	Live Animals; Animal Products	946	3496	752	768	2164
植物产品	Vegetable Products	336	50	414	2537	9626
动、植物油、脂及分解品;精制的食用油脂;动、植物蜡	Animal or Vegetable Fats and Oil and their Cleavage Products; Refined Edible Oil; Animal or Vegetable Waxes			40	35	15
食品;饮料、酒及醋;烟草及烟草代用品的制品	Prepared Foodstuffs; Beverages,Spirits And Vinegar; Tobacco and Manufactured Tobacco Substitutes	115	29	82	136	207
矿产品	Mineral Products	57761	42784	43447	37173	88625
化学工业及其相关工业的产品	Products of the Chemical or Industries Allied	586	805	438	668	2370
塑料及其产品;橡胶及其产品	Plastics and Articles Thereof Rubber and Articles Thereof	12504	14052	11110	15628	17666
生皮、皮革、毛皮及其制品;鞍具及挽具;旅行用品、手提包及类似品;动物肠线(蚕胶丝除外)制品	Raw Hides and Skins, Leather, Fur Skins and Articles Thereof; Saddlery and Harness; Travel Goods, Handbags and Similar Containers; Articles of Animal Gut (Other Than Silk-Worm Gut)	4	1	1	11	10
木及木制品;木炭;软木及软木制品;稻草、秸秆、针茅或其他缠结材料制品;篮筐及柳条编结品	Wood and Articles of Wood; Wood Charcoal; Cork and Articles of Cork; Manufactures of Straw, of Esparto or of Other Plaiting Materials; Basket Ware and Wickerwork	453	65	804	441	347
木浆及其他纤维状纤维素浆;纸及纸板的废碎品;纸、纸板及其制品	Pulp of Wood or of Other Fibrous Cellulosic Material; Waste and Scrap of Paper or Paperboard; Paper and Paperboard and Articles Thereof	26	213	30	546	770
纺织原料及纺织制品	Textiles and Textile Articles	160	96	220	827	144
鞋、帽、伞、杖、鞭及其零件;已加工的羽毛及其制品;人造花;人发制品	Footwear, Headgear, Umbrellas, Sun Umbrellas, Walking-Sticks, Seat-Sticks, Whips, Riding-Crops and Parts Thereof; Prepared Feathers and Articles Made Therewith; Artificial Flowers; Articles of Human Hair	8	2	1	2	2

6-5 续表 continued

单位:万美元 (USD 10000)

指　标	Item	2017	2018	2019	2020	2021
石料、石膏、水泥、石棉、云母及类似材料的制品;陶瓷产品;玻璃及其制品	Articles of Stone, Plaster, Cement, Asbestos, Mica or Similar Materials; Ceramic Products; Glass and Glassware	819	1097	47	59	151
天然或养殖珍珠、宝石或半宝石、贵金属、包贵金属及其制品;仿首饰;硬币	Natural or Cultured Pearls, Precious or Semi-Precious Stones, Precious Metals, Metals Clad With Precious Metal and Stones, Precious Metals, Metals Clad With Precious Metal and Articles Thereof; Imitation Jewel lery; Coin	60	209	260	130	115
贱金属及其制品	Base Metals and Articles of Base Metal	3853	5916	6746	5920	7668
机器、机械器具、电气设备及其零件;录音机及放声机、电视图象、声音的录制和重放设备及其零件、附件	Machinery and Mechanical Appliances; Electrical Equipment; Parts Thereof; Sound Recorders and Reproducers, Television Image and Sound Recorders and Reproducers; and Parts and Accessories of Recorders and Reproducers; and Parts and Accessories of Such Articles	147891	152610	96058	78223	91719
车辆、航空器、船舶及有关运输设备	Vehicles, Aircraft, Vessels And Associated Transport Equipment	191	3534	771	691	554
光学、照相、电影、计量、检验、医疗或外科用仪器及设备、精密仪品及设备;钟表;乐器;上述物品的零件、附件	Optical, Photographic, Cinematographic, Measuring, Checking, Precision, Medical or Surgical Instruments and Apparatus; Clocks And Watches; Musical Instruments; Parts and Accessories Thereof	11067	24173	19104	23488	35759
杂项制品	Miscellaneous Manufactured Articles	81	279	1108	554	221
艺术品、收藏品及古物	Works of Art, Collectors´ Pieces and Antiques				0	

6-6 利用外资

Foreign Capital Utilization

指　标	Item	2017	2018	2019	2020	2021
企业数(个)	**Number of Enterprises(unit)**	**80**	**123**	**91**	**116**	**144**
#外商直接投资	Direct Foreign Investment	80	123	91	116	144
中外合资企业	Sino-Foreign Equity Joint Venture	31	67	45	34	85
中外合作企业	Sino-Foreign Contractual Joint Venture	2	4	2		
外资企业	Wholly Foreign-owned Enterprise	47	52	43	78	54
外商投资股份制	Foreign-invested Shareholding System					1
合伙企业	Partnership			1	3	3
其它	Others				1	1
合同外资金额(万美元)	**Contracted Foreign Capital (USD 10000)**	**240801**	**410791**	**265108**	**176470**	**131914**
#外商直接投资	Direct Foreign Investment	240801	410791	265108	176470	131914
中外合资企业	Sino-Foreign Equity Joint Venture	14175	141941	84684	3654	45253
中外合作企业	Sino-Foreign Contractual Joint Venture	714	123655	90		
外资企业	Wholly Foreign-owned Enterprise	225202	144964	173639	159641	85207
外商投资股份制	Foreign-invested Shareholding System					1370
合伙企业	Partnership			7176	12225	69
其他	Others				950	15
实际使用外资额(万美元)	**Foreign Capital Actually Utilized (USD 10000)**	**45015**	**60845**	**67887**	**43907**	**23778**
#外商直接投资	Direct Foreign Investment	45015	60845	67887	43907	23778
中外合资企业	Sino-Foreign Equity Joint Venture	7178	13953	9505	2417	876
中外合作企业	Sino-Foreign Contractual Joint Venture		1460	2604		30
外资企业	Wholly Foreign-owned Enterprise	37704	45432	55705	41490	22872
合伙企业	Partnership	133		73		
外商投资企业基本情况	**Registered Foreign-funded Enterprise**					
期末实有外商投资法人企业(户)	Number of Foreign-funded Enterprises at the Year-end(unit)	746	852	920	890	876
#本年登记户数(户)	Number of Registered Enterprises at the Year-end(unit)	115	121	106	48	57
期末投资总额(万美元)	Total Investment(USD 10000)	3074411	4463920	5111911	4973921	5603356
期末注册资本(万美元)	Registered Capital(USD 10000)	1740058	2466047	2909223	3039118	3668823
#外　方	Capital from Foreign Partners	1420499	2060083	2397952	2621467	3287334

注:1.资料来源于省商务厅。2.实际利用外资统计口径为直接利用外资、外商投资企业投注差外债实际到位资金和外商投资企业境内投资实际到位资金三部分,2019年起我省实际使用外资金额统计口径为外商直接投资。(以下相关表同)

Note:1.The data in this table come from Guizhou Provincial Department of Commerce; 2.The actual utilization of foreign capital includes three parts: direct utilization of foreign capital, investment deficit of foreign-funded enterprises and actual investment of foreign-funded enterprises in China. The actual amount of foreign capital used in our province from 2019 onwards is counted as foreign direct investment (the relative tables in this chapter are the same).

6-7 外商直接投资按行业分项目个数

Number of Projects for Contracted Foreign Direct Investment by Sector

单位:个 (unit)

行业	Sector	2017	2018	2019	2020	2021
总 计	**Total**	**80**	**123**	**91**	**116**	**144**
农、林、牧、渔业	Farming,Forestry,Animal Husbandry and Fishery	12	13	7	16	7
采矿业	Mining		4			
制造业	Manufacturing	17	23	16	9	25
电力、热力、燃气及水生产和供应业	Production and Supply of Electricity,Gas and Water	9	2	2	3	5
建筑业	Construction	6	1	2	1	3
交通运输、仓储和邮政业	Transport, Storage and Post	2	1	4	5	1
信息传输、软件和信息服务业	Information Transmission, Software and Information Technology	5	9	1	10	13
批发和零售业	Wholesale and Retail Trades	7	17	14	17	31
住宿和餐饮业	Hotels and Catering Services	1	9	3	6	4
金融业	Financial Intermediation		2	2		
房地产业	Real Estate	4	11	4	3	3
租赁和商务服务业	Leasing and Business Services	7	17	18	22	24
科学研究和技术服务业	Scientific Research and Technical Service	2	9	9	10	14
水利、环境和公共设施管理业	Management of Water Conservancy, Environment and Public Facilities	5		1	2	
居民服务、修理和其他服务业	Services to Households, Repair and Other Services		3	3	6	2
文化、体育和娱乐业	Culture, Sports and Entertainment	1		1	2	9
教育	Education		2	1	3	3
卫生和社会工作	Health and Social work			3	1	
公共管理、社会保障和社会组织	Public Management, Social Security and Social Organization	2				

6-8 按行业分外商直接投资协议金额

Agreement Value of Foreign Direct Investment by Sector

单位:万美元 (USD 10000)

行业	Sector	2017	2018	2019	2020	2021
总 计	**Total**	**310230**	**410791**	**265108**	**176470**	**131914**
农、林、牧、渔业	Farming,Forestry,Animal Husbandry and Fishery	32090	25123	21323	2798	5947
采矿业	Mining	316	2549			
制造业	Manufacturing	45667	41367	15011	10799	-14916
电力、热力、燃气及水的生产和供应业	Production and Supply of Electricity,Gas and Water	13740	5967	-2848	14171	15095
建筑业	Construction	31986	19	10480	10150	3872
交通运输、仓储和邮政业	Transport, Storage and Post	2367	47	8765	6142	-134
信息传输、软件和信息技术服务业	Information Transmission, Software and Information Technology Services	22520	76958	202	2796	12071
批发和零售业	Wholesale and Retail Trades	5069	2290	1786	2296	6161
住宿和餐饮业	Hotels and Catering Services	2	3102	44	44	335
金融业	Financial Intermediation		18543	13050	12195	
房地产业	Real Estate	27629	171390	6278	16660	12703
租赁和商务服务业	Leasing and Business Services	127304	14647	56610	81538	35310
科学研究和技术服务业	Scientific Research and Technical Service	1093	32800	3362	2694	13537
水利、环境和公共设施管理业	Management of Water Conservancy, Environment and Public Facilities	260			13547	6144
居民服务、修理和其他服务业	Services to Households, Repair and Other Services		15513	45006	274	32512
文化、体育和娱乐业	Culture, Sports and Entertainment	58		70	189	1878
教育	Education		76	7534	141	1399
公共管理、社会保障和社会组织	Public Management, Social Security and Social Organization	129				
卫生和社会工作	Health and Social Work		400	78435	36	

6-9 按行业分外商实际直接投资额

Actually Used Amount of Foreign Direct Investment by Sector

单位:万美元 (USD 10000)

指标	Item	2017	2018	2019	2020	2021
总计	**Total**	**82439**	**60845**	**67887**	**43907**	**23778**
农、林、牧、渔业	Farming, Forestry, Animal Husbandry and Fishery	1298	30	4719	1024	1045
采矿业	Mining	4476	289	140	116	30
制造业	Manufacturing	12017	3706	2590	508	1821
电力、热力、燃气及水的生产和供应业	Production and Supply of Electricity, Gas and Water	15666	12792	9228	24267	4295
建筑业	Construction	4364				
交通运输、仓储和邮政业	Transport, Storage and Post	15165		2029	1650	1861
信息传输、软件和信息技术服务业	Information Transmission, Software and Information Technology	8738	16820	35527	14128	7335
批发和零售业	Wholesale and Retail Trades		851	382		295
住宿和餐饮业	Hotels and Catering Services	10				
金融业	Financial Intermediation	2654	11550	5106	2000	
房地产业	Real Estate	161	3074	5260		4588
租赁和商务服务业	Leasing and Business Services	4861	896	53	115	1594
科学研究和技术服务业	Scientific Research and Technical Service	10983	10837	1048	99	904
水利、环境和公共设施管理业	Management of Water Conservancy, Environment and Public Facilities	1906		384		10
居民服务、修理和其他服务业	Services to Households, Repair and Other Services					
教育	Education					
卫生和社会工作	Health and Social Work			517		
文化、体育和娱乐业	Culture, Sports and Entertainment	140		904		

6-10 对外经济合作

Economic Cooperation with Foreign Countries or Regions

指标	Item	2017	2018	2019	2020	2021
境外经济合作	Economic Cooperation with Foreign Countries or Territories					
签订合同项目(个)	Number of Contracts(unit)	35	35	13	5	3
#对外承包工程	Contracted Projects	35	35	13	5	3
签订合同金额(万美元)	Contracted Value (USD 10000)	32508	57077	22508	23170	15831
#对外承包工程	Contracted Projects	32508	57077	22508	23170	15831
实际营业额(万美元)	Actual Turnover (USD 10000)	110017	120795	128367	97471	103770
#对外承包工程	Contracted Projects	86132	100185	128367	97471	103770
年末在外人员(人)	Persons Abroad by the End of Year (person)	2774	3297	1829	2388	1299
#对外承包工程	Contracted Projects	2774	3289	1829	2388	1299
省外经济合作	Economic Cooperation with Other Provinces					
引进省外项目(个)	Number of Contracted Projects (unit)	6381	7317	5210	6183	7473
引进省外资金(亿元)	Contracted Value (100 million yuan)	8806	10129	5000	5701	6376

注:表中数据不含铝镁设计院及国内国际标的项目。

Note: The data in the table don´t contain the bidding projects of the Aluminum Magnesium and Design Institute and the domestic and international.

6-11 历年进出口总额、实际利用外资

Total Value of Imports and Exports and Total Amount of Foreign Investment Actually Utilized

年 份 Year	进出口总额(万美元) Total Value of Imports and Exports (USD 10000)	#出口额 Exports	实际利用外资额(万美元) Total Amount of Foreign Investment Actually Utilized (USD 10000)	#国外贷款 Foreign Loans	#外商直接投资 Foreign Direct Investments
1978	1645	285			
1979	2111	703			
1980	2797	1641			
1981	4782	3617			
1982	5455	4522			
1983	5238	4186			
1984	6997	4548	61	61	
1985	8720	4010	286	12	148
1986	8605	6361	1276	38	74
1987	12488	9296	376	127	101
1988	15527	11586	1408	425	440
1989	18681	13322	2102	826	747
1990	21802	15358	2983	1925	463
1991	24614	18958	2845	1436	1034
1992	33907	22424	3574	1595	1979
1993	36470	24491	4922	628	4294
1994	53595	37346	8363	2000	6363
1995	68144	43023	9637	3934	5703
1996	64240	43554	10628	7490	3138
1997	67660	48239	13834	8857	4977
1998	62243	38794	18100	13565	4535
1999	54763	35780	19532	15442	4090
2000	66002	42060	19545	17044	2501
2001	64978	42170	14010	11181	2829
2002	69141	44181	9383	5684	3700
2003	98477	58834	13191	7565	5626
2004	151442	86709	13932	7399	6533
2005	140425	85925	19568	8800	10768
2006	161745	103874	18413	9029	9384
2007	227285	146513	15333	2682	12651
2008	337037	190084	17379	2475	14904
2009	230732	135856	18027	4663	13364
2010	314680	192018	34026	4480	29546
2011	488758	298509	71674	4353	51541
2012	663156	495223	109805	5223	49116
2013	829009	688598	157415	4853	57673
2014	1077133	939726	213053	6524	46565
2015	1222142	994862	262747	10324	41941
2016	569962	474279	363331	41700	96739
2017	816231	579371	430032	40970	82439
2018	763133	513725	474403	25820	60845
2019	656817	474028	67887		
2020	790784	622674	43907		
2021	1012382	753977	23778		

注:1.进出口总额1997年及以前数据来源于原省对外贸易经济合作厅,1998年起数据来源于贵阳海关。2.本表实际利用外资额数据来源于省发展改革委、省商务厅。实际利用外资额=省商务厅数据+发展改革委国外贷款。2019-2021年仅为商务厅数据。

Note:1.The total amount of import and export were obtained from the former provincial department of foreign trade and economic cooperation in 1997 and before, while after 1998 they were obtained from Guiyang Customs. 2. In this table, the data of foreign capital actually utilized are obtained from Guizhou Provincial Development and Reform Commission and Guizhou Provincial Department of Commerce. Foreign capital actually utilized consists of the data from Guizhou Provincial Department of Commerce and the foreign loans of Development and Reform Commission. But from 2019 to 2021, it only includes the data from the Department of Commerce.

主要统计指标解释

进出口总额 指实际进出我国国境并引起我国物质资源存量增加或者减少的货物金额。包括我国境内法人和其他组织、个人进出口的一般贸易、易货贸易、加工贸易、补偿贸易、保税区和保税仓库进出境货物、国际援助物资或捐赠品。我国规定出口货物按离岸价格统计,进口货物按到岸价格统计。

外商直接投资 指外国企业和经济组织或个人(包括华侨、港澳台胞以及我国在境外注册的企业)按我国有关政策、法规,用现汇、实物、技术等在我国境内开办外商独资企业、与我国境内的企业或经济组织共同举办中外合资经营企业、合作经营企业或合作开发资源的投资(包括外商投资收益的再投资),以及经政府有关部门批准的项目投资总额内企业从境外借入的资金。

对外承包工程 指各对外承包公司以招标议标承包方式承揽的下列业务:(1)承包国外工程建设项目;(2)承包我国对外经援项目;(3)承包我国驻外机构的工程建设项目;(4)承包我国境内利用外资进行建设的工程项目;(5)与外国承包公司合营或联合承包工程项目时我国公司分包部分;(6)对外承包兼营的房屋开发业务。对外承包工程的营业额是以货币表现的本期内完成的对外承包工程的工作量,包括以前年度签订的合同和本年度新签订的合同在报告期内完成的工作量。

Explanatory Notes on Main Statistical Indicators

Total imports and exports refers to the actual cause of out of our borders and the stock of material resources to increase or decrease the amount of goods, including my own country legal persons and other organizations, individuals, import and export of general trade, barter trade, processing trade, compensation trade, bonded and bonded warehouse entry and exit of goods, international aid or donations. China provides export goods at FOB, CIF value of imported goods according to statistics.

Foreign Direct Investment refers to the investments inside China by foreign enterprises and economic organizations or individuals (including overseas Chinese, compatriots from Hong Kong, Macao and Taiwan, and Chinese enterprises registered abroad), following the relevant policies and laws of China, for the establishment of ventures exclusively with foreign own investment, Sino–foreign joint ventures and cooperative enterprises or for co–operative exploration of resources with enterprises or economic organizations in China. It includes the re– investment of the foreign entrepreneurs with the profits gained from the investment and the funds that enterprises borrow from abroad in the total investment of projects which are approved by the relevant department of the government.

Overseas Contracted Project refers to projects undertaken by Chinese contractors (project contracting companies) through bidding process. They include: (1) overseas civil engineering construction projects financed by foreign investors; (2) overseas projects financed by the Chinese government through its foreign aid programs; (3) construction projects of Chinese diplomatic missions, trade offices and other institutions stationed abroad; (4) construction projects in China financed by foreign investment; (5) sub–contracted projects to be taken by Chinese contractors through a joint umbrella project with foreign contractor(s); (6) housing development projects. The business income from international contracted projects is the work volume of contracted projects completed during the reference period, expressed in monetary terms, including completed work on projects signed in previous years.

能 源

Energy 7

简 要 说 明

一、主要内容

本篇资料主要包括能源生产、消费及品种构成，能源生产和消费弹性系数，综合能源平衡表和主要能源品种的单项平衡表，分行业、分主要能源品种的消费量，能源加工转换效率及生活用能源消费量等。

二、统计范围、统计口径和计算方法

本篇资料的统计范围为全社会。

1.一次能源生产量与能源产品产量统计数字一致。

2.能源生产与消费弹性系数分别以能源生产、消费增长速度与地区生产总值增长速度相比求得。

3.综合能源平衡表中，电力折算标准煤系数按平均发电煤耗计算。

4.效率表中，规模以上工业能源消费量电力折算标准煤系数采用当量值计算，每千瓦小时折0.1229千克标准煤。

5.GDP按可比价格计算。

三、资料来源

本篇资料由省统计局根据《贵州省能源统计报表制度》加工整理。

Brief Introduction

I. Main Contents

The data in this chapter cover mainly energy production, consumption, and composition; elasticity ratio of energy production and consumption; overall balance sheet of energy and balance sheets by different types of energy; consumption of energy by sector and by types of energy; efficiency of energy processing and conversion; and the consumption of energy for non-production uses.

II. The Scope, Notes on Coverage and Compilation of Data

The scope of data in this chapter is the whole province.

(1) The data on production of primary energy are the same as the corresponding data on output of energy products.

(2) The elasticity ratio of energy production is calculated as the quotient of the growth rate of energy production divided by the growth rate of GDP; and the elasticity ratio of energy consumption is calculated as the quotient of the growth rate of energy consumption divided by the growth rate of GDP.

(3) In the energy balance sheet, the coefficient for conversion of electric power into the standard coal equivalent is calculated according to the average consumption of coal for generating electricity.

(4) In the table on the efficiency of energy conversion, Above scale industrial energy consumption electric power conversion standard coal coefficient calculated by the equivalent value. One kilowatt is equal to 0.1229 kg SCE.

(5) Gross domestic product is calculated at constant prices.

III. Sources of Data

The data in this chapter are collected and compiled by Guizhou Provincial Bureau of Statistics in accordance with the Guizhou Provincial energy statistics report system.

7-1 能源生产、消费总量及构成

Total Production and Consumption of Energy and Its Composition

单位：万吨标准煤 (10000 tons of SCE)

指 标	Item	2017	2018	2019	2020	2021
绝对数	**Absolute Figure**					
一次能源生产量	Total Production of Primary Energy	12887.71	12186.03	11630.38	11171.06	11640.07
#原 煤	Coal	10349.22	9497.72	8895.09	8066.67	8687.20
一次电力	Primary Electricity	2452.50	2610.84	2644.37	2965.81	2795.25
终端能源消费量	Final Consumption of Energy	9379.50	9656.73	10074.14	10111.12	10732.26
#原 煤	Coal	3448.10	3060.83	3112.61	2940.68	2535.64
天然气	Natural Gas	176.32	379.60	425.03	450.32	565.84
电 力	Electricity	3965.59	4200.53	4438.77	4509.73	5022.13
构成(%)	**Composition(%)**					
一次能源生产量	Total Production of Primary Energy	100.0	100.0	100.0	100.0	100.0
#原 煤	Coal	80.3	77.9	76.5	72.2	74.6
一次电力	Primary Electricity	19.0	21.4	22.7	26.5	24.0
终端能源消费量	Final Consumption of Energy	100.0	100.0	100.0	100.0	100.0
#原 煤	Coal	36.8	31.7	30.9	29.1	23.6
天然气	Natural Gas	1.9	3.9	4.2	4.5	5.3
电 力	Electricity	42.3	43.5	44.1	44.6	46.8

注：1. 电力按等价热值折算。2. 本表数据根据第四次经济普查资料进行修订(以下各表同)。

Note: 1.Electricity is converted on the basic of equal caloric value. 2.The data in this table are revised according to the fourth national economic census (the same as in the following tables).

7-2 综合能源平衡表

Overall Energy Balance Sheet

单位：万吨标准煤 (10000 tons of SCE)

指 标	Item	2017	2018	2019	2020	2021
可供消费的能源总量	**Total Energy Available for Consumption**	**9855.32**	**10120.77**	**10332.86**	**10862.82**	**11391.71**
一次能源生产量	Primary Energy Output	12887.71	12186.03	11630.38	11171.06	11640.07
省外调入	Inflow from Other Provinces	2210.29	2772.82	3037.56	3494.95	3487.80
调出省外	Outflow from Guizhou Province	5145.69	4670.79	4464.43	3659.49	3822.51
年初年末库存差额	Stock Changes in the Year	-101.36	-164.92	129.35	-148.08	86.40
能源消费总量	**Total Energy Consumption**	**9845.60**	**10035.92**	**10423.27**	**10621.44**	**11263.82**
农、林、牧、渔、水利业	Farming, Forestry, Animal Husbandry, Fishery and Water Conservancy	181.63	207.51	214.76	226.92	243.03
工 业	Industry	5113.74	4968.43	5143.80	5199.04	5423.30
建筑业	Construction	184.25	186.59	193.74	185.22	188.92
交通运输、仓储和邮政业	Transport,Storage and Post	785.03	849.84	907.64	929.09	1043.37
批发、零售业和住宿、餐饮业	Wholesale and Retail Trades, Hotels and Catering Services	975.71	966.70	972.62	1008.29	958.90
其 他	Other Sectors	1164.23	1353.49	1320.33	1329.17	1609.97
生活消费	Household Consumption	1441.10	1503.35	1670.37	1743.71	1796.34
终端消费	End-use Consumption	9377.50	9656.73	10074.14	10111.12	10732.26
#工 业	Industry	4645.56	4589.22	4794.68	4688.71	4891.74
加工转换损失量	Losses During the Process of Energy Conversion	201.49	50.27	88.80	187.24	269.12
#炼 焦	Coking	54.16	49.28	30.47	24.04	23.31
损失量	Energy Losses	266.62	328.93	260.33	323.08	262.44
平衡差额	Balance	9.72	84.85	-90.41	241.38	127.89

7-3 煤炭平衡表

Coal Balance Sheet

单位：万吨 (10000 tons)

指 标	Item	2017	2018	2019	2020	2021
可供量	**Total Energy Available for Consumption**	**13647.56**	**12119.18**	**12086.03**	**12041.52**	**12598.70**
生产量	Output	16343.80	14335.01	13167.94	12055.33	13231.89
调出省外	Outflow from Guizhou Province	3327.41	2947.15	2346.51	1385.38	1919.78
年初年末库存差额	Stock Changes in the Year	-131.60	-247.63	105.73	-202.49	54.57
消费量	**Total Energy Consumption**	**13634.10**	**12008.03**	**12204.16**	**11658.89**	**12480.17**
农、林、牧、渔、水利业	Farming,Forestry,Animal Husbandry,Fishery and Water Conservancy	130.00	200.44	183.67	171.17	147.67
工 业	Industry	11189.66	9751.90	10168.08	9584.90	10913.52
建筑业	Construction	24.94	6.49	3.80	3.00	2.50
交通运输、仓储和邮政业	Transport,Storage and Post	1.00	1.28	1.50	0.01	0.01
批发、零售业和住宿、餐饮业	Wholesale and Retail Trades, Hotels and Catering Services	966.31	850.01	788.34	818.73	534.45
其 他	Other Sectors	719.95	650.50	564.77	568.13	401.15
生活消费	Household Consumption	602.23	547.42	494.00	512.95	480.87
终端消费	End-use Consumption	4679.42	4470.84	4377.96	4203.78	3587.74
#工 业	Industry	2234.99	2214.71	2341.87	2129.78	2021.09
中间消费(用于加工转换)	Intermediate Consumption (Consumed in Conversion)	8954.68	7537.20	7826.21	7455.12	8892.43
#发 电	Power Generation	7246.78	6483.53	6839.91	6601.30	7253.26
炼 焦	Coking	710.36	554.83	531.38	568.54	562.52
平衡差额	**Balance**	**13.46**	**111.14**	**-118.14**	**382.63**	**118.53**

7-4 电力平衡表

Electricity Balance Sheet

单位:亿千瓦小时 (100 million kwh)

指　标	Item	2017	2018	2019	2020	2021
可供量	Total Energy Available for Consumption	1384.89	1482.12	1540.68	1586.07	1742.75
生产量	Output	2012.23	2117.03	2256.61	2305.45	2368.40
水电、风电、太阳能发电等	Hydropower, Wind Power, Solar Power, etc.	802.52	854.31	867.00	973.34	921.82
火　电	Thermal Power	1209.70	1262.72	1389.61	1332.11	1446.58
调出省外	Outflow from Guizhou Province	627.34	634.99	717.75	720.31	625.75
消费量	Total Energy Consumption	1384.90	1482.12	1540.68	1586.07	1742.75
农、林、牧、渔、水利业	Farming, Forestry,Animal Husbandry,Fishery and Water Conservancy	7.69	7.11	10.90	14.88	19.70
工　业	Industry	935.21	983.61	982.07	996.83	1029.74
建筑业	Construction	33.14	33.58	34.93	32.14	32.46
交通运输、仓储和邮政业	Transport,Storage and Post	31.97	35.39	36.78	37.64	44.15
批发、零售业和住宿、餐饮业	Wholesale and Retail Trades, Hotels and Catering Services	39.70	42.86	46.26	52.12	78.38
其　他	Other Sectors	75.49	95.09	90.35	89.80	170.40
生活消费	Household Consumption	261.71	284.48	339.40	362.66	367.92
终端消费	End-use Consumption	1297.65	1374.49	1455.32	1480.04	1656.20
#工　业	Industry	847.96	875.98	896.71	890.80	943.19
输配损失量	Losses in Transmission	87.24	107.63	85.35	106.03	86.55

7-5 分行业能源消费总量

Total Consumption of Energy by Sector

单位:万吨标准煤 (10000 tons of SCE)

行 业	Sector	2017	2018	2019	2020	2021
工业	**Industrial**	**5113.74**	**4968.43**	**5143.80**	**5199.04**	**5423.30**
采矿业	Mining and Quarrying	515.67	469.10	542.97	614.91	693.29
#煤炭开采和洗选业	Mining and Washing of Coal	479.77	347.54	426.88	534.53	613.50
黑色金属矿采选业	Mining and Processing of Ferrous Metal Ores	10.69	15.84	19.05	6.29	11.13
有色金属矿采选业	Mining and Processing of Non-Ferrous Metal Ores	1.65	16.30	17.46	14.01	14.08
非金属矿采选业	Mining and Processing of Nonmetal Ores	21.38	39.56	35.60	30.31	31.63
制造业	Manufacturing	3463.63	3841.21	3929.16	3923.67	4038.84
#农副食品加工业	Processing of Food from Agricultural Products	18.41	36.58	36.62	36.40	39.17
食品制造业	Manufacture of Foods	10.90	12.90	15.43	16.23	18.13
酒、饮料和精制茶制造业	Manufacture of Liquor, Beverages and Refined Tea	45.45	32.36	32.82	37.94	55.35
烟草制品业	Manufacture of Tobacco	5.68	9.00	10.30	9.44	10.53
纺织业	Manufacture of Textile	2.29	5.49	5.39	6.40	9.12
纺织服装、服饰业	Manufacture of Textile, Wearing Apparel and Accessories	1.91	2.47	2.10	2.33	2.90
皮革、毛皮、羽毛及其制品和制鞋业	Manufacture of Leather, Furs, Feather and Related Products and Footwear	2.97	2.12	2.04	1.66	1.88
木材加工和木、竹、藤、棕、草制品业	Processing of Timber, Manufacture of Wood, Bamboo, Rattan, Palm and Straw Products	7.03	13.01	14.19	12.74	14.19
家具制造业	Manufacture of Furniture	1.43	6.91	5.89	6.00	5.84
造纸和纸制品业	Manufacture of Paper and Paper Products	17.59	16.31	15.93	18.43	37.60
印刷业和记录媒介复制业	Printing and Reproduction of Recording Media	2.13	3.11	3.17	3.34	3.52
文教、工美、体育和娱乐用品制造业	Manufacture of Articles for Culture, Education, Arts and Crafts, Sports and Entertainment Activities	1.77	2.56	2.78	1.88	2.43
油加工、炼焦和核燃料加工业	Processing of Petroleum, Coking and Processing of Nuclear Fuel	117.77	66.47	43.50	21.63	91.71
化学原料和化学制品制造业	Manufacture of Raw Chemical Materials and Chemical Products	696.05	708.04	708.70	655.28	634.84
医药制造业	Manufacture of Medicines	15.26	17.81	18.00	17.30	19.09
化学纤维制造业	Manufacture of Chemical Fiber	0.82	1.90	1.46	1.26	1.26

7-5 续表 continued

单位：万吨标准煤 (10000 tons of SCE)

行　业	Sector	2017	2018	2019	2020	2021
橡胶和塑料制品业	Manufacture of Rubber and Plastics Products	34.75	37.59	36.68	42.74	48.50
非金属矿物制品业	Manufacture of Non-metallic Mineral Products	1195.98	1181.76	1238.19	1204.83	1019.70
黑色金属冶炼和压延加工业	Smelting and Pressing of Ferrous Metals	559.05	532.41	467.74	528.94	733.86
有色金属冶炼和压延加工业	Smelting and Pressing of Non-ferrous Metals	642.04	951.92	1050.44	1119.89	1086.02
金属制品业	Manufacture of Metal Products	19.44	78.27	96.72	51.32	43.28
通用设备制造业	Manufacture of General Purpose Machinery	6.11	26.20	21.34	14.25	11.53
专用设备制造业	Manufacture of Special Purpose Machinery	4.48	7.45	8.27	7.49	5.51
汽车制造业	Manufacture of Automobiles	11.02	6.46	6.06	5.78	5.52
铁路、船舶、航空航天和其他运输设备制造业	Manufacture of Railway, Ship, Aerospace and Other Transportation Equipment	9.00	10.34	10.80	10.94	12.89
电气机械和器材制造业	Manufacture of Electrical Machinery and Apparatus	16.34	13.65	16.44	22.82	48.12
计算机、通信和其他电子设备制造业	Manufacture of Computers,Communication and Other Electronic Equipment	6.67	8.13	7.40	11.97	18.20
仪器仪表制造业	Manufacture of Measuring Instruments and Machinery	0.55	3.59	2.04	1.66	2.52
其他制造业	Other Manufacture	6.36	25.17	28.35	30.96	36.61
废弃资源综合利用业	Utilization of Waste Resources	4.01	11.38	11.68	16.34	14.71
金属制品、机械和设备修理业	Repair Service of Metal Products, Machinery and Equipment	0.37	9.84	8.67	5.48	4.33
电力、热力、燃气及水生产和供应业	Electric Power, Heat, Gas and Water Production and Supply	1134.44	658.12	671.67	660.46	691.17
电力、热力生产和供应业	Production and Supply of Electric Power and Heat Power	1117.27	625.57	633.45	620.91	643.11
燃气生产和供应业	Production and Supply of Gas	1.38	3.80	2.95	2.52	3.14
水的生产和供应业	Production and Supply of Water	15.78	28.74	35.26	37.03	44.92
建筑业	**Construction**	**184.27**	**186.60**	**193.74**	**185.22**	**188.92**
交通运输、仓储及邮政	**Transport,Storage and Post**	**785.03**	**849.84**	**907.64**	**929.09**	**1043.37**
批发、零售业和住宿、餐饮业	**Wholesale,Retail Trade and Hotel, Restaurants**	**975.71**	**966.70**	**972.62**	**1008.29**	**958.90**
其他行业	**Others**	**1164.23**	**1353.49**	**1320.33**	**1329.17**	**1609.97**
生活消费	**Residential Consumption**	**1441.10**	**1503.35**	**1670.37**	**1743.71**	**1796.34**

7-6 能源生产消费弹性系数

Elasticity Ratio of Energy Production and Consumption

指 标	Item	2017	2018	2019	2020	2021
地区生产总值比上年增长(%)	Growth Rate of Gross Domestic Product(GDP) over Preceding Year(%)	10.2	9.1	8.3	4.5	8.1
能源生产比上年增长(%)	Growth Rate of Energy Production over Preceding Year(%)	-6.6	-5.5	-4.6	-3.9	4.2
能源消费总量比上年增长(%)	Growth Rate of Energy Consumption over Preceding Year(%)	2.5	1.9	3.9	1.9	6.0
电力生产比上年增长(%)	Growth Rate of Electricity Production over Preceding Year(%)	2.9	5.2	6.3	2.2	2.7
电力消费比上年增长(%)	Growth Rate of Electricity Consumption over Preceding Year(%)	11.5	7	4.0	2.9	9.9
能源生产弹性系数	Elasticity Ratio of Energy Production	…	…	…	…	0.52
能源消费弹性系数	Elasticity Ratio of Energy Consumption	0.25	0.21	0.47	0.42	0.74
电力生产弹性系数	Elasticity Ratio of Electricity Production	0.28	0.57	0.76	0.49	0.33
电力消费弹性系数	Elasticity Ratio of Electricity Consumption	1.13	0.77	0.48	0.64	1.22

7-7 生活能源消费量

Energy Consumption for Households

能源品种	Item	2017	2018	2019	2020	2021
生活能源消费量(万吨标准煤)	**Energy Consumption for Households (10000 tons of SCE)**	**1441.10**	**1503.35**	**1670.37**	**1743.71**	**1796.34**
煤炭(万吨)	Coal (10000 tons)	602.23	547.42	494.00	512.95	480.87
煤油(万吨)	Kerosene (10000 tons)	…	…	…	…	…
液化石油气(万吨)	Liquefied Petroleum Gas (10000 tons)	15.09	15.20	16.94	18.59	18.50
天然气(亿立方米)	Natural Gas(100 million cu.m)	6.83	8.95	9.78	10.82	13.22
煤气(亿立方米)	Coal Gas (100 million cu.m)	2.75	…	0.96	1.19	0.83
电力(亿千瓦小时)	Electricity (100 million kwh)	261.71	284.48	339.40	362.66	367.92

7-8 人均生活能源消费量

Annual Average per Capita Energy Consumption of Households

指　　标	Item	2017	2018	2019	2020	2021
平均每人生活消费能源(千克标准煤/人)	Average per Capita Energy Consumption of Households (kg of SCE/Person)	402.54	417.60	461.05	452.18	465.98
煤炭(千克)	Coal(kg)	168.22	152.06	136.35	133.02	124.74
电力(千瓦小时)	Electricity(kwh)	731.03	790.22	936.81	940.46	954.39
液化石油气(千克)	Liquefied Petroleum Gas(kg)	4.22	4.22	4.67	4.82	4.80
煤气(立方米)	Coal Gas(cu.m)	7.68	…	2.50	3.09	2.15

7-9 能源利用效率

Using Efficiency of Energy

指 标	Item	2017	2018	2019	2020	2021
每万元地区生产总值能源消费量(吨标准煤/万元)(可比价)	**Energy Consumption Per Unit of GDP (ton of SCE/10000 yuan) (at comparable prices)**	**0.767**	**0.717**	**0.688**	**0.671**	**0.584**
每万元地区生产总值能耗上升或下降(%)	**Energy Consumption Rise or Fall Per Unit of GDP(%)**	**-6.95**	**-6.55**	**-4.06**	**-2.45**	**-1.9**
每万元地区生产总值电力消费量(千瓦小时/万元)	**Electricity Consumption Per Unit of GDP(kwh/10000 yuan)**	**1079**	**1058**	**1017**	**1002**	**903**
每万元地区生产总值煤炭消费量(吨/万元)	**Coal Consumption Per Unit of GDP (ton/10000 yuan)**	**1.01**	**0.82**	**0.73**	**0.65**	**0.64**
能源消费总量(万吨标准煤)	Total Energy Consumption (10000 tons of SCE)	9845.60	10035.92	10423.27	10621.44	11263.82
每吨能源生产的地区生产总值(万元/吨标准煤)	GDP Produced by Per Unit of Energy (10000 yuan/ton of SCE)	1.30	1.40	1.45	1.49	1.71
规模以上工业能源消费量(万吨标准煤)	Energy Consumption of Industry above Designated Size (10000 tons of SCE)	5453.39	5520.64	5812.18	5825.21	6134.84
规模以上工业万元增加值能耗上升或下降(%)	Ten-thousand-yuan Added Value Energy Consumption Rise or Fall of Industry above Designated Size (%)	-8.53	-5.87	-3.4	-4.5	-7.4

注:地区生产总值2017-2020年以2015年不变价计算,2021年以2020年不变价计算。

Note: GDP is calculated at constant prices in 2015 from 2017 to 2020 and at constant prices in 2020 from 2021 onwards.

7-10 平均每天能源消费量

Average Daily Energy Consumption by Type of Energy

能源品种	Item	2017	2018	2019	2020	2021
合计(万吨标准煤)	Total (10000 tons of SCE)	26.974	27.496	28.557	29.100	30.860
煤炭(万吨)	Coal (10000 tons)	37.354	32.899	33.436	36.054	34.192
焦炭(万吨)	Coke (10000 tons)	0.589	0.574	0.613	0.681	0.722
燃料油(万吨)	Fuel Oil (10000 tons)	0.001	0.001	0.000	0.001	0.002
汽油(万吨)	Gasoline (10000 tons)	1.042	1.200	1.276	1.327	1.635
煤油(万吨)	Kerosene (10000 tons)	0.133	0.155	0.162	0.135	0.136
柴油(万吨)	Diesel Oil (10000 tons)	1.318	1.565	1.598	1.638	1.997
天然气(亿立方米)	Natural Gas(100million cu.m)	0.049	0.082	0.098	0.107	0.132
电力(亿千瓦小时)	Electricity (100million kwh)	3.794	4.061	4.221	4.345	4.775

7-11 规模以上工业企业水消费

Water Consumption of Scale Industry

单位:万立方米 (10000 cu.m)

行 业	Sector	2017	2018	2019	2020	2021
取水总量	the Total Amount of Water	136952.80	156977.83	174785.49	185325.87	199081.58
#地表水	Surface Water	113705.10	131238.37	150005.95	160402.81	173816.98
地下水	Groundwater	6568.10	8354.49	6733.58	6893.28	2229.77
自来水	Tap Water	12736.20	13701.97	13942.95	13612.78	17323.99
中水	Reclaimed Water	446.80	429.24	421.56	411.23	443.09
其他水	Other Water	1384.80	652.99	636.45	568.45	965.18
重复用水	Repeated Water	889801.10	992742.45	1009750.53	1136970.56	1234895.41
工业企业污水排放量	Discharge of Industrial Sewage	55069.70	66651.65	77587.82	118583.63	118856.04

注:工业企业污水排放量统计口径发生变化,2020年前为企业污水处理量,2020年起为污水处理量,即所有装有污水处理设备可以处理污水的企业均要填报污水处理量。

Note: The statistical caliber of discharge of industrial sewage has changed. Before 2020, it was the sewage disposal capacity of enterprises. From 2020, it is the sewage disposal capacity, that is, all enterprises equipped with sewage disposal equipment to dispose sewage should report the sewage disposal capacity.

7-12 发电装机容量

Installed Capacity of Power Generation

单位:万千瓦 (10000 kw)

能源品种	Item	2017	2018	2019	2020	2021
发电装机容量	Installed Capacity of Power Generation	5565	5754	6314	7137	7226
火 电	Thermal Power	3160	3263	3410	3504	3511
水 电	Hydropower	1880	1927	1938	1996	1998
风 电	Wind Power	369	386	457	580	580
太阳能发电	Solar Power	155	178	510	1057	1137

注:数据源于省电力行业协会,本表统计口径为6000千瓦及以上电厂期末设备容量。

Note: The data come from Guizhou Electric Power AssociationThe statistical calibre of this table is the terminal equipment capacity of power plants of 6000 kw and above.

主要统计指标解释

能源生产总量 指一定时期内全省一次能源生产量的总和。一次能源生产量包括原煤、原油、天然气、水电、核能及其他动力能(如风能、地热能等)发电量,不包括低热值燃料生产量、生物质能、太阳能等的利用和由一次能源加工转换而成的二次能源产量。

能源消费总量 指一定时期内全省各行业和居民生活消费的各种能源的消费总量指标。能源消费总量分为终端能源消费量、能源加工转换损失量和损失量三部分。

终端能源消费量:指一定时期内全省各行业和居民生活消费的各种能源在扣除了用于加工转换二次能源消费量和损失量以后的数量。

能源加工转换损失量:指一定时期内全省投入加工转换的各种能源数量之和与产出各种能源产品之和的差额,是观察能源在加工转换过程中损失量变化的指标。

能源损失量:指一定时期内能源在输送、分配、储存过程中发生的损失和由客观原因造成的各种损失量,不包括各种气体能源放空、放散量。

能源生产弹性系数 是能源生产量的增长与国民经济增长速度之间的比值。计算公式为:

$$\text{能源生产弹性系数}=\frac{\text{能源生产总量年平均增长速度}}{\text{地区生产总值年平均增长速度}}$$

电力生产弹性系数 是电力生产量的增长与国民经济增长速度之间的比值。计算公式为:

$$\text{电力生产弹性系数}=\frac{\text{电力生产量年平均增长速度}}{\text{地区生产总值年平均增长速度}}$$

能源消费弹性系数 是能源消费增长速度与国民经济增长速度之间的比值。计算公式为:

$$\text{能源消费弹性系数}=\frac{\text{能源消费量年平均增长速度}}{\text{地区生产总值年平均增长速度}}$$

电力消费弹性系数 是电力消费增长速度与国民经济增长速度之间的比值。计算公式为:

$$\text{电力消费弹性系数}=\frac{\text{电力消费量年平均增长速度}}{\text{地区生产总值年平均增长速度}}$$

单位地区生产总值能源消耗量 指一定时期内,每生产一个计量单位的地区生产总值所消耗的能源。计算公式为:

$$\text{每万元地区生产总值能源消耗量}=\frac{\text{能源消费总量}}{\text{地区生产总值}}$$

单位地区生产总值电力消耗量 指一定时期内,每生产一个计量单位的地区生产总值所消耗的电力。计算公式为:

$$\text{每万元地区生产总值电力消耗量}=\frac{\text{全社会用电量}}{\text{地区生产总值}}$$

Explanatory Notes on Main Statistical Indicators

Total Energy Production refers to the total production of primary energy by all energy producing enterprises in the country in a given period of time. The production of primary energy includes that of coal, crude oil, natural gas, hydro-power and electricity generated by nuclear energy and other means such as wind power and geothermal power. However, it excludes the production of fuels of low calorific value, bio-energy, solar energy and the secondary energy converted from the primary energy.

Total Energy Consumption refers to the total energy consumption indexes of various industries and residents in our province in a given period of time. Total energy consumption can be divided into three parts: end-use energy consumption; loss during the process of energy conversion; and energy loss.

End-use Energy Consumption refers to the total energy consumption by material production sectors, non material production sectors and households in the country(region) in a given period of time, but excludes the consumption during the conversion of primary energy into the secondary energy and the loss in the process of energy conversion.

Loss During the Process of Energy Conversion refers to the total input of various kinds of energy for conversion, minus the total output of various kinds of energy in the country in a given period of time. It is an indicator to show the loss that occurs during the process of energy conversion.

Energy Loss refers to the total of the loss of energy during the course of energy transport, distribution and storage and the loss caused by any objective reason in a given period of time. The loss of various kinds of gas due to gas discharges and stocktaking is excluded.

Elasticity Ratio of Energy Production is an indicator to show the relationship between the growth rate of energy production and the growth rate of the national economy. The formula is:

$$\text{Elasticity Ratio of Energy Production}=\frac{\text{Average Annual Growth Rate of Energy Production}}{\text{Average Annual Growth Rate of National Economy}}$$

Elasticity Ratio of Electricity Production is an indicator to show the relationship between the growth rate of electricity production and the growth rate of the national economy. Its formula is:

$$\text{Elasticity Ratio of Electricity Production}=\frac{\text{Average Annual Growth Rate of Electricity Production}}{\text{Average Annual Growth Rate of National Economy}}$$

Elasticity Ratio of Energy Consumption is an indicator to show the relationship between the growth rate of energy consumption and the growth rate of the national economy. The formula is:

$$\text{Elasticity Ratio of Energy Consumption}=\frac{\text{Average Annual Growth Rate of Energy Consumption}}{\text{Average Annual Growth Rate of National Economy}}$$

Elasticity Ratio of Electricity Consumption is an indicator to show the relationship between the growth rate of electricity consumption and the growth rate of the national economy. The formula is:

$$\text{Elasticity Ratio of Electricity Consumption}=\frac{\text{Average Annual Growth Rate of Electricity Consumption}}{\text{Average Annual Growth Rate of National Economy}}$$

Energy Consumption per Unit of GDP (ton of SCE/10000 yuan) refers to the energy consumption per unit of Gross Domestic Product in a country or the Gross Regional Product in a region in the same reference period. The formula is:

$$\text{Energy Consumption per Unit of GDP}=\frac{\text{Total Energy Consumption}}{\text{Gross Domestic Product}}$$

Electricity Consumption per Unit of GDP (KWh/10000 yuan) refers to the electricity consumption per unit of Gross Domestic Product in a country or the Gross Regional Product in a region in the same reference period. The formula is:

$$\text{Electricity Consumption per Unit of GDP}=\frac{\text{Total Electricity Consumption}}{\text{Gross Domestic Product}}$$

财政税收

Government Finance and Taxation

8

简要说明

一、主要内容

本篇反映全省财政收支状况、税收情况。

一般公共预算收支是指政府凭借国家政治权力，以社会管理者身份筹集以税收为主体的财政收入，用于保障和改善民生、维持国家机构正常运转、保障国家安全等方面的各项收支。

二、统计口径

2007年起财政收支科目实施了较大改革，特别是财政支出项目口径变化很大，与以前年度数据不可比。从2011年开始，预算外资金全部纳入预算内管理。

三、资料来源

财政资料来源于省财政厅，税收资料来源于国家税务总局贵州省税务局。

Brief Introduction

I. Main Contents

The data in this chapter shows the government revenue and expenditure situation, as well as the tax collection.

The General Public Budget Revenue and Expenditure refers to the revenues and expenditures mainly in a form of taxes collected by the government as the administration of the society using its state political power for the purposes of assuring and improving the people's life, maintaining the regular operation of the government, and defending the national security.

II. Scope of Data

Compared with the previous years, the classifications of revenue and expenditure accounts have been adjusted largely in 2007. Therefore, the data on the state revenue and expenditure and the data on general public budget revenue and expenditure after 2007 are not comparable with the data of earlier years. Starting from 2011, the extra-budgetary funds is included in the budgetary management.

Ⅲ. Sources of Data

The data on finance are from Department of Finance of Guizhou Province.

The data on tax are from Guizhou Provincial Tax Service and State Taxation Administration.

8-1 财政收入
Financial Revenue

单位:亿元 (100 million yuan)

指　　标	Item	2017	2018	2019	2020	2021	2021年比2020年增长(%) Increase Rate in 2021 over 2020(%)
财政总收入	**Total Government Revenue**	**2648.31**	**2973.36**	**3051.52**	**3082.03**	**3415.19**	**10.8**
#一般公共预算收入	General Public Budget Revenue	1613.84	1726.85	1767.47	1786.80	1969.39	10.2
#增值税(含改征增值税)	Value-added Tax	417.73	486.39	474.21	417.54	453.77	8.7
企业所得税	Corporate Income Tax	146.67	184.46	215.41	206.39	251.71	22.0
个人所得税	Individual Income Tax	48.55	69.31	40.32	42.26	45.10	6.7
资源税	Resource Tax	30.77	32.60	34.00	29.57	39.21	32.6
城市维护建设税	City Maintenance and Construction Tax	67.26	85.53	82.79	83.80	91.44	9.1
房产税	House Property Tax	38.61	35.36	36.88	37.38	38.90	4.1
契　税	Deed Tax	89.29	96.11	103.66	94.26	98.30	4.3
土地增值税	Land Appreciation Tax	108.66	98.34	89.23	62.89	54.21	-13.8
国有资本经营收入	Operation Income from Government Capital	25.32	18.28	85.75	168.83	247.97	46.9
罚没收入	Penalty Receipts	50.00	48.32	66.32	71.88	79.10	10.0
行政事业性收费	Charge of Administrative and Institutional Units	73.81	73.12	80.95	75.36	91.16	21.0
专项收入	Special Program Receipts	91.25	125.22	123.87	109.41	120.17	9.8

注:1.资料来源于省财政厅(以下相关表同)。2.2017年财务制度改革,增值税和营业税合并统计。

Note: 1.The data in the table are provided by Guizhou Provincial Finance Bureau(the relative tables in this chapter are the same). 2.According to the new financial system in 2017, the value-added tax and business tax are combined to count.

8-2 财政支出
Financial Expenditure

单位:亿元 (100 million yuan)

指　　标	Item	2017	2018	2019	2020	2021	2021年比2020年增长(%) Increase Rate in 2021 over 2020(%)
一般公共预算支出	General Public Budget Expenditure	4612.52	5029.68	5948.74	5739.50	5590.01	-2.6
#一般公共服务	General Public Services	464.83	496.47	573.06	497.36	485.12	-2.5
国　防	National Defense	4.40	4.12	3.25	3.89	4.40	13.0
公共安全	Public Security	268.09	282.70	280.06	273.71	274.27	0.2
教　育	Education	901.96	985.95	1067.62	1073.34	1129.35	5.2
科学技术	Science and Technology	87.72	102.88	114.13	113.19	88.34	-22.0
文化体育与传媒	Culture, Sports and Media	64.73	60.80	68.76	72.76		
文化旅游体育与传媒	Culture, Travel, Sports and Media					117.08	—
社会保障和就业	Social Safety Net and Employment Effort	498.74	537.71	589.03	678.48	688.64	1.5
卫生健康	Hygiene and Health	436.21	481.80	534.78	565.66	542.07	-4.2
节能环保	Energy Saving and Environment Protection	125.39	134.38	188.53	146.15	158.74	8.6
城乡社区	Urban and Rural Community Affairs	198.82	246.21	439.93	209.70	260.03	24.0
农林水	Farming, Forestry and Water Conservancy	612.05	664.84	998.90	1024.31	730.74	-28.7
交通运输	Transportation	336.91	381.49	347.79	341.50	336.45	-1.5

8-3 分级一般公共预算收入(2021)

General Public Budget Revenue by Level

单位:亿元 (100 million yuan)

指 标	Item	总 计 Total	省 级 Province	地 级 Prefecture	县 级 County	乡镇级 Villages and Towns
一般公共预算收入	**General Public Budget Revenue**	**1969.39**	**620.87**	**378.07**	**845.54**	**124.91**
税收收入	**Tax Revenue**	**1177.15**	**276.61**	**240.73**	**547.59**	**112.22**
#增值税	Value-added Tax	453.77	116.58	108.84	192.04	36.32
企业所得税	Corporate Income Tax	251.71	129.62	38.28	70.27	13.55
个人所得税	Individual Income Tax	45.10	9.02	10.38	22.24	3.46
资源税	Resource Tax	39.21	12.71	5.90	13.04	7.55
城市维护建设税	City Maintenance and Construction Tax	91.44	0.93	33.61	36.94	19.95
房产税	House Property Tax	38.90		0.24	33.97	4.69
契 税	Deed Tax	98.30		24.47	65.28	8.55
土地增值税	Land Appreciation Tax	54.21		3.08	47.40	3.73
非税收入	**Non-tax Revenue**	**792.24**	**344.26**	**137.34**	**297.96**	**12.69**
#专项收入	Special Program Receipts	120.17	28.82	43.24	45.95	2.17
行政事业性收费	Charge of Administrative and Institutional Units	91.16	17.59	29.28	42.26	2.04
罚没收入	Penalty Receipts	79.10	3.38	31.11	43.63	0.98
国有资本经营收入	Operation Income of State-owned Assets	247.97	232.90	0.26	12.14	2.67

8-4 分级一般公共预算支出(2021)

General Public Budget Expenditure by Level

单位:亿元 (100 million yuan)

指 标	Item	总 计 Total	省 级 Province	地 级 Prefecture	县 级 County	乡镇级 Villages and Towns
一般公共预算支出	**General Public Budget Expenditure**	**5590.01**	**1134.41**	**864.80**	**3255.20**	**335.60**
#一般公共服务	General Public Services	485.12	51.67	67.78	265.70	99.97
国 防	National Defense	4.40	0.57	1.58	2.16	0.09
公共安全	Public Security	274.27	55.07	88.14	128.95	2.11
教 育	Education	1129.35	143.64	105.14	857.01	23.56
科学技术	Science and Technology	88.34	15.12	8.19	62.12	2.91
文化旅游体育与传媒	Culture, Travel, Sports and Media	117.08	63.88	16.19	33.52	3.49
社会保障和就业	Social Safety Net and Employment Effort	688.64	178.72	127.44	358.88	23.59
卫生健康	Hygiene and Health	542.07	31.81	245.59	249.83	14.84
节能环保	Energy Saving ang Environment Protection	158.74	17.13	20.21	117.02	4.38
城乡社区	Urban and Rural Community Affairs	260.03	30.81	14.12	200.14	14.96
农林水	Farming, Forestry and Water Conservancy	730.74	125.18	39.02	442.79	123.74
交通运输	Transportation	336.45	216.42	21.30	96.87	1.86

8-5 历年财政收支

Financial Revenue and Expenditure Over the Years

单位:亿元 (100 million yuan)

年份 Year	财政总收入 Total Financial Revenue		一般公共预算收入 General Public Budget Revenue		一般公共预算支出 General Public Budget Expenditure	
	绝对数 Absolute Numbers	比上年增长(%) Growth Rates(%)	绝对数 Absolute Numbers	比上年增长(%) Growth Rates(%)	绝对数 Absolute Numbers	比上年增长(%) Growth Rates(%)
1978	14.20	48.2	6.26	157.6	12.30	39.9
1979	14.26	0.4	6.54	4.5	13.30	8.1
1980	13.23	-7.2	6.69	2.3	12.66	-4.8
1981	13.74	3.9	6.32	-5.5	13.28	4.9
1982	16.00	16.4	7.70	21.8	15.11	13.8
1983	18.26	14.1	9.56	24.2	16.38	8.4
1984	21.81	19.4	11.81	23.5	22.28	36.0
1985	26.71	22.5	15.17	28.5	24.55	10.2
1986	31.38	17.5	17.01	12.1	30.43	24.0
1987	36.80	17.3	21.37	25.6	31.43	3.3
1988	39.55	7.5	25.96	21.5	36.14	15.0
1989	45.37	14.7	32.14	23.8	45.89	27.0
1990	49.36	8.8	35.37	10.0	47.87	4.3
1991	55.71	12.9	42.80	21.0	53.42	11.6
1992	60.98	9.5	47.28	10.5	60.63	13.5
1993	68.43	12.2	56.50	19.5	67.39	11.1
1994	77.30	13.0	31.24	-44.7	74.23	10.1
1995	87.40	13.1	38.80	24.2	85.33	15.0
1996	103.92	18.9	49.46	27.5	99.58	16.7
1997	116.19	11.8	57.90	17.1	113.79	14.3
1998	136.31	17.3	65.34	12.8	133.09	17.0
1999	133.75	-1.9	74.26	13.7	170.72	28.3
2000	153.04	14.4	85.23	14.8	201.57	18.1
2001	177.04	15.7	99.75	17.0	275.20	36.5
2002	203.03	14.7	108.28	8.6	316.67	15.1
2003	236.64	16.6	124.56	15.0	332.35	5.0
2004	296.48	25.3	149.29	19.9	418.42	25.9
2005	366.16	23.5	182.50	22.2	520.73	24.5
2006	448.88	22.6	226.82	24.3	610.64	17.3
2007	556.98	24.1	285.14	25.7	795.40	30.3
2008	674.58	21.1	349.55	22.6	1055.39	32.7
2009	779.59	15.6	416.48	19.1	1372.27	30.0
2010	969.57	24.4	533.73	28.2	1631.48	18.9
2011	1329.99	37.2	773.08	44.8	2249.40	37.9
2012	1644.48	23.6	1014.05	31.2	2755.68	22.5
2013	1918.23	16.7	1206.41	19.0	3082.66	11.9
2014	2130.90	11.1	1366.67	13.3	3542.80	14.9
2015	2291.82	7.6	1503.38	10.0	3939.50	11.2
2016	2409.35	5.1	1561.34	8.1	4262.36	7.9
2017	2648.31	9.9	1613.84	7.2	4612.52	8.2
2018	2973.36	12.3	1726.85	7.0	5029.68	9.0
2019	3051.52	2.6	1767.47	2.4	5948.74	18.3
2020	3082.03	1.0	1786.80	1.1	5739.50	-3.5
2021	3415.19	10.8	1969.39	10.2	5590.01	-2.6

8-6 税收收入(按税种分)

Tax Revenue (by Tax Category)

单位:亿元 (100 million yuan)

指标	Item	2018	2019	2020	2021
总计	**Total**	**2510.20**	**2484.42**	**2377.83**	**2619.99**
国内增值税	Domestic Value-added Tax	971.58	949.45	860.99	914.25
国内消费税	Domestic Consumption Tax	302.80	355.77	412.40	478.42
车辆购置税	Vehicle Purchasing Tax	83.32	76.75	74.00	71.21
企业所得税	Corporate Income Tax	451.23	527.91	504.10	615.78
个人所得税	Individual Income Tax	173.27	100.80	106.76	114.03
土地增值税	Land Appreciation Tax	98.34	89.23	62.89	54.21
城镇土地使用税	Urban Land Use Tax	36.49	31.75	29.42	33.32
城市维护建设税	Maintenance and Construction Tax	85.47	82.78	83.75	91.50
印花税	Stamp Tax	18.10	17.24	19.54	22.83
房产税	House Property Tax	35.36	36.88	37.38	38.90
契税	Deed Tax	96.11	103.66	94.26	98.30
资源税	Resource Tax	32.60	34.00	29.57	39.21
车船税	Vehicle and Vessel Tax	13.71	15.07	16.95	18.19
环境保护税	Environmental Protection Tax	4.57	6.35	5.94	5.85
烟叶税	Tobacco Tax	11.90	12.73	12.22	12.81
耕地占用税	Cultivated Land Use Tax	93.14	44.71	28.13	11.89
其他税收	Other Tax	2.22	-0.65	-0.46	-0.71

注:2018年国地税合并,统计方法制度随之改革,本表按现行统计方法制度表设制(以下表同)。
Note: In 2018, the national Taxation Bureau and local taxation bureau were merged, and the statistical method system was reformed accordingly. This table is based on the current statistical method (the same as the following table).

8-7 税收收入(按企业类型分)

Taxation Revenue (by Business Entities)

单位:亿元 (100 million yuan)

指标	Item	2018	2019	2020	2021
总计	**Total**	**2510.20**	**2484.42**	**2377.83**	**2619.99**
内资企业	Domestic Funded Enterprises	2270.04	2259.97	2169.74	2354.16
国有企业	State-owned Enterprises	239.05	181.81	173.50	196.31
集体企业	Collective-owned Enterprises	14.77	15.62	13.01	10.99
股份合作企业	Cooperative Enterprises	15.77	20.27	17.15	21.51
联营企业	Joint Ownership Enterprises	0.62	0.37	0.45	0.03
股份公司	Joint-stock Company	1761.73	1834.57	1790.01	1962.46
私营企业	Private Enterprises	162.74	163.31	142.75	161.74
其它企业	Other Enterprises	75.36	44.03	32.87	1.12
港澳台投资企业	Enterprises with funds from Hong Kong, Macao and Taiwan	27.44	22.05	23.26	21.63
外商投资企业	Foreign-invested Enterprises	34.93	37.99	30.22	27.79
个体经营	Self-employed Individuals	177.79	164.41	154.60	8.36
非企业单位	Non-enterprise unit				208.05

8-8 税收收入(按产业分)

Tax Revenue (by Industry)

单位:亿元 (100 million yuan)

指　　标	Item	2018	2019	2020	2021
税收收入合计	**Total Tax Revenue**	**2510.20**	**2484.42**	**2377.83**	**2619.99**
第一产业	Primary Industry	5.61	2.67	2.83	2.93
第二产业	Secondary Industry	1074.06	1051.94	1054.26	1169.85
采矿业	Mining	123.51	115.35	89.25	121.33
制造业	Manufacturing	588.76	616.90	660.64	757.48
电力、燃气及水的生产和供应业	Production and Supply of Electricity, Gas and Water	75.00	72.46	72.84	67.62
建筑业	Construction	286.79	247.23	231.53	223.42
第三产业	Tertiary Industry	1430.53	1429.81	1320.74	1447.21
批发和零售业	Wholesale and Retail Trades	431.76	507.88	509.53	568.21
交通运输、仓储及邮政业	Transport, Storage and Post	31.88	30.93	21.90	16.12
住宿和餐饮业	Hotel and Catering Services	9.20	8.23	5.03	6.27
信息传输、计算机服务和软件业	Information Transmission, Computer Services and Software	19.70	24.09	27.55	30.19
金融业	Finance	193.91	238.07	223.51	254.95
房地产业	Real Estate	284.78	353.23	315.13	276.75
租赁和商务服务业	Leasing and Business Services	191.54	95.46	73.66	130.16
科学研究和技术服务业	Scientific Research and Technical Services	22.43	22.23	22.56	22.07
水利、环境和公共设施管理业	Water Conservancy, Environment and Public Utilities Management	12.95	7.99	8.33	5.43
居民服务、修理和其他服务业	Services to Households and Other Services	38.91	25.39	16.28	17.45
教　育	Education	7.75	5.41	4.87	6.61
卫生和社会工作	Health and Social Works	9.35	5.99	5.91	7.94
文化、体育和娱乐业	Culture, Sports and Entertainment	7.14	5.92	3.10	3.14
公共管理和社会组织	Public Management and Social Organization	95.03	30.98	18.44	39.40
其他行业	Others	74.20	68.01	64.94	62.52

主要统计指标解释

一般公共预算收入 指政府为履行职能,按国家法律法规规定收取的纳入预算内管理的各项税收及非税收入总和。1994年我国实行分税制改革后,一般公共预算收入划分为中央固定收入、地方固定收入、中央与地方共享收入三部分。其中,地方一般公共预算收入(习惯上称地方财政收入)由地方固定收入和中央与地方共享收入地方分成部分组成,具体又可分为税收收入和非税收入两类。

一般公共预算支出 指地方政府为履行职能需要,通过预算内资金安排的用于维持政权运转及支持各项社会事业发展等方面的支出。主要包括:

(1)一般公共服务:指政府提供基本公共管理与服务的支出,包括人大事务、政协事务、政府办公厅(室)及相关机构事务、发展与改革事务、统计信息事务、财政事务、税收事务、审计事务、海关事务、人力资源事务、纪检监察事务、人口与计划生育事务、商贸事务、知识产权事务、工商行政管理事务、国土资源事务、海洋管理事务、测绘事务、地震事务、气象事务、民族事务、宗教事务、港澳台侨事务、档案事务、共产党事务、民主党派事务及工商联事务、群众团体事务、彩票事务等。

(2)国防:指政府用于国防方面的支出,包括用于现役部队、预备役部队、民兵、国防科研事业、专项工程、国防动员等方面的支出。

(3)公共安全:指政府维护社会公共安全方面的支出,包括武装警察、公安、国家安全、检察、法院、司法行政、监狱、劳教、国家保密、缉私警察等。

(4)教育:指政府教育事务支出,包括教育行政管理、学前教育、小学教育、初中教育、普通高中教育、普通高等教育、初等职业教育、中专教育、技校教育、职业高中教育、高等职业教育、广播电视教育、留学生教育、特殊教育、干部继续教育、教育机关服务等。

(5)科学技术:指用于科学技术方面的支出,包括科学技术管理事务、基础研究、应用研究、技术研究与开发、科技条件与服务、社会科学、科学技术普及、科技交流与合作等。

(6)文化教育与传媒:指政府在文化、文物、体育、广播影视、新闻出版等方面的支出。

(7)社会保障和就业:指政府在社会保障与就业方面的支出,包括社会保障和就业管理事务、民政管理事务、财政对社会保险基金的补助、补充全国社会保障基金、行政事业单位离退休、企业改革补助、就业补助、抚恤、退役安置、社会福利、残疾人事业、城市居民最低生活保障、其他城镇社会救济、农村社会救济、自然灾害生活救助、红十字事务等。

(8)医疗卫生:指政府医疗卫生方面的支出,包括医疗卫生管理事务支出、医疗服务支出、医疗保障支出、疾病预防控制支出、卫生监督支出、妇幼保健支出、农村卫生支出等。

(9)城乡社区事务:指政府城乡社区事务支出,包括城乡社区管理事务支出、城乡社区规划与管理支出、城乡社区公共设施支出、城乡社区住宅支出、城乡社区环境卫生支出、建设市场管理与监督支出等。

(10)农林水事务:指政府农林水事务支出,包括农业支出、林业支出、水利支出、扶贫支出、农业综合开发支出等。

(11)交通运输:指政府交通运输和邮政业方面的支出,包括公路运输支出、水路运输支出、铁路运输支出、民用航空运输支出、邮政业支出等。

Explanatory Notes on Main Statistical Indicators

General Public Finance Budget Revenue refer to the sum of various tax and non–tax revenue which is charged into the budget management according to the national laws and regulations for the government to fulfill its functions. After the implementation of the tax reform in our country in 1994, General public revenue divided into the central fixed income, local fixed–income, central and local revenue sharing three parts. Among them, the local General public revenue (customarily known as local revenues) consists of Local fixed income and revenue sharing between central and local areas into parts, Specifically, it can be divided into tax revenues and non–tax revenue categories.

General Public Finance Budget Expenditure refers to local governments in order to fulfill functional needs, through budgetary funding arrangements for the operation and maintenance of the regime to support the development of social undertakings and other spending. It includes the following main items:

(1) Expenditure for general public services: It refers to the spending on the basic public management and services which provided by governments, including the expense on affairs of People's Congress, affairs of People's Political Consultative Conference, affairs of government general office and relative institutions, affairs of development and reform, affairs of statistics, affairs of finance, affairs of taxation, affairs of audit, affairs of customs, affairs of human resources and social security, affairs of discipline inspection and supervision, affairs of population and family planning, affairs of commerce and trade, affairs of intellectual property, affairs of administration for industry and commerce, affairs of land and resources, affairs of oceanic administration, affairs of surveying and mapping, affairs of earthquake, ethnic affairs, religious affairs, affairs of Hong Kong, Macao, Taiwan, and Overseas Chinese, affairs of archives administration, affairs of Chinese Communist Party, affairs of democratic parties and federation of industry and commerce, affairs of mass organization, and affairs of lottery, etc.

(2) Expenditure for national defense: It refers to the spending of government on national defense, including the expense on active force, reserve force, militia, scientific research on national defense, special projects, mobilization of national defense, etc.

(3) Expenditure for public security: It refers to the spending of government on maintaining social and public security, including the expense on armed police force, public security, state security, prosecution, courts, justice, prison, labour education and rehabilitation, protection of state secrecy, anti–smuggling police, etc.

(4) Expenditure for education: It refers to the spending of government on education, including the expense on the administration of education, pre–primary education, primary education, secondary education, high school education, regular higher education, primary vocational education, secondary vocational education, technical school education, vocational high school education and higher vocational education, radio and television education, student abroad education, special education, on the job training of cadres, education authorities services, etc.

(5) Expenditure for science and technology: It refers to the spending of government on science and technology (S&T), including the expense on the administration of S&T, basic research, applied research, research and development, conditions and services of S&T, popularization of social science, science and technology, exchanges and cooperation of S&T, etc.

(6) Expenditure for culture, sport and media: It refers to the spending of government on culture, cultural heritage, sports, radio, film, television, press and publication, etc.

(7) Expenditure for social safety net and employment effort: It refers to the spending of government on social safety net and employment, including the expense on administration of social safety net and employment, civil affairs, budgetary subsidy on the social insurance funds, subsidy on National Social Security Fund, retirees of administrative units and institutions, subsidy on enterprise reform, subsidy on employment effort, pension, placement of ex-serviceman, social welfare, the handicapped undertakings, the system of cost of living allowances for urban residents, other urban social relief, rural social relief, living relief of natural disasters, affairs of Red Cross Society, etc.

(8) Expenditure for medical and health care: It refers to the spending of government on medical and health care, including the expense on administration of medical and health care, medical services, health care, disease prevention and control, health inspection and supervision, women and children´s health, rural health care, etc.

(9) Expenditure for urban and rural community affairs: It refers to the spending of government on urban and rural community affairs, including the expense on administration of urban and rural community, planning and management of urban and rural community, public facilities of urban and rural community, housing of urban and rural community, sanitation of urban and rural community, management and supervision on the construction market, etc.

(10) Expenditure for agriculture, forestry and water conservancy: It refers to the spending of government on agriculture, forestry and water conservancy, including the expense on agriculture, forestry, water conservancy, poverty alleviation, comprehensive agricultural development, etc.

(11) Expenditure for transportation: It refers to the spending of government on transportation and postal services, including the expense on road transportation, waterway transportation, railway transportation, civil aviation transportation, and postal services.

价格指数

Price Indices 9

简要说明

一、主要内容

本篇资料主要反映生产、流通、消费与投资等环节的价格变动趋势和变动幅度。包括居民消费价格指数、商品零售价格指数、工业生产者出厂价格指数、工业生产者购进价格指数等。

二、统计范围及调查方法

1.居民消费、商品零售价格指数:编制居民消费、商品零售价格指数的资料采用抽样调查和重点调查相结合的方法取得。

目前,居民消费价格调查按用途划分为8大类,268个基本分类,各调查市县每月调查1500多个规格品价格;商品零售价格按用途划分为16个大类,197个基本分类,各地每月调查340多个规格品价格。

2.工业生产者出厂价格指数:反映工业生产者出厂价格的变化趋势及变动幅度。工业生产者出厂价格是工业企业产品第一次出售时的出厂价格。该项调查采用重点调查与典型调查相结合的调查方法。调查对象为年主营业务收入2000万元及以上的企业。经国家统计局审定,可酌情补充部分年主营业务收入2000万元以下的企业。工业生产者出厂价格统计调查41个工业行业大类,207个工业行业中类,666个工业行业小类的工业产品。

3.工业生产者购进价格指数:反映工业生产者购进价格的变化趋势及变动幅度。工业生产者购进价格是工业企业作为中间投入的原材料、燃料、动力购进价格。调查项目由上述出厂调查目录的大部分和部分农副产品两部分组成,确定为854个基本分类。

三、资料来源

本篇资料由国家统计局贵州调查总队依据国家统计局统一制定的价格统计调查制度从基层采集原始数据加工整理后提供。

Brief Introduction

I. Main Contents

The data on price indices in this chapter show the changing trends and the change rates in the prices of production, trade, consumption and investment, including mainly consumer price indices, retail price indices, producer price indices for industrial products and purchasing price indices for industrial producers.

II. Statistical Coverage and Survey Methods

1. Consumer Price Indices and Retail Price Indices: The data for compilation of the consumer price indices and the retail price indices in China are collected through a combination of sample surveys and surveys of key units.

At present, the data of the consumer price survey is divided into 8 categories and 268 basic classifications according to use, and each survey city and county surveys more than 1,500 specifications and prices every month. For the retail price surveys, the data are collected on more than 340 specifications each month under 197 basic headings in 16 categories.

2. Producer Price Indices for Industrial Products: The data reflect the trend and magnitude of changes in the producer prices for industrial products. Producer prices for industrial products refer to the ex–factory price of manufactured goods when they are first sold. The survey program is a combined use of the key units' survey and typical units' survey methods. Key units refer to those industrial enterprises with annual revenue from the primary activities at and above 20 million yuan. Typical units refer to the industrial enterprises approved by the National Bureau of Statistics with annual revenue from the primary activities below 20 million yuan. The statistical survey of producer prices for industrial products includes 41 industrial categories, 207 industrial medium–categories, and 666 industrial sub–categories.

3. Price Indices for Investment in Fixed Assets: The data reflect the trend and range of changes in the producer price for industrial products. It is the purchase price of raw materials, fuels and power used as intermediate inputs by industrial enterprises. The survey items are composed of most of the above–mentioned factory survey catalogue and some agricultural and sideline products, and 854 basic classifications have been determined.

III. Sources of Data

The data in this chapter are provided by the Guizhou survey team of National Bureau of Statistics after collecting raw data from the grass–roots level and processing according to the price survey system formulated by the NBS.

9-1 居民消费价格分类指数

Consumer Price Indices by Category

(上年=100) (preceding year=100)

指　　标	Item	2017	2018	2019	2020	2021
居民消费价格总指数	**General Consumer Price Index**	**100.9**	**101.8**	**102.4**	**102.6**	**100.1**
非食品烟酒价格指数	Non-Food Price Index	101.3	102.2	100.6	98.9	101.0
服务价格指数	Services Price Index	101.5	102.7	101.3	99.4	100.4
消费品价格指数	**Consumer Goods Price Index**	**100.6**	**101.3**	**103.0**	**104.2**	**99.9**
非食品价格指数	Non-Food Price Index	101.4	102.1	100.9	99.6	101.1
食品烟酒	Food, Alcohol and Tobacco	100.0	100.7	106.4	110.3	97.7
食品	Food	99.2	100.3	108.3	113.3	95.8
粮食	Grain	101.1	101.6	99.8	99.9	100.4
薯类	Tubers	101.0	105.0	104.1	107.9	99.2
豆类	Beans	100.0	99.8	100.6	105.8	105.6
食用油	Edible Oil and Fats	96.1	95.1	106.1	124.6	100.4
菜	Vegetables	97.9	103.7	102.1	106.0	101.9
畜肉类	Livestock for Slaughtering	95.6	94.7	122.7	141.2	80.7
禽肉类	Poultry Meat	99.6	106.2	107.4	101.1	92.8
水产品	Aquatic Products	101.7	102.7	100.4	103.7	112.0
蛋类	Eggs	97.4	109.0	105.0	94.5	103.1
奶类	Milk	99.5	102.1	100.0	100.8	100.4
干鲜瓜果类	Dried and Fresh Melons and Fruits	108.5	102.8	111.2	91.2	99.4
糖果糕点类	Candy and Cake	100.8	101.9	100.0	101.5	101.4
调味品	Flavoring	102.5	101.1	100.4	99.9	101.3
其他食品类	Other Foods	100.6	101.2	102.1	102.3	99.6
茶及饮料	Tea and Beverages	100.4	100.6	100.9	100.8	100.4
烟酒	Tobacco and Liquor	99.9	100.7	100.4	100.2	101.7
烟草	Tobacco	100.0	100.0	100.0	100.1	100.3
酒类	Liquor	99.6	102.4	101.2	100.4	106.0
白酒	White Spirit	99.6	103.2	101.9	100.1	108.3
啤酒	Beer	98.9	100.4	97.8	101.4	99.0
在外餐饮	Dining Out	102.5	102.0	103.9	106.1	101.1

9-1 续表1 continued

(上年=100) (preceding year=100)

指　标	Item	2017	2018	2019	2020	2021
衣着	Clothing	100.1	100.9	100.2	98.4	99.3
服装	Garments	100.3	101.2	100.1	98.4	99.3
衣着材料及配件	Clothing Material	102.5	105.1	103.1	99.2	99.7
其他衣着及配件	Other Clothing and Accessories	100.4	100.4	100.2	99.8	99.7
衣着服务费	Clothing Manufacturing Services	101.3	102.1	105.2	103.0	100.6
鞋类	Footwear	99.6	100.0	99.9	98.1	99.4
居住	Residence	101.5	102.9	101.1	98.4	100.0
租赁房房租	Renting	101.8	104.6	101.7	97.7	99.0
住房保养维修及管理	Housing Maintenance and Management	101.3	101.9	101.4	99.7	101.7
水电燃料	Water, Electricity and Fuels	100.8	101.4	100.8	99.2	101.3
自有住房	Private Housing	101.9	103.6	101.1	97.7	99.3
生活用品及服务	Daily Supplies and Services	101.0	100.9	100.1	99.6	99.7
家具及室内装饰品	Furniture and Interior Decorations	102.3	101.2	99.4	100.0	100.6
家用器具	Household Appliances	101.4	100.5	98.8	98.0	99.5
家用纺织品	Home Textiles	100.1	100.3	99.6	99.4	100.0
家庭日用杂品	Daily Use Household Articles	100.4	100.9	100.7	100.2	99.5
个人护理用品	Personal Care Products	100.5	100.9	100.5	99.6	98.9
家庭服务	Household Services	102.6	103.1	103.6	101.2	101.9
交通和通信	Transportation and Communication	101.9	102.1	98.5	95.7	103.9
交通	Transportation	103.7	104.0	98.1	94.0	105.3
交通工具	Transportation Facility	99.2	99.0	96.8	98.0	98.2
交通工具用燃料	Fuels	111.4	112.6	94.2	86.1	116.5
交通工具使用和维修	Fees for Vehicles Use and Maintenance	100.8	101.0	101.3	101.0	99.6
交通费	Incity Traffic Fare	100.6	99.3	103.2	97.4	103.8
通信	Communication	99.5	99.4	99.2	98.2	100.2
通信工具	Communication Facility	97.3	98.0	95.9	94.6	102.1
通信服务	Communication Service	100.0	99.6	100.1	99.0	99.5
邮递服务	Post Service	100.2	100.4	100.0	99.7	99.2

9-1 续表2 continued

(上年=100) (preceding year=100)

指 标	Item	2017	2018	2019	2020	2021
教育文化和娱乐	Recreation, Education and Culture Articles	101.3	103.4	100.6	100.8	101.3
教育	Education	102.3	101.7	102.4	101.3	100.9
教育用品	Teaching Materials and Reference Books	100.9	102.5	101.6	101.0	100.7
教育服务	Education Services	102.4	101.7	102.5	101.4	100.9
文化娱乐	Culture and Recreational Articles	100.2	105.4	98.5	100.1	102.2
文娱耐用消费品	Entertainment Durable Consumer Goods	99.4	99.0	97.7	98.2	100.0
其他文娱用品	Other Recreational Items	99.9	101.4	101.9	100.9	100.7
文化娱乐服务	Culture and Recreational Articles Services	100.6	100.0	99.7	97.6	106.1
旅游	Touring and Outing	100.6	115.9	96.8	102.7	100.2
医疗保健	Health Care	101.8	102.0	102.9	100.8	100.4
药品及医疗器具	Medicine and Medical Instrument	101.8	103.2	103.7	101.1	100.6
中药	Traditional Chinese Medicine	101.8	102.0	103.1	100.7	101.2
西药	Western Medicine	101.8	104.3	105.0	101.7	100.3
滋补保健品	Health Care Appliances and Articles	103.4	102.7	100.9	100.4	103.0
医疗卫生器具	Medical Instrument	100.7	101.2	101.1	99.7	97.4
保健器具	Health Care Appliances	100.2	100.2	101.1	99.8	100.0
医疗服务	Health Care Services	101.8	101.1	102.4	100.5	100.3
综合医疗类	Comprehensive Medical	103.1	101.9	105.9	102.2	100.7
诊断类	Diagnostic	100.4	100.7	101.1	98.6	99.8
治疗类	Treatment	106.1	101.4	101.2	103.5	101.0
康复类	Rehabilitation	100.0	100.1	102.5	102.4	100.3
中医医疗服务类	Traditional Chinese Medicine Services	101.2	101.3	102.8	100.4	100.1
其他医疗服务	Other Medical Services	101.9	100.8	100.3	100.8	101.8
其他用品和服务	Other Articles and Services	101.0	100.6	101.9	103.0	100.2
其他用品类	Other Articles	100.9	99.7	102.7	106.9	100.2
首饰手表	Jewelry and Watch	101.8	98.8	105.4	114.4	101.8
其他杂项用品	Other Articles	100.2	100.5	100.6	101.0	99.2
其他服务类	Other Services	101.2	101.4	101.2	99.8	100.2
旅馆住宿	Hotel Accommodation	99.1	104.9	96.8	91.9	99.5
美容美发洗浴	Beauty Salons and Bathing	103.9	101.4	101.6	101.1	101.7
养老服务	Services for the Aged	100.7	101.9	103.2	102.7	101.0
金融保险	Financial Insurance	100.2	100.7	102.0	100.9	99.6
其他服务类	Other Services	99.9	99.2	102.3	101.0	99.8

9-2 商品零售价格分类指数

Retail Price Indices by Category

（上年=100） （preceding year=100）

指　　标	Item	2017	2018	2019	2020	2021
商品零售价格指数	**Retail Price Index**	**100.9**	**101.8**	**101.7**	**101.6**	**101.2**
食品	Food	99.8	100.8	107.5	111.8	96.6
粮食	Grain	100.7	101.6	99.9	100.2	100.5
薯类	Tubers	99.9	104.0	103.1	106.8	99.8
豆类	Beans	100.4	100.3	101.3	107.1	105.5
食用油	Edible Oil and Fats	97.1	95.9	104.7	119.5	101.3
菜	Vegetables	97.7	103.5	101.5	105.7	101.4
畜肉类	Livestock for Slaughtering	95.2	95.0	123.4	141.7	79.9
禽肉类	Poultry Meat	100.6	105.4	107.5	100.6	92.7
水产品	Aquastic Products	102.6	102.6	101.0	103.9	113.4
蛋类	Eggs	97.5	109.7	104.9	95.0	103.8
奶类	Milk	99.1	102.7	100.0	101.2	100.2
干鲜瓜果类	Dried and Fresh Melons and Fruits	107.3	102.2	111.0	90.5	99.6
糖果糕点类	Candy and Cake	101.1	102.4	100.2	102.0	102.3
调味品	Flavoring	103.1	101.6	100.9	100.3	101.6
其他食品类	Other Foods	100.8	101.8	102.2	102.9	99.9
在外餐饮	Dining Out	103.0	102.2	103.6	105.8	101.0
饮料、烟酒	Beverages,Tobacco and Liquor	100.0	101.0	100.6	100.3	101.9
服装、鞋帽	Garments,Shoes and Hats	100.4	100.7	100.2	98.2	99.3
纺织品	Textiles	100.7	100.6	99.3	99.3	101.1
家用电器及音像器材	Household Appliances, Music and Video Equipment	101.1	99.7	97.9	97.8	100.0
文化办公用品	Cultural and Office Appliances	99.7	100.7	99.7	99.5	101.4
日用品	Articles for Daily Use	100.2	100.9	100.5	100.1	99.3
体育娱乐用品	Sports and Recreation Articles	99.7	100.6	100.5	100.0	101.8
交通、通信用品	Transportation and Communication Appliances	98.8	100.7	99.2	98.3	100.5
家具	Furniture	102.8	101.2	99.4	100.7	101.6
化妆品	Cosmetics	100.3	101.6	101.3	100.3	99.0
金银饰品	Gold, Silver and Jewelry	102.1	98.2	106.8	116.6	102.4
中西药品及医疗保健用品	Traditional Chinese and Western Medicines and Health Care Articles	101.8	103.4	104.6	101.7	101.0
书报杂志及电子出版物	Books, Newspapers, Magazines and Electronic Publications	100.7	103.4	104.3	101.6	100.2
燃料	Fuels	107.6	109.7	96.7	89.6	114.0
建筑材料及五金电料	Building Materials and Hardware	101.6	101.3	100.6	99.5	101.6

9-3 工业生产者出厂价格分类指数

Producer Price Indices for Industrial Products by Category

(上年=100) (preceding year =100)

指 标	Item	2017	2018	2019	2020	2021
工业生产者出厂价格指数	**Producer Price Indices for Industrial Products**	**107.2**	**101.8**	**99.8**	**98.3**	**106.5**
按轻、重工业分	**Grouped by Light or Heavy Industries**					
轻工业	Light Industry	101.2	102.0	101.1	101.4	101.1
重工业	Heavy Industry	109.1	101.8	99.4	97.4	108.9
按用途分	**Grouped by Use**					
生产资料	Means of Production	109.6	101.9	99.2	97.4	109.4
采掘工业	Mining & Quarrying Industry	109.6	103.0	106.3	98.2	108.1
原材料工业	Raw Materials Industry	111.6	100.4	99.5	98.0	106.7
加工工业	Processing Industry	107.2	103.7	98.0	96.4	111.7
生活资料	Consumer Goods	100.4	101.6	101.4	101.1	100.1
食品类	Food	100.3	101.8	101.8	101.8	100.5
衣着类	Clothing	100.8	100.9	98.1	99.8	100.8
一般日用品	Articles for Daily Use	101.5	101.2	99.5	100.6	98.9
耐用消费品	Durable Consumer Goods	100.9	99.6	99.4	92.1	98.6
按工业大类行业分	**Grouped by Sector**					
#煤炭开采和洗选业	Mining and Washing of Coal	130.2	100.1	100.2	95.9	107.7
有色金属矿采选业	Mining and Processing of Non-Ferrous Metal Ores	108.1	100.9	96.6	96.2	122.6
非金属矿采选业	Mining and Processing of Non-metal Ores	98.5	103.8	107.9	94.9	103.1
农副食品加工业	Processing of Food from Agricultural Products	102.5	100.2	101.4	106.5	99.8
食品制造业	Processing of Foods	102.2	101.1	99.9	101.8	102.4
饮料制造业	Manufacture of Beverages	100.5	103.9	101.4	102.1	101.3
烟草制品业	Manufacture of Tobacco	100.0	100.6	102.3	100.7	100.0
纺织业	Manufacture of Textile	100.0	100.0	103.8	97.9	112.1
纺织服装、鞋、帽制造业	Manufacture of Textile Wearing Apparel,Footware and Caps	99.7	102.3	99.8	99.6	100.1
皮革、毛皮、羽毛(绒)及其制品业	Manufacture of Leather, Fur, Feather and Related Products	102.2	99.2	96.0	100.0	101.0

注:工业大类行业按国民经济行业分类(GB/T4754-2011)划分。

Note: Industrial sectors are classified by Sector of the National Economy (GB/T4754-2011) .

9-3 续表 Continued

（上年=100） （preceding year=100）

指标	Item	2017	2018	2019	2020	2021
木材加工及木、竹、藤、棕、草制品业	Processing of Timber,Manufacture of Wood, Bamboo,Rattan,Palm and Straw Products	99.1	99.6	101.8	100.9	99.0
家具制造业	Manufacture of Furniture	102.9	113.2	91.7	103.2	109.2
造纸及纸制品业	Manufacture of Paper and Paper Products	111.2	114.5	95.8	98.6	107.0
印刷业和记录媒介的复制	Printing,Reproduction of Recording Media	100.2	100.3	98.5	98.8	96.5
文教体育用品制造业	Manufacture of Articles For Culture,Education and Sports Activities	100.0	99.3	100.0	97.3	106.0
石油加工、炼焦及核燃料加工业	Processing of Petroleum,Coking,Processing of Nuclear Fuel	149.3	107.9	100.5	92.2	127.3
化学原料及化学制品制造业	Manufacture of Raw Chemical Materials and Chemical Products	100.1	103.2	98.2	95.4	115.7
医药制造业	Manufacture of Medicines	98.8	100.9	102.7	99.7	99.3
橡胶制品业	Manufacture of Rubber	107.9	101.8	97.3	97.3	104.4
非金属矿物制品业	Manufacture of Non-metallic Mineral Products	111.9	109.0	95.8	94.1	108.1
黑色金属冶炼及压延加工业	Smelting and Pressing of Ferrous Metals	118.8	102.4	94.4	91.9	133.9
有色金属冶炼及压延加工业	Smelting and Pressing of Non-ferrous Metals	115.3	102.9	101.6	102.4	122.8
金属制品业	Manufacture of Metal Products	107.7	104.5	102.2	98.5	105.2
通用设备制造业	Manufacture of General Purpose Machinery	98.2	103.7	101.9	101.8	99.1
专用设备制造业	Manufacture of Special Purpose Machinery	100.5	102.0	101.6	100.8	101.0
交通运输设备制造业	Manufacture of Transport Equipment	100.2	100.2	101.1	99.7	100.3
电气机械及器材制造业	Manufacture of Electrical Machinery and Equipment	102.9	101.4	100.1	95.7	104.9
通信设备、计算机及其他电子设备制造业	Manufacture of Communication Equipment, Computers and Other Electronic Equipment	100.0	99.4	98.9	97.4	99.9
仪器仪表及文化、办公用机械制造业	Manufacture of Measuring Instruments and Machinery for Cultural Activity and Office Work	100.3	101.3	101.1	101.0	100.8
电力、热力的生产和供应业	Production and Supply of Electric Power and Heat Power	96.5	99.5	99.5	100.0	100.1
燃气生产和供应业	Production and Supply of Gas	99.6	104.7	100.7	94.5	100.7
水的生产和供应业	Production and Supply of Water	100.9	104.6	100.1	100.6	100.9

9-4 工业生产者购进价格指数

Purchasing Price Index for Industrial Producers

（上年=100） （preceding year =100）

指　　标	Item	2017	2018	2019	2020	2021
工业生产者购进价格指数	**Purchasing Price Indices for Industrial Producers**	**109.7**	**103.4**	**99.4**	**98.6**	**112.0**
燃料、动力类	Fuel and Power	115.9	103.0	99.8	96.3	108.9
黑色金属材料类	Ferrous Metals	106.1	101.7	101.6	104.3	119.5
#钢　材	Rolled-steel	107.7	105.3	101.5	99.5	113.3
有色金属材料和电线类	Non-ferrous Metals	126.3	101.7	97.2	93.0	115.4
化工原料类	Raw Chemical Materials	107.2	108.2	97.4	92.6	124.3
木材及纸浆类	Timber and Paper Pulp	103.3	100.6	98.2	97.9	103.6
建筑材料及非金属矿类	Building Materials and Non-metal Minerals Processing	107.0	108.0	97.8	96.6	108.1
其他工业原材料及半成品类	Other Industrial Raw Materials and Semi-products	102.6	101.8	100.3	105.0	108.7
农副产品类	Agricultural Products	99.3	100.2	101.0	103.4	107.6
纺织原料类	Textile Materials	100.4	99.6	98.7	99.6	104.1

9-5 农业生产资料价格分类指数

Price Indices for Means of Agricultural Production by Category

（上年=100） （preceding year =100）

指　　标	Item	2017	2018	2019	2020	2021
农业生产资料价格指数	**Price Indices for Means of Agricultural Production**	**98.8**	**98.8**	**103.2**	**112.2**	
农用手工工具	Farm Handtools	98.4	102.7	102.9	101.3	
饲料	Forage	98.5	100.2	102.7	104.5	
仔畜幼禽及产品畜	Commodity Animals	93.8	86.0	108.4	176.4	
半机械化农具	Semi-mechanized Farm Tools	104.7	100.6	100.1	100.3	
机械化农具	Mechanized Farm Machinery	99.5	100.1	99.8	100.3	
化学肥料	Chemical Fertilizer	99.3	103.9	103.9	99.2	
农药及农药器械	Pesticide & Its Appliances	100.3	100.2	100.5	100.3	
化学农药	Chemical Pesticide	100.5	100.1	100.6	100.4	
农药器械	Appliances for Pesticide	99.3	100.2	100.0	99.9	
农机用油	Oil for Farm Machinery	106.2	107.6	98.3	92.0	
其他农用生产资料	Other Means of Agricultural Production	99.7	99.4	99.9	100.3	
农业生产服务	Service for Agricultural Production	104.0	100.2	103.3	101.5	

注：2021年国家统计局取消农业生产资料价格统计制度。

Note: In 2021, National Bureau of Statistics abolished the price statistics system for agricultural production materials.

主要统计指标解释

居民消费价格指数 是反映一定时期内城乡居民所购买的生活消费品价格和服务项目价格变动趋势和程度的相对数。

商品零售价格指数 是反映城乡商品零售价格变动趋势和程度的相对数。零售物价的变动直接反映城乡居民的生活支出和国家的财政收入,影响居民购买力和市场供需平衡,影响消费与积累的比例关系。

工业生产者价格指数 工业生产者价格包括工业企业产品第一次出售时的出厂价格和企业作为中间投入的原材料、燃料、动力购进价格(简称工业生产者购进价格)。工业生产者价格调查的目的在于及时、准确、科学地反映各工业行业产品价格水平及其变动趋势和幅度,为国民经济核算、计算工业发展速度、宏观经济分析和调控、理顺价格体系等提供科学、准确的依据。

农业生产资料价格指数 是反映一定时期内农业生产资料价格变动趋势和程度的相对数。农业生产资料价格指数分为农用手工工具、饲料、仔畜幼玩禽及产品畜、半机械化农具、机械化农具、化学肥料、农药及农药器械、农机用油、其他农业生产资料、农业生产服务。

Explanatory Notes on Main Statistical Indicators

Consumer Price Index reflects the trend and degree of changes in prices of consumer goods and services purchased by urban and rural residents during a given period.

Retail Price Index reflects the trend and degree of change in retail prices of commodities. The change and adjustment in retail prices directly affect the living expenditure of urban and rural residents, government revenue, purchasing power of residents and the equilibrium of market supply and demand, and the ratio of consumption to accumulation.

Price Index of Industrial Producer enterprises and enterprises as the prices of intermediate inputs of raw materials, fuel and power purchase price (hereinafter referred to as industrial producer price). Industrial producer prices survey was designed to timely, accurate and scientifically reflect various industrial products industry trends and changes in the price level and the magnitude of national accounts to calculate the speed of industrial development, macroeconomic analysis and control, rationalize the price system to provide scientific and accurate basis.

Price Index of Means of Agricultural Production reflects the trend and degree of changes in prices of means of agricultural production during a given period. Price indices of means of agricultural production are composed of 10 categories including hand tools, feeds, newborn animal and domestic animals for meat, semi-mechanized farm machinery, mechanized farm machinery, chemical fertilizers, pesticides and spraying machinery, fuels for farm machinery, other means of agricultural production and services.

人民生活

People's Living Conditions 10

简要说明

一、主要内容

本篇资料反映人民生活现状及变化情况。

二、调查方法

2013年起，按照城乡一体化住户收支与生活状况调查制度，国家统计局贵州调查总队每年收集调查户12个月的记账数据，在此基础上汇总计算出当年的全省居民可支配收入、城镇居民可支配收入、农村居民可支配收入等收支数据。

城乡一体化住户收支与生活状况调查是以省为总体，采用分层、多阶段、与人口规模大小成比例的概率抽样方法，随机抽选调查住宅，确定调查户。

城乡一体化住户收支与生活状况调查是在95%置信度下，全省居民人均可支配收入抽样误差小于1%。采用调查户日记账的方式采集居民收支数据，同时辅之以统一的调查问卷，收集与收入支出有关的其他调查内容。

三、资料来源

本篇资料由国家统计局贵州调查总队依据国家统计局统一制定的统计调查制度从基层采集原始数据加工整理后提供。

Brief Introduction

I. Main Contents

The data in this chapter show Chinese people's living conditions and their changes.

II. Methodology of Data

In terms of the system of Integrated Urban and Rural Households on Income and Expenditures as well as Living Conditions conducted since 2013, the Department of Guizhou Survey, NBS collected accounts of 160,000 households about 12 months, and on this basis, NBS tabulated comparable national disposable income and expenditures of urban and rural households.

The integrated household survey is conducted by selecting sampled houses randomly, deciding surveyed households, with all households in the province as the population, with stratified sampling, multi-stage sampling, probability sampling in proportion to population scale.

Survey on Income and Expenditures as well as Living Conditions is required that the sampling error should not exceed ±1%, with a confidence probability as 95%. Methods of collecting income and expenditure data are keeping diaries of the households, and questionnaires as assistance to collect other relevant data.

Ⅲ. Sources of Data

Data in this chapter are provided by the Guizhou survey team of the National Bureau of Statistics. According to the statistical survey system formulated by the NBS, the original data collected at the grass-roots level are processed and collated.

10-1 城乡居民生活水平

People´s Livelihood in Urban and Rural Areas

指　标	Item	2017	2018	2019	2020	2021
就业	**Employment**					
城镇居民家庭每户就业人口(人)	Average Number of Employed Persons per Urban Household(person)	1.59	1.68	1.65	1.59	1.71
城镇居民家庭每个就业者赡养人口(人)	Number of Dependents per Employee of Urban Household(person)	1.96	2.06	2.11	2.18	2.06
城镇平均每户就业面(%)	Proportion of Employment per Urban Household(%)	0.51	0.49	0.47	0.46	0.48
城镇登记失业人数(万人)	Number of Registered Unemployment Persons in Urban Areas(10000 persons)	14.90	15.06	15.33	19.50	32.04
城镇登记失业率(%)	Registered Unemployment Rate in Urban Areas(%)	3.23	3.16	3.11	3.75	4.45
农村平均每户整、半劳动力(人)	Average Number of Full/Semi Laborer Force per Rural Household(person)	2.21	2.25	2.20	2.18	2.21
农村居民家庭每一劳动力赡养人口(人)	Number of Dependents per Laborer of Rural Household(person)	1.63	1.61	1.68	1.70	1.65
收入与支出	**Income and Expenditure**					
城镇常住居民人均可支配收入(元)	Annual Per Capita Disposable Income of Urban Households(yuan)	29080	31592	34404	36096	39211
城镇常住居民人均消费性支出(元)	Annual Per Capita Consumption Expenditure of Urban Households(yuan)	20348	20788	21402	20587	25333
在岗职工平均工资(元)	Average Wage of Staff and Workers in their Posts(yuan)	75109	82597	87970	94276	99324
农村常住居民人均可支配收入(元)	Annual Per Capita Disposable Income of Rural Households (yuan)	8869	9716	10756	11642	12856
农村常住居民人均生活消费支出(元)	Annual Per Capita Living Consumption Expenditure of Rural Households (yuan)	8299	9170	10222	10818	12557
生活质量	**Life Quality**					
居民家庭恩格尔系数(%)	**Household Engle´s Coefficient(%)**					
城　镇	Urban	33.0	32.4	32.2	31.9	30.7
农　村	Rural	38.0	36.9	36.7	36.8	31.3
居住条件	**Residence Condition**					
城镇居民人均住宅建筑面积(平方米)	Per Capita Floor Space of Residential Building in Urban Areas(sq.m)	37.52	37.93	38.19	40.41	42.02
农村居民人均住房面积(平方米)	Per Capita Floor Space of Residential Building in Rural Areas(sq.m)	34.54	34.99	35.31	49.23	44.80
交通条件	**Traffic Condition**					
城市人均拥有道路面积(平方米)	Per Capita Area of Paved Roads in City(sq.m)	12.5	13.44	14.54	20.15	20.88
每百户城镇居民拥有家用汽车(辆)	Number of Family Vehicles Per 100 Urban Households(unit)	34.97	39.88	43.19	45.25	52.90
每百户农村居民拥有家用摩托车(辆)	Number of Motorcycles Per 100 Rural Households(unit)	54.2	54.21	54.31	52.83	55.91
通信条件	**Communication Condition**					
每百户拥有移动电话(部)	Mobile Telephones Per 100 Households(set)					
城　镇	Urban	257	282	288	288	299
农　村	Rural	256	288	299	301	313
城市公用设施普及占有率	City Public Utility Rate					
用水普及率(%)	Rate of Access to Tap Water(%)	93.2	93.8	95.3	97.3	98.1
燃气普及率(%)	Rate of Access to Gas(%)	73.7	74.6	81.2	88.0	89.3
人均公园绿地面积(平方米)	Per Capita Green Area(sq.m)	13.02	13.54	14.72	15.38	15.6

10-1 续表 continued

指　标	Item	2017	2018	2019	2020	2021
文化、教育和卫生	**Culture, Education and Health Care**					
文化	**Culture**					
广播节目综合人口覆盖率(%)	Radio Coverage Rate of the Population (%)	93.5	93.9	94.6	95.5	96.0
电视节目综合人口覆盖率(%)	TV Coverage Rate of the Population(%)	96.5	96.8	97.0	97.5	97.8
每百户彩色电视机拥有量(部/百户)	Number of Color TV per 100 Households(set/100 households)					
城　镇	Urban	108.36	106.58	107.84	107.87	105.21
农　村	Rural	104	104	102.52	102.10	98.37
每百户家用电脑拥有量(部/百户)	Number of Computers per 100 Households(set/100 households)					
城　镇	Urban	64.39	64.55	64.35	59.33	51.92
农　村	Rural	15.66	11.09	13.47	13.60	11.00
居民家庭文教娱乐支出比重(%)	Percentage of Household Expenditure on Education,Culture and Entertainment(%)					
城　镇	Urban	13.4	13.4	13.6	13.6	12.9
农　村	Rural	9.5	9.6	9.8	9.5	11.9
教　育	**Education**					
学龄儿童入学率(%)	Enrollment Rate of School-age Children(%)	99.6	99.7	99.7	99.9	99.90
初中阶段毛入学率(%)	Enrollment Rate of Primary School Graduates Entering into Junior Secondary Schools(%)	108.8	109.7	109.9	109.8	111.1
高中阶段毛入学率(%)	Enrollment Rate of Junior Secondary School Graduates Entering into Senior Secondary Schools (%)	87.0	88.0	89.0	90.7	91.5
高等教育毛入学率(%)	Enrollment Rate of Senior Secondary School Graduates Entering into Institution of Higher Education(%)	34	36.0	38.2	41.6	45.7
卫　生	**Health Care**					
居民家庭医疗保健支出比重(%)	Percentage of Resident Expenditure on Health Care(%)					
城　镇	Urban	5.8	5.9	5.9	6.3	7.7
农　村	Rural	7.3	7.7	8.0	8.9	7.5
社会保障	**Social Security**					
城镇职工基本养老保险参保人数(万人)	Number of Urban Employees Joining in Basic Pension Insurance(10 000 persons)	588.1723	639.81	677.50	713.98	755.84
#参保职工	Number of Employees	446.9135	490.09	521.72	553.51	590.97
城镇职工基本医疗保险参保人数(万人)	Number of Urban Employees Joining in Urban Basic Medical Care System (10 000 persons)	410.4172	431.97	462.04	475.49	479.44
失业保险参保人数(万人)	Number of Employees Joining in Unemployment Insurance (10 000 persons)	235.705	257.33	276.07	297.93	320.92
工伤保险参保人数(万人)	Number of Employees Joining in Work Injury Insurance (10 000 persons)	332.4755	355.75	408.51	463.78	529.94
生育保险参保人数(万人)	Number of Employees Joining in Maternity Insurance(10 000 persons)	304.0319	325.90	349.61	383.66	341.75
社会保险基金收入(亿元)	Revenue of Social Insurance Fund (100 million yuan)	953.8057	1127.29	1359.75	1307.04	1594.61

注:因机构改革,2019年基本医疗保险和生育保险数据来源于贵州省医疗保障局。

Note: Due to the institutional reform, the data of the basic medical care insurance and maternity insurance in 2019 were obtained from Guizhou Provincial Healthcare Security Administration.

10-2 城镇居民家庭生活基本情况

Basic Conditions of Urban Households Life

指　　标	Item	2017	2018	2019	2020	2021
调查户数(户)	**Number of Households Surveyed (household)**	**1630.5**	**2220**	**2220**	**2220**	**2220**
平均每户常住家庭人口(人)	Average Number of Permanent Residents(person)	3.11	3.46	3.47	3.46	3.54
平均每户就业人员(人)	Average Number of Employed Persons Per Household (person)	1.59	1.68	1.65	1.59	1.71
平均每户就业面(%)	Average Proportion of Employment per Household (%)	0.51	0.49	0.47	0.46	0.48
平均每个就业者赡养人口(人)	Average Number of Dependents per Employee (person)	1.96	2.06	2.11	2.18	2.06
城镇常住居民人均年可支配收入(元)	**Per Capita Annual Disposable Income of Urban Household (yuan)**	**29080**	**31592**	**34404**	**36096**	**39211**
平均每人消费性支出(元)	**Per Capita Annual Consumption Expenditure (yuan)**	**20348**	**20788**	**21402**	**20587**	**25333**
食品烟酒	Food	6723	6744	6894	6568	7765
衣　着	Clothing	1570	1588	1625	1436	1827
居　住	Residence	3560	3718	3865	3729	4490
生活用品及服务	Household Facilities, Articles and Services	1359	1385	1425	1420	1591
医疗保健	Health Care and Medical Services	1174	1218	1257	1307	1952
交通通信	Transport and Communication	2829	2921	2999	2868	3832
教育文化娱乐	Education, Culture and Recreation Services	2731	2795	2908	2801	3271
其他用品与服务	Miscellaneous Goods and Services	402	420	429	458	606
平均每人消费性支出构成(%)(人均消费性支出=100)	**Composition of Per Capita Annual Consumption Expenditure (%)**					
食品烟酒	Food	33.0	32.4	32.2	31.9	30.7
衣　着	Clothing	7.7	7.6	7.6	7.0	7.2
居　住	Residence	17.5	17.9	18.1	18.1	17.7
生活用品及服务	Household Facilities, Articles and Services	6.7	6.7	6.7	6.9	6.3
医疗保健	Health Care and Medical Services	5.8	5.9	5.9	6.3	7.7
交通通信	Transport and Communication	13.9	14.1	14.0	13.9	15.1
教育文化娱乐	Education, Culture and Recreation Services	13.4	13.4	13.6	13.6	12.9
其他用品与服务	Miscellaneous Goods and Services	2.0	2.0	2.0	2.2	2.4

10-3 城镇居民人均收支情况

Per Capita Income and Consumption Expenditure of Urban Households

单位：元　　　　(yuan)

指　标		2017	2018	2019	2020	2021
城镇居民人均收入	**Per Capita Income of Urban Households**					
可支配收入	**Disposable Income**	**29080**	**31592**	**34404**	**36096**	**39211**
工资性收入	Income of Wages and Salaries	16553	17392	18960	20472	22490
经营净收入	Net Business Income	4722	5262	5714	5808	6755
财产净收入	Net Income from Property	2185	3066	3433	3252	3405
转移净收入	Net Income from Transfer	5621	5871	6298	6564	6561
现金可支配收入	**Cash Disposable Income**	**28063**	**30787**	**33311**	**34759**	**37465**
工资性收入	Income of Wages and Salaries	16524	17353	18880	20379	22251
经营净收入	Net Business Income	5115	5864	6299	6234	6997
财产净收入	Net Income from Property	916	2043	2317	2076	2161
转移净收入	Net Income from Transfer	5507	5527	5815	6070	6056
家庭现金总支出	**Total Households Cash Expenditure**	**30689**	**29923**	**31619**	**29873**	**40447**
#消费支出	Consumption Expenditure	18017	18225	18515	17549	21873
财产性支出	Expenses on Properties	123	160	219	156	191
转移性支出	Expenses on Transfers	1626	1432	1704	1767	2289
#交纳的个人收入税	Individual Income Tax	68	79	62	70	61
其他转移性支出	Other Expenses on Transfers	99	99	79	67	88
社会保障支出	Expenses on Social Security	1351	1079	1409	1498	1911
购房与建房支出	Expenses on Purchasing or Building House	1683	841	1806	1439	512

10-4 城镇居民家庭人均消费性支出

Per Capita Consumption Expenditure of Urban Household

单位:元 (yuan)

指 标	Item	2017	2018	2019	2020	2021
消费性支出	**Consumption Expenditure**	**20348**	**20788**	**21402**	**20587**	**25333**
食品烟酒	**Food**	**6723**	**6744**	**6894**	**6568**	**7765**
#粮 食	Grain	649	651	644	616	621
糖、烟、酒、饮料类	Sugar, Cigarette,Liquor and Beverage	1088	1174	1025	1071	1306
在外饮食	Dining Out	1065	1190	1385	1151	1784
衣 着	**Clothing**	**1570**	**1588**	**1625**	**1436**	**1827**
居 住	**Residence**	**3560**	**3718**	**3865**	**3729**	**4490**
#房 租	Rent	160	190			96
水 费	Water	151	153			127
电 费	Electricity	582	591			588
燃料费	Fuels	170	173			152
生活用品及服务	**Household Facilities, Articles and Services**	**1359**	**1385**	**1425**	**1420**	**1591**
#耐用消费品	Durable Consumer Goods	272	242			264
医疗保健	**Health Care and Medical Services**	**1174**	**1218**	**1257**	**1307**	**1952**
交通通信	**Transport and Communications**	**2829**	**2921**	**2999**	**2868**	**3832**
交 通	Transport	1822	1971	2060	1878	2965
通 信	Communications	1007	950	940	990	867
教育文化娱乐	**Education, Culture and Recreation Services**	**2731**	**2795**	**2908**	**2801**	**3271**
#文化娱乐用品	Recreation Articles	347	351			412
书报杂志	Books, Newspaper and Magazines	26	24			26
文化娱乐服务	Recreation Services	814	831	768	575	312
其他用品和服务	**Miscellaneous Goods and Services**	**402**	**420**	**429**	**458**	**606**
恩格尔系数(%)	**Engel´s Coefficient(%)**	**33.0**	**32.4**	**32.2**	**31.9**	**30.7**

注:2019年统计方法制度调整,统计指标统计口径变化较大,2019年空缺数据皆是指标统计口径发生变化,与往年指标不可比。

Note: In 2019, the statistical methods and systems were adjusted, and the statistical caliber of statistical indicators changed greatly. The vacant data are all due to the change of the index statistical caliber, which are not comparable with indicators of previous years.

10-5 城镇居民家庭人均购买主要商品数量

Per Capita Annual Purchases of Major Commodities of Urban Households

单位:公斤 (kg)

指 标	Item	2017	2018	2019	2020	2021
粮 食	Grain	85.45	82.89	78.50	95.23	94.64
食用植物油	Edible Vegetable Oil	8.39	6.80	6.29	5.92	7.61
猪 肉	Pork	27.75	27.19	23.51	22.49	32.07
牛、羊肉	Beef and Mutton	2.41	2.88	2.05	2.02	2.30
禽 类	Poultry	7.33	6.60	7.63	8.35	7.96
蛋 类	Eggs	5.50	4.48	4.67	5.73	5.16
水产品类(元)	Aquatic Products(yuan)	132.74	108.22	141.72	141.85	149.57
鲜 菜	Fresh Vegetables	83.51	83.23	80.79	79.18	70.40
糖 类(元)	Sugar(yuan)	39.48	30.59	30.72	29.58	30.90
烟草类(元)	Cigarettes(yuan)	535.68	526.99	575.79	622.73	751.58
酒 类	Liquor	4.83	4.72	4.27	4.82	5.10
糕点类	Cake	3.55	3.48	3.38	3.59	4.33
干鲜瓜果类	Dried and Fresh Melons and Fruits	46.40	46.74	46.63	45.92	53.47
奶类及制品(元)	Milk and Dairy Products(yuan)	254.63	284.84	296.16	305.93	329.74

10-6 每百户城镇居民家庭耐用消费品拥有量

Number of Durable Goods Owned Per 100 Urban Households

单位:台 (set)

指 标	Item	2017	2018	2019	2020	2021
摩托车(辆)	Motorcycle(unit)	13.99	25.51	24.01	23.52	22.34
家用汽车(辆)	Automobile(unit)	34.97	39.88	43.19	45.25	52.90
洗衣机	Washing Machine	99.63	101.61	103.48	103.54	104.13
电冰箱	Refrigerator	98.62	101.20	103.19	103.68	104.18
彩色电视机	Color TV Set	108.36	106.58	107.84	107.87	105.21
家用电脑	Household Computer	64.39	64.55	64.35	59.33	51.92
照相机(架)	Camera(unit)	16.58	9.30	9.61	9.44	7.99
微波炉	Microwave Oven	46.87	39.95	42.39	43.54	43.87
空调器	Air Conditioner	34.48	34.51	37.23	38.50	48.04
淋浴热水器	Water Heater for Shower	90.71	94.26	96.91	99.87	100.56
健身器材(套)	Healthy Equipment(unit)	4.27	5.60	7.04	7.27	7.15
移动电话(部)	Mobile Phone(unit)	256.74	282.26	287.75	287.80	298.83

10-7 按收入等级分城镇居民家庭收入、消费情况(2021)

Statistics of Income and Consumption of Urban Households by Level of Income

指 标	Item	低收入户(20%) Low Income Households	中低收入户(20%) Lower Middle Income Households	中等收入户(20%) Middle Income Households	中高收入户(20%) Upper Middle Income Households	高收入户(20%) High Income Households
平均每人年可支配收入(元)	**Per Capita Annual Disposable Income(yuan)**	**11787**	**26156**	**38059**	**52428**	**89851**
人均购买主要商品数量	**Per Capita Purchases of Major Commodities**					
粮食(千克)	Grain(kg)	88.90	91.56	95.67	96.33	105.31
食用植物油(千克)	Edible Vegetable Oil(kg)	6.65	7.28	7.48	8.68	8.58
猪肉(千克)	Pork(kg)	25.82	29.28	33.39	36.26	39.69
牛肉(千克)	Beef(kg)	0.94	1.40	2.24	2.44	3.26
鸡(千克)	Chicken(kg)	3.79	4.56	5.90	6.51	8.37
鸭(千克)	Duck(kg)	0.67	0.67	1.05	1.15	1.37
鲜蛋(千克)	Eggs(kg)	3.28	4.08	5.44	5.83	6.53
鱼(千克)	Fish(kg)	2.48	2.96	3.77	3.94	4.09
鲜菜(千克)	Fresh Vegetables(kg)	52.40	61.93	74.10	90.28	95.92
糖类(元)	Sugar(yuan)	23	23	32	41	43
烟草类(元)	Cigarettes(yuan)	545	711	703	815	1145
白酒(千克)	Liquor(kg)	1.96	2.17	2.13	3.05	3.52
鲜瓜果(千克)	Fresh Fruit(kg)	35.85	43.33	51.44	55.90	65.23
糕点(千克)	Cakes(kg)	2.78	3.07	4.15	4.76	5.00
鲜奶(千克)	Fresh Milk(kg)	4.78	6.28	9.18	11.20	12.75
每百户耐用消费品拥有量	**Number of Durable Goods Owned Per 100 Urban Households**					
摩托车(辆)	Motorcycle(unit)	39.48	30.48	18.45	13.18	10.13
家用汽车(辆)	Automobile(unit)	40.03	45.66	57.54	61.11	60.13
洗衣机(台)	Washing Machine(set)	103.90	103.59	104.36	104.06	104.73
电冰箱(台)	Refrigerator(set)	102.84	104.56	104.11	104.63	104.74
彩色电视机(台)	Color TV Set(set)	104.61	102.69	106.34	104.81	107.57
计算机(台)	Household Computer(set)	33.38	39.13	54.09	61.17	71.78
照相机(架)	Camera(unit)	2.36	2.94	7.02	13.58	14.01
微波炉(台)	Microwave Oven(set)	21.03	31.92	47.86	56.33	62.14
空调(台)	Air Conditioner(set)	37.55	27.58	39.81	62.10	73.06
热水器(台)	Water Heater for Shower(set)	97.71	100.21	99.18	101.36	104.34
健身器材(套)	Healthy Equipment(unit)	2.47	4.15	7.79	7.86	13.45
固定电话(部)	Fixed Telephone(unit)	0.97	1.63	2.00	4.43	3.71
移动电话(部)	Mobile Phone(unit)	337.54	318.75	301.79	282.38	253.78

10-8 农村居民家庭生活基本情况

Basic Conditions of Rural Households Life

指　　标	Item	2017	2018	2019	2020	2021
调查户数(户)	**Number of Households Surveyed (household)**	**2781**	**2180**	**2180**	**2180**	**2180**
平均每户常住人口(人)	Average Number of Permanent Residents Per Household (person)	3.6	3.62	3.70	3.70	3.64
平均每户整、半劳动力(人)	Average Number of Full/Semi Labour Force Per Household (person)	2.21	2.25	2.20	2.18	2.21
平均每一劳动力赡养人口(人)	Average Number of Dependents per Labour Force(person)	1.63	1.61	1.68	1.70	1.65
平均每人年收入(元)	**Per Capita Annual Income (yuan)**					
总收入	**Total Income**	**12864**	**13314**	**10756**	**11127**	**19110**
工资性收入	Income from Wages and Salaries	3636	4276	4774	4822	5331
家庭经营收入	Income from Household Operations	6986	6525	3427	2929	9592
财产性收入	Income from Properties	131	190	121	188	203
转移性收入	Income from Transfers	2111	2323	2434	3187	3985
现金收入	**Cash Income**	**8208**	**9213**	**10096**	**10792**	**16740**
工资性收入	Income from Wages and Salaries	3630	4257	4747	4787	5255
家庭经营收入	Income from Household Operations	2797	2940	3070	2939	7708
财产性收入	Income from Properties	92	126	121	188	203
转移性收入	Income from Transfers	1690	1889	2158	2877	3574
平均每人年总支出(元)	**Per Capita Annual Expenditure (yuan)**	**15357**	**16818**	**18647**	**17985**	**23177**
#人均生活消费支出	Per Capita Consumption Expenditure	8299	9170	10222	10818	12557
人均年末使用房屋面积(平方米)	**Average Per Capita Living Space at the Year-end(sq.m)**	**35**	**35**	**35**	**49**	**50**

10-9 农村居民家庭人均可支配收入

Per Capita Annual Net Income of Rural Households

单位:元 (yuan)

指 标	Item	2017	2018	2019	2020	2021
农村常住居民人均可支配收入	**Per Capita Disposable Income of Rural Households**	**8869**	**9716**	**10756**	**11642**	**12856**
工资性收入	Income from Wages and Salaries	3636	4276	4774	4822	5331
家庭经营收入	Income from Household Operation	3285	3227	3427	3445	3912
第一产业	Primary Industry	1951	1615	1808	1962	2211
农业收入	Farming	1253	1013	1126	1126	1533
林业收入	Forestry	71	55	35	115	198
牧业收入	Animal Husbandry	626	546	645	723	471
渔业收入	Fishery	1	1	1	−2	8
第二产业	Secondary Industry	217	358	334	415	414
制造业收入	Manufacturing	115	112	123	132	234
建筑业收入	Construction	102	234	201	280	176
第三产业	Tertiary Industry	1118	1253	1285	1067	1287
#交通运输仓储和邮政业收入	Transport, Post and Telecommunication Services	443	324	282	251	275
批发和零售业	Wholesale and Retail Trades	463	508	540	527	540
住宿和餐饮业	Hotels and Catering Services	73	210	244	123	226
居民服务修理和其他服务业	Service to Households,Repair and Other Services	107	104	117	93	189
转移性收入	Income from Transfer	1856	2087	2434	3187	3489
财产性收入	Income from Property	92	126	121	188	125

10-10 农村居民家庭人均年总支出

Per Capita Annual Gross Expenditures of Rural Households

单位:元 (yuan)

指　标	Item	2017	2018	2019	2020	2021
全年总支出	**Gross Expenditure**	**15357**	**16818**	**18647**	**17985**	**23177**
#生活消费支出	Living Consumption Expenditure	8299	9170	10222	10818	12557
食品烟酒	Food	3154	3384	3755	3976	3934
衣　着	Clothing	416	502	553	596	675
居　住	Residence	1685	1827	1988	2149	2709
生活用品及服务	Household Facilities,Articles and Services	450	509	572	604	737
医疗保健	Health Care and Medical Services	602	703	817	959	941
交通通信	Transport and Communications	1081	1223	1371	1318	1833
教育文化娱乐	Culture,Education and Recreation Articles and Services	792	881	997	1030	1499
其他用品和服务	Miscellaneous Goods and Services	119	141	169	186	228
家庭经营费用支出	Expenditure for Household Operation	3331	2909	2935	3305	5274
#牧业生产支出	Animal Husbandry Costs	1057	1079	1295	1316	2055
购置生产用固定资产支出	Expenditure for Purchasing of Productive Fixed Assets	222	262	168	243	240
转移性支出	Expenses on Transfers	254	236	435	306	496
财产性支出	Expenses on Properties	39	64	68	53	78
恩格尔系数(%)	**Engel's Coefficient(%)**	**38.0**	**36.9**	**36.7**	**36.8**	**31.3**

10-11 农村居民家庭人均年现金收支

Per Capita Annual Cash Income and Expenditure of Rural Households

单位:元 (yuan)

指　　标	Item	2017	2018	2019	2020	2021
现金可支配收入合计	**Total Cash Disposable Income**	**8208**	**9213**	**10096**	**10792**	**11303**
工资性收入	Income of Wages and Salaries	3630	4257	4747	4787	5255
家庭经营现金收入	Income from Household Operations	2797	2941	3070	2939	2845
#第一产业收入	Primary Industry	1275	1123	1241	1283	972
建筑业收入	Construction	122	256	223	293	194
批发和零售业	Wholesale and Retail Trades	507	552	589	556	587
交通运输仓储和邮政业收入	Transport, Post and Telecommunication Services	527	491	347	315	338
住宿和餐饮业	Hotels and Catering Services	80	252	290	166	240
居民服务修理和其他服务业	Service to Households, Repair and Other Services	117	118	124	99	202
转移性现金收入	Transfer Cash Income	1690	1889	2158	2877	3078
#抚恤金	Pension	13	30	37	37	43
财产性现金收入	Property Cash Income	92	126	121	189	125
非收入所得合计	**Reward From Other Way**	**1984**	**1774**	**2573**	**1688**	**2108**
#银行、信用社贷款	Loans of Bank and Credit Union	418	655	921	—	813
借入款	Borrowed Money	737	893	796	580	629
收回借出款	Drawing Back Loan	86	185	91	56	91
从银行、信用社取回存款	Drawing Money from Banks and Credit Union	909	971	953	761	984
现金支出合计	**Total Cash Expenditure**	**12915**	**14493**	**16366**	**15319**	**19647**
#生产费用支出	Expenditure for Operating Costs	2954	2595	2723	3073	4863
生活消费支出	Living Consumption Expenditure	6234	7160	8153	8384	9438
转移性支出	Transfer Expenditures	254	236	435	306	496
借出款	Loan	14	34	35	18	76
归还借款	Loan Recession	244	474	532	352	522
存入银行、信用社	Deposit of Bank and Credit Union	192	35	35	28	19

10-12 农村居民家庭每人主要消费品消费量

Per Capita Annual Consumption of Major Consumer Goods in Rural Households

单位:公斤 (kg)

指 标	Item	2017	2018	2019	2020	2021
粮 食	Grain	133.99	118.11	118.67	127.14	146.49
#大 米	Rice	100.57	84.95	85.99	90.57	106.44
食用油	Edible Oil	6.58	6.61	6.54	7.50	6.55
肉禽及其制品	Meat,Poultry and Related Product	31.86	33.79	32.22	27.69	32.12
#猪 肉	Pork	27.15	29.32	26.95	21.46	25.14
家 禽	Poultry	3.44	3.41	4.02	4.69	5.16
蛋类及蛋制品	Eggs and Processed Products	3.24	2.54	2.84	3.89	4.24
水产品	Aquatic Products	1.24	1.28	1.78	2.00	2.56
#鱼 类	Fish	1.12	1.13	1.53	1.78	2.19
蔬 菜	Vegetables	81.29	72.36	71.38	78.08	90.79
瓜 果	Melon and Fruits	23.24	24.14	27.00	25.62	33.28
食 糖	Sugar	0.91	0.76	0.67	0.79	0.96
卷 烟	Cigarette	32.30	33.76	35.83	33.59	41.35
酒	Liquor	7.95	6.83	6.41	6.42	7.54

10-13 每百户农村居民家庭年末耐用消费品拥有量

Number of Durable Consumer Goods Owned By Per 100 Rural Households at the Year-end

单位:台 (set)

指 标	Item	2017	2018	2019	2020	2021
彩色电视机	Color TV Set	104.0	104.0	102.5	102.1	98.4
电冰箱	Refrigerator	82.3	86.4	91.9	94.4	99.0
洗衣机	Washing Machine	92.0	93.6	96.8	98.1	98.5
热水器	Water Heater	45.4	52.8	61.9	66.8	77.6
摩托车(辆)	Motorcycle(set)	54.2	54.2	54.3	52.8	58.7
电话机(部)	Fixed Telephone(unit)	2.7	2.4	0.3	0.4	0.4
移动电话(部)	Mobile Phone(unit)	255.5	287.5	298.7	301.2	312.8

10-14 按收入五等份分农村居民家庭收入、消费情况(2021)

Income and Consumption of Rural Househoulds by Income Quintile

项 目	Item	低收入户(20%) Low Income Households	中低收入户(20%) Lower Middle Income Households	中等收入户(20%) Middle Income Households	中高收入户(20%) Upper Middle Income Households	高收入户(20%) High Income Households
人均可支配收入(元)	**Per Capita Disposable Income(yuan)**	**3478**	**8911**	**11928**	**16448**	**29161**
#现金可支配收入	Cash Disposable Income	2614	7485	10297	14567	26899
平均每人总支出(元)	Per Capita Expenditures(yuan)	22556	17159	19334	24261	36210
#现金支出	Cash Expenditures	19865	14088	15804	20414	31176
平均每人主要消费品消费量(公斤)	**Per Capita Consumption of Major Consumer Goods(kg)**					
粮 食	Grain	134.74	140.80	141.94	154.08	168.69
#稻 谷	Rice	94.08	102.29	103.86	116.28	122.20
食用油	Edible Oil	7.32	7.49	7.59	8.20	9.70
肉禽及其制品	Meat,Poultry and Related Product	26.14	28.63	31.71	36.22	41.53
#猪 肉	Pork	20.37	22.82	25.20	28.14	31.82
家 禽	Poultry	4.79	4.86	5.39	6.46	7.73
蛋类及蛋制品	Eggs and Processed Products	3.57	3.73	4.07	4.52	5.83
水产品	Aquatic Products	2.36	2.06	2.48	2.95	3.18
#鱼 类	Fish	2.01	1.80	2.14	2.50	2.74
蔬菜及菜制品	Vegetables	77.14	84.68	92.54	97.87	108.84
干鲜瓜果类	Melon and Fruits	28.40	28.76	31.49	37.36	44.30
食 糖	Sugar	0.82	0.92	0.91	1.02	1.20
卷 烟(盒)	Cigarette(pack)	29.68	31.00	42.97	51.18	59.40
酒	Liquor	6.86	5.37	6.59	9.47	10.56
每百户耐用消费品拥有量	**Number of Durable Consumer Goods Owned By Per 100 Rural Households**					
彩色电视机(台)	Color TV Set(set)	95.09	94.29	96.30	101.62	104.50
电冰箱(台)	Refrigerator(set)	95.73	98.15	96.90	101.40	102.57
洗衣机(台)	Washing Machine(set)	98.74	94.59	98.76	99.08	101.15
热水器(台)	Water Heater (set)	70.40	71.50	74.58	82.53	88.82
摩托车(辆)	Motorcycles(set)	60.83	55.88	62.00	54.82	60.10
固定电话(部)	Fixed Telephone(unit)			0.06	1.38	0.65
移动电话(部)	Mobile Phone(unit)	314.56	306.70	326.11	315.74	301.08

10-15 农村居民家庭人均经营费用和生产性固定资产购置

Per Capita Expenditure for Household Operations and Expenditure for Purchasing Productive Fixed Assets of Rural Households

单位:元 (yuan)

指 标	Item	2017	2018	2019	2020	2021
家庭经营费用支出	**Expenditure for Household Operations**	**3331.27**	**2909.26**	**2935.05**	**3305.34**	**5273.66**
#农业生产支出	Farming	599.85	649.63	611.98	584.90	634.38
林业生产支出	Forestry	34.84	34.29	15.23	14.30	18.26
牧业生产支出	Animal Husbandry	1056.89	1078.86	1295.14	1315.60	2054.83
渔业生产支出	Fishery	9.60	13.31	4.91	7.80	10.64
制造业支出	Manufacturing	165.62	102.86	141.62	219.42	383.88
建筑业支出	Construction	143.92	238.43	198.85	493.96	116.89
批发和零售业支出	Wholesale and Retail Trades	909.59	422.82	271.93	283.28	1335.42
交通运输仓储和邮政业支出	Transport, Post and Telecommunication	229.98	169.33	156.34	216.61	401.50
住宿和餐饮业支出	Hotels and Catering Services	45.94	93.97	130.87	54.03	154.24
居民服务修理和其他服务业支出	Service to Households, Repair and Other Services	96.51	37.40	49.85	55.43	136.86
购置生产用固定资产支出	**Expenditure for Purchasing Productive Fixed Assets**	**221.75**	**261.54**	**167.75**	**156.63**	**158.55**
役畜、产品畜	Draught Animals and Commodity Animals	65.96	51.73	38.50	82.11	80.69

10-16 历年城乡居民人均收支

单位：元

年 份 Year	城镇常住居民 人均可支配收入 Per Capita Disposable Income of Urban Households	比上年增长(%) Year-on-year Increase Index (%)	指 数 (1978年=100) Index (year of 1978=100)	城镇常住居民 人均消费性支出 Per Capita Consumption Expenditures of Urban Households	#食 品 #Food
1978	261.26	1.2	100.0	246.53	150.15
1979	279.66	5.2	105.2	273.60	176.64
1980	343.83	11.9	117.7	334.32	202.32
1981	434.10	22.5	144.1	393.24	237.60
1982	459.73	3.8	149.6	403.92	243.96
1983	483.33	3.5	154.8	426.36	258.72
1984	558.00	12.3	173.8	480.36	279.48
1985	682.27	10.9	192.7	617.52	324.24
1986	824.40	13.6	218.8	722.28	381.84
1987	912.26	0.9	220.7	788.76	431.40
1988	1101.84	-0.6	219.4	1050.24	554.52
1989	1275.45	-1.8	215.4	1102.56	640.20
1990	1399.36	8.5	233.8	1163.25	658.19
1991	1593.54	9.6	256.2	1338.86	750.79
1992	1887.51	9.7	281.0	1564.34	886.89
1993	2300.38	5.1	295.4	1876.24	1021.42
1994	3196.06	14.1	337.2	2531.78	1353.13
1995	3916.25	2.2	344.5	3250.55	1752.41
1996	4210.74	-2.9	334.4	3572.78	1923.49
1997	4438.05	1.8	340.4	3555.69	1819.90
1998	4566.17	2.3	348.3	3799.38	1839.64
1999	4935.47	9.0	379.6	3964.35	1683.38
2000	5121.22	5.1	399.0	4278.28	1847.63
2001	5451.91	3.9	414.5	4492.25	1832.26
2002	5944.02	9.8	455.1	4598.30	1788.61
2003	6568.91	9.5	498.4	4947.62	1967.67
2004	7322.04	7.7	536.8	5494.43	2260.46
2005	8147.13	10.6	593.7	6156.27	2457.09
2006	9116.61	10.1	653.7	6848.39	2649.02
2007	10678.40	10.6	723.0	7758.69	3122.46
2008	11758.76	2.9	744.0	8349.21	3597.94
2009	12862.53	10.9	825.1	9048.29	3755.61
2010	14142.74	7.0	882.9	10058.29	4013.67
2011	16495.01	10.8	978.3	11352.88	4565.85
2012	18700.51	10.4	1080.0	12585.70	4992.85
2013	20667.07	7.4	1159.9	13702.87	4915.02
2014	22548.21	7.0	1241.1	15254.64	5319.60
2015	24579.64	7.4	1332.9	16914.20	5757.29
2016	26742.62	7.2	1428.9	19201.68	6382.64
2017	29079.84	7.5	1536.1	20347.79	6722.91
2018	31591.93	6.5	1635.5	20787.93	6743.61
2019	34404.17	6.6	1743.4	21402.38	6893.71
2020	36096.19	2.5	1787.0	20587.04	6568.36
2021	39211.24	8.6	1941.2	25333.01	7765.32

注：1.表中增长速度及指数已扣除价格因素。2.城镇常住居民人均可支配收入、人均消费性支出2013年及以前为城镇居民人均数，农村常住居民人均可支配收入2013年及以前为农民人均纯收入，农村常住居民人均消费性支出2013年及以前为农村居民数据。

Per Capita Income and Expenditures of Urban and Rural Households Over the Years

(yuan)

农村常住居民人均可支配收入 Per Capita Net Income of Rural Households	比上年增长(%) Year-on-year Increase Index (%)	指 数 (1978年=100) Index (year of 1978=100)	农村常住居民人均生活消费支出 Per Capita Consumption Expenditures of Rural Households	#食 品 #Food
109.30	3.5	100.0	104.52	72.20
131.09	15.4	115.4	116.23	82.44
161.50	16.6	134.5	139.24	96.45
208.87	27.3	171.2	162.51	105.16
223.13	5.3	180.3	187.02	121.67
224.87	0.5	181.1	185.20	126.01
262.81	15.5	209.1	208.87	144.00
302.14	8.8	227.5	254.58	177.83
303.57	-3.9	218.6	271.60	190.60
341.84	6.4	232.5	304.22	212.90
397.74	-0.8	230.7	359.73	254.32
430.34	-7.3	213.9	407.28	282.92
435.14	-1.3	211.0	403.28	281.92
465.53	3.5	218.4	420.44	286.60
506.13	2.0	222.9	454.47	309.77
579.67	-1.4	219.8	550.11	390.45
786.84	6.6	234.2	684.27	484.41
1086.62	6.6	249.6	930.59	661.85
1276.67	5.5	263.3	1068.09	774.62
1298.54	4.2	274.4	1065.70	742.16
1334.46	4.4	286.5	1094.39	757.55
1363.07	4.7	299.9	1069.81	722.16
1374.16	3.6	310.7	1096.59	687.32
1411.73	3.7	322.2	1098.39	659.37
1489.91	4.3	336.1	1137.56	661.35
1564.66	4.7	353.2	1185.17	674.71
1721.55	5.6	373.0	1296.34	754.39
1876.96	5.2	392.4	1552.39	819.87
1984.62	4.7	410.8	1627.07	838.42
2373.99	11.6	458.5	1913.50	998.39
2796.93	8.9	499.3	2165.70	1119.64
3005.41	9.2	545.2	2421.95	1093.94
3471.93	12.6	613.9	2852.48	1319.43
4145.35	14.0	699.8	3455.76	1646.51
4753.00	11.5	780.3	3901.71	1740.58
5434.00	12.4	877.2	4740.18	2036.22
6671.22	10.3	967.5	5970.25	2488.50
7386.87	10.5	1069.1	6644.93	2644.56
8090.28	8.3	1157.8	7533.29	2915.38
8869.10	8.9	1260.9	8298.98	3153.61
9716.10	8.1	1362.9	9170.24	3383.82
10756.30	7.9	1470.5	10221.65	3755.44
11642.35	4.9	1542.6	10817.55	3975.84
12856.14	10.4	1703.4	12556.96	3934.35

Note: 1.The increase index and the index in the table have deducted price factors. 2. Per capita disposable income and per capita consumption expenditure of urban households in 2013 and before were per capita urban residents. Per capita net income of rural households in 2013 and before was per-capita net income of farms. Per capita consumption expenditure of rural households in 2013 and before was rural residents data.

主要统计指标解释

住户 指居住在一个住宅内，共同分享生活开支或收入的一群人。居住在同一房间内、不共同分享生活开支的人群，每个人都视为一个住户。住家保姆、住家家庭帮工视为单独的住户。

常住成员 指住户成员中，经常在家居住、或者调查期内居住时间超过一半的人员，以及本住户供养的学生。

季度调查的常住成员包括：

①过去三个月已经居住或未来三个月打算居住时间超过1.5个月的住户成员。

②过去三个月内每月至少在调查住宅居住一天以上，且没有在其他自有或独自租借的普通住宅中住过的人。或者说，在外与人合住或住在工棚、集体宿舍、工作地或其他临时性住所、又定期回家居住的人，也是本住户常住成员。

③由本住户供养的在校学生（包括大中专学生和研究生）。

就业面 指就业人口占家庭人口的百分比。

就业者赡养人口 指家庭人口与就业人口之比。

整、半劳动力 整劳动力指男子18周岁到50周岁，女子18周岁到45周岁；半劳动力指男子16周岁到17周岁，51周岁到60周岁；女子16周岁到17周岁，46周岁到55周岁，同时具有劳动能力的人。虽然在劳动年龄之内，但已丧失劳动能力的人，不应算为劳动力；超过劳动年龄，但能经常参加劳动的人，计入半劳动力数内。常住人口中的职工，若这些职工为劳动力，就包括在本户的整半劳动力中。

可支配收入 指调查户在调查期内获得的、可用于最终消费支出和储蓄的总和，即调查户可以用来自由支配的收入。可支配收入既包括现金，也包括实物收入。按照收入的来源，可支配收入包含四项，分别为：工资性收入、经营净收入、财产净收入和转移净收入。计算公式为：

可支配收入=工资性收入+经营净收入+财产净收入+转移净收入

其中：经营净收入=经营收入-经营费用-生产性固定资产折旧-生产税

财产净收入=财产性收入-财产性支出

转移净收入=转移性收入-转移性支出

工资性收入 指就业人员通过各种途径得到的全部劳动报酬和各种福利，包括受雇于单位或个人、从事各种自由职业、兼职和零星劳动得到的全部劳动报酬和福利。

经营净收入 指住户或住户成员从事生产经营活动所获得的净收入，是全部经营收入中扣除经营费用、生产性固定资产折旧和生产税之后得到的净收入。

财产净收入 指住户或住户成员将其所拥有的金融资产、住房等非金融资产和自然资源交由其他机构单位、住户或个人支配而获得的回报并扣除相关的费用之后得到的净收入。财产净收入包括利息净收入、红利收入、储蓄性保险净收益、转让承包土地经营权租金净收入、出租房屋净收入、出租其他资产净收入和自有住房折算净租金等。

财产净收入不包括转让资产所有权的溢价所得，这应该计入“非收入所得”。

转移性收入 指国家、单位、社会团体对住户的各种经常性转移支付和住户之间的经常性收入转移。包括政府、非行政事业单位、社会团体对居民转移的养老金或退休金、社会救济和补助、惠农补贴、政策性生活补贴、救灾款、经常性捐赠和赔偿以及报销医疗费等；住户之间的赡养收入、经常性捐赠和赔偿以及农村地区（村委会）在外（含国外）工作的本住户非常住成员寄回带回的收入等。

转移性收入不包括住户之间的实物馈赠。

城镇居民人均可支配收入（老口径） 指城镇家庭总收入扣除交纳的个人所得税和个人交纳的各项社会保障支出之后，按照城镇居民家庭人口平均的收入水平。其中家庭总收入是指该家庭中生活在一起的所有家庭人员从各种渠道得到的所有收入之和。更详细的解释可参照《城镇住户调查方案（2011年统计年报和2012年定期报表）》。

农村居民人均纯收入（老口径） 指农村住户当年从各个来源得到的家庭总收入扣除有关费用性支出后，最终归农村居民所有的收入总和，按照农村住户人口平均的纯收入水平。更详细的解释可参照《农村住户调查方案（2011年统计年报和2012年定期报表）》

消费支出 指住户用于满足家庭日常生活消费需要的全部支出，包括用于消费品的支出和用于服务性消费的支出。根据用途不同，消费支出可划分为食品烟酒、衣着、居住、生活用品及服务、交通通信、教育文化娱乐、医疗保健、其他用品及服务八大类。根据来源不同，消费支出可划分为现金消费支出、实物消费支出（含自产自用、来自单位、来自政府和其他社会组织）。

家庭收入分组方法 将所有调查户依户人均可支配收入由低到高排队，按20%，20%，20%，20%，20%的比例依次分成：低收入户、中低收入户、中等收入户、中高收入户、高收入户等五组。

恩格尔系数 指食物支出金额在生活消费总支出金额中所占的比例。计算公式为：

$$\text{恩格尔系数}=\frac{\text{食品支出金额}}{\text{生活消费总支出金额}}\times 100\%$$

Explanatory Notes on Main Statistical Indicators

Household refer to a group of people who live in a house, share a living expenses or income. Living in the same room, not to share the living expenses of the crowd, everyone is considered as a household. Nanny, home family workers are treated as a separate household。

Household Members refer to a member of the household who is living in a house, all of which share the expenses or income of the household.

Permanent Members refer to the members of the household who is often at home, or in the residence time of more than half of the residence time, and the students who support.

Quarterly Survey of Permanent Members include:

①The household members who have been living over the past three months or will live longer than 1.5 months in the next three months.

②People who have lived for at least one day per month in the surveyed house in the past three months and who have not lived in other ordinary houses owned or rented by themselves. Or, people who live together with others or live in sheds, collective dormitories, workplaces or other temporary residences, and regularly return home to live, are also permanent members of their own households.

③Students supported by the household.

Proportion Employment refers to the percentage of the population in the family.

Number of Dependents per Employee refers to the ratio of the household population to the employment population.

Full/Semi Labour Force refers to persons capable of work, aged 18-50 for males and 18-45 for females. Semi labour force refers to persons capable of work, aged 16-17 and 51-60 for males and 16-17 and 46-55 for females. Persons at their working ages but not capable of work are not to be included as labour force. Persons not at working ages but participating regularly in work are included in semi labour force. For staff and workers who are usual residents, are included as full or semi labour force of the household if they are in the labour force.

Disposable Income refers to the income of the household survey period, which can be used for final consumption and savings, or the income of the household can be used for free. Disposable income includes both cash, but also in kind. According to the sources of income, disposable income includes four items, respectively, income from wages and salaries, net business income, net income from properties and net income from transfer. Calculation formula:

Disposable income = wage income + net income + property net income + transfer net income

Where: operating net income = operating income − operating expenses − production of fixed assets depreciation− production tax

Property net income = property income − property expenses

Transfer of net income = transfer income−transfer expenditure

Income from Wages and Salaries refers to remuneration of labour and salaries from all kinds of sources, including those employed by other units or individuals, freelance work, part-time jobs, and sporadic labour.

Net Business Income refers to the income earned by households and their members engaged in the production and business activities. It refers to the net income of operating revenue minus operating costs, depreciation of productive fixed assets, and production tax.

Property Net Income refers to the net income received as returns by the household or household members of the financial assets, non-financial assets such as housing, to other institutions, households or individuals, and minus relevant costs. Net income from properties includes net income of interest, bonus income, net income of saving insurance, net income of rents of transferring management right of contract land, income of renting housing, income of renting other assets, net converted rents of self-owned housing. Net income from properties do not include premium of transferring ownership of assets.

Property net income does not include the premium income from the transfer of property rights, which should be included in the "non income".

Transfer Income refers to the regular transfer from country, institutions, social communities to households and between households. Including the government, the non-administrative institutions, social groups of residents to move pension or retirement benefits, social benefits and subsidies, subsidies benefit farmers, policy subsidy, relief funds, regular donation and compensation and reimbursement of medical expenses; between tenants alimony income, often donations and compensation and rural areas (Village) (including foreign) of the households in non-resident members return back to the income.

The transfer of income does not include the physical gifts between households.

The Per Capita Disposable Income of Urban Residents (old caliber) refers to the income tax and the average income level of the residents in urban families after the deduction of the income tax and the social security expenditure. The total household income is the sum of all the income of the family who lives in a variety of ways. More detailed explanation can be referred to the 《urban household survey (2011 statistical report and 2012 periodic report)》.

The Per Capita Net Income of Rural Residents (old caliber) refers to the total income of rural households in the year from various sources of household income after deducting the cost of the total income of rural residents, according to the average net income of rural households. A more detailed explanation can be referred to the 《Rural Household Survey Programme (2011 statistical report and the 2012 periodic report)》.

Consumer Spending refers to all the expenses that the household is used to meet the needs of the daily life of the family, including the expenses for the consumer goods and the expenses for the service. According to different purposes, the consumption expenditure can be divided into tobacco and food, clothing, housing, daily necessities and services, transportation and communication, education culture and entertainment, health care and other goods and services eight categories. According to different sources, consumer spending can be divided into cash consumption, real consumer spending (including self-produced their own, from the unit, from the government and other social organizations).

Household income grouping method according to the households, the average income per household was low to high, according to 20%, 20%, 20%, 20%, 20% of the proportion were divided into: low-income households, middle and low income households, middle income households, middle and high income, high income households and other five groups.

Engel Coefficient refers to the percentage of expenditure on food in the total consumption expenditure, using the following formula:

$$\text{Engel Coefficient} = \frac{\text{exp enditure on food}}{\text{total consumption exp enditure}} \times 100\%$$

城市概况

General Survey of Cities

11

简 要 说 明

一、主要内容

本篇资料主要反映城市公用事业概况，包括：城市公用事业、城市气象、市政建设及设施、公共交通、城市绿化、环境卫生等。

二、统计范围

全省所有设市城市在建成区范围内所有的城市规划管理、投资、建设或经营管理相关设施的单位。

三、资料来源

本篇资料由省住房和城乡建设厅、省交通运输厅、省气象局等提供。

Brief Introduction

I. Main Contents

This chapter presents the basic status of urban public utilities, including city public utility, city weather, municipal building and infrastructure, public transportation, urban greening, and urban sanitation.

II. Scope of Statistics

It covers all units under the jurisdiction of cities which are engaged in urban planning and management, investment, construction and operation of relevant facilities.

III. Sources of Data

The data in this chapter are collected by the Provincial Department of Housing and Urban-Rural Development, Provincial Department of Traffic and Transportation, Provincial Bureau of Meteorological Service.

11-1 城市公用事业

City Public Utilities

指 标	Item	2017	2018	2019	2020	2021
城市建设	**City Areas and Floor Space of Buildings**					
城区面积(平方公里)	Urban Area (sq.km)	5619.42	6070.44	6586.61	6822.84	
建成区面积(平方公里)	Area of Built Districts (sq.km)	1729.22	1823.99	1914.21	2010.38	
城市建设用地面积(平方公里)	Area of Land Used for Urban Construction (sq.km)	1615	1686	1760	1811	
征用土地面积(平方公里)	Area of Land Put in Requisition for State Construction Projects (sq.km)	76.43	78.11	56.91	48.15	
城市人口密度(人/平方公里)	Population Density of City Districts (person/sq.km)	2371	2323	2253	2247	2307
城市供水、燃气	**Supply of Water and Gas**					
年末供水综合生产能力(万立方米/日)	Production Capacity of Tap Water Supply at Year-end (10000 cu.m/day)	462.96	532.12	625.11	640.27	661.44
供水管道长度(公里)	Length of Water Pipelines (km)	22688	24393	26702	27502	32223
建成区城市供水管道密度(公里/平方公里)	Water Pipelines density of Built Districts of city(km/sq.km)	9.35	10.26	9.97	8.33	7.94
供水总量(万立方米)	Volume of Tap Water Supply(10000cu.m)	101100	114633	123811	127035	134405
#生活用水	Water Consumption for Residential Use	52320	58979	64937	67198	72262
生产用水	Water Consumption for Productive Use	13764	15720	20807	22612	24755
用水人口(万人)	Number of Residents with Access to Tap Water (10000 persons)	1241.59	1322.42	1414.19	1492.13	1540.63
人均日生活用水(升)	Per Capita Daily Consumption of Tap Water for Residential Use (liter)	146.00	154.14	145.77	141.26	145.93
用水普及率 (%)	Coverage Rate of Urban Population with Access to Tap Water (%)	93.2	93.8	95.3	97.3	97.8
管道长度(公里)	Length of Gas Pipelines (km)	8329	9071	11054	12552	14042
液化石油气	Liquefied Petroleum Gas	181	92	—	—	—
天然气	Natural Gas	8149	8979	11054	12552	14042
全年供气总量	Annual Volume of Gas Supply					
液化石油气 (吨)	Liquefied Petroleum Gas(ton)	163929	164317	185120	175561	170792
#家庭用量	Consumption of Natural Gas for Residential Use	131660	134642	109733	96338	96232
天然气(万立方米)	Natural Gas Supply (10 000 cu.m)	80366	95207	119603	150895	193540
#家庭用量	Consumption of Natural Gas for Residential Use	22069	26333	36573	48635	57127
用气人口(万人)	Population with Access to Gas (10000 persons)	982.34	1052.41	1204.89	1349.77	1361.75
液化石油气	Liquefied Petroleum Gas	594.17	616.58	669.61	700.05	655.68
天然气	Natural Gas	388.17	435.83	535.28	649.72	706.07
燃气普及率(%)	Coverage Rate of Urban Population with Access to Gas (%)	73.7	74.6	81.2	88.0	86.4
城市市政设施	**Municipal Infra-structure**					
年末实有道路长度(公里)	Length of Paved Roads at Year-end (km)	8723	9657	10608	17267	18189

11-1 续表 continued

指 标	Item	2017	2018	2019	2020	2021
年末实有道路面积(万平方米)	Area of Paved Roads at Year-end (10 000sq.m)	16650	18949	21567	30891	32556
人均拥有道路面积(平方米)	Per Capita Area of Paved Roads (sq.m)	12.5	13.44	14.54	20.15	21.03
城市排水管道长度(公里)	Length of City Sewage Pipes (km)	11800	13872	16338	17650	20738
城市污水日处理能力(万立方米)	Daily Disposal Capacity of City Sewage (10 000 cu.m)	270	332	366	431	449
建城区城市排水管道密度(公里/平方公里)	Density of City Sewage Pipes (km/sq.km)	4.31	5.26	6.77	6.98	8.09
城市桥梁(座)	Number of City Bridges (unit)	1182	1222	1290	1479	1739
城市道路照明灯(千盏)	Number of Street Lights (1 000 units)	816	944	1017	1166	1233
城市公共交通	**Public Traffic**					
年末公共交通运营车辆数(辆)	Number of Public Vehicles under Operation at Year-end (unit)	9575	9900	10287	11013	11586
运营线路网长度(公里)	Length under Operation (km)	16284	18704	19607	22245	27611
公共交通客运总量(万人次)	Passengers Transported by Public Vehicles (10 000person-times)	189422	187797	177276	152438	163917
出租汽车(辆)	Number of Taxi (unit)	31336	30696	36378	42221	45310
城市绿化和园林	**City Greening**					
城市绿化覆盖面积(公顷)	Urban green coverage area (hectare)	102206	109676	116111	122693	166589
公园绿地面积(公顷)	Park Green Areas (hectare)	17343	19095	21846	23585	24096
人均公园绿地面积(平方米)	Per Capita Area of Parks and Green Land (sq.m)	13.02	13.54	14.72	15.38	15.29
公园个数(个)	Number of Parks and Zoos (unit)	397	471	528	607	758
公园面积(公顷)	Area of Parks (hectares)	17540	19307	21523	22825	24781
建成区绿化覆盖率(%)	Green Covered Area as % of Completed Area (%)	32.8	35.2	36.9	39.0	40.1
城市环境卫生	**Environmental Sanitation**					
清扫保洁面积(万平方米)	Area under Cleaning Program (10 000 sq.m)	20904	23871	25161	27110	28951
生活垃圾清运量(万吨)	Volume of Garbage Disposal (10 000 tons)	576.74	580.28	608.40	615.41	648.96
市容环卫专用车辆设备总数(台)	Number of Special Vehicles for EnvironmentalSanitation (unit)	7087	7867	8886	8909	9853
公共厕所(座)	Number of Public Lavatories (unit)	3413	3673	3798	4223	6835
#三类以上	Third Grade and Above	2931	3252	3268	3564	5379

注：资料来源于省住房城乡建设厅、省交通运输厅(以下相关表同)。

Note: The data are provided by the Housing and Urban-Rural Development Department of Guizhou Province and the Department of Transportation of Guizhou Province(the relative tables in the chapter are the same).

11-2 城市气象(2021)

Climate of Major Cities

城市名称	City	年平均气温(℃) Annual Average Temperature(℃)	年降水量(毫米) Annual Precipitation(mm)	年日照时数(小时) Annual Sunshine Hours(hour)	年平均相对湿度(%) Annual Average Relative Humidity(%)
全省平均	Provincial Average	16.4	1218	1283	80
贵阳市	Guiyang	15.6	1385	1428	80
六盘水市	Liupanshui	13.7	1181	1130	80
遵义市	Zunyi	16.1	968	1339	79
安顺市	Anshun	15.1	1113	1236	78
毕节市	Bijie	14.1	1148	1252	79
铜仁市	Tongren	18.0	1381	1498	77
兴义市	Xingyi	17.4	1018	1697	79
凯里市	Kaili	17.3	1432	1271	78
都匀市	Duyun	16.0	1600	1085	82
清镇市	Qingzhen	15.1	1181	1101	79
盘州市	Panzhou	12.8	1018	1630	82
赤水市	Chishui	18.5	993	1046	82
仁怀市	Renhuai	17.0	1108	1341	77
黔西市	Qianxi	14.9	975	1136	81
兴仁市	Xingren	16.5	1120	1638	79
福泉市	Fuquan	16.3	1160	1449	80

注:资料来源于省气象局(下表同)。

Note:The data in the table are provided by Guizhou Meteorological Administration (the same applies to the next table).

11-3 城市平均气温(2021)

Monthly Average Temperature of Major Cities

单位:℃ (℃)

城市名称	City	1月 Jan.	2月 Feb.	3月 Mar.	4月 Apr.	5月 May	6月 June	7月 July	8月 Aug.	9月 Sept.	10月 Oct.	11月 Nov.	12月 Dec.
全省平均	Provincial Average	5.0	10.7	13.4	15.1	20.4	23.5	25.2	25.2	24.0	16.2	11.0	7.6
贵阳市	Guiyang	4.1	10.0	12.7	14.0	19.1	22.2	24.1	24.3	23.0	15.0	9.9	6.9
六盘水市	Liupanshui	2.4	8.6	12.5	14.3	17.5	19.9	21.2	21.1	20.0	13.4	8.3	5.2
遵义市	Zunyi	4.0	10.2	12.6	14.2	19.8	23.4	25.8	25.5	24.2	16.0	9.9	7.1
安顺市	Anshun	3.8	9.8	12.7	14.7	18.8	21.6	22.8	23.2	22.0	15.0	9.7	6.5
毕节市	Bijie	2.2	8.9	12.1	13.6	17.7	20.9	22.5	22.5	21.5	14.0	8.0	5.1
铜仁市	Tongren	6.6	11.4	12.9	15.1	21.6	26.0	28.8	27.9	27.5	17.9	13.0	8.4
兴义市	Xingyi	6.7	12.5	16.3	18.2	22.4	23.6	23.7	23.8	23.2	16.9	12.3	9.3
凯里市	Kaili	5.6	11.0	13.6	14.8	21.3	24.8	27.2	27.2	25.7	16.6	12.2	7.9
都匀市	Duyun	4.7	10.4	12.9	14.0	20.1	22.9	24.5	24.8	23.6	15.3	11.1	7.2
清镇市	Qingzhen	3.8	9.7	12.6	14.1	18.8	21.8	23.8	23.8	22.3	14.9	9.5	6.6
盘州市	Panzhou	2.6	8.4	12.5	13.9	17.0	18.3	18.9	19.3	17.9	12.2	7.6	5.5
赤水市	Chishui	6.9	13.4	15.8	17.8	22.2	25.2	27.9	27.0	25.6	18.3	11.9	9.6
仁怀市	Renhuai	4.9	11.4	14.1	15.6	20.6	24.4	26.4	26.0	25.2	17.0	10.2	7.8
黔西市	Qianxi	3.1	9.2	12.3	13.7	18.7	21.8	23.6	23.7	22.5	14.8	8.8	6.0
兴仁市	Xingren	5.5	11.5	15.0	16.8	21.2	22.7	23.0	23.7	22.4	16.1	11.6	8.3
福泉市	Fuquan	4.7	10.1	13.2	14.2	20.4	23.6	25.4	25.6	23.9	15.8	11.2	7.2

11-4 城市建设(2020)

Basic Statistics on City Construction

单位:平方公里 (sq.km)

城市名称	City	城区面积 Urban Area	建成区面积 Area of Built Districts	城市建设用地面积 Area of Land Used for Urban Construction
贵阳市	Guiyang	1230.00	369.00	344.96
六盘水市	Liupanshui	276.64	54.20	35.73
遵义市	Zunyi	531.51	157.11	148.47
安顺市	Anshun	163.00	71.00	69.65
铜仁市	Tongren	69.00	54.04	50.36
兴义市	Xingyi	104.00	64.97	64.65
毕节市	Bijie	170.08	51.00	50.73
凯里市	Kaili	140.65	75.71	67.45
都匀市	Duyun	360.00	61.81	54.33
清镇市	Qingzhen	99.23	46.00	33.15
盘州市	Panzhou	330.60	26.59	26.30
赤水市	Chishui	75.40	21.50	19.05
仁怀市	Renhuai	89.00	26.40	24.30
黔西市	Qianxi			
兴仁市	Xingren	40.40	19.21	13.89
福泉市	Fuquan	22.79	19.83	16.67

11-5 城市设施水平(2021)

Basic Statistics on Level of Public Facilities in Cities

城市名称	City	城市用水普及率 (%) Coverage Rate of Urban Population with Access to Tap Water(%)	城市燃气普及率 (%) Coverage Rate of Urban Population with Access to Gas(%)	人均城市道路面积 (平方米) Per Capita Area of Paved Roads (sq.m)	人均公园绿地面积 (平方米) Per Capita Area of Park and Green Land (sq.m)
贵阳市	Guiyang	99.75	98.21	15.54	17.74
六盘水市	Liupanshui	100.00	90.83	29.89	12.10
遵义市	Zunyi	94.45	75.69	27.24	13.36
安顺市	Anshun	100.00	83.86	37.94	28.36
铜仁市	Tongren	98.74	90.67	22.55	13.74
兴义市	Xingyi	100.00	89.88	31.17	15.10
毕节市	Bijie	96.64	85.84	16.13	15.33
凯里市	Kaili	91.98	90.34	22.99	15.04
都匀市	Duyun	100.00	85.50	33.02	22.00
清镇市	Qingzhen	99.04	89.75	13.63	10.08
盘州市	Panzhou	91.72	96.46	27.65	13.75
赤水市	Chishui	97.45	98.90	17.09	13.68
仁怀市	Renhuai	95.29	97.25	16.65	10.00
黔西市	Qianxi	100.00	87.43	16.09	15.33
兴仁市	Xingren	100.00	86.51	20.79	14.47
福泉市	Fuquan	100.00	90.52	23.45	18.22

11-6 城市供水 (2021)

Tap Water Supply in Cities

城市名称	City	年末供水综合生产能力 (万立方米/日) Production Capacity of Tap Water Supply (year-end) (10 000cu.m/day)	年末供水管道长度 (公里) Length of Water Supply Pipelines (year-end) (km)	全年供水总量 (万立方米) Total Annual Volume of Water Supply (10 000 cu.m)	#生活用水 For Residential Use	#生产用水 For Productive Use	用水人口 (万人) Number of Residents with Access to Tap Water (10 000 persons)	人均日生活用水量 (升) Per Capita Daily Consumption of Tap Water for Residential Use(liter)
贵阳市	Guiyang	164.50	7804.05	43933.31	21602.47	7985.66	296.76	242.09
六盘水市	Liupanshui	48.80	1731.07	5456.12	2939.98	1290.75	55.82	147.64
遵义市	Zunyi	50.70	4549.17	10637.17	5707.65	1270.24	138.60	134.18
安顺市	Anshun	30.80	670.65	4609.70	2478.17	648.90	42.70	197.04
铜仁市	Tongren	21.50	511.00	5436.67	2172.70	2477.64	48.60	122.48
兴义市	Xingyi	26.10	734.15	3231.00	1999.88	864.68	45.87	121.01
毕节市	Bijie	12.00	590.00	3546.00	1817.00	942.00	46.63	108.81
凯里市	Kaili	24.10	1119.17	3522.57	1831.99	849.25	36.47	154.32
都匀市	Duyun	15.01	1316.07	2822.15	1401.15	706.67	34.06	129.52
清镇市	Qingzhen	15.18	300.56	3315.02	1667.46	997.70	25.70	190.80
盘州市	Panzhou	10.74	659.00	2292.00	822.00	834.00	20.71	110.99
赤水市	Chishui	5.00	230.00	1166.00	740.00	275.00	16.80	120.68
仁怀市	Renhuai	12.44	703.73	2820.69	1241.07	676.94	24.30	165.37
黔西市	Qianxi	6.15	233.08	1783.62	956.66	363.07	28.44	92.16
兴仁市	Xingren	7.00	245.64	1160.00	559.41	35.89	17.13	138.47
福泉市	Fuquan	4.00	380.00	1015.20	597.67	120.78	13.50	134.46

11-7 城市燃气(2021)

Supply of Gas in Cities

城市名称	City	管道长度 (公里) Length of Gas Pipelines(km)	全年供气总量 Volume of Gas Supply		用气人口 (万人) Population with Access to Gas (10000 persons)	
		天然气 Natural Gas	液化石油气(吨) Liquefied Petroleum Gas(ton)	天然气(万立方米) Natural Gas (10000cu.m)	液化石油气 Liquefied Petroleum Gas	天然气 Natural Gas
贵阳市	Guiyang	4037.08	52000.00	51558.00	48.00	244.17
六盘水市	Liupanshui	1040.12	1975.00	8078.53	4.15	46.55
遵义市	Zunyi	1127.97	8412.00	31459.95	42.80	68.27
安顺市	Anshun	376.13	10439.06	4243.61	14.39	21.42
铜仁市	Tongren	226.46	3774.00	2178.50	20.73	23.90
兴义市	Xingyi	197.51	8469.00	1607.00	32.47	8.76
毕节市	Bijie	350.00	4688.80	3336.23	17.25	24.17
凯里市	Kaili	199.49	7673.69	12918.26	18.57	17.25
都匀市	Duyun	577.90	2704.98	4608.97	9.88	19.24
清镇市	Qingzhen	535.00	1840.90	12489.78	4.10	19.19
盘州市	Panzhou	169.30	1668.00	814.00	10.77	11.01
赤水市	Chishui	560.00	400.00	2373.50	1.00	16.05
仁怀市	Renhuai	339.51	1650.00	23968.73	11.28	13.52
黔西市	Qianxi	93.19	2935.00	205.65	19.01	2.41
兴仁市	Xingren	24.54	1193.20	47.80	12.18	2.64
福泉市	Fuquan	84.00	1533.00	376.00	1.88	10.34

11-8 城市市政设施(2021)

Municipal Infrastructure in Cities

城市名称	City	年末实有道路长度(公里) Length of Paved Roads (year-end) (km)	年末实有道路面积(万平方米) Area of Paved Roads (year-end) (10 000 sq.m)	城市桥梁(座) Number of City Bridges (unit)	城市排水管道长度(公里) Length of City Sewage Pipes (km)	城市污水日处理能力(万立方米) Daily Disposal Capacity of City Sewage (10 000 cu.m)	城市道路照明灯(千盏) Number of Street Lights (1 000 units)
贵 阳 市	Guiyang	2899.26	4622.90	371	3792.24	154.00	234.72
六盘水市	Liupanshui	465.52	1085.00	30	1170.31	19.54	37.31
遵 义 市	Zunyi	2012.29	3997.27	115	2061.36	49.50	155.08
安 顺 市	Anshun	672.83	1620.17	78	815.34	15.20	70.47
铜 仁 市	Tongren	639.42	1109.68	40	524.00	12.00	49.49
兴 义 市	Xingyi	578.14	1429.91	56	792.45	11.00	20.24
毕 节 市	Bijie	423.00	778.39	45	627.45	16.50	15.38
凯 里 市	Kaili	420.62	911.48	48	440.58	14.15	57.71
都 匀 市	Duyun	538.13	1124.62	54	414.75	12.30	40.00
清 镇 市	Qingzhen	233.98	353.67	27	466.94	11.50	11.36
盘 州 市	Panzhou	297.87	624.34	8	508.97	3.50	47.58
赤 水 市	Chishui	141.86	294.56	4	187.78	4.00	7.80
仁 怀 市	Renhuai	220.71	424.56	26	226.72	9.05	15.77
黔 西 市	Qianxi	246.50	394.20	40	185.50	3.00	22.41
兴 仁 市	Xingren	224.59	356.07	3	239.92	2.60	5.00
福 泉 市	Fuquan	189.00	316.63	14	150.53	10.03	12.72

11-9 城市绿地和园林(2021)

Parks and Green Areas in Cities

城市名称	City	建成区园林绿地面积(公顷) Area of Parks and Green Land(hectare)	公园绿地面积(公顷) Park Green Areas(hectare)	公园(个) Number of Parks(unit)	公园面积(公顷) Area of Parks(hectare)	建成区绿化覆盖率(%) Green Covered Area as of Completed Area(%)
贵阳市	Guiyang	15230.38	5276.73	127	5276.73	43.30
六盘水市	Liupanshui	3128.70	675.18	23	2306.98	41.43
遵义市	Zunyi	6503.65	1960.44	47	2121.78	41.45
安顺市	Anshun	3038.87	1210.98	31	641.64	43.40
铜仁市	Tongren	2106.09	676.07	24	676.07	41.18
兴义市	Xingyi	2613.06	692.64	24	555.49	41.39
毕节市	Bijie	1997.59	739.55	21	747.48	40.54
凯里市	Kaili	3036.36	596.14	31	427.74	41.59
都匀市	Duyun	2474.41	749.35	12	447.10	41.86
清镇市	Qingzhen	1689.16	261.54	12	261.54	36.15
盘州市	Panzhou	1073.65	310.56	6	350.56	41.17
赤水市	Chishui	851.55	235.80	11	204.81	42.75
仁怀市	Renhuai	1167.95	255.04	9	255.04	40.00
黔西市	Qianxi	762.65	375.66	8	365.43	37.00
兴仁市	Xingren	819.03	247.82	7	155.25	40.11
福泉市	Fuquan	755.52	245.94	7	183.62	42.54

11-10 城市市容环境卫生(2021)

Urban Sanitation in Cities

城市名称	City	清扫保洁面积(万平方米) Area under Cleaning Program (10 000 sq.m)	生活垃圾清运量(万吨) Volume of Garbage Disposal (10 000 tons)	市容环卫专用车辆设备总数(台) Number of Special Vehicles for Environmental Sanitation (unit)	公共厕所(座) Number of Public Lavatories (unit)	三类以上 Third Grade and Above	生活垃圾无害化处理率(%) Garbage harmless treatment rate (%)
贵阳市	Guiyang	6766	153.72	2486	624	624	100.0
六盘水市	Liupanshui	1184	20.40	327	406	406	100.0
遵义市	Zunyi	2998	44.79	745	756	756	98.0
安顺市	Anshun	1412	32.31	616	593	209	99.2
铜仁市	Tongren	697	15.83	184	86	85	100.0
兴义市	Xingyi	1197	15.72	275	197	12	97.5
毕节市	Bijie	778	18.87	249	218	218	99.8
凯里市	Kaili	492	19.21	169	127	119	97.5
都匀市	Duyun	872	12.70	203	191	79	97.3
清镇市	Qingzhen	396	15.23	229	207	207	99.1
盘州市	Panzhou	240	9.23	55	118	118	100.0
赤水市	Chishui	239	5.20	54	87	87	98.0
仁怀市	Renhuai	608	9.88	234	125	125	98.1
黔西市	Qianxi	307	9.52	111	109	77	91.7
兴仁市	Xingren	150	5.08	36	16	16	95.2
福泉市	Fuquan	281	5.91	139	108	89	98.3

主要统计指标解释

用水普及率 指报告期末城区用水人口数与总人口的比率。计算公式：

$$用水普及率=\frac{城区用水人口（含暂停人口）}{城区人口+城区暂停人口}\times 100\%$$

人工煤气生产能力 指报告期末人工煤气生产厂制气、净化、输送等环节的综合生产能力，不包括备用设备能力。一般按设计能力计算，如果实际生产能力大于设计能力时，应按实际测定的生产能力计算。测定时应以制气、净化、输送三个环节中最薄弱的环节为主。

供气管道长度 指报告期末从气源厂压缩机的出口或门站出口至各类用户引入管之间的全部已经通气投入使用的管道长度。不包括煤气生产厂、输配站、液化气储存站、灌瓶站、储配站、气化站、混气站、供应站等厂(站)内的管道。按不同的材质、管径分别统计。

供气总量 指报告期燃气企业(单位)向用户供应的燃气数量。包括销售量和损失量。

燃气普及率 指报告期末使用燃气的人口与总人口的比率。计算公式为：

$$燃气普及率=\frac{城区用水人口（含暂停人口）}{城区人口+城区暂停人口}\times 100\%$$

桥梁 指为跨越天然或人工障碍物而修建的构筑物。包括跨河桥、立交桥、人行天桥以及人行地下通道等。

排水管道长度 指所有排水总管、干管、支管、检查井及连接井进出口等长度之和。计算时应按单管计算，即在同一条街道上如有两条或两条以上并排的排水管道时，应按每条排水管道的长度相加计算。

污水处理能力 指污水处理厂(或处理装置)每昼夜处理污水量的设计能力。

年末公共交通运营车辆数 指年末公交企业(单位)用于运营业务的全部车辆数。以企业(单位)固定资产台账中已投入运营的车辆数为准。

绿地面积 指报告期末用作园林和绿化的各种绿地面积。包括公园绿地、生产绿地、防护绿地、附属绿地和其他绿地的面积。其中公园绿地指城市中向公众开放的、以游憩为主要功能，有一定的游憩设施和服务设施，同时兼有健全生态、美化景观、防灾减灾等综合作用的绿化用地。它是城市建设用地、城市绿地系统和城市市政公用设施的重要组成部分。

公共绿地 指向公众开放的市级、区级、居住区级各类公园、街旁游园，包括其范围内的水域。其中居住区级公园应不小于1万平方米，街旁游园的宽度不小于8米，面积不小于400平方米。

生活垃圾清运量 指报告期收集和运送到各生活垃圾处理场(厂)和生活垃圾最终消纳点的生活垃圾的数量。统计时仅计算从生活垃圾源头和从生活垃圾转运站直接送到处理场和最终消纳点的清运量，对于二次中转的清运量不要重复计算。

供水综合生产能力 指按供水设施取水、净化、送水、出厂输水干管等环节设计能力计算的综合生产能力。包括在原设计能力的基础上，经挖、革、改增加的生产能力。计算时，以四个环节中最薄弱的环节为主确定能力。原则上按设计能力填报，对于经过更新改造后，实际生产能力与设计能力相差很大的，按实际能力填报。

供水管道长度 指从送水泵至用户水表之间所有管道的长度。不包括新安装尚未使用、水厂内以及用户建筑物内的管道。在同一条街道埋设两条或两条以上管道时，应按每条管道的长度计算。

供水总量 指报告期供水企业(单位)供出的全部水量。包括有效供水量和漏损水量。其中有效供水量指水厂将水供出厂外后，各类用户实际使用到的水量。包括售水量和免费供水量。

生活用水量 包括公共服务用水和居民家庭用水。公共服务用水指为城市社会公共生活服务的用水。包括行政事业单位、部队营区和公共设施服务、社会服务业、批发零售贸易业、旅馆饮食业以及其他公共服务业等单位的用水。居民家庭用水指城市范围内所有居民家庭的日常生活用水。包括城市居民、农民家庭、公共供水站用水。

气温 指空气的温度,我国一般以摄氏度(℃)为单位表示。气象观测的温度表是放在离地面约1.5米处通风良好的百叶箱里测量的,因此,通常说的气温指的是离地面1.5米处百叶箱中的温度。其统计计算方法为:月平均气温是将全月各日的平均气温相加,除以该月的天数而得。年平均气温是将12个月的月平均气温累加后除以12而得。

相对湿度 指空气中实际所含水蒸气密度和同温度下饱和水蒸气密度的百分比值。其统计方法与气温相同。

降水量 指从天空降落到地面的液态或固态(经融化后)水,未经蒸发、渗透、流失而在地面上积聚的深度。其统计计算方法为:月降水量是将全月各日的降水量累加而得。年降水量是将12个月的月降水量累加而得。

日照时数 指太阳实际照射地面的时间。其统计方法与降水量相同。

Explanatory Notes on Main Statistical Indicators

Coverage Rate of Urban Population with Access to Tap Water refers to the ratio of the urban population with access to tap water to the total urban population at the end of reference period. The formula is:

$$\text{Coverage of urban population with access to tap water}=\frac{\text{Urban population with access to tap water}}{\text{Urban population}}\times 100\%$$

Production Capacity of Manufactured Gas refers to the comprehensive production capacity of gas production, purification, transportation and other links in the artificial gas plant at the end of the reporting period, excluding capacity of the reserved facilities. In general, it is determined by the designed capacity, and when actual production capacity is larger than the designed capacity, the capacity is determined by the actual measurement on the weakest segment in the production, purification and delivery.

Length of Gas Pipelines refers to the total length of pipelines in use between the outlet of the compressor of gas-work or outlet of gas stations and the leading pipe of users, excluding pipelines within gasworks, delivery stations, LPG storage stations, refilling stations, gas-mixing stations and supply stations. It is according to different material, diameter, respectively statistics.

Volume of Gas Supply refers to the total volume of gas provided to users by gas-producing enterprises (units) during the reporting period, including the volume sold and the volume lost.

Coverage Rate of Urban Population with Access to Gas refers to the ratio of the urban population with access to gas to the total urban population at the end of the reference period. The formula is:

$$\text{Coverage rate of urban population with access to gas}=\frac{\text{Urban population with access to gas}}{\text{Urban population}}\times 100\%$$

Bridges refer to bridges built to cross over natural or man-made barriers, including bridges over rivers, overpasses for traffic and for pedestrians, underpasses for pedestrians, etc.

Length of Sewage Pipes refers to the total length of general drainage, trunks, branch and inspection wells, connection wells, inlets and outlets, etc. In the calculation, calculation shall be single-tube that is on the same street if two or more side by side drains, they should be added to the length of each drainage calculations.

Disposal Capacity of Sewage refers to the designed 24–hour capacity of sewage disposal by the sewage treatment works or facilities.

Number of Vehicles under Operation at Year–end refers to the total number of vehicles under operation by public transport enterprises (units) at the end of the year, based on the records of operational vehicles by the enterprises (units).

Area of Green Land refers to the end of the reporting period used for landscaping and green area. Including the park green land, production green land, protection green land, green land attached to institutions, and other green area. Park green area refers to open to the public amusement and rest with the facilities of amusement, rest and services. Its function includes perfecting ecology, beautifying landscape, and preventing and reducing disaster. It is an important part of urban construction land, urban green space system and urban public facilities.

Public Green Area refers to green areas open to the public such as municipal, community and neighborhood parks and roadside parks, including waters within parks. Neighborhood parks should occupy an area larger than 10,000 square meters, and the width of roadside parks should occupy an area larger than 400 square meters, with a width of more that 8 meters.

Consumption Wastes Transported refers to volume of consumption wastes collected and transported to disposal factories or sites during the reference period. The statistical calculations of the clearance volume is only from garbage and garbage transfer station directly to the treatment plant and the final consumer satisfaction point, for the secondary transit clearance volume, it cannot be duplicated.

Production Capacity of Water Supply refers to the designed overall production capacity of water facilities, covering the four segments of water collection, purification, conveyance, and outflow through trunk pipelines. Increased capacity through transformation and innovation projects is included as well. The capacity is determined mainly on the weakest of the above–mentioned four segments. In principle, according to the design capacity reporting, for after renovation, the actual production capacity and design capabilities are vary greatly. It is according to the actual ability reported.

Length of Water Supply Pipelines refers to the total length of all the pipelines between the water pumps and the user water meters, excluding pipelines newly installed but not used yet, pipeline in the water factory, and pipeline in the user's buildings. Buried in the same street two or more pipes, each pipe length shall be calculated.

Total Volume of Water Supply refers to the total volume of water supplied by water–works (units) during the reference period, including both the effective water supply and loss during the water supply. The effective water supply refers to the water supply for the water supply factory, the actual use of various types of water users. Including the sale of water and free water supply.

Consumption of Water for Residential Use refers to water consumption of households for daily life and water consumption of public service facilities. The latter refers to water consumption for urban public services, including the consumption of government agencies and public institutions, military barracks, public facilities, wholesale and retail outlets, restaurants, hotels, and other units providing public services. Household water consumption refers to consumption of water for daily life of all households within the boundary of cities, including households of urban residents and farmers, and public water supply stations.

Temperature refers to the air temperature, China uses centigrade as the unit. The thermometry used for water observation is put in a breezy shutter, which is 1.5 metres high from the ground. Therefore the commonly used temperature refers to the temperature in the breezy shutter 1.5 metres away from the ground. The calculation method is as follows.

Monthly average temperature is the summation of average daily temperature of one moth divided by the actual days of the particular month.

Annual average temperature is the summation of monthly average of a year divided by 12 months.

Relative Humidity refers to the ratio of actual water vapour pressure to the saturation water vapour pressure under the current temperature. The calculation method is the same as that of temperature.

Volume of Precipitation refers to the deepness of liquid state or solid state (thawed) water falling from the sky to the ground that has not been evaporated, infiltrated or run off. The calculation method is as follows: monthly precipitation is the summation of daily precipitation of month. Annual precipitation is the summation of 12 months precipitation of a year.

Sunshine Hours refer to the actual hours of sun irradiating the earth. The calculation method is the same as that of the precipitation.

资源和环境

Resources and Environment

12

简 要 说 明

一、主要内容

本篇资料主要反映全省自然资源状况和环境保护事业发展情况。

自然资源包括河流、矿产资源、森林资源、水资源等资料。

环境保护事业发展情况主要包括环保资金投入、废水治理、空气质量及污染治理、固体废物处理利用情况、环境污染事故、自然灾害等。

二、资料来源

河流、矿产资源、森林资源、水资源等资料分别由省水利厅、省自然资源厅、省林业局提供，

环境保护资料由省生态环境厅、省住房城乡建设厅提供，自然灾害资料由省民政厅提供。

Brief Introduction

I. Main Contents

This chapter contains information that reflects natural resource conditions and the development of environment protection in Guizhou Province.

Data on natural resources cover rivers, mineral resources, forest resources, and water resources.

The development of environment protection mainly includes environmental protection capital investment, waste water treatment, air quality and pollution treatment, treatment and utilization of solid wastes; environment pollution, loss of natural calamities, etc.

II. Sources of Data

The data on rivers, mineral resources, forest resources and water resources, etc. are provided respectively by Department of Water Conservancy of Guizhou Province, Department of Natural Resources of Guizhou Province and Guizhou Provincial Bureau of Forestry. Data on environmental protection are provided by Department of Ecology and Environment of Guizhou Province and Department of Housing and Urban-Rural of Guizhou Province. Besides, the data on natural calamities are provided by the Department of Civil Affairs of Guizhou Province.

12-1 主要河流(省内部分)主要特征值(2021)

Major Feature of Some Part of The Main River

水　系	Water System	流域面积(平方公里) Drainage Area(sq.km)	河长(千米) Length of River(1000 m)	平均坡降(‰) Average Slope Falling(‰)
长江流域	**Changjiang River Drainage**			
#赤水河	Chishuihe	11412	299	3.57
乌　江	Wujiang	66807	889	2.05
清水江	Qingshuijiang	17145	459	2.80
洪州河	Hongzhouhe	975	81	2.08
㵲阳河	Wuyanghe	6474	258	4.60
锦　江	Jinjiang	4017	168	2.87
松桃河	Songtaohe	1536	88	9.83
松坎河	Songkanhe	2321	56	14.40
牛栏江	Niulanjiang	2014	79	4.40
横江(洛泽河)	Hengjiang(Luozehe)	2874	120	8.30
珠江流域	**Zhujiang River Drainage**			
#南盘江	Nanpanjiang	7651	263	1.98
北盘江	Beipanjiang	20982	352	4.23
红水河	Hongshuihe	15978	106	0.57
都柳江	Duliujiang	11586	330	1.28
打狗河	Dagouhe	4184	139	5.74

注:资料来源于省水利厅。

Note: The data in the table are provided by the Water Resources Department of Guizhou Province.

12-2 主要矿产资源(2021)

Major Mineral Resources

指 标	Item	计量单位 Unit	保有资源储量 Reserves	居全国位次 Order in Whole Country
饰面用灰岩	Limestone for Decoration	万立方米(10000 cubic meters)	225213.59	1
锰矿	Manganese Ore	万吨(10000tons)	82461.26	1
重晶石	Barite Ore	万吨(10000tons)	22128.35	1
化肥用砂岩	Sandstone for Fertilizer	万吨(10000tons)	10621.76	1
砖瓦用砂岩	Sandstone for Brick and Tile	万立方米(10000 cubic meters)	1774.69	1
光学水晶	Optical Crystal	千克(kg)	175.00	1
玻璃用灰岩	Limestone for Glass	万吨(10000tons)	38.70	1
汞矿	Mercury Ore	万吨(10000tons)	3.04	1
冶金用砂岩	Gritstone for Metallurgy	万吨(10000tons)	8499.50	1
陶瓷用砂岩	Sandstone for Ceramics	万吨(10000tons)	1042.50	4
饰面用辉绿岩	Diabase for Decoration	万立方米(10000 cubic meters)	455.96	3
硫铁矿	Pyrite	亿吨(100million tons)	9.74	2
铸型用砂岩	Sandstone for Cast	万吨(10000tons)	1734.00	2
熔炼水晶	Melting Crystal	吨(ton)	1110.00	3
钒矿	Vanadium	V2O5万吨(10000tons)	582.91	3
稀土矿	Rare-earth Ore	万吨(10000tons)	117.08	6
磷矿	Phosphorus Ore	亿吨(100million tons)	49.11	3
化工用白云岩	Dolomite for Chemical	万吨(10000tons)	2417.00	5
锑矿	Antimony Ore	万吨(10000tons)	38.06	4
铝土矿	Bauxite Ore	亿吨(100million tons)	11.65	3
砖瓦用粘土	Clay Rock for Brick	万立方米(10000 cubic meters)	1539.39	8
金刚石	Diamond	克(g)	755.00	6
煤炭	Coal	亿吨(100million tons)	799.84	5
钛矿	Titanium Ore	万吨(10000tons)	101.72	7
水泥配料用粘土	Clay Rock for Cement	万吨(10000tons)	11528.55	6
砖瓦用页岩	Shale for Brick and Tile	万立方米(10000 cubic meters)	4578.76	6
镍矿	Nickel Ore	万吨(10000tons)	63.96	5
凹凸棒石粘土	Attapulgite Clay	万吨(10000tons)	30.40	5
压电水晶	Piezoelectric Quartz	千克(kg)	6201.00	6
玻璃用砂岩	Sandstone for Class	万吨(10000tons)	5122.83	8
金矿(岩金)	Gold Ore	吨(ton)	506.06	10
镁矿	Magnesium	万吨(10000tons)	11729.33	8
含钾砂页岩	Potassium Sandshale	万吨(10000tons)	5084.02	8
水泥配料用砂岩	Sandstone for Cement	万吨(10000tons)	12149.91	9
制灰用石灰岩	Limestone for Ash	万吨(10000tons)	4785.64	14
钼矿	Molybdenum Ore	万吨(10000tons)	90.88	9
耐火粘土	Refractory Clay	万吨(10000tons)	8015.95	9
玉石	Jade	万吨(10000tons)	2.20	13
锌矿	Zinc Ore	万吨(10000tons)	922.27	6
玻璃用白云岩	Dolomite for Glass	万吨(10000tons)	280.00	14

注:资料来源于省自然资源厅。

Note: The data in this table are obtained from the Department of Natural Resources of Guizhou Province.

12-3 森林资源

Forest Resources

指 标	Item	2017	2018	2019	2020	2021
森林面积(万公顷)	**Forest Area (10000 Ha.)**	**974.20**	**1004.16**	**1056.13**	**1083.62**	**1093.33**
森林覆盖率(%)	Forest Coverage Rate (%)	55.3	57.0	60.0	61.5	62.1
森林蓄积量(亿立方米)	Total Standing Forest Stock (100 million cubic meters)	4.49	4.68	5.97	6.09	6.30
完成造林面积(万公顷)	Area of Fulfilled Forestation (10000 Ha.)	66.67	34.67	34.70	28.00	24.10
封山育林面积(万公顷)	Area of Closing Hillsides for Afforestation (10000 Ha.)	8.87	8.43	10.16	—	1.33
天然林保护工程中:	**In Natural Forest Protection Project**					
封山育林(万公顷)	Closing Hillsides for Afforestation (10000 Ha.)	0.34	0.33	0.49	—	
森林保护	**Forest Protection**					
森林火灾(起)	Forest Fire (unit)	18	29	10	16	9
森林火灾受害率(‰)	Rate of Fall Victim for Forest Fire (‰)	0.0048	0.0077	0.0019	0.0059	0.0045
森林病虫鼠害面积(万公顷)	Area of Fall Victim for Disease, Pest and Rat Plague (10000 Ha.)	19.90	20.50	18.64	17.79	18.01
森林病虫鼠害防治面积(万公顷)	Prevention Area of Forest Disease, Pest and Rat Plague (10000 Ha.)	18.26	19.57	17.50	16.36	16.74
林业有害生物无公害防治率(%)	Prevention Rate of Forest Disease, Pest and Rat Plague (%)	91.8	95.5	93.9	91.9	99.4

注:2019年起"森林蓄积量"来源于省自然资源厅,"森林保护"中"森林火灾"和"森林火灾受害率"来源于省应急厅,其余资料来源于省林业局。
Note:Since 2019, the data of "Total Standing Forest Stock" comes from the Department of Natural Resources of Guizhou Province. The data of "Forest Fire" and "Rate of Fall Victim for Forest Fire" in "Forest Protection" are provided by the Department of Emergency Management of Guizhou Province. Other data in this table are all obtained from the Forestry Administration of Guizhou Province.

12-4 自然保护区

Natural Reserves

指 标	Item	2017	2018	2019	2020	2021
自然保护区个数(个)	**Number of Nature Reserves (unit)**	**119**	**106**	**106**	**89**	**89**
#国家级自然保护区	Nature Reserves of National-level	10	11	11	11	11
省级自然保护区	Nature Reserves of Guizhou Province	8	7	7	7	7
地市级自然保护区	Nature Reserves of Region	16	16	16	16	16
县级自然保护区	Nature Reserves of County	85	72	72	55	55
自然保护区面积(万公顷)	Area of Nature Reserves (10000 hectares)	89.79	88.55	86.05	85.08	84.96
自然保护区面积占全省国土面积(%)	Percentage of Nature Reserves in Guizhou Province Land (%)	5.10	5.03	4.88	4.83	4.82
自然保护区中:	**In Nature Reserves**					
森林生态系统、野生动、植物类型(个)	Forest Biogeocenose,Wildness Animal and Plant (unit)	115	102	103	85	85
内陆湿地类型(个)	Wetlands inside Land(unit)	3	3	2	3	3
古生物遗迹类型(个)	Ancient Biology Relic(unit)	1	1	1	1	1
地质地貌类型(个)	Geological features(unit)	0	0	0	0	0

注:数据来源于省林业局。(下表同)

Note: The data in the table are obtained from the Forestry Administration of Guizhou Province.

12-5 森林公园

Forest Parks

指 标	Item	2017	2018	2019	2020	2021
森林公园(个)	Number of Forest Park (unit)	97	97	97	95	89
#国家级森林(生态)公园	Forest Park of National-level	30	30	30	30	28
省级森林公园	Forest Park of Guizhou Provincial-level	44	45	46	46	45
森林公园面积(万公顷)	Area of Forest Park (10000 Ha.)	27.80	27.99	28.10	27.80	27.43
森林公园面积约占全省国土面积(%)	Percentage of Forest Park Area to Guizhou Total Land Area(%)	1.6	1.6	1.6	1.6	1.6

12-6 水资源和水质监测

Water Resource and Monitoring of Water Quality

指标	Item	2017	2018	2019	2020	2021
水资源总量(亿立方米)	**Total Amount of Water Resources (100 million cu.m)**	**1051.51**	**978.68**	**1116.99**	**1329**	**1091.40**
#地表水	Surface Water	1051.51	978.68	1116.99	1329	1091.40
人均水资源量(立方米)	Per Capita Water Resources (cu.m)	2937	2718.57	3083.00	3446.00	2829.00
供水总量(亿立方米)	Water Supply(100 million cu.m)	103.51	106.79	108.06	90.08	104.06
#地表水	Surface Water	101.06	104.34	101.48		104.06
用水总量(亿立方米)	Water Use (100 million cu.m)	103.51	106.79	108.06	90.08	104.06
河流水质	**Water Quality of River**					
监测河流(条)	Monitored River (unit)	79	79	79	79	114
监测河段断面(个)	Monitored Section of River (unit)	151	151	151	151	222
满足规定水质类别的断面占总监测断面百分比(%)	The Sections Meeting the Standard of Water Quality I-III Genus As Percentage of total Monitored Sections (%)	94.7	97.4	97.9	99.3	97.7
水质良好的出境断面(个)	Number of Favorable Water Quality Section (unit)	14	14	15	15	23
湖泊水质	**Water Quality of Lake**					
监测湖库(个)	Monitored Lake (unit)	8	8	8	8	24
监测点(个)	Monitored Point (unit)	25	25	25	25	25
满足规定水质类别的监测点(个)	Number of the Points Meeting Water Quality I-III Genus (unit)	21	23	22	23	23
占总监测点百分比(%)	As Percentage of total Monitored Points (%)	84.0	92.0	88.0	92.0	92.0

注:资料来源于省水利厅、省生态环境厅。

Note:The data in the table are provided by the Water Resources Department of Guizhou Province and the Department of Ecology and Environment of Guizhou Province.

12-7 废水治理

Waste Water Treatment

指标	Item	2017	2018	2019	2020	2021
废水排放总量(亿吨)	**Total Waste Water Discharged (100 million tons)**	**11.80**	**12.84**	**14.60**	**12.53**	**12.56**
#工 业	Industrial Waste Water Discharged	1.74	1.80	1.84	2.00	2.14
生 活	Living Waste Water Discharged	10.06	11.03	12.74	10.51	10.40
废水中化学需氧排放量(万吨)	**Emission in Waste Water(10000 tons)**	**27.25**	**27.47**	**27.88**	**116.78**	**118.35**
#工 业	Industrial COD Emission	1.32	1.18	1.04	0.47	0.39
生 活	Living COD Emission	25.73	26.10	26.74	24.42	22.69
当年完成工业废水治理项目(个)	Item of Industry Waste Water Treatment Completed This Year(unit)	13	12	13	26	14
新增废水治理能力(万吨/日)	Newly Desinged Treatment and Utilization Capacity of Waste Water(10000 tons/day)	8.25	1.80	3.97	7.09	11.42
城市污水处理率(%)	Treatment Rate of City Waste Water (%)	90.8	93.8	94.6	96.0	

注:资料来源于省生态环境厅、省住建厅。

Note: Data in the table are provided by Provincial Department of Ecology and Environment and the Department of Housing and Urban-Rural Deveiop-ment of GuiZhou Prpvince .

12-8 环保系统机构、人员数

Number of Environmental Protection Agencies and Persons Engaged

指 标	Item	2017	2018	2019	2020	2021
机构总数(个)	**Number of Agencies(unit)**	**713**	**711**	**436**	**396**	**394**
省	Province	14	14	13	22	20
地	Prefecture	129	128	71	289	55
县	County	570	569	352	85	319
年末人员总数(人)	**Number of Staff and Workers at the Year-end(person)**	**6520**	**6511**	**5781**	**4290**	**4425**
省	Province	387	403	360	775	833
地	Prefecture	1082	1057	887	2533	1108
县	County	2588	2519	2724	982	2209
#科研人员	Scientific and Technical Personnel	99	105	98	91	117
监测人员	Monitoring Personnel	1131	1143	1221	1374	1387
监察人员	Supervising and Administrative Personnel	1233	1284	1352	1358	1361

注：1. 资料来源于省生态环境厅(以下相关表同)。2. 2021年将各市(州)派驻县级的机构及人员统计在相应的县级层面，因此较2020年数据有较大变化。

Note: 1. The data come from the Department of Ecology and Environment of Guizhou Province (the following relevant tables are the same). 2. When the data is counted in 2021, the institutions and personnel assigned to the county level of each city (state) are counted at the corresponding county level, so there is a big change from the data in 2020.

12-9 环境保护资金投入

Investment in Environmental Protection

单位：亿元 (100 million yuan)

指 标	Item	2017	2018	2019	2020	2021
环保相关资金投入：	**In Investment of Environmental Protection**					
老工业污染源治理	Treatment of Old Industry Pollution	5.89	6.61	8.96	15.49	9.78
建设项目"三同时"污染防治	"Three Simultaneities" Environmental Investment for New Project	20.24	15.91	12.11	15.08	8.45
城市环境基础设施建设	Investment in Urban Environmental Infrastructure	86.00	82.61	74.52	79.99	120.68
环境管理能力建设	Construction of Environment Management Capacity	16.56	26.86	22.10	21.14	13.96
工业污染治理设施运行费用	Operating Expense of Industry Pollution Treatment Facilities	42.75	47.67	47.43	68.82	40.97
以上环保相关资金投入合计占地区生产总值比重(%)	**Total Proportion of the Environmental Protection-related Capital Investment above in the Regional GDP (%)**	**1.3**	**1.2**	**1**	**1.1**	**1**
征收排污费总额	**Pollutant Discharge Fees**	**4.95**				
环境保护税	**Environmental Protection Tax**		**4.57**	**6.35**	**5.94**	**5.85**

注："城市环境基础设施建设"数据由省住房和城乡建设厅提供。2018年起征收排污费总额变更为环境保护税，数据来源省税务局。

Note: The data of investment in urban environmental infrastructure are provided by the Department of Housing and Urban-Rural Development of Guizhou Province. Since 2018, the total amount of pollutant discharge fees collected has been changed to environmental protection tax, and the data come from Guizhou Provincial Tax Service, State Taxation Administration.

12-10 空气质量及污染治理

Air Quality and Treatment of Industrial Waste Gas

指　标	Item	2017	2018	2019	2020	2021
城市空气质量	**Air Quality of City**					
达到国家环境空气质量二级标准城市(个)	Number of Cities Reaching the National Grade Ⅱ Standard of Air Quality of City (unit)	13	13	13	14	9
占统计城市数(%)	Percentage in Total(%)	100	100	100	100	100
城市空气污染物	**Contamination in City Atmosphere**					
二氧化硫年均浓度值(毫克/立方米)	Annual Average Concentration of SO2 (mg/cu.m)	0.015	0.015	0.013	0.010	0.008
达到国家空气质量二级标准城市(个)	Number of Cities Reaching the National Grade Ⅱ Standard of Air Quality of City (unit)	13	13	13	14	9
二氧化氮年均浓度值(毫克/立方米)	Annual Average Concentration of NO2 (mg/cu.m)	0.021	0.019	0.016	0.014	0.015
达到国家空气质量一级标准城市(个)	Number of Cities Reaching the National Grade I Standard of Air Quality of City (unit)	13	13	13	14	9
城市可吸入颗粒物年均浓度值(毫克/立方米)	Average Chroma of City Suspend Grain (mg/cu.m)	0.049	0.049	0.040	0.032	0.035
达到国家空气质量二级标准城市(个)	Number of Cities Reaching the National Grade Ⅱ Standard of Air Quality of City (unit)	13	13	13	14	9
废气中污染物排放	**Pollutant Emission in Waste Gas**					
二氧化硫排放总量(万吨)	Total Volume of SO2 Emission (10000 tons)	68.75	55.61	41.90	17.74	14.31
#工　业	Industry	46.30	37.53	24.47	14.36	11.08
生活及其它废气中二氧化硫排放量	Volume of SO2 from Living and Other Waste Gas Emission	22.45	18.08	17.43	3.37	3.22
烟(粉)尘排放总量(万吨)	Total Volume of Smoke and Dust Emission (10000 tons)	19.68	18.02	14.76	18.21	11.59
#工业	Industry	14.74	13.92	10.67	14.24	7.88
生活及其它废气中烟(粉)尘排放量	Discharged Volume of Smoke and Dust from Living and Other Waste Gas Emission	4.94	3.37	3.95	3.75	3.59
空气污染治理	**Air Pollution Treatment**					
工业废气中：	In Industrial Waste Gas					
二氧化硫去除率(%)	Rate of SO2 Removed (%)	84.6	89.0	94.1	96.7	97.0
烟(粉)尘去除率(%)	Rate of Smoke and Dust Removed (%)	99.9	99.7	99.7	99.5	99.7
当年完成废气治理项目(个)	Item of Waste Gas Treatment Fulfilled This Year (unit)	47	32	33	53	27
新增废气治理能力(万标立方米/小时)	Newly Waste Gas Treatment Capacity This Year (10000 stere/hour)	1020.70	1750.64	928.52	920.68	1028.50
城市燃气普及率(%)	City Gas Penetration Rate (%)	73.8	87.3	81.2	94.6	90.2

注：1."城市燃气普及率"数据来源于省住建厅，其他数据均来源于省生态环境厅。2."烟(粉)尘排放总量"为原"烟尘排放总量"，"烟(粉)尘去除率"为原"烟尘去除率"。3.2021年城市环境空气质量相关数据采用9个中心城市共计33个国控环境空气质量自动监测点位进行统计。

Note: 1". The data on the "City Gas Penetration Rate" comes from the Department of Housing and Urban-Rural Development of Guizhou Province, and other data come from the Department of Ecology and Environment of Guizhou Province. 2"Total Volume of Smoke and Dust Emission" is the original "Total Volume of Smoke Emissions", "Rate of Smoke and Dust Removed" is the original "soot removal rate". 3. The data related to Air Quality of City in 2021 are counted using a total of 33 state-controlled environmental air quality automatic monitoring points in 9 central cities.

12-11 固体废物生产及处理

Production and Treatment of Industrial Solid Wastes

指　标	Item	2017	2018	2019	2020	2021
工业固体废物产生量 (万吨)	Volume of Industrial Solid Wastes Produced (10000 tons)	9352.99	10549.80	11125.97	9516.39	10911.24
工业固体废物倾倒丢弃量	Volume of Industrial Solid Waste Discharged	2.70	0.79	0.01	0.02	0.00
工业固体废物治理	Industrial Solid Wastes Treatment					
当年完成工业固体废物治理项目(个)	Item of Industrial Solid Wastes Treatment Fulfilled in This Year (unit)	6	4	1	6	10
工业固体废物综合利用量(万吨)	Volume of Industrial Solid Wastes Comprehensively Utilized(10000 tons)	5200.61	7010.68	7247.36	6609.94	7828.37
工业固体废物处置量 (万吨)	Volume of Industrial Solid Wastes Disposed(10000 tons)	2747.32	2136.46	1690.80	1493.71	1623.73
工业固体废物综合利用率 (%)	Ratio of Industrial Solid Wastes Utilized (%)	54.7	64.6	63.6	67.1	70.1
生活垃圾处理	Consumption Wastes Treatment					
生活垃圾清运总量(万吨)	Consumption Wastes Collected and Transported (10000 tons)	576.74	580.28	608.40	615.41	648.96
生活垃圾处理总量(万吨)	Consumption Wastes Treatment (10000 tons)	520.68	534.12	566.37	582.64	638.35
#无害化处理量	Volume of Wastes Disposed	520.68	534.12	566.37	582.64	638.35
城市生活垃圾无害化处理率(%)	Treatment Rate of Consumption Wastes in Cities(%)	90.3	92.0	93.1	94.7	98.4

注:"工业固体废物倾倒丢弃量"为原"工业固体废物排放量"。

Note: "Volume of Industrial Solid Waste Discharged" refers to original "Volume of Industrial Solid Waste Emission".

12-12 环境污染事故

Accident of Environment Pollution

指 标	Item	2017	2018	2019	2020	2021
环境污染事故(起)	**Number of Environmental Pollution Accidents(unit)**	**11**	**8**	**8**	**11**	**4**
#重大事故	Fatal Accident	—	—	—	1	—
较大事故	Major Accident	—	1	—	—	—
一般事故	Ordinary Accident	11	7	8	10	4
#水污染事故	Water Pollution Accident	9	8	7	9	3
空气污染事故	Air Pollution Accident	1	—	1	2	1

12-13 自然灾害

Natural Disasters

指 标	Item	2017	2018	2019	2020	2021
遭受自然灾害县个数(个)	Number of Counties Suffering from Natural Disasters (unit)	88	87	85	88	87
受灾人口(万人次)	The Population Affected by Natural Disasters (10000 person-times)	532.43	581.92	288.60	475.65	245.75
农作物受灾面积(万公顷)	Area of Crop Affected by Natural Disasters (10000 hectares)	25.73	33.47	14.62	23.34	14.43
#绝收面积	The Gainless Area of Crop for Natural Disasters	4.08	5.90	2.40	5.01	2.43
因自然灾害造成直接经济损失(亿元)	The Direct Economy Loss for Natural Disasters (100 million yuan)	60.25	45.81	47.94	90.53	31.26

注:资料来源于省应急管理厅。

Note: Data in the table are provided by the Department of Emergency Management of Guiyang Province.

主要统计指标解释

流域 每条河流都有自己的干流和支流，干支流共同组成这条河流的水系。每条河流都有自己的集水区域，这个集水区域就称为该河流的流域。

矿产资源 矿产指由地质作用形成，富集于地壳中或出露于地表达到工农业利用要求的有用矿物。矿产是一种重要的自然资源，是社会发展的重要物质基础。

矿产保有储量 指探明的矿产储量（包括工业储量和远景储量），扣除已开采部分和地下损失量后的年末实有储量，是反映国家矿产资源现状的重要指标。

森林面积 指由乔木树种构成，郁闭度0.2以上(含0.2)的林地或冠幅宽度10米以上的林带的面积，即有林地面积。森林面积包括天然起源和人工起源的针叶林面积、阔叶林面积、针阔混交林面积和竹林面积，不包括灌木林地面积和疏林地面积。

森林覆盖率 指一个国家或地区森林面积占土地总面积的百分比。森林覆盖率是反映森林资源的丰富程度和生态平衡状况的重要指标。在计算森林覆盖率时，森林面积包括郁闭度0.2以上的乔木林地面积和竹林地面积，国家特别规定的灌木林地面积、农田林网以及四旁(村旁、路旁、水旁、宅旁)林木的覆盖面积。计算公式为：

$$\text{森林覆盖率}=\frac{\text{森林面积}}{\text{土地总面积}}\times 100\%$$

造林面积 指报告期内在荒山、荒地、沙丘、退耕地等一切可以造林的土地上，采用人工播种、飞机播种、植苗造林、分植造林等方法新植成片乔木林和灌木林，经过检查验收符合《造林技术规程》要求的单位面积株数，并按《中华人民共和国森林法实施条例》规定，成活率达85%以上(含85%，年降雨量在400毫米以下且无浇灌条件的地区造林成活率达70%以上)的总面积。四旁植树如一侧在四行以上，连片面积0.066公顷(一亩)以上，应统计在造林面积内。造林面积，通常按所有制(国有、国有集体合作、集体和个人)、造林方式(人工、飞机播种)、主要林种用途(用材林、经济林、防护林、薪炭林、特种用途林)分组进行统计。

水资源 水在自然界中以固体、液体和气态三种聚集状态存在，分布于海洋、陆地(包括土壤)以及大气之中，通过水循环形成水资源。水资源包括经人类控制并直接可供灌溉、发电、给水、航运、养殖等用途的地表水和地下水，以及江河、湖泊、井、泉、潮汐、港湾和养殖水域等。水资源是发展国民经济不可缺少的重要自然资源。

地表水和地下水 陆地上的水因空间分布不同，分为地表水和地下水。地表水指分别存在于河流、湖泊、沼泽、冰川和冰盖等水体中水分的总称，又称陆地水。地下水指储存在地面以下饱和岩土孔隙、裂隙及溶洞中的水。

水资源总量 一定区域内的水资源总量指当地降水形成的地表和地下产水量，即地表径流量与降水入渗补给量之和，不包括过境水量。

用水总量 指分配给用户的包括输水损失在内的毛用水量。

工业废水排放量 指经过企业厂区所有排放口排到企业外部的工业废水量。包括生产废水、外排的直接冷却水、超标排放的矿井地下水和与工业废水混排的厂区生活污水，不包括外排的间接冷却水(清污不分流的间接冷却水应计算在内)。

废水中化学需氧量（COD）排放量 指每年排放的废水中的COD的量。

工业SO2排放量 指报告期内企业在燃料燃烧和生产工艺过程中排入大气的SO_2总量，计算公式为：

$$工业SO_2排放量=燃料燃烧过程中SO_2排放量+生产工艺过程中SO_2排放量$$

生活及其他SO2排放量 以生活及其他煤炭消费量和其含硫量为基础，根据以下公式计算：

$$生活及其他SO_2排放量=生活及其他煤炭消费量\times含硫量\times0.8\times2$$

工业烟尘排放量 指企业厂区内燃料燃烧过程中产生的烟气中夹带的颗粒物排放量。

工业粉尘排放量 指企业在生产工艺过程中排放的能在空气中悬浮一定时间的固体颗粒物排放量。如钢铁企业的耐火材料粉尘、焦化企业的筛焦系统粉尘、烧结机的粉尘、石灰窑的粉尘、建材企业的水泥粉尘等。不包括电厂排入大气的烟尘。

生活及其他烟尘排放量 指除工业生产活动以外的所有社会、经济活动及公共设施的经营活动中燃烧所排放的烟尘纯重量。以生活及其他煤炭消费量为基础进行测算。

工业固体废物产生量 指报告期内企业在生产过程中产生的固体状、半固体状和高浓度液体状废弃物的总量，包括危险废物、冶炼废渣、粉煤灰、炉渣、煤矸石、尾矿、放射性废物和其他废物等；不包括矿山开采的剥离废石和掘进废石(煤矸石和呈酸性或碱性的废石除外)。酸性或碱性废石指采掘的废石其流经水、雨淋水的PH值小于4或PH值大于10.5者。

工业固体废物综合利用量 指报告期内企业通过回收、加工、循环、交换等方式，从固体废物中提取或者使其转化为可以利用的资源、能源和其他原材料的固体废物量(包括当年利用往年的工业固体废物贮存量)，如用作农业肥料、生产建筑材料、筑路等。综合利用量由原产生固体废物的单位统计。

工业固体废物综合利用率 指工业固体废物综合利用量占工业固体废物产生量(包括综合利用往年贮存量)的百分率。计算公式为：

$$工业固体废物综合利用率=\frac{工业固体废物综合利用量}{工业固体废物产生量+综合利用往年贮存量}\times100\%$$

工业固体废物处置量 指报告期内企业将固体废物焚烧或者最终置于符合环境保护规定要求的场所，并不再回取的工业固体废物量(包括当年处置往年的工业固体废物贮存量)。处置方式有填埋(其中危险废物应安全填埋)、焚烧、专业贮存场(库)封场处理、深层灌注、回填矿井及海洋处置(经海洋管理部门同意投海处置)等。

生活垃圾清运量 指报告期收集和运送到各生活垃圾处理场(厂)和生活垃圾最终消纳点的生活垃圾的数量。统计时仅计算从生活垃圾源头和从生活垃圾转运站直接送到处理场和最终消纳点的清运量，对于二次中转的清运量不要重复计算。

生活垃圾无害化处理率 指报告期内生活垃圾无害化处理量与生活垃圾产生量的比率。计算公式为：

$$生活垃圾无害化处理率=\frac{生活垃圾无害化处理率}{生活垃圾产生量}\times100\%$$

在统计时，由于生活垃圾产生量不易取得，可用清运量代替。“垃圾清运量”在审核时要与总人口(包括暂住人口)对应，一般城市人均日产生垃圾为1kg左右。

环境污染事故 指由于违反环境保护法规的经济、社会活动与行为，以及意外因素的影响或不可抗拒的自然灾害等原因，致使环境受到污染，国家重点保护的野生动植物、自然保护区受到破坏，人体健康受到危害，社会经济和人民财产受到损失，造成不良社会影响的突发性事件。

Explanatory Notes on Main Statistical Indicators

Drainage Area Each river has its own main stream and branches to form the water system of the river. Each river has its own catchment's area, which is also called as the drainage area of the river.

Mineral Resources refer to useful minerals that can be used for industrial or agricultural purposes enriched in lithosphere or on earth due to the geological process. Minerals resource is an important natural resources, and is the important material foundation for social development.

Mineral Reserves refer to proven mineral reserves (including industrial reserves and prospective reserves), after deducting the amount of mining and underground loss of the end of the year after the real reserves, it is an important indicator of the state of mineral resources.

Forest Area refers to the area of forest where trees and bamboo grow with canopy density above 0.2, including land of natural woods and planted woods, but excluding bush land and thin forest land.

Forest Coverage Rate refers to the ratio of area of afforested land to total land area. It is a very important indicator that reflects the status of abundance of forest resource and ecosystem balance. Forest area includes the area of trees and bamboo grow with canopy density above 0.2, the area of shrubby tree according to regulations of the government, the area of forest land inside farm land and the area of trees planted by the side of villages, farm houses and along roads and rivers. The formula for calculating forest coverage rate is as follows:

$$\text{Forestrycoverage rate (\%)} = \frac{\text{Area of Afforested Land}}{\text{Area of Total Land}} \times 100\%$$

Total Area of Afforestation refers to the total area of land suitable for afforestation, including barren hills, idle land, sand dunes, rain for green land, on which acres of arbores or bushes are planted through manual planting, airplane planting, plant seedlings, etc. in accordance with the required density standards of the Technical Procedures of Afforestation, and with a survival rate of over 85% in line with the Implementing Rules of the Forest Law of the People´s Republic of China (or a survival rate of 75% in areas with less that 400 mm of annual rainfall and without irrigation facilities). Included in the this category are trees planted alone the roadsides, riversides, or next to houses that occupy an area over 0.066 hectares, or where more than 4 lines of trees are planted. Total area of afforestation is further classified by ownership (state–owned, state–collective, collective or private), by approach of planting (manual, airplane), and by type of forests (timber, by–products, protection, fuel, special use, etc.).

Water Resources Water exists in the nature in solid, liquid and gaseous states, is distributed in the ocean, land (including earth) and air, and constitutes the water resource through the circulation of water. Water resource includes the surface water and underground water that is controlled by the human being for irrigation, power–generation, water supply, navigation and cultivation. It also includes rivers, lakes, wells, springs, tides, gulf and water area for cultivation. Water resource as an important natural resource is indispensable for the development of the national economy.

Surface Water and Underground Water Water on earth can be divided into surface water and underground water according to its distribution. Surface water refers to moisture exists in rivers, lakes, swamps, glaciers, icecaps and so on. It is also called land water. The underground water refers to water deposited underground in the cranny and the hole of saturated rock soil and in the water-eroded cave.

Total Water Resources refers to total volume of water resources measured as run-off for surface water from rainfall and recharge for groundwater in a given area, excluding transit water.

Water Use refers to gross water use distributed to users, including loss during transportation, broken down with use by agriculture, industry, living consumption and biological protection.

Waste Water Discharged by Industry refers to the volume of waste water discharged by industrial enterprises through all their outlets, including waste water from production process, directly cooled water, groundwater from mining wells which does not meet discharge standards and sewage from households mixed with waste water produced by industrial activities, but excluding indirectly cooled water discharged (It should be included if the discharge is not separated with waste water).

Volume of Chemical Oxygen Demand(COD) Generated by Waster Water refers to chemical oxygen demand generated through the annual discharge of waste water

SO2 Emission through Industrial Activities refers to volume of sulphur dioxide emission from fuel burning and production process by enterprises during a given period of time. It is calculated as:

SO_2 emission through industrial activities = SO_2 emission from fuel burning + SO_2 emission from production process

SO_2 Emission through Non-industrial and Other Activities is calculated on the basis of consumption of coal by households and other activities and the sulphur content of coal with the following formula:

SO_2 emission through non-industrial and other activities = consumption of coal by households and other activities× sulphur content×0.8×2

Industrial Soot Emission refers to volume of soot in smoke emitted in process of fuel burning in premises of enterprises.

Industrial Dust Emission refers to volume of dust emitted by production process of enterprises and suspended in the air for a given period of time, including dust from refractory material of iron and steel works, dust from coke-screening systems and sintering machines of coke plants, dust from lime kilns and dust from cement production in building material enterprises, but excluding soot and dust emitted from power plants.

Soot Emission by Consumption and Others refers to net volume of soot emitted by fuel burning from all social and economic activities and operation of public facilities other than industrial activities. It is calculated on the basis of coal consumption by households and others.

Industrial Solid Wastes Produced refers to total volume of solid, semi-solid and high concentration liquid residues produced by industrial enterprises from production process in a given period of time, including hazardous wastes, slag, coal ash, gangue, tailings, radioactive residues and other wastes, but excluding stones stripped or dug out in mining (gangue and acid or alkaline stones not included). A stone is acid or alkaline depending on the pH value of the water below 4 or above 10.5 when the stone is in, or soaked by, the water.

Industrial Solid Wastes Utilized refers to volume of solid wastes from which useful materials can be extracted or which can be converted into usable resources, energy or other materials by means of reclamation, processing, recycling and exchange (including utilizing in the year the stocks of industrial solid wastes of the previous year). Examples of such utilizations include fertilizers, building materials and road materials. The information shall be collected by the producing units of the wastes.

Rate of Utilization of Industrial Solid Wastes refers to the percentage of industrial solid wastes utilized over industrial solid wastes produced (including stocks of the previous years). It is calculated as:

$$\text{Rage of utilization of industrial solid wastes}=\frac{\text{volume of industrial solid wastes utilized}}{\text{industrial solid wastes produced}+\text{stock of previous years}}\times 100\%$$

Industrial Solid Wastes Disposed refers to quantity of industrial solid wastes which are burnt or placed ultimately in the sites meeting the requirements for environmental protection and not salvaged or recycled (including disposition in the year of those wastes of previous years). The disposition includes landfill (Safe landfills should be conducted for hazardous wastes), incineration, containment spaces, deep underground disposal, backfill in mining pits and disposal at sea.

Consumption Wastes Transported refers to volume of consumption wastes collected and transported to disposal factories or sites. Statistical calculations only when the source from garbage and garbage transfer station directly to the treatment plant and the final consumer satisfaction point clearance volume, for the secondary transit clearance volume can not be duplicated.

Ratio of Consumption Wastes Treated refers to consumption wastes treated over that produced. It is calculated as:

$$\text{Ratio of consumption wastes treated}=\frac{\text{consumption wastes treated}}{\text{consumption wastes produced}}\times 100\%$$

In practical statistics, as it is difficult to estimate, the volume of consumption wastes produced is replaced with that transported. During the audit, "Garbage clearance volume" and the total population to be (including temporary residents) corresponds, generally, urban waste generated per capital is about 1kg.

Environment Pollution and Destruction Accidents refer to sudden accidents due to economic or social activities that are in contrast to environment protection laws or due to unforeseen factors or natural disasters that lead to the environment pollution, the destruction of protected wild animals, plants or nature reserves, the damage to human health, the economic and property losses, and the negative impact on the society.

农 业

Agriculture 13

简要说明

一、主要内容

本篇资料反映我省农业生产和农村经济的基本情况，包括农村基本情况、农业生产条件、农业机械拥有量、水利灌溉与除涝、农林牧渔业产值、主要农产品产量等。

二、统计范围

农业统计范围包括全社会除军马生产及农业科研机构进行的农业生产以外的所有农业生产活动。即农村各种经济组织和农户经营的农林牧渔业生产活动；各种专业性农、林、牧、渔场的农业生产活动；国家各级机关、团体、学校、部队进行的农业生产活动；集体所有制的乡、镇、村办农场的农业生产活动；以及工矿企业经营的农、林、牧、渔业生产活动。

三、资料来源

本篇资料由省统计局、国家统计局贵州调查总队、省农业农村厅、省水利厅、省林业局提供。

Brief Introduction

I. Main Contents

The data in this chapter show the basic conditions of agricultural production and rural economy, including basic situation of rural, conditions for agricultural production, quantity of agricultural machinery, facilities of water conservancy and efforts to eliminate water-logging, output of agriculture, forestry, animal husbandry and fishery, output of major products, etc.

II. The Scope of Data

Statistics on agriculture cover all agricultural production activities except horse raising for military purpose and agricultural production activities undertaken by agriculture research institutions. In other words, what are included in agriculture statistics are production activities in agriculture, forestry, animal husbandry and fishery undertaken by rural economic units of various types and by rural households; production activities of farms specializing in agriculture, forestry, animal husbandry and fishery; production activities in agriculture undertaken by government agencies, institutions, schools and military units; production activities in agriculture undertaken by collective farms run by townships and villages; and production activities in agriculture, forestry, animal husbandry and fishery undertaken by manufacturing and mining enterprises.

Ⅲ. Data Sources

The data on agricultural production are provided by Guizhou Provincial Bureau of Statistics, Department of Guizhou Survey, NBS, Department of Agriculture and Rural Aflairs of Guizhou Province, and Water Resources Department of Guizhou Province.

The data on forestry production afforestation are provided by Guizhou Provincial Bureau of Forestry.

The data on aquatic production are provided by the Committee on Agriculture of Guizhou Province.

13-1 农村基本情况及农业生产条件

Basic Conditions of Rural Areas and Agricultural Production

指 标	Item	2017	2018	2019	2020	2021
农村基层组织	**Rural Grassroots Units**					
乡镇个数(个)	Number of Township and Town Governments (unit)	1156	1154	1152	1149	1145
村委会个数(个)	Number of Villagers´ Committees (unit)	13436	13295	13231	13196	13216
农村社会基础设施	Basic Facilities in Rural Areas					
自来水受益村数(个)	Number of Villages with Access to Tap Water (unit)	13759	13187	14077	13861	
通有线电视的村数(个)	Villages Wired for Cable Television(unit)	8738	11843	13058	13243	
通宽带的村数(个)	Villages with Broadband Access(unit)	11816	13047	13618	13653	
农业机械化	**Agricultural Mechanization**					
农用机械总动力(万千瓦)	Total Power of Agricultural Machinery (10000 kw)	2812.42	2910.52	2962.71	3001.00	3020.08
柴油机	Diesel Engine	1794.01	2053.74	2091.80	1943.60	1921.09
汽油机	Gas Engine	223.70	309.28	325.31	399.00	402.01
电动机	Electromotor	794.38	547.50	545.59	658.40	696.98
其他机械	Others	0.32	—	—	—	—
农业主要物质消耗	**Main Materials Consumption for Agricultural Use**					
农用化肥施用量(折纯) (万吨)	Consumption of Chemical Fertilizer (pure) (10000 tons)	95.65	89.59	83.18	78.78	75.98
农药使用量 (吨)	Consumption of Chemical Pesticides (ton)	13398	11312	9210	8423	7048
农用塑料薄膜使用量 (吨)	Consumption of Farm Plastic Membrane (ton)	51139	54830	44121	45411	44224

注:1."农业机械化"资料来源于省农业农村厅。"农村基层组织"来自省民政厅。2. 2021年国家统计制度取消"农村社会基础设施"

Note: 1.The data of "agricultural mechanization" are provided by the Department of Agriculture and Rural Affairs of Guizhou Province. The data of "Rural Grassroots Units" are provided by the Department of Civil Affairs of Guizhou Province. 2. National statistical system eliminates "rural social infrastructure" in 2021.

13-2 年末主要农业机械拥有量

Major Agricultural Machinery at the Year-end

指　　标	Item	2017	2018	2019	2020	2021	2021年比2020年增长(%) Increase Rate in 2021over2020(%)
大型拖拉机(万台)	Large Sized Tractors (10000 unit)		0.02	0.02	0.02	0.03	29.5
中型拖拉机(万台)	Medium Sized Tractors (10000 unit)		1.79	1.84	1.90	1.64	-13.4
小型拖拉机(万台)	Small Tractors (10000 unit)	11.29	12.41	12.41	11.70	10.73	-8.3
拖拉机配套农具(万部)	Tractor Towing Farm Machinery (10000 unit)	4.63	2.39	2.39	2.14	2.15	0.3
农用水泵(万台)	Agricultural Water Pump (10000 unit)	60.70	61.53	61.83	61.75	62.46	1.2
联合收割机(台)	Combine Harvesters (unit)	2791	3055	3369	3870	4200	8.5

注:1.资料来源于省农业农村厅。2.新统计制度中大型、中型、小型拖拉机动力分段采用新标准:动力<22.1千瓦为小型,22.1≤动力<73.5千瓦为中型,动力≥73.5为大型。原有制度中大中型、小型拖拉机分段为:动力<14.7千瓦为小型,14.7≤动力为大中型。新制度中的小型含旧制度中的部分中型。

Note:1.The data in this table are provided by the Department of Agriculture and Rural Affairs of Guizhou Province. 2. In new statistic system, large, medium, small tractor power segment uses new standard: power < 22.1 kw for small; 22.1≤power<73.5 kw for medium; power≥73.5 kw for large. In the original system, the power segment of large and medium, and small are as follows: power < 14.7 kw for small; power ≥14.7 kw for large and medium. Small in the new system contains some medium in the old system.

13-3 灌溉、除涝治水

Irrigation, Flood Prevention, Water and Soil Conservation

项　　目	Item	2017	2018	2019	2020	2021
水利投入(亿元)	Input of Water Conservancy (100 million yuan)	395.90	390.93	327.71	339.49	317.58
有效灌溉面积(千公顷)	Effective Irrigated Area(1000 Ha.)	1585.66	1606.09			
节水灌溉面积(千公顷)	Water-saving Irrigated Area (1000 Ha.)	332.82	341.01			
除涝面积(千公顷)	Areas with Flood Prevention Measures(1000 Ha.)	121.42	124.07	125.16	125.9	128.58
水土流失治理面积(千公顷)	Area of Soil Erosion under Control(1000 Ha.)	6814.62	7052.95	7321.37	258.85	322.87
堤防长度(公里)	Total Length of Dikes(km)	3788.92	4041.04	4331.21	4575.43	4981.07
堤防保护面积(千公顷)	Area of Land Protected by Dikes (1000 Ha.)	337.50	391.63	391.52	397.68	413.76
旱涝保收面积(千公顷)	Area that Ensure Stable Yields Despite Drought or Excessive Rain (1000 hectares)	742.00	747.43			
高标准农田建设投入(亿元)	Input of High-standard Farmland Construction (100 million yuan)		67.42	49.7	42.49	39.63
高标准农田建设面积(万亩)	High-standard Farmland Area (10000 mu)		238.57	186.85	206.62	268.22
高效节水灌溉面积(万亩)	Efficient Water-saving Irrigation Area (10000 mu)		19.55	16.43	50.03	38.39

注:1.资料来源于省水利厅、省农业农村厅。2.水土流失治理面积(千公顷)2020年起改为当年数。

Note: 1.The data in this table are provided by the Guizhou Water Resources Department and Department of Agriculture and Rural Affairs of Guizhou Province.2. The data of area of soil erosion under control(1000 Ha.) have been changed to the current year data since 2020.

13-4 农林牧渔业总产值

Gross Output Value of Farming, Forestry, Animal Husbandry and Fishery

单位：亿元 (100 million yuan)

指 标	Item	2017	2018	2019	2020	2021
农林牧渔业总产值	**Gross Output Value of Farming, Forestry, Animal Husbandry and Fishery**	**3413.86**	**3619.52**	**3888.99**	**4358.62**	**4691.97**
农 业	Farming	2076.99	2288.71	2535.68	2781.80	3123.71
林 业	Forestry	228.80	253.30	275.44	293.66	319.82
畜牧业	Animal Husbandry	885.79	846.27	829.58	1019.01	958.96
渔 业	Fishery	60.09	54.77	57.70	61.09	69.83
农、林、牧、渔服务业	FFAF Services	162.19	176.47	190.59	203.05	219.65
农林牧渔业总产值增长速度(%)	**Growth Rate of the Gross Output Value of Farming, Forestry, Animal Husbandry and Fishery (%)**	**6.6**	**7.0**	**5.9**	**6.5**	**9.2**
农 业	Farming	7.6	8.4	8.4	7.7	8.8
林 业	Forestry	7.9	8.4	8.0	8.2	7.9
畜牧业	Animal Husbandry	4.8	4.5	-1.5	2.8	10.3
渔 业	Fishery	3.6	-4.8	6.4	6.4	14.6
农、林、牧、渔服务业	FFAF Services	4.1	5.3	5.9	5.8	7.9

注：2017年数据为第三次全国农业普查修订数。

Note: The provincial data from 2017 are the revised data of the third national agricultural census.

13-5 主要农作物播种面积

Sown Areas of Major Farm Crops

单位：千公顷 (1000 hectares)

指 标	Item	2017	2018	2019	2020	2021	2021年比2020年增长(%) Increase Rate in 2021 over 2020(%)
农作物总播种面积	**Total Sown Areas**	**5659.37**	**5477.18**	**5481.56**	**5475.35**	**5422.90**	**-1.0**
#粮食作物	Grain Crops	3052.78	2740.20	2709.41	2754.13	2787.71	1.2
#稻 谷	Rice	700.50	671.78	664.72	665.12	645.23	-3.0
小 麦	Wheat	155.97	141.62	137.22	138.05	135.30	-2.0
玉 米	Corn	1006.38	602.12	530.59	501.46	550.39	9.8
大 豆	Soja	194.65	198.90	191.82	211.77	211.71	0.0
薯 类	Tubers	815.81	901.97	948.56	988.08	950.67	-3.8
#马铃薯	Potato	699.80	730.06	782.15	826.88	758.08	-8.3
油 料	Oil-bearing Crops	661.17	651.92	598.14	579.36	502.56	-13.3
#油菜籽	Rapeseeds	516.12	497.69	445.69	430.88	446.73	3.7
花 生	Peanuts	51.53	51.93	50.24	47.27	46.47	-1.7
糖 料	Sugar Crops	8.68	10.74	10.59	10.47	9.07	-13.4
#甘 蔗	Sugarcane	8.28	10.58	10.58	10.23	9.06	-11.4
烟 叶	Tobacco	155.70	145.73	138.98	133.11	136.82	2.8
#烤 烟	Flue-cured Tobacco	143.24	134.48	129.98	126.63	130.22	2.8
药材类	Medicinal Materials	185.32	174.60	219.99	168.72	169.51	0.5
蔬 菜	Vegetable	1253.11	1401.01	1435.60	1511.33	1514.41	0.2

注：1. 2017年数据为第三次农业普查修正数(以下相关表同)。2. 2020年药材类面积为收获面积。

Note: 1.The agricultural data from 2017 are all revised data of the third agricultural census (the following tables are the same). 2. In 2020,the area of medicinal materials is the harvest area.

13-6 主要农作物产品产量

Yields of Major Farm Crops

单位:万吨 (10000 tons)

指 标	Item	2017	2018	2019	2020	2021	2021年比2020年增长(%) Increase Rate in 2021 over 2020 (%)
粮食作物	**Grain Crops**	**1242.45**	**1059.70**	**1051.24**	**1057.63**	**1094.86**	**3.5**
#稻 谷	Rice	448.83	420.73	423.83	415.98	417.35	0.3
小 麦	Wheat	41.20	33.18	32.98	33.37	33.25	-0.4
玉 米	Corn	441.18	258.96	232.30	220.34	256.57	16.4
大 豆	Soja	19.27	19.72	18.46	22.35	23.14	3.6
薯 类	Tubers	266.28	291.18	302.87	319.40	303.16	-5.1
#马铃薯	Potato	231.73	241.37	254.94	269.78	244.17	-9.5
油料作物	**Oil-bearing Crops**	**115.52**	**112.62**	**103.01**	**103.40**	**94.88**	**-8.2**
#油菜籽	Rapeseeds	88.02	86.22	77.25	76.17	80.87	6.2
花 生	Peanuts	11.27	11.46	11.62	11.74	11.90	1.4
甘 蔗	**Sugarcane**	**50.31**	**62.48**	**62.80**	**61.26**	**53.65**	**-12.4**
烤 烟	**Flue-cured Tobacco**	**24.45**	**22.77**	**21.58**	**21.14**	**21.99**	**4.1**
蔬菜及食用菌	**Vegetable and Edible Mushrooms**	**2272.16**	**2613.40**	**2734.84**	**2990.87**	**3280.09**	**9.7**

13-7 主要农作物单产

Yields of Major Farm Crops Per Mu

单位:公斤/亩 (kg/mu)

指 标	Item	2017	2018	2019	2020	2021	2021年比2020年增长(%) Increase Rate in 2021over 2020(%)
粮食作物	Grain Crops	271	258	259	256	262	2.3
#稻 谷	Rice	427	418	425	417	431	3.4
小 麦	Wheat	176	156	160	161	164	1.7
玉 米	Corn	292	287	292	293	311	6.1
大 豆	Soja	66	66	64	70	73	3.6
薯 类	Tubers	218	215	213	216	213	-1.4
#马铃薯	Potato	221	220	217	218	215	-1.3
油料作物	Oil-bearing Crops	116	115	115	119	126	5.8
#油菜籽	Rapeseed	114	115	116	118	121	2.4
花 生	Peanuts	146	147	154	166	171	3.1
甘 蔗	Sugarcane	4052	3936	3957	3994	3948	-1.2
烤 烟	Flue-cured Tobacco	114	113	111	111	113	1.2

13-8 茶叶、水果面积及产量

Total Sown Areas and Yields of Tea, Fruit

指 标	Item	2017	2018	2019	2020	2021	2021年比2020年增长(%) Increase Rate in 2021over 2020(%)
面 积(千公顷)	**Area(1000 Ha.)**						
茶 园	Tea Field Area	456.22	465.81	464.42	476.42	472.23	-0.9
果 园	Orchards Field Area	406.35	579.62	684.50	779.47	802.14	2.9
产 量(万吨)	**Yield(10000 tons)**						
茶 叶	Tea	17.65	18.03	19.78	21.10	24.59	16.5
水 果	Fruits	280.14	369.01	441.98	548.11	653.66	19.3
#园林水果	Garden Fruit	210.99	293.27	366.90	478.58	583.40	21.9
#苹 果	Apples	7.07	9.11	20.30	34.46	38.12	10.6
梨	Pears	28.04	35.91	39.75	44.78	51.70	15.4
柑 桔	Citrus	25.39	47.75	52.37	67.77	94.11	38.9
香 蕉	Bananas	1.73	3.66	6.64	7.81	9.00	15.2
猕猴桃	Chinese Gooseberries	9.47	16.08	20.50	26.01	32.35	24.4
柿 子	Persimmons	1.56	1.24	1.77	1.47	1.81	23.2

注:水果产量含果用瓜。

Note: The yield of fruits includes melons.

13-9 造林及林产品产量

Areas of Forestation and Output of Forest Products

单位:吨 (ton)

指 标	Item	2017	2018	2019	2020	2021
当年造林面积(千公顷)	Areas of Forestation This Year (1000 hectares)	666.70	346.70	346.97	280.04	241.02
林产品产量	Output of Forest Products					
生 漆	Lacquer	6942	7392	1295	1039	1137
油桐籽	Tung-oil Seed	65902	44470	18991	20558	25221
油茶籽	Tea-oil Seed	74528	83090	70750	77788	89133
乌桕籽	Tallow Seed	1807	1248	1106	1140	708
五倍籽	Nutgall	6971	9536	2484	2185	2026
棕 片	Palm-flake	5533	6577	1290	1210	788
松 脂	Pine Resin	19077	16708	59448	53822	42016
核 桃	Walnut	103465	142398	97234	87892	94718
板 栗	Chestnut	84033	87668	81033	87036	87640

注:数据来源于省林业局。

Note: The data in the table are obtained from the Forestry Administration of Guizhou Province.

13-10 畜牧业生产及水产品

Livestock Production and Aquatic Products

指 标	Item	2017	2018	2019	2020	2021	2021年比2020年增长(%) Increase Rate in 2021over 2020(%)
当年出栏数	**Number of Slaughtered Fattened Hogs, Ox,Goats and Sheep**						
猪(万头)	Slaughtered Fattened Hogs (10000 heads)	1825.15	1869.87	1678.56	1661.77	1849.70	11.3
牛(万头)	Ox by Sold and Killed (10000 heads)	150.99	157.53	168.56	176.14	180.06	2.2
羊(万头)	Goats by Sold and Killed (10000 heads)	286.05	297.12	293.55	297.37	279.97	-5.9
肉类总产量(万吨)	**Total Yield of Meat (10000 tons)**	**207.57**	**213.73**	**205.87**	**207.86**	**228.54**	**9.9**
#猪 肉	Pork	160.10	164.84	150.32	146.26	166.21	13.6
牛 肉	Beef	19.06	19.90	21.51	23.10	23.59	2.1
羊 肉	Mutton	4.81	5.03	4.98	4.98	4.88	-2.1
禽 肉	Poultry	18.78	20.04	25.68	30.78	31.12	1.1
其他畜产品产量	**Others**						
牛 奶(万吨)	Cow Milk (10000 tons)	4.40	4.58	5.29	5.25	4.92	-6.4
禽 蛋(万吨)	Poultry Eggs (10000 tons)	18.69	20.03	22.95	26.43	27.97	5.8
蜂 蜜(吨)	Honey (ton)	3566	3793	4018	4307	3940	-8.5
大牲畜年末存栏数(万头)	**Large Animals (year-end) (10000 heads)**	**503.96**	**482.99**	**508.18**	**533.90**	**493.85**	**-7.5**
#牛	Cattle and Buffaloes	492.35	465.32	492.96	517.71	479.35	-7.4
猪年末存栏数(万头)	**Hogs (year-end) (10000 heads)**	**1596.89**	**1549.30**	**1171.27**	**1364.06**	**1530.48**	**12.2**
羊年末存栏数(万只)	**Sheep and Goats (year-end) (10000 heads)**	**383.47**	**401.53**	**380.25**	**382.38**	**386.59**	**1.1**
水产品(万吨)	**Aquatic Products (10000 tons)**	**25.48**	**23.73**	**24.36**	**24.87**	**26.20**	**5.3**

注:1."水产品"数据来源于省农业农村厅。2. 2017年水产品数据为第三次农业普查修订数。3. 2017年猪牛羊禽年末存栏、当年出栏及产量数据根据第三次全国农业普查结果进行了修订。

Note: 1. The data of "Aquatic Products" are obtained from Guizhou Provincial Department of Agriculture and Rural Affairs. 2. The data of aquatic products of 2017 are the revision of the third agricultural census. 3.The pig, cattle, sheep and poultry year-end stock, the year's slaughter and meat yield data of 2017 were revised based on the results of the third agricultural census.

13-11 历年主要农产品产量

Output of Major Farm Products Over the Years

单位：万吨 (10000 tons)

年 份 Year	粮 食 Grain	油 料 Oil-Bearing Crops	烤 烟 Flue-Cured Tobacco	水 果 Fruits	肉类总产量 Total Yield of Meat	水产品 Aquatic Products
1978	643.36	9.89	8.11	4.82	12.80	0.37
1979	623.05	10.90	9.54	4.68	22.84	0.38
1980	648.35	15.59	5.56	4.97	26.67	0.55
1981	567.36	34.04	11.93	6.23	31.61	0.58
1982	654.00	48.10	16.41	6.58	35.26	0.60
1983	703.00	28.50	13.62	7.19	38.58	0.81
1984	757.80	30.59	21.48	9.23	44.76	1.22
1985	594.96	31.97	26.55	10.14	50.46	1.35
1986	672.34	41.90	19.24	13.88	57.09	1.40
1987	673.17	46.34	21.19	15.19	62.26	1.80
1988	635.68	39.87	29.15	15.63	68.73	1.86
1989	708.25	32.93	31.58	16.80	71.82	2.01
1990	721.00	43.87	28.66	16.68	74.47	2.24
1991	885.50	61.79	38.53	17.17	81.65	2.29
1992	788.90	53.38	44.90	14.18	85.59	2.36
1993	869.50	43.28	49.66	16.53	88.91	2.55
1994	938.70	47.32	33.04	16.47	95.02	2.80
1995	948.85	58.83	33.53	20.97	105.69	3.27
1996	1002.60	55.62	52.27	19.46	103.65	3.50
1997	1025.90	58.97	68.66	25.14	106.77	4.21
1998	1100.00	62.24	29.19	27.50	113.33	5.02
1999	1125.21	67.31	32.32	32.57	117.09	5.50
2000	1161.30	74.34	31.09	58.33	124.06	6.24
2001	1100.30	71.32	26.38	62.93	131.70	6.89
2002	1034.20	72.48	30.65	71.57	145.02	7.46
2003	1104.30	72.31	28.72	78.75	156.99	7.96
2004	1149.58	82.71	29.98	87.17	171.06	8.85
2005	1152.06	84.89	34.45	95.96	187.01	9.46
2006	1038.00	68.24	30.71	109.19	163.70	6.71
2007	1100.86	89.87	31.22	111.19	150.60	7.68
2008	1158.00	86.81	37.71	110.95	161.46	7.80
2009	1168.27	98.26	36.90	114.75	169.60	8.03
2010	1112.30	74.14	37.00	117.21	179.09	8.79
2011	876.90	95.32	32.48	121.81	179.97	10.88
2012	1079.50	103.94	37.28	139.89	190.27	13.47
2013	1029.99	107.12	41.75	159.23	199.74	16.70
2014	1175.90	112.89	35.30	187.34	201.80	20.99
2015	1214.57	114.80	32.89	216.89	201.94	24.98
2016	1264.26	115.28	27.46	235.84	199.28	24.65
2017	1242.45	115.52	24.45	280.14	207.57	25.48
2018	1059.70	112.62	22.77	369.01	213.73	23.73
2019	1051.24	103.01	21.58	441.98	205.87	24.36
2020	1057.63	103.40	21.14	548.11	207.86	24.87
2021	1094.86	94.88	21.99	653.66	228.54	26.20

注：1. 肉类总产量1978-1984年为猪牛羊肉产量，1985-1988年为猪牛羊禽肉产量，1989年起为猪牛羊禽肉产量和其他肉(如：马肉、狗肉、兔肉等)产量。2.2000年起水果产量含果用瓜。3、2007-2017年油料、烤烟、水果为第三次农业普查修订数。

Note:1.The data of total yield of meat included output of pork, beef and mutton from 1978 to 1984; it included output of pork, beef, mutton and meat of poultry from 1985 to 1988; after 1989,it includes output of pork, beef, mutton, meat of poultry and other meat (e.g. horse meat, dog meat, rabbit meat and so on). 2. After 2000, the data of yield of fruits include output of melons. 3. The data of oil-bearing crops, flue-cured tobacco and fruits of 2007-2017 are the revision of the thrid agricultural census.

主要统计指标解释

农业机械总动力 指主要用于农、林、牧、渔业的各种动力机械的动力总和。包括耕作机械、排灌机械、收获机械、农用运输机械、植物保护机械、牧业机械、林业机械、渔业机械和其他农业机械〔内燃机按引擎马力折成瓦(特)计算、电动机按功率折成瓦(特)计算〕。不包括专门用于乡、镇、村、组办工业、基本建设、非农业运输、科学试验和教学等非农业生产方面用的动力机械与作业机械。

农用化肥施用量 指本年内实际用于农业生产的化肥数量,包括氮肥、磷肥、钾肥和复合肥。化肥施用量要求按折纯量计算数量。折纯量是指把氮肥、磷肥、钾肥分别按含氮、含五氧化二磷、含氧化钾的百分之一百成份进行折算后的数量。复合肥按其所含主要成分折算。

有效灌溉面积 指具有一定的水源,地块比较平整,灌溉工程或设备已经配套,在一般年景下当年能够进行正常灌溉的耕地面积。

农林牧渔业总产值 指以货币表现的农、林、牧、渔业全部产品和对农林牧渔业生产活动进行的各种支持性服务活动的价值总量,它反映一定时期内农业生产总规模和总成果。农业总产值的计算方法通常是按农林牧渔业产品及其副产品的产量分别乘以各自单位产品价格求得;然后将四业产品产值及农林牧渔服务业产值相加即为农业总产值。

农作物播种面积 指实际播种或移植有农作物的面积。凡是实际种植有农作物的面积,不论种植在耕地上还是种植在非耕地上,均包括在农作物播种面积中。在播种季节基本结束后,因遭灾而重新改种和补种的农作物面积,也包括在内。

粮食产量 指全社会的产量。包括国有经济经营的、集体统一经营的和农民家庭经营的粮食产量,还包括工矿企业办的农场和其他生产单位的产量。粮食除包括稻谷、小麦、玉米、高粱、谷子及其他杂粮外,还包括薯类和豆类。其产量计算方法,豆类按去豆荚后的干豆计算;薯类(包括甘薯和马铃薯,不包括芋头和木薯)1963年以前按每4公斤鲜薯折1公斤粮食计算,从1964年开始改为按5公斤鲜薯折1公斤粮食计算。城市郊区作为蔬菜的薯类(如马铃薯等)按鲜品计算,并且不作粮食统计。其他粮食一律按脱粒后的原粮计算。

油料产量 指全部油料作物的生产量。包括花生、油菜籽、芝麻、向日葵籽、胡麻籽(亚麻籽)和其他油料。不包括大豆、木本油料和野生油料。花生以带壳干花生计算。

猪、牛、羊肉产量 指当年出栏并已屠宰、除去头蹄下水后带骨肉(即胴体重)的重量。

期初(末)畜禽存栏头(只)数 指报告期初(末)农村各种合作经济组织和国营农场、农民个人、机关、团体、学校、工矿企业、部队等单位以及城镇居民饲养的大牲畜、猪、羊、家禽等畜禽的存栏数。

水产品产量 指人工养殖的水产品和天然生长的水产品的捕捞量。包括海水的鱼类、虾蟹类、贝类和藻类等以及内陆水域的鱼类、虾蟹类和贝类等,不包括淡水生植物。

Explanatory Notes on Main Statistical Indicators

Total Power of Agricultural Machinery refers to total mechanical power of machinery used in farming, forestry, animal husbandry and fishery, including machinery for ploughing, irrigation and drainage, harvesting, transport, plant protection, animal husbandry, forestry and fishery and other agricultural machinery. (for the power of internal combustion engines, it is converted from its horsepower into watts while for electric motors the output power is converted into watts.) Machinery employed for non-agricultural purposes, such as the machines used in township-run and village-run industry, construction, non-agricultural transport, scientific experiments and teaching, are not included.

Consumption of Chemical Fertilizers in Agriculture refers to the quantity of chemical fertilizers applied in agriculture in the year, including nitrogenous fertilizer, phosphate fertilizer, potash fertilizer, and compound fertilizer. The consumption of chemical fertilizers is calculated in terms of volume of effective components by means of converting the gross weight of the respective fertilizers into weight containing effective component (e.g. nitrogen content in nitrogenous fertilizer, phosphorous pentoxide contents in phosphate fertilizer, and potassium oxide contents in potash fertilizer). Compound fertilizer is converted in regard to its major components.

Effective Irrigated Area refers to area of land that are effectively irrigated, i.e. relatively level land, where there are water sources or complete sets of irrigation facilities to lift and move adequate water for irrigation purpose under normal conditions.

Gross Output Value of Farming, Forestry, Animal Husbandry and Fishery refers to the total value of products of farming, forestry, animal husbandry and fishery, and total value of services in support of farming, forestry, animal husbandry and fishery activities. It reflects the total scale and results of agricultural production during a given period. Gross output value of agriculture is obtained by multiplying the output of each product or by-product by its price, resulting in the output value of each single item. The sum of output values of all products of farming, forestry, animal husbandry and fishery and services in support to those industries is then equal to the gross output value of agriculture.

Sown Area of Crops refers to area of land sown or transplanted with crops regardless of being in cultivated area or non-cultivated area. Area of land re-sown due to natural disasters is also included.

Grain Output refers to the total output in the whole country including grains produced by State farms, collective units, rural households, as well as by farms affiliated to industrial and mining enterprises and other production units. Grain includes rice, wheat, corn, sorghum, millet and other miscellaneous grains as well as tubers and beans. Output of beans refers to dry beans without pods. The output of tubers (sweet potatoes and potatoes, not including taros and cassava) is converted into that of grain at the ratio 4:1, i.e., 4 kilograms of fresh tubers were equivalent to 1 kilogram of grain up to 1963. Since 1964 the ratio for conversion has been 5:1. Tubers supplied as vegetables (such as potatoes) in cities and suburbs are calculated as fresh vegetables and their output is not included in the output of grain. Output of all other grains refers to husked grain.

Output of Oil-bearing Crops refers to the total production of oil-bearing crops of various kinds, including peanuts (dry, in shell), rapeseeds, sesame, sunflower seeds, flax seeds, and other oil-bearing crops. Soybeans, oil-bearing woody plants, and wild oil-bearing crops are not included.

Output of Pork, Beef, and Mutton refers to the meat of slaughtered hogs, cattle, sheep and goats with head, feet, and offal taken away.

Number of Livestock or Poultry in Stock at Beginning (or End) of Period refers to the total number of large animals, pigs, sheep, fowls, etc. raised by rural cooperative organizations, State farms, rural individuals, government agencies, schools, industrial and mining enterprises, army, and urban residents at the beginning (or end) of the reference period.

Output of Aquatic Products refers to the amount of cultured aquatic products and naturally grown aquatic products caught, including marine fish, shrimp, crabs, shellfish, algae, etc. and freshwater fish, shrimp, crabs, shellfish and so on, excluding freshwater plants.

工 业

Industry 14

简 要 说 明

一、主要内容

本篇资料反映全省工业生产情况，包括规模以上工业企业主要经济指标、规模以上大中型工业企业按工业行业大类和按地区分组的主要经济指标和效益指标、规模以上工业主要工业产品产量。

二、统计范围

本篇资料中规模以上工业企业的统计范围为年主营业务收入2000万元及以上的工业企业。

企业规模划分按2017年《统计上大中小微型企业划分办法》标准执行。

三、调查方法

根据工业统计年度报表有关资料整理汇总。2018年起根据第四次经济普查数据修定。

四、资料来源

本篇资料由省统计局根据《贵州省工业统计报表制度》加工整理。

Brief Introduction

I. Main Contents

The data in this chapter reflect the basic conditions of the industrial production, including main economic indicators of industrial enterprises above designated size; main economic indicators and efficiency indicators of large and medium-sized industrial enterprises above designated size classified by branch of industry and by city; output and production capacity of key industrial above designated size products.

II. Scopes of Statistics

The scopes of industrial enterprises above designated size are all industrial enterprises with revenue from principal business above 20 million yuan.

The division of enterprise scale shall be implemented in accordance with the standards of Measures for the Statistical Classification of Large, Medium, Small and Micro Enterprises(2017).

III. Methods of Survey

The data on industrial enterprises in this chapter are compiled mainly on the basis of annual industrial statistics reporting forms. Starting in 2018, the data were revised based on data from the fourth economic Census.

IV. Sources of Data

The data in this chapter are processed and sorted out by Guizhou Provincial Bureau of Statistics according to the Industrial Statistical Statement System of Guizhou Province.

14-1 规模以上工业企业单位数

Number of Industrial Enterprises above Designated Size

单位:个 (unit)

指 标	Item	2017	2018	2019	2020	2021
规模以上工业企业单位数	**Number of Industrial Enterprises above Designated Size**	**5311**	**5311**	**4686**	**4482**	**5090**
#国有控股企业	State-holding Enterprises	512	523	553	595	743
按轻重工业分	**Grouped by Type of Light and Heavy Industries**					
轻工业	Light Industry	1854	1887	1560	1534	1794
重工业	Heavy Industry	3457	3424	3126	2948	3296
按企业规模分	Grouped by Size of Enterprises					
大型企业	Large Enterprises	68	73	77	82	84
中型企业	Medium-sized Enterprises	509	396	376	360	395
小型企业	Small Enterprises	4170	4101	3579	3337	3644
微型企业	Mini-sized Enterprises	564	741	654	703	967
按登记注册类型分	**Grouped by Status of Registration**					
内资企业	Domestic Funded Enterprises	5212	5214	4593	4377	4985
国有企业	State-owned Enterprises	65	31	43	77	76
集体企业	Collective-owned Enterprises	10	13	10	9	7
股份合作企业	Cooperative Enterprises	6	5	4	7	7
联营企业	Joint Ownership Enterprises	2				1
有限责任公司	Limited Liability Corporations	1621	1356	1281	1029	1230
股份有限公司	Share-holding Corporations Limited	139	139	128	97	89
私营企业	Private Enterprises	3344	3656	3126	3158	3573
其他企业	Other Enterprises	25	14	1		2
港、澳、台商投资企业	Enterprises with Funds from Hong Kong, Macao and Taiwan	64	57	56	57	57
外商投资企业	Foreign Funded Enterprises	35	40	37	48	48

注:1.规模以上工业统计口径为年主营业务收入2000万元及以上工业企业。2.企业规模按国家统计局新制定的《统计上大中小微企业划分办法》执行。3.2018年为第四次经济普查数。(以下相关表除特殊标注外,均同)

Note: 1.The statistics of industrial enterprises above designated size was industrial enterprises with annual revenue from principal business over 20 million yuan. 2.The standard of size is executed according to "Statistics issued by the division of the large, medium, small and micro-enterprises" which is newly established by National Bureau of Statistics. 3. Data of 2018 are from the fourth economic census (the following tables are the same except for special notes) .

14-2 按行业分规模以上工业企业单位数

Number of Industrial Enterprises above Designated Size by Industrial Sector

单位：个 (unit)

指 标	Item	2017	2018	2019	2020	2021
规模以上工业企业单位数	**Number of Industrial Enterprises above Designated Size**	**5311**	**5311**	**4686**	**4482**	**5090**
采矿业	Mining	920	802	637	544	624
#煤炭开采和洗选业	Mining and Washing of Coal	605	492	386	332	372
黑色金属矿采选业	Mining and Processing of Ferrous Metal Ores	36	32	23	19	25
有色金属矿采选业	Mining and Processing of Non-Ferrous Metal Ores	30	33	31	29	31
非金属矿采选业	Mining and Processing of Non-metal Ores	247	242	196	164	195
制造业	Manufacturing	4146	4238	3755	3600	4060
#农副食品加工业	Processing of Food from Agricultural Products	363	365	297	315	392
食品制造业	Manufacture of Foods	147	141	108	104	127
酒、饮料和精制茶制造业	Manufacture of Liquor, Beverages and Refined Tea	491	475	370	355	420
烟草制品业	Manufacture of Tobacco	2	3	3	3	3
纺织业	Manufacture of Textile	26	23	21	24	31
纺织服装、服饰业	Manufacture of Textile, Wearing Apparel and Accessories	70	66	46	52	56
皮革、毛皮、羽毛及其制品和制鞋业	Manufacture of Leather,Fur,Feather and Related Products and Footware	35	46	42	43	49
木材加工和木、竹、藤、棕、草制品业	Processing of Timber, Manufacture of Wood, Bamboo, Rattan,Palm and Straw Products	98	85	70	65	89
家具制造业	Manufacture of Furniture	56	58	49	43	43
造纸和纸制品业	Manufacture of Paper and Paper Products	63	74	67	69	90
印刷业和记录媒介复制业	Printing and Reproduction of Recording Media	44	41	32	37	61
文教、工美、体育和娱乐用品制造业	Manufacture of Articles for Culture, Education, Arts and Crafts, Sports and Entertainment Activities	56	72	56	36	41
石油、煤炭及其他燃料加工业	Processing of Petroleum,Coking and Processing of Nuclear Fuel	24	24	16	20	17
化学原料和化学制品制造业	Manufacture of Raw Chemical Materials and Chemical Products	234	226	208	201	219
医药制造业	Manufacture of Medicines	148	157	144	142	141
橡胶和塑料制品业	Manufacture of Rubber and Plastics Products	169	185	171	163	178
非金属矿物制品业	Manufacture of Non-metallic Mineral Products	991	1031	1006	942	1018
黑色金属冶炼和压延加工业	Smelting and Pressing of Ferrous Metals	110	102	90	79	92
有色金属冶炼和压延加工业	Smelting and Pressing of Non-ferrous Metals	87	92	88	95	111
金属制品业	Manufacture of Metal Products	183	201	188	182	210
通用设备制造业	Manufacture of General Purpose Machinery	97	102	90	78	93
专用设备制造业	Manufacture of Special Purpose Machinery	89	84	84	78	94
汽车制造业	Manufacture of Automobiles	72	72	62	55	52
铁路.船舶.航空航天和其他运输设备制造业	Manufacture of Railway, Ship, Aerospace and Other Transportation Equipment	57	54	48	55	52
电气机械和器材制造业	Manufacture of Electrical Machinery and Apparatus	186	190	172	168	184
计算机、通信和其他电子设备制造业	Manufacture of Computers, Communication and Other Electronic Equipment	187	208	175	143	132
仪器仪表制造业	Manufacture of Measuring Instruments and Machinery	19	21	18	17	17
其他制造业	Others	19	17	15	16	17
废弃资源综合利用业	Utilization of Waste Resources	19	18	16	15	25
电力、热力、燃气及水的生产和供应业	Production and Supply of Electric Power, Heat Power,Gas and Water	245	271	294	338	406
#电力、热力生产和供应业	Production and Supply of Electric Power and Heat Power	165	178	188	217	254
燃气生产和供应业	Production and Supply of Gas	29	36	39	44	51
水的生产和供应业	Production and Supply of Water	51	57	67	77	101

注：数据按国民经济行业分类(GB/T4754-2017)划分(以下相关表同)

Note: The data from 2017 onwards are classified according to the national economy industry classification (GB/T4754-2017) (the relative tables in the chapter are the same).

14-3 规模以上工业增加值比重

Added Value of Industry above Designated Size

单位:% (%)

指 标	Item	2017	2018	2019	2020	2021	2021年比2020年增长(%) Increase Rate in 2021 over 2020(%)
规模以上工业增加值	**Added Value of Industry above Designated Size**	**100.0**	**100.0**	**100.0**	**100.0**	**100.0**	**12.9**
#国有控股企业	State-holding Industry	42.0	52.6	56.2	61.1	55.2	14.4
#私营企业	Private Enterprises	32.5	26.1	26.5	22.9	27.3	4.0
按轻重工业分	**Grouped by Type of Light and Heavy Industries**						
轻工业	Light Industry	39.7	45.1	47.2	49.8	41.8	19.8
重工业	Heavy Industry	60.3	54.9	52.8	50.2	58.2	8.2
按企业规模分	**Grouped by Size of Enterprises**						
大型企业	Large Enterprises	29.8	41.2	44.8	52.3	44.8	17.7
中型企业	Medium-sized Enterprises	21.7	19.5	18.4	17.5	23.2	19.0
小型企业	Small Enterprises	45.1	35.0	33.3	26.1	29.3	5.1
微型企业	Mini-sized Enterprises	3.4	4.3	3.6	4.1	2.7	-0.1
按登记注册类型分	**Grouped by Status of Registration**						
国有企业	State-owned Enterprises	5.1	5.2	5.3	5.3	5.5	2.6
集体企业	Collective-owned Enterprises	0.2	0.1	0.2	0.1	…	-21.5
股份合作企业	Cooperative Enterprises	0.1	0.1	0.1	…	0.1	31.5
股份制企业	Share-holding Enterprises	84.2	87.1	88.5	89.6	89.3	14.8
外商及港澳台商投资企业	Enterprises with Funds from Foreign, Hong Kong, Macao and Taiwan	2.8	2.3	2.8	2.9	4.0	0.9
其他企业	Other Enterprises	7.5	5.2	3.2	2.2	1.1	-16.5

注:比重按现价工业增加值计算,增长速度按可比价计算(以下相关表同)。

Note:The proportion is calculated at the industrial added value at the current price and the increase rate is calculated at the comparable price(the relative tables in the chapter are the same).

14-4 规模以上分行业工业增加值比重

Added Value of Industry above Designated Size by Sector

单位:% (%)

指　　标	Item	2017	2018	2019	2020	2021	2021年比2020年增长(%) Increase Rate in 2021 over 2020(%)
规模以上工业增加值	Added Value of Industry above Designated Size	100.0	100.0	100.0	100.0	100.0	12.9
采矿业	Mining	20.9	17.4	16.9	15.1	18.1	12.5
#煤炭开采和洗选业	Mining and Washing of Coal	17.0	14.4	14.1	12.6	16.3	14.9
黑色金属矿采选业	Mining and Processing of Ferrous Metal Ores	0.5	0.2	0.1	0.1	0.2	19.4
有色金属矿采选业	Mining and Processing of Non-Ferrous Metal Ores	0.7	0.8	0.8	0.6	0.1	-53.9
非金属矿采选业	Mining and Processing of Non-metal Ores	2.7	2.0	1.9	1.7	1.5	0.2
制造业	Manufacturing	67.5	70.6	71.9	73.1	68.3	15.1
#农副食品加工业	Processing of Food from Agricultural Products	1.9	1.4	1.2	1.0	1.2	16.1
食品制造业	Manufacture of Foods	1.5	1.3	1.2	1.1	1.1	-8.9
酒、饮料和精制茶制造业	Manufacture of Liquor, Beverages and Refined Tea	19.9	26.0	28.8	31.2	22.4	40.7
烟草制品业	Manufacture of Tobacco	7.0	8.2	8.4	9.2	10.5	7.5
纺织业	Manufacture of Textile	0.2	0.2	0.1	0.2	0.2	18.0
纺织服装、服饰业	Manufacture of Textile, Wearing Apparel and Accessories	0.5	0.5	0.3	0.2	0.2	2.7
皮革、毛皮、羽毛(绒)及其制品和制鞋业	Manufacture of Leather,Fur,Feather and Related Products,and Footware	0.3	0.3	0.3	0.2	0.2	-11.9
木材加工及木、竹、藤、棕、草制品业	Processing of Timber, Manufacture of Wood, Bamboo, Rattan, Palm and Straw Products	0.6	0.4	0.3	0.3	0.4	15.0
家具制造业	Manufacture of Furniture	0.4	0.4	0.4	0.4	0.2	-16.7
造纸及纸制品业	Manufacture of Paper and Paper Products	0.7	0.5	0.6	0.6	0.8	30.1
印刷和记录媒介复制业	Printing and Reproduction of Recording Media	0.4	0.3	0.3	0.3	0.4	39.2
文教、工美、体育和娱乐用品制造业	Manufacture of Articles for Culture, Education, Arts and Crafts, Sports and Entertainment Activities	0.2	0.2	0.2	0.2	0.1	-4.4
石油加工、炼焦及核燃料加工业	Processing of Petroleum,Coking and Processing of Nuclear Fuel	0.4	0.5	0.8	0.8	1.3	13.2
化学原料及化学制品制造业	Manufacture of Raw Chemical Materials and Chemical Products	4.1	3.4	3.0	2.8	4.4	25.9
医药制造业	Manufacture of Medicines	3.6	3.3	3.1	2.9	2.6	-4.7
橡胶和塑料制品业	Manufacture of Rubber and Plastics Products	1.2	1.2	1.3	1.3	1.2	-14.5
非金属矿物制品业	Manufacture of Non-metallic Mineral Products	8.7	8.9	8.1	6.9	5.8	-11.2
黑色金属冶炼及压延加工业	Smelting and Pressing of Ferrous Metals	1.6	1.5	1.8	1.9	2.2	4.6
有色金属冶炼及压延加工业	Smelting and Pressing of Non-ferrous Metals	3.2	3.2	3.2	3.9	5.5	24.6
金属制品业	Manufacture of Metal Products	1.3	1.1	1.5	1.7	1.7	-6.1
通用设备制造业	Manufacture of General Purpose Machinery	0.7	0.4	0.6	0.7	0.7	6.4
专用设备制造业	Manufacture of Special Purpose Machinery	0.6	0.5	0.6	0.6	0.5	2.5
汽车制造业	Manufacture of Automobiles	1.8	1.2	0.9	0.7	0.6	-5.1
铁路、船舶、航空航天和其他运输设备制造业	Manufacture of Railroad, Ship, Aerospace and Other Transportation Equipment	1.4	1.5	1.3	1.2	1.2	12.5
电气机械及器材制造业	Manufacture of Electrical Machinery and Apparatus	1.8	1.6	1.1	1.0	1.1	-6.3
计算机、通信和其他电子设备制造业	Manufacture of Computers, Communication and Other Electronic Equipment	2.9	1.9	1.8	1.2	1.5	27.8
仪器仪表制造业	Manufacture of Measuring Instruments and Machinery	0.2	0.2	0.2	0.1	0.1	-38.0
其他制造业	Other Manufacture	0.2	0.1	0.1	0.1	0.1	-4.5
废弃资源综合利用业	Utilization of waste Resources	0.1	0.1	0.1	0.1	0.1	116.0
电力、热力、燃气及水的生产和供应业	Production and Supply of Electric Power, Heat Power,Gas and Water	11.6	12.0	11.2	11.8	13.6	4.1
#电力、热力生产和供应业	Production and Supply of Electric Power and Heat Power	10.7	11.0	10.2	11.0	12.5	2.7
燃气生产和供应业	Production and Supply of Gas	0.3	0.4	0.4	0.2	0.4	36.5
水的生产和供应业	Production and Supply of Water	0.6	0.5	0.6	0.6	0.8	13.8

14-5 规模以上工业总产值

Gross Output Value of Industry above Designated Size

单位：亿元 (100 million yuan)

指 标	Item	2017	2018	2019	2020	2021
规模以上工业总产值	**Gross Output Value of Industry above Designated Size**	**11048.29**	**10234.05**	**10445.19**	**10301.81**	**11346.92**
#国有控股企业	State-holding Enterprises	3896.94	4212.66	4720.84	5001.50	5277.06
按轻重工业分	**Grouped by Type of Light and Heavy Industries**					
轻工业	Light Industry	3144.77	3120.86	3224.40	3344.73	3149.09
重工业	Heavy Industry	7903.52	7113.19	7220.80	6957.08	8197.83
按企业规模分	**Grouped by Size of Enterprises**					
大型企业	Large Enterprises	3080.78	3294.12	3793.79	4045.91	3998.14
中型企业	Medium-sized Enterprises	2270.51	1912.62	2057.07	2037.37	2599.61
小型企业	Small Enterprises	5293.40	4454.44	4093.05	3755.42	4174.53
微型企业	Mini-sized Enterprises	403.60	572.87	501.27	463.12	574.64
按登记注册类型分	**Grouped by Status of Registration**					
内资企业	Domestic Funded Enterprises	10753.42	9741.65	9924.88	9806.62	10904.12
国有企业	State-owned Enterprises	743.67	708.99	797.07	960.37	974.81
集体企业	Collective-owned Enterprises	14.96	19.03	21.34	9.60	5.10
股份合作企业	Cooperative Enterprises	8.28	4.62	3.89	3.93	3.61
联营企业	Joint Ownership Enterprises	5.19				0.24
有限责任公司	Limited Liability Corporations	5118.89	4628.47	4870.32	4554.12	4504.44
股份有限公司	Share-holding Corporations Limited	682.84	518.69	700.01	706.63	1218.46
私营企业	Private Enterprises	4157.32	3855.27	3531.66	3571.98	4196.79
其他企业	Other Enterprises	22.28	6.59	0.59		0.66
港、澳、台商投资企业	Enterprises with Funds from Hong Kong, Macao and Taiwan	181.72	192.45	207.63	249.13	263.06
外商投资企业	Foreign Funded Enterprises	113.14	299.94	312.68	246.06	179.74

14-6 按行业分规模以上工业总产值

Gross Output Value of Industry above Designated Size by Sector

单位：亿元 (100 million yuan)

指 标	Item	2017	2018	2019	2020	2021
规模以上工业总产值	Gross Output Value of Industry above Designated Size	11048.29	10234.05	10445.19	10301.81	11346.92
采矿业	Mining	1807.17	1365.47	1215.75	1106.59	1400.54
#煤炭开采和洗选业	Mining and Washing of Coal	1447.59	1106.00	983.21	905.29	1192.49
黑色金属矿采选业	Mining and Processing of Ferrous Metal Ores	59.94	25.72	22.56	19.26	25.48
有色金属矿采选业	Mining and Processing of Non-Ferrous Metal Ores	66.08	58.87	77.38	68.25	38.39
非金属矿采选业	Mining and Processing of Non-metal Ores	230.43	172.56	128.97	113.79	143.98
制造业	Manufacturing	8080.39	7449.75	7706.67	7576.00	8257.05
#农副食品加工业	Processing of Food from Agricultural Products	376.06	298.40	259.39	285.87	347.30
食品制造业	Manufacture of Foods	192.87	166.21	159.46	174.04	182.84
酒、饮料和精制茶制造业	Manufacture of Liquor, Beverages and Refined Tea	1067.86	1187.64	1284.73	1396.29	1042.76
烟草制品业	Manufacture of Tobacco	341.21	371.27	405.86	424.92	456.84
纺织业	Manufacture of Textile	29.83	22.60	19.29	24.99	31.47
纺织服装、服饰业	Manufacture of Textile, Wearing Apparel and Accessories	50.83	50.57	26.52	25.48	29.80
皮革、毛皮、羽毛及其制造业和制鞋业	Manufacture of Leather,Fur,Feather and Related Products,and Footware	53.17	47.52	43.16	42.00	40.13
木材加工和木、竹、藤、棕、草制品业	Processing of Timber, Manufacture of Wood, Bamboo, Rattan, Palm and Straw Products	69.67	62.93	64.28	51.14	65.07
家具制造业	Manufacture of Furniture	54.01	49.40	44.93	32.90	33.23
造纸和纸制品业	Manufacture of Paper and Paper Products	81.80	89.33	90.37	121.84	163.79
印刷和记录媒介复制业	Printing and Reproduction of Recording Media	50.62	38.50	35.25	37.53	56.08
文教、工美、体育和娱乐用品制造业	Manufacture of Articles for Culture, Education, Arts and Crafts, Sports and Entertainment Activities	46.75	40.54	32.21	21.83	24.35
石油加工、炼焦和核燃料加工业	Processing of Petroleum,Coking and Processing of Nuclear Fuel	79.78	122.58	130.67	148.75	218.59
化学原料和化学制品制造业	Manufacture of Raw Chemical Materials and Chemical Products	694.09	651.58	608.51	544.83	789.46
医药制造业	Manufacture of Medicines	380.49	344.62	361.08	339.27	332.45
橡胶和塑料制品业	Manufacture of Rubber and Plastics Products	255.80	243.11	251.99	249.59	237.55
非金属矿物制品业	Manufacture of Non-metallic Mineral Products	1311.77	1263.69	1140.84	997.07	1029.85
黑色金属冶炼和压延加工业	Smelting and Pressing of Ferrous Metals	421.65	369.16	412.34	449.09	653.94
有色金属冶炼和压延加工业	Smelting and Pressing of Non-ferrous Metals	447.67	474.01	528.35	571.66	749.72
金属制品业	Manufacture of Metal Products	225.73	200.71	219.91	233.46	270.18
通用设备制造业	Manufacture of General Purpose Machinery	117.13	91.61	109.19	104.04	108.89
专用设备制造业	Manufacture of Special Purpose Machinery	119.55	68.28	82.44	76.55	78.19
汽车制造业	Manufacture of Automobiles	267.30	143.86	151.63	160.73	147.09
铁路、船舶、航空航天和其它运输设备制造业	Manufacture of Railway, ship, Aerospace and Other Transport Equipment	203.67	95.23	202.71	248.19	282.92
电气机械和器材制造业	Manufacture of Electrical Machinery and Apparatus	275.69	283.88	343.84	275.71	300.42
计算机、通信和其他电子设备制造业	Manufacture of Computers, Communication and Other Electronic Equipment	766.09	612.54	632.76	470.39	510.37
仪器仪表制造业	Manufacture of Measuring Instruments and Machinery	18.96	21.87	18.21	14.11	11.72
其他制造业	Other Manufacture	59.88	21.07	30.77	38.87	38.55
废弃资源综合利用业	Utilization of Waste Resources	17.50	11.94	11.02	8.68	16.48
电力、热力、燃气及水的生产和供应业	Production and Supply of Electric Power, Heat Power,Gas and Water	1160.73	1416.53	1522.78	1619.23	1689.30
电力、热力生产和供应业	Production and Supply of Electric Power and Heat Power	1094.78	1324.71	1413.40	1508.91	1529.21
燃气生产和供应业	Production and Supply of Gas	34.73	53.60	65.10	59.61	93.68
水的生产和供应业	Production and Supply of Water	31.22	38.22	44.28	50.72	66.41

14-7 规模以上工业企业主要经济指标

Major Economic Indicators of Industrial Enterprises above Designated Size

指 标	Item	2017	2018	2019	2020	2021
固定资产净值年平均余额(亿元)	Average Balance of Net Value of Fixed Assets (100 million yuan)	5468.76	5486.53	5635.71	5521.27	5886.78
流动资产年平均余额(亿元)	Average Balance of Circulating Funds (100 million yuan)	6237.70	6788.78	7146.58	7441.28	7681.44
主营业务收入(亿元)	Revenue from Principal Business (100 million yuan)	10647.55	9791.34	9619.12	9120.36	10217.80
利税总额(亿元)	Total Pre-tax Profits(100 million yuan)	1756.78	1950.62	1853.77	2043.71	2198.87
#利润总额	Total Profits	903.43	1036.16	976.30	1174.41	1249.64
产值利税率(%)	Ratio of Pre-tax Profits to Output Value(%)	15.90	19.06	17.75	19.84	19.38
资金利税率(%)	Ratio of Pre-tax Profit to Assets(%)	15.01	16.19	14.95	15.77	16.21
销售利税率(%)	Ratio of Pre-Tax Profit to Sales(%)	16.50	19.92	19.27	22.41	21.52
资本保值增值率(%)	Rate of Capital Accumulation(%)	108.21	106.81	106.43	105.25	98.27
总资产贡献率(%)	Contribution rate of Total Assets(%)	12.85	13.57	12.46	12.89	13.27
资产负债率(%)	Ratio of Debts to Assets(%)	62.40	61.49	60.47	60.50	62.69
流动资产周转次数(次/年)	Turnover of Current Assets (time/year)	1.65	1.42	1.35	1.23	1.36
成本费用利润率(%)	Ratio of Profits to Costs(%)	9.52	12.22	11.77	15.21	13.64
产销率(%)	Sales as Percentage of Output(%)	92.26	98.50	98.10	95.80	95.60

14-8 大中型工业企业主要经济指标

Major Economic Indicators of Large and Medium-sized Industrial Enterprises

指 标	Item	2017	2018	2019	2020	2021
固定资产净值年平均余额(亿元)	Average Balance of Net Value of Fixed Assets(100 million yuan)	3994.67	3691.83	3784.59	3766.03	3917.39
流动资产年平均余额(亿元)	Average Balance of Circulating Funds (100 million yuan)	4483.37	4685.95	4948.56	5206.94	5185.08
主营业务收入(亿元)	Revenue from Principal Business (100 million yuan)	5464.59	5421.26	5677.90	5685.97	6006.11
利税总额(亿元)	Total Pre-tax Profits(100 million yuan)	1218.85	1438.74	1470.26	1691.89	1754.34
#利润总额	Total Profits	583.16	719.56	751.33	951.06	964.32
资本保值增值率(%)	Rate of Capital Accumulation(%)	101.07	107.45	110.88	108.22	92.63
总资产贡献率(%)	Contribution Rate of Total Assets(%)	13.17	14.75	14.08	15.49	16.04
资产负债率(%)	Ratio of Debts to Assets(%)	62.90	61.05	59.63	57.55	60.19
流动资产周转次数(次/年)	Turnover of Current Assets (time/year)	1.22	1.16	1.13	1.09	1.22
成本费用利润率(%)	Ratio of Profits to Costs(%)	12.44	16.24	16.36	21.50	18.61
产销率(%)	Sales as Percentage of Output(%)	86.51	98.12	98.32	95.18	94.89

14-9 规模以上工业主要产品产量

Output of Major Industrial Products above Designated Size

单位：万吨 (10000 tons)

指 标	Item	2017	2018	2019	2020	2021
粗钢	Crude Steel	439.9	418.41	442.34	461.94	461.93
成品钢材	Rolled Steel	495.72	569.40	707.74	741.09	811.16
铁合金	Ferroalloys	251.35	164.15	173.98	207.09	253.56
原铝	Electrolyzed Aluminium	101.85	103.67	127.80	135.58	132.93
氧化铝	Aluminium Oxide	433.14	575.54	404.11	427.67	509.46
铝材	Aluminium Material	55.28	47.06	51.11	41.11	37.66
磷矿石	Phosphate Rock	4817.00	3084.11	2504.06	2132.89	2415.36
生铁	Pig Iron	343.71	342.01	351.21	368.63	375.42
农用化肥	Chemical Fertilizer	538.47	474.48	371.42	338.33	336.17
轮胎外胎(万条)	Tires(10000 units)	497.59	570.59	609.42	708.54	715.75
水泥	Cement	11356.51	11029.99	10991.07	10797.36	9328.35
发电量(亿千瓦小时)	Electricity (100 million kwh)	1856.53	1945.35	2106.28	2174.34	2238.99
#水电	Hydropower	658.42	647.17	674.88	710.26	625.37
卷烟(万箱)	Cigarettes(10000 cases)	215.21	215.16	222.93	232.01	234.43
饮料酒(万千升)	Alcohol Beverages (10000 kiloliters)	143.9	129.13	140.67	127.97	145.05
#白酒	White Spirit	45.21	30.83	27.39	26.62	34.81
食用植物油	Edible Vegetable Oil	38.96	16.34	13.54	9.61	8.43
中成药	Traditional Chinese Medicine	9.78	6.53	6.72	6.47	6.48
家用电冰箱(万台)	Household Refrigerators (10000 sets)	125.9	143.12	157.64	157.08	161.96
彩色电视机(万部)	Color Television Sets (10000 sets)	205.45	132.74	123.56	183.62	239.98

14-10 规模以上工业企业主要经济指标(2021)

Major Economics Indicators of Industrial Enterprises above Designated Size

单位:亿元 (100 million yuan)

指 标	Item	工业总产值 Total Output Value of Industry	资产合计 Total Assets	主营业务收入 Revenue from Principal Business	利税总额 Total Profits and Taxes	#利润总额 Total Profits
总 计	**Total**	**11346.92**	**17864.25**	**10217.80**	**2198.87**	**1249.64**
#国有控股企业	State-holding Enterprises	5277.06	11222.10	5002.29	1481.39	783.91
按登记注册类型分	**Grouped by Status of Registration**					
内资企业	Domestic Funded Enterprises	10904.12	17063.28	9785.47	2107.19	1191.50
国有企业	State-owned Enterprises	974.81	1540.56	924.14	51.57	26.46
中央企业	Central Enterprises	914.23	1385.95	880.79	48.42	26.02
地方企业	Local Enterprises	60.58	154.60	43.35	3.15	0.44
集体企业	Collective-owned Enterprises	5.10	5.89	4.92	0.48	0.11
股份合作企业	Cooperative Enterprises	3.61	5.63	2.90	0.17	-0.01
联营企业	Joint Ownership Enterprises	0.24	0.41	0.21	0.04	0.01
有限责任公司	Limited Liability Corporations	4504.44	8781.63	4228.10	747.34	249.63
股份有限公司	Share-holding Corporations Limited	1218.46	3114.04	1034.56	825.43	603.25
私营企业	Private Enterprises	4196.79	3614.38	3589.99	482.12	312.02
其他企业	Other Enterprises	0.66	0.75	0.66	0.04	0.02
港.澳.台商投资企业	Enterprises with Funds from Hong Kong,Macao and Taiwan	263.06	449.08	260.81	58.88	35.49
外商投资企业	Foreign Invested Enterprises	179.74	351.90	171.51	32.80	22.65
按轻重工业分	**Grouped by Type of Light and Heavy Industry**					
轻工业	Light Industry	3149.09	4417.28	2800.07	1438.78	791.71
重工业	Heavy Industry	8197.83	13446.98	7417.73	760.10	457.94
按企业规模分	**Grouped by Size of Enterprises**					
大型企业	Large Enterprises	3998.14	7163.20	3763.95	1479.75	806.49
中型企业	Medium-sized Enterprises	2599.61	4429.25	2242.16	274.59	157.83
小型企业	Small Enterprises	4174.53	5151.28	3791.48	418.83	271.19
微型企业	Mini-sized Enterprises	574.64	1120.52	420.21	25.71	14.14

14-11 规模以上工业企业分行业主要经济指标(2021)

单位:亿元

指 标	Item	企业单位数(个) Number of Enterprises(unit)
总 计	**Total**	**5090**
采矿业	Mining	624
#煤炭开采和洗选业	Mining and Washing of Coal	372
黑色金属矿采选业	Mining and Processing of Ferrous Metal Ores	25
有色金属矿采选业	Mining and Processing of Non-Ferrous Metal Ores	31
非金属矿采选业	Mining and Processing of Non-metal Ores	195
制造业	Manufacturing	4060
#农副食品加工业	Processing of Food from Agricultural Products	392
食品制造业	Manufacture of Foods	127
酒、饮料和精制茶制造业	Manufacture of Liquor, Beverages and Refined Tea	420
#白酒制造	Manufacture of Liquors	150
烟草制品业	Manufacture of Tobacco	3
纺织业	Manufacture of Textile	31
纺织服装、服饰业	Manufacture of Textile, Wearing Apparel and Accessories	56
皮革、毛皮、羽毛及其制品和制鞋业	Manufacture of Leather,Fur,Feather and Related Products, and Footware	49
木材加工和木、竹、藤、棕、草制品业	Processing of Timber, Manufacture of Wood, Bamboo, Rattan, Palm and Straw Products	89
家具制造业	Manufacture of Furniture	43
造纸和纸制品业	Manufacture of Paper and Paper Products	90
印刷和记录媒介复制业	Printing and Reproduction of Recording Media	61
文教、工美、体育和娱乐用品制造业	Manufacture of Articles for Culture, Education, Arts and Crafts,Sports and Entertainment Activities	41
石油加工、炼焦和核燃料加工业	Processing of Petroleum, Coking and Processing of Nuclear Fuel	17
化学原料和化学制品制造业	Manufacture of Raw Chemical Materials and Chemical Products	219
医药制造业	Manufacture of Medicines	141
橡胶和塑料制品业	Manufacture of Rubber and Plastics Products	178
非金属矿物制品业	Manufacture of Non-metallic Mineral Products	1018
黑色金属冶炼和压延加工业	Smelting and Pressing of Ferrous Metals	92
有色金属冶炼和压延加工业	Smelting and Pressing of Non-ferrous Metals	111
金属制品业	Manufacture of Metal Products	210
通用设备制造业	Manufacture of General Purpose Machinery	93
专用设备制造业	Manufacture of Special Purpose Machinery	94
汽车制造业	Manufacture of Automobiles	52
铁路、船舶、航空航天和其他运输设备制造业	Manufacture of Railroad, Ship, Aerospace and Other Transportation Equipment	52
电气机械和器材制造业	Manufacture of Electrical Machinery and Apparatus	184
计算机、通信和其他电子设备制造业	Manufacture of Computers, Communication and Other Electronic Equipment	132
仪器仪表制造业	Manufacture of Measuring Instruments and Machinery	17
其他制造业	Other Manufacture	17
废弃资源综合利用业	Utilization of Waste Resources	25
电力、热力、燃气及水的生产和供应业	Production and Supply of Electric Power, Heat Power, Gas and Water	406
#电力、热力生产和供应业	Production and Supply of Electric Power and Heat Power	254
#电力生产	Production of Electric Power	235
电力供应	Distribution of Electric Power	16
燃气生产和供应业	Production and Supply of Gas	51
水的生产和供应业	Production and Supply of Water	101

Main Economic Indicators of Industrial Enterprises above Designated Size by Sector

(100 million yuan)

工业总产值 Total Output Value of Industry	资产合计 Total Assets	主营业务收入 Revenue from Principal Business	利税总额 Total Profits and Taxes	利润总额 Total Profits
11346.92	**17864.25**	**10217.80**	**2198.87**	**1249.64**
1400.54	2571.16	1171.93	258.94	144.71
1192.49	2337.97	985.39	231.39	129.21
25.48	26.63	25.00	4.05	2.49
38.39	46.13	34.30	5.32	3.08
143.98	158.20	126.99	18.26	10.04
8257.05	10193.74	7394.96	1863.89	1083.23
347.30	248.69	326.53	16.09	12.91
182.84	150.53	144.54	22.32	14.86
1042.76	2466.92	945.75	939.41	646.20
829.34	2205.42	762.83	915.75	629.31
456.84	405.71	462.76	343.02	36.09
31.47	60.45	25.11	3.33	2.36
29.80	20.42	24.21	2.90	2.37
40.13	30.51	32.07	2.40	1.64
65.07	40.89	57.99	4.09	2.26
33.23	17.61	31.86	4.30	3.16
163.79	119.70	125.05	11.31	8.24
56.08	63.73	55.39	6.05	4.47
24.35	13.34	21.97	2.03	1.46
218.59	169.07	218.95	31.03	12.32
789.46	1294.53	738.39	81.95	64.98
332.45	513.85	252.49	60.84	40.77
237.55	223.73	159.79	18.58	14.73
1029.85	1208.94	926.16	83.81	50.03
653.94	469.72	623.73	34.88	19.13
749.72	567.16	723.53	76.13	58.43
270.18	191.27	254.83	29.33	22.82
108.89	135.23	89.45	9.27	6.25
78.19	127.65	66.23	6.31	3.75
147.09	210.52	121.03	7.54	4.92
282.92	577.83	227.79	−2.30	−4.23
300.42	305.21	257.70	15.81	11.29
510.37	469.67	410.29	47.16	37.14
11.72	18.46	11.00	1.38	0.89
38.55	36.38	36.67	0.84	0.57
16.48	25.10	16.89	3.28	2.76
1689.30	5099.40	1650.92	76.01	21.70
1529.21	4216.02	1490.09	56.79	5.96
716.34	2995.95	669.87	28.39	−4.09
811.99	1209.02	818.24	27.85	9.50
93.68	215.30	93.19	4.61	3.38
66.41	668.08	67.64	14.61	12.36

14-12 规模以上国有控股工业企业主要经济指标(2021)

单位:亿元

指标	Item	企业单位数(个) Number of Enterprises(unit)
总计	**Total**	**743**
按轻重工业分	Grouped by Type of Light and Heavy Industry	
轻工业	Light Industry	128
重工业	Heavy Industry	615
按企业规模分	Grouped by Scale of Enterprise	
大型企业	Large Enterprises	50
中型企业	Medium-sized Enterprises	137
小型企业	Small Enterprises	396
微型企业	Mini-sized Enterprises	160
按工业行业分	Grouped by Industrial Sector	
采矿业	Mining	65
#煤炭开采和洗选业	Mining and Washing of Coal	47
黑色金属矿采选业	Mining and Processing of Ferrous Metal Ores	3
有色金属矿采选业	Mining and Processing of Non-ferrous Metal Ores	6
非金属矿采选业	Mining and Processing of Non-metal Ores	9
制造业	Manufacturing	401
#农副食品加工业	Processing of Food from Agricultural Products	37
食品制造业	Manufacture of Food	11
酒、饮料和精制茶制造业	Manufacture of Wine,Soft Drinks and Refined Tea	34
烟草制品业	Manufacture of Tobacco	3
纺织业	Manufacture of Textile	1
纺织服装、服饰业	Manufacture of Textile, Wearing Apparel and Accessories	8
皮革、毛皮、羽毛及其制品和制鞋业	Manufacture of Leather, Fur, Feather, and Related Products and Footwear	1
木材加工和木、竹、藤、棕、草制品业	Processing of Timber, Manufacture of Wood, Bamboo , Rattan, Palm and Straw Products Fiber and Straw Products	3
家具制造业	Manufacture of Furniture	1
造纸和纸制品业	Manufacture of Paper and Paper Products	2
印刷和记录媒介复制业	Printing and Reproduction of Recording Media	6
石油、煤炭及其他燃料加工业	Processing of Petroleum, Coal and Other Fuels	4
化学原料和化学制品制造业	Manufacture of Raw Chemical Materials and Chemical Products	35
医药制造业	Manufacture of Medicines	6
橡胶和塑料制品业	Manufacture of Rubber and Plastics Products	8
非金属矿物制品业	Manufacture of Non-metallic Mineral Products	93
黑色金属冶炼和压延加工业	Smelting and Pressing of Ferrous Metals	9
有色金属冶炼和压延加工业	Smelting and Pressing of Non-ferrous Metals	26
金属制品业	Manufacture of Metal Products	9
通用设备制造业	Manufacture of General Purpose Machinery	13
专用设备制造业	Manufacture of Special Purpose Machinery	13
汽车制造业	Manufacture of Automobiles	10
铁路、船舶、航空航天和其他运输设备制造业	Manufacture of Railway, Ship, Aerospace and Other Transportation Equipment	29
电气机械和器材制造业	Manufacture of Electrical Machinery and Apparatus	13
计算机、通信和其他电子设备制造业	Manufacture of Computers, Communication and Other Electronic Equipment	14
仪器仪表制造业	Manufacture of Measuring Instruments and Machinery	5
其他制造业	Other Manufacture	1
电力、热力、燃气及水的生产和供应业	Production and Supply of Electric Power, Heat Power, Gas and Water	277
#电力、热力生产和供应业	Production and Supply of Electric Power and Heat Power	183
燃气生产和供应业	Production and Supply of Gas	13
水的生产和供应业	Production and Supply of Water	81

Major Economic Indicators of State-controlled

(100 million yuan)

工业总产值 Total Output Value of Industry	资产合计 Total Assets	主营业务收入 Revenue from Principal Business	利税总额 Total Profits and Taxes	#利润总额 Total Profits
5277.06	**11222.10**	**5002.29**	**1481.39**	**783.91**
1197.25	2401.75	1155.35	1170.79	633.61
4079.81	8820.36	3846.94	310.61	150.31
3148.19	5992.69	3066.09	1305.88	701.15
1228.05	2475.81	1110.48	70.86	20.43
713.89	2154.63	670.38	94.06	55.82
186.93	598.98	155.34	10.60	6.52
337.12	1050.39	287.56	56.83	22.51
312.46	1003.24	266.97	52.55	19.75
3.10	9.49	2.74	0.62	0.30
15.86	14.43	12.90	2.32	1.64
5.70	23.23	4.95	1.34	0.82
3360.62	5637.85	3189.79	1369.42	758.80
35.98	51.60	29.51	1.70	1.49
20.84	32.92	22.30	1.83	1.38
586.93	1790.07	548.68	816.29	589.95
456.84	405.71	462.76	343.02	36.09
0.60	0.45	0.36	0.12	0.09
2.53	6.18	2.46	0.48	0.22
7.41	12.65	5.34	0.42	0.29
2.79	9.28	1.97	-1.28	-1.29
3.72	3.62	4.71	0.59	0.30
16.58	24.01	14.09	1.42	0.22
5.28	9.26	4.73	0.34	0.30
178.81	146.63	181.01	24.77	6.87
309.29	751.11	350.98	40.65	29.94
6.47	10.40	6.41	1.10	0.68
81.40	137.80	18.76	5.10	4.42
203.14	356.13	203.41	19.00	11.11
278.49	319.29	271.89	13.45	4.52
447.26	394.46	443.24	56.28	42.18
39.15	58.78	39.91	3.45	1.58
42.30	79.92	32.91	2.27	1.44
26.72	63.87	22.89	1.32	0.28
16.86	40.27	16.39	2.08	1.40
260.38	561.30	213.62	-4.07	-5.67
67.14	77.76	62.17	5.39	4.57
226.27	234.59	192.26	30.12	23.38
6.73	11.31	6.18	0.97	0.69
21.27	27.16	21.14	0.44	0.40
1579.33	4533.84	1524.94	55.17	2.57
1484.55	3860.56	1438.32	45.52	-4.80
41.63	132.45	37.86	0.54	0.15
53.15	540.83	48.76	9.11	7.22

14-13 规模以上集体工业企业主要经济指标(2021)

Main Economic Indicators of All Collective-owned Industrial Enterprises above Designated Size

单位:亿元 (100 million yuan)

指　　标	Item	企业单位数(个) Number of Enterprises (unit)	工　业总产值 Total Output Value of Industry	资产合计 Total Assets	主营业务收入 Revenue from Principal Business	利税总额 Total Profits and Taxes	#利润总额 Total Profits
总　计	**Total**	**7**	**5.10**	**5.89**	**4.92**	**0.48**	**0.11**
按轻重工业分	**Grouped by Type of Light and Heavy Industry**						
轻工业	Light Industry	2	0.50	0.40	0.45	0.03	0.01
重工业	Heavy Industry	5	4.60	5.49	4.47	0.45	0.10
按企业规模分	**Grouped by Size of Enterprises**						
#小型企业	Medium-sized Enterprises	5	5.06	5.65	4.67	0.43	0.12
微型企业	Small Enterprises	2	0.04	0.23	0.25	0.05	-0.01
按工业行业分	**Grouped by Industries Sector**						
采矿业	Mining	3	3.81	4.84	4.00	0.46	0.13
#黑色金属矿采选业	Mining and Processing of Ferrous Metal Ores	2	3.81	4.84	3.75	0.41	0.13
制造业	Manufacturing	4	1.30	1.04	0.92	0.02	-0.02
#食品制造业	Manufacture of Foods	1	0.15	0.12	0.15	0.01	
印刷和记录媒介复制业	Printing, Reproduction of Recording Media	1	0.35	0.28	0.30	0.01	0.01
化学原料和化学制品制造业	Manufacture of Raw Chemical Materials and Chemical Products	1	0.04	0.23			-0.01
有色金属冶炼和压延加工业	Smelting and Pressing of Non-ferrous Metals	1	0.76	0.42	0.46	-0.01	-0.02

14-14 规模以上外商投资和港澳台商投资工业企业主要经济指标(2021)

Major Economic Indicators of all above Designated Size Industrial Enterprises Funded by Foreigners and Hong kong, Macao and Taiwan

单位:亿元 (100 million yuan)

指 标	Item	企业单位数(个) Number of Enterprises (unit)	工 业 总产值 Gross Value of Industrial Output	资产合计 Total Assets	主营业务收入 Revenue from Principal Business	利税总额 Total Profits and Taxes	#利润总额 Total Profits
总 计	**Total**	**105**	**442.80**	**800.98**	**432.33**	**91.68**	**58.14**
#港、澳、台商投资企业	Enterprises with Funds from Hong kong, Macao and Taiwan	57	263.06	449.08	260.81	58.88	35.49
合资经营企业(港或澳、台资)	Joint Venture Enterprises(with Funds from Hong Kong, Macao and Taiwan)	25	212.08	288.68	211.56	51.58	29.74
港澳台商独资经营企业	Enterprises with Sole Funds from Hong Kong,Macao and Taiwan	32	50.98	160.40	49.25	7.30	5.76
外商投资企业	Foreign Funded Enterprises	48	179.74	351.90	171.51	32.80	22.65
中外合资经营企业	Cooperation Enterprises	19	39.08	81.86	37.43	7.19	4.97
外资企业	Foreign Funded Enterprises	27	127.21	248.48	120.66	20.49	13.11
按轻重工业分	**Grouped by Type of Light and Heavy Industry**						
轻工业	Light Industry	37	92.29	106.92	87.06	15.18	10.01
重工业	Heavy Industry	68	350.51	694.06	345.27	76.50	48.13
按企业规模分	**Grouped by Size of Enterprise**						
大型企业	Large Enterprises	5	104.51	216.50	94.02	29.60	21.43
中型企业	Medium-sized Enterprises	17	90.55	192.61	85.51	15.33	11.68
小型企业	Small Enterprises	70	235.95	338.46	239.17	43.83	22.61
微型企业	Mini-sized Enterprises	13	11.79	53.41	13.62	2.92	2.42
按工业行业分	**Grouped by Industrial Sector**						
采矿业	Mining	5	69.98	208.50	59.09	24.14	16.38
#煤炭开采和洗选业	Mining and Washing of Coal	4	69.50	207.37	58.67	24.11	16.36
制造业	Manufacturing	75	310.95	282.54	304.30	50.00	26.06
#农副食品加工业	Processing of Food from Agricultural Products	3	10.19	4.16	10.28	0.08	0.07
食品制造业	Manufacture of Food	3	3.78	1.73	3.55	0.33	0.13
酒、饮料和精制茶制造业	Manufacture of Liquor, Beverages and Refined Tea	12	23.80	27.97	23.39	5.32	3.74
皮革、毛皮、羽毛及其制品和制鞋业	Manufacture of Leather,Fur,Feather and Related Products, and Footware	2	0.84	0.17	0.84	0.02	0.01
文教、工美、体育和娱乐用品制造业	Manufacture of Articles for Culture, Education, Arts and Crafts,Sports and Entertainment Activities	2	4.48	2.72	4.50	0.66	0.49
石油、煤炭及其他燃料加工业	Processing of Oil, Coal and Other Fuels	2	104.62	11.69	107.33	22.09	6.48
化学原料和化学制品制造业	Manufacture of Raw Chemical Materials and Chemical Products	4	6.87	18.98	6.96	2.44	1.80
医药制造业	Maufacture of Medicines	7	29.43	46.67	23.76	5.19	2.82
橡胶和塑料制品业	Manufacture of Rubber and Plastics Products	2	13.35	13.32	14.18	2.64	2.20
非金属矿物制品业	Manufacture of Non-metallic Mineral Products	13	38.94	77.22	34.87	4.28	2.77
汽车制造业	Manufacture of Automobiles	4	6.57	5.53	6.90	0.32	0.19
铁路、船舶、航空航天和其他运输设备制造业	Manufacture of Railway, Ship, Aerospace and other Transport Equipment	2	2.18	3.06	2.20	0.21	0.22
电气机械和器材制造业	Manufacture of Electrical Machinery and Apparatus	2	9.54	8.70	10.05	1.16	0.89
计算机、通信和其他电子设备制造业	Manufacture of Computers,Communication and Other Electronic Equipment	7	30.47	26.03	29.82	-1.18	-1.26
电力、热力、燃气及水的生产和供应业	Production and Supply of Electric Power, Heat Power, Gas and Water	25	61.86	309.94	68.93	17.54	15.70
#电力、热力生产和供应业	Production and Supply of Electric Power and Heat Power	12	40.81	178.57	44.24	9.93	8.64
燃气生产和供应业	Production and Supply of Gas	2	3.58	5.49	3.93	0.79	0.66
水的生产和供应业	Production and Supply of Water	11	17.46	125.88	20.76	6.82	6.40

14-15 规模以上工业企业主要经济效益指标(2021)

Main Indicators on Economic Efficiency of all Industrial Enterprises above Designated Size

单位:% (%)

指 标	Item	产值利税率 Ratio of Pre-Tax Profit to Output Value	资金利税率 Ratio of Pre-Tax Profit to Asset	销售利税率 Ratio of Pre-Tax Profit to Sales
总 计	**Total**	**19.4**	**16.2**	**21.5**
内资企业	Domestic Funded Enterprises	19.3	16.2	21.5
国有企业	State-owned Enterprises	5.3	3.8	5.6
中央企业	Central Enterprises	5.3	4.1	5.5
地方企业	Local Enterprises	5.2	1.8	7.3
集体企业	Collective-owned Enterprises	9.4	16.1	9.8
股份合作企业	Cooperation Enterprises	4.7	3.7	5.9
联营企业	Joint-owned Enterprises	16.7	42.1	19.0
有限责任公司	Limited Liability Corporations	16.6	10.3	17.7
股份有限公司	Share-holding Corporations Enterprises	67.7	47.2	79.8
私营企业	Private Enterprises	11.5	18.3	13.4
其他企业	Others	6.1	10.7	6.1
港、澳、台商投资企业	Enterprises with Funds from Hong kong,Macao and Taiwan	22.4	17.9	22.6
外商投资企业	Foreign Invested Enterprises	18.2	13.7	19.1
在总计中:	**of the Total:**			
#国有控股企业	State-controlled Enterprises	28.1	16.7	29.6
按轻重工业分	**Grouped by type of Light and Heavy Industry**			
轻工业	Light Industry	45.7	37.4	51.4
重工业	Heavy Industry	9.3	7.8	10.2
按企业规模分	**Grouped by Size of Enterprises**			
大型企业	Large Enterprises	37.0	25.5	39.3
中型企业	Medium-sized Enterprises	10.6	8.3	12.2
小型企业	Small Enterprises	10.0	11.2	11.0
微型企业	Mini-sized Enterprises	4.5	3.6	6.1
按工业行业分	**Grouped by Industrial Sector**			
采矿业	Mining	18.5	16.4	22.1
#煤炭开采和洗选业	Mining and Washing of Coal	19.4	16.1	23.5
黑色金属矿采选业	Mining and Processing of Ferrous Metal Ores	15.9	26.0	16.2
有色金属矿采选业	Mining and Processing of Non-Ferrous Metal Ores	13.9	18.5	15.5
非金属矿采选业	Mining and Processing of Non-metal Ores	12.7	18.5	14.4
制造业	Manufacturing	22.6	22.8	25.2
#农副食品加工业	Processing of Food from Agricultural Products	4.6	9.1	4.9
食品制造业	Manufacture of Food	12.2	18.9	15.4
酒、饮料和精制茶制造业	Manufacture of Liquor, Beverages and Refined Tea	90.1	39.6	99.3
烟草制品业	Manufacture of Tobacco	75.1	98.6	74.1
纺织业	Manufacture of Textile	10.6	12.9	13.3
纺织服装、服饰业	Manufacture of Textile, Wearing Apparel and Accessories	9.7	18.7	12.0
皮革、毛皮、羽毛及其制品和制鞋业	Manufacture of Leather,Fur,Feather and Related Products, and Footware	6.0	9.4	7.5

14-15 续表 continued(2021)

单位:% (%)

指 标	Item	产值利税率 Ratio of Pre-Tax Profits to Output Value	资金利税率 Ratio of Pre-Tax Profits to Assets	销售利税率 Ratio of Pre-Tax Profits to Sales
木材加工和木、竹、藤、棕、草制品业	Processing of Timber, Manufacture of Wood, Bamboo,Rattan, Palm and Straw Products	6.3	13.8	7.1
家具制造业	Manufacture of Furniture	12.9	31.6	13.5
造纸和纸制品业	Manufacture of Paper and Paper Products	6.9	13.8	9.0
印刷和记录媒介复制业	Printing and Reproduction of Recording Media	10.8	12.6	10.9
文教、工美、体育和娱乐用品制造业	Manufacture of Articles for Culture, Education, Arts and Crafts,Sport and Entertainment Activities	8.3	20.6	9.2
石油加工、炼焦和核燃料加工业	Processing of Petroleum,Coking and Processing of Nuclear Fuel	14.2	26.7	14.2
化学原料和化学制品制造业	Manufacture of Raw Chemical Materials and Chemical Products	10.4	9.5	11.1
医药制造业	Maufacture of Medicines	18.3	16.8	24.1
橡胶和塑料制品业	Manufacture of Rubber and Plastics Products	7.8	10.6	11.6
非金属矿物制品业	Manufacture of Non-metallic Mineral Products	8.1	8.9	9.0
黑色金属冶炼和压延加工业	Smelting and Pressing of Ferrous Metals	5.3	10.3	5.6
有色金属冶炼和压延加工业	Smelting and Pressing of Non-ferrous Metals	10.2	17.9	10.5
金属制品业	Manufacture of Metal Products	10.9	21.4	11.5
通用设备制造业	Manufacture of General Purpose Machinery	8.5	8.3	10.4
专用设备制造业	Manufacture of Special Purpose Machinery	8.1	6.2	9.5
汽车制造业	Manufacture of Automobiles	5.1	4.7	6.2
铁路、船舶、航空航天和其他运输设备制造业	Manufacture of Railway, Ship, Aerospace and other Transport Equipment	-0.8	-0.5	-1.0
电气机械和器材制造业	Manufacture of Electrical Machinery and Apparatus	5.3	6.5	6.1
计算机、通信和其他电子设备制造业	Manufacture of Computers,Communication and Other Electronic Equipment	9.2	12.2	11.5
仪器仪表制造业	Manufacture of Measuring Instruments and Machinery	11.8	9.0	12.5
其他制造业	Other Manufacture	2.2	2.4	2.3
废弃资源综合利用业	Utilization of Waste Resources	19.9	27.0	19.4
电力、热力、燃气及水的生产和供应业	Production and Supply of Electric Power, Heat Power,Gas and Water	4.5	2.0	4.6
#电力、热力生产和供应业	Production and Supply of Electric Power and Heat Power	3.7	1.7	3.8
燃气生产和供应业	Production and Supply of Gas	4.9	4.0	4.9
水的生产和供应业	Production and Supply of Water	22.0	4.3	21.6

14-16 规模以上国有控股工业企业主要经济效益指标(2021)

Major Indicators on Economic Efficiency of State-controlled Industrial Enterprises above Designated Size

单位:% (%)

指标	Item	产值利税率 Ratio of Pre-Tax Profits to Output Value	资金利税率 Ratio of Pre-Tax Profits to Assets	销售利税率 Ratio of Pre-Tax Profits to Sales
总计	**Total**	**28.1**	**16.7**	**29.6**
按轻重工业分	**Grouped by Type of Light and Heavy Industry**			
轻工业	Light Industry	97.8	49.3	101.3
重工业	Heavy Industry	7.6	4.8	8.1
按企业规模分	Grouped by Size of Enterprises			
大型企业	Large Enterprises	41.5	25.6	42.6
中型企业	Medium-sized Enterprises	5.8	3.7	6.4
小型企业	Small Enterprises	13.2	6.3	14.0
微型企业	Mini-sized Enterprises	5.7	3.0	6.8
按工业行业分	**Grouped by Industrial sector**			
采矿业	Mining	16.9	9.5	19.8
#煤炭开采和洗选业	Mining and Washing of Coal	16.8	9.3	19.7
黑色金属矿采选业	Mining and Processing of Ferrous Metal Ores	20.0	10.6	22.6
有色金属矿采选业	Mining and Processing of Non-Ferrous Metal Ores	14.6	18.8	18.0
非金属矿采选业	Mining and Processing of Non-metal Ores	23.5	9.2	27.1
制造业	Manufacturing	40.7	28.2	42.9
#农副食品加工业	Processing of Food from Agricultural Products	4.7	7.3	5.8
食品制造业	Manufacture of Foods	8.8	7.3	8.2
酒、饮料和精制茶制造业	Manufacture of Liquor, Beverages and Refined Tea	139.1	43.1	148.8
烟草制品业	Manufacture of Tobacco	75.1	98.6	74.1
皮革、毛皮、羽毛及其制品和制鞋业	Manufacture of Leather,Fur,Feather and Related Products, and Footware	5.7	3.8	7.9
木材加工和木、竹、藤、棕、草制品业	Processing of Timber, Manufacture of Wood, Bamboo,Rattan, Palm and Straw Products	-45.9	-16.9	-65.0
家具制造业	Manufacture of Furniture	15.9	18.6	12.5
印刷和记录媒介复制业	Printing, Reproduction of Recording Media	6.4	3.6	7.2

14-16 续表 continued(2021)

单位:% (%)

指 标	Item	产值利税率 Ratio of Pre-Tax Profits to Output Value	资金利税率 Ratio of Pre-Tax Profits to Assets	销售利税率 Ratio of Pre-Tax Profits to Sales
石油、煤炭及其他燃料加工业	Processing of Petroleum, Coal and Other Fuels	13.9	25.6	13.7
化学原料和化学制品制造业	Manufacture of Raw Chemical Materials and Chemical Products	13.1	7.2	11.6
医药制造业	Maufacture of Medicines	17.0	17.4	17.2
橡胶和塑料制品业	Manufacture of Rubber and Plastics Products	6.3	4.9	27.2
非金属矿物制品业	Manufacture of Non-metallic Mineral Products	9.4	6.9	9.3
黑色金属冶炼和压延加工业	Smelting and Pressing of Ferrous Metals	4.8	5.7	4.9
有色金属冶炼和压延加工业	Smelting and Pressing of Non-ferrous Metals	12.6	19.6	12.7
金属制品业	Manufacture of Metal Products	8.8	7.3	8.6
通用设备制造业	Manufacture of General Purpose Machinery	5.4	3.4	6.9
专用设备制造业	Manufacture of Special Purpose Machinery	4.9	2.4	5.8
汽车制造业	Manufacture of Automobiles	12.3	7.6	12.7
铁路、船舶、航空航天和其他运输设备制造业	Manufacture of Railway, Ship, Aerospace and other Transportion Equipment	-1.6	-0.9	-1.9
电气机械和器材制造业	Manufacture of Electrical Machinery and Apparatus	8.0	10.3	8.7
计算机、通信和其他电子设备制造业	Manufacture of Computers, Communication and Other Electronic Equipment	13.3	16.0	15.7
仪器仪表制造业	Manufacture of Measuring Instruments and Machinery	14.4	10.4	15.7
其他制造业	Other Manufacture	2.1	1.7	2.1
电力、热力、燃气及水的生产和供应业	Production and Supply of Electric Power, Heat Power, Gas and Water	3.5	1.6	3.6
#电力、热力的生产和供应业	Production and Supply of Electric Power and Heat Power	3.1	1.5	3.2
燃气生产和供应业	Production and Supply of Gas	1.3	1.7	1.4
水的生产和供应业	Production and Supply of Water	17.1	3.1	18.7

14-17 规模以上集体工业企业主要经济效益指标(2021)

Main Indicators on Economic Benefit of Collective-owned Industrial Enterprises above Designated Size

单位:% (%)

指 标	Item	产值利税率 Ratio of Pre-Tax Profits to Output Value	资金利税率 Ratio of Pre-Tax Profits to Assets	销售利税率 Ratio of Pre-Tax Profits to Sales
总 计	**Total**	**9.4**	**16.1**	9.8
按轻重工业分	**Grouped by Type of Light and Heavy Industry**			
轻工业	Light Industry	6.0	6.3	6.7
重工业	Heavy Industry	9.8	18.0	10.1
按企业规模分	Grouped by Size of Enterprises			
中型企业	Medium-sized Enterprises	8.5	15.1	9.2
小型企业	Small Enterprises	12.5	38.5	20.0
按工业行业分	Grouped by Industrial Sector			
采矿业	Mining	12.1	24.9	11.5
#黑色金属矿采选业	Mining and Processing of Ferrous Metal Ores	10.8	126.2	10.9
制造业	Manufacturing	1.5	1.8	2.2
#食品制造业	Manufacture of Foods	6.7	8.3	6.7
印刷和记录媒介复制业	Printing, Reproduction of Recording Media	2.9	3.70	3.3
有色金属冶炼和压延加工业	Smelting and Pressing of Non-ferrous Metals	-1.3	-2.3	-2.2

14-18 大中型工业企业主要经济指标占全省规模以上工业比重(2021)

Percentages of Main Indicators of Large and Medium Industrial Enterprises as the whole Industrial Enterprises above Designated Size

单位:亿元 (100 million yuan)

指 标	Item	规模以上工业 Industrial Enterprises above Designated Size	#大中型工业企业 Large and Medium Industrial Enterprises	
			绝对数 Absolute Figure	占规模以上工业比重(%) Percentage Taken to Industrial Enterprises above Designated Size(%)
企业单位数(个)	Number of Industrial Enterprises(unit)	5090	479	9.4
#亏损企业个数(个)	Number of Loss Making Industrial Enterprises(unit)	1184	118	10.0
工业总产值	Gross Value of Industrial Output	11346.92	6597.75	58.1
资产总计	Total Assets	17864.25	11592.45	64.9
流动资产合计	Total Current Assets	7737.35	5062.29	65.4
固定资产净额	Net Fixed Assets	6115.09	4020.40	65.7
负债总计	Total Liabilities	11198.28	6977.77	62.3
主营业务收入	Revenue from Principal Business	10217.80	6006.12	58.8
营业成本	Operating Costs	8024.58	4477.12	55.8
税金及附加	Taxes and Surcharges	596.80	532.25	89.2
亏损企业亏损额	Total Deficit of Loss Making Industrial Enterprises	204.10	135.03	66.2
利税总额	Total Profits and Taxes	2198.87	1754.34	79.8
资金利税率(%)	Ratio of Pre-Tax Profits and Assets(%)	16.21	19.27	118.9

14-19 规模以上大中型工业企业分行业主要经济指标(2021)

单位:亿元

指 标	Item	企业单位数(个) Number of Enterprises(unit)
总 计	**Total**	**479**
采矿业	Mining	128
#煤炭开采和洗选业	Mining and Washing of Coal	127
黑色金属矿采选业	Mining and Processing of Ferrous Metal Ores	
有色金属矿采选业	Mining and Processing of Non-ferrous Metal Ores	1
制造业	Manufacturing	317
#农副食品加工业	Processing of Food from Agricultural Products	3
食品制造业	Manufacture of Food	8
酒、饮料和精制茶制造业	Manufacture of Liquor, Beverages and Refined Tea	35
烟草制品业	Manufacture of Tobacco	2
纺织业	Manufacture of Textile	5
纺织服装、服饰业	Manufacture of Textile, Wearing Apparel and Accessories	4
皮革、毛皮、羽毛及其制品和制鞋业	Manufacture of Leather, Fur, Feathers and other Products and Footwear	8
木材加工和木、竹、藤、棕、草制品业	Processing of Timber, Manufacture of Wood, Bamboo,Rattan, Palm and Straw Products	4
家具制造业	Manufacture of Furniture	1
造纸和纸制品业	Manufacture of Paper and Paper Products	8
印刷和记录媒介复制业	Printing, and Reproduction of Recording Media	8
文教、工美、体育和娱乐用品制造业	Manufacture of Articles for Culture, Education, Arts and Crafts, Sports and Entertainment Activities	5
石油加工、炼焦和核燃料加工业	Processing of Petroleum, Coking and Processing of Nuclear Fuel	3
化学原料和化学制品制造业	Manufacture of Raw Chemical Materials and Chemical Products	31
医药制造业	Manufacture of Medicines	15
橡胶和塑料制品业	Manufacture of Plastics and Rubber	6
非金属矿物制品业	Manufacture of Non-metallic Mineral Products	34
黑色金属冶炼和压延加工业	Smelting and Pressing of Ferrous Metals	11
有色金属冶炼和压延加工业	Smelting and Pressing of Non-ferrous Metals	17
金属制品业	Manufacture of Metal Products	7
通用设备制造业	Manufacture of General Purpose Machinery	13
专用设备制造业	Manufacture of Special Purpose Machinery	5
汽车制造业	Manufacture of Automobiles	8
铁路、船舶、航空航天和其他运输设备制造业	Manufacture of Railway, Ship, Aerospace and Other Transportion Equipment	26
电气机械和器材制造业	Manufacture of Electrical Machinery and Apparatus	20
计算机、通信和其他电子设备制造业	Manufacture of Computers,Communication and Other Electronic Equipment	24
仪器仪表制造业	Manufacture of Measuring Instruments and Machinery	2
其他制造业	Other Manufacture	2
电力、热力、燃气及水的生产和供应业	Production and Supply of Electric Power, Heat Power, Gas and Water	34
#电力、热力的生产和供应业	Production and Supply of Electric Power and Heat Power	24
燃气生产和供应业	Production and Supply of Gas	1
水的生产和供应业	Production and Supply of Water	9

Main Indicators on Economic of Large and Medium Industrial Enterprises by Sector

(100 million yuan)

工业总产值 Gross Value of Industrial Output	资产合计 Total Assets	主营业务收入 Revenue from Principal Business	利税总额 Total Profits and Taxes	#利润总额 Total Profits
6597.75	**11592.45**	**6006.12**	**1754.34**	**964.32**
800.23	1931.64	687.39	185.78	100.96
799.98	1922.18	687.14	185.78	100.96
0.25	9.46	0.25		
4506.95	6916.98	4049.97	1557.44	893.35
6.84	8.44	6.43	0.53	0.47
99.48	79.73	66.30	14.95	9.94
743.68	2024.04	687.07	889.42	621.75
455.56	400.79	461.48	342.85	36.04
8.46	42.00	6.71	1.65	1.14
4.49	3.96	4.49	0.33	0.36
15.31	16.85	12.62	0.97	0.58
7.56	3.22	6.23	0.70	0.57
3.72	3.62	4.71	0.59	0.30
88.13	83.73	57.22	5.95	4.07
19.22	31.74	18.06	2.25	1.80
5.85	3.57	5.76	0.64	0.35
101.33	147.07	100.96	9.73	6.75
615.06	1113.10	580.16	61.93	49.61
176.97	316.34	129.56	40.10	27.56
90.35	147.31	27.64	6.78	5.67
195.40	259.02	180.12	22.03	14.58
383.90	296.27	381.23	24.77	13.16
488.15	455.13	477.10	68.16	52.81
44.73	83.96	47.48	4.39	2.88
49.19	89.57	38.66	4.74	3.46
21.20	43.15	16.86	1.54	0.92
104.12	150.51	78.25	4.44	2.88
260.43	555.76	213.45	-5.60	-7.09
147.86	180.11	134.12	9.27	7.14
329.06	331.81	267.09	42.36	33.96
5.23	6.12	5.20	0.79	0.58
30.29	30.48	29.71	0.51	0.46
1290.54	2743.83	1268.73	11.10	-29.98
1253.72	2449.57	1227.07	4.26	-36.09
17.89	77.75	20.36	0.56	0.43
18.93	216.51	21.30	6.28	5.68

14-20 规模以上工业用工人数(2021)

The Number of Employment of Industrial Enterprises above Designated Size

单位：万人 (10000 persons)

指　　标	Item	平均用工人数 Average Number of Employment	期末用工人数 Number of Employment at Year-end
总　　计	**Total**	**81.02**	**81.65**
#国有控股企业	State-controlled Enterprises	34.19	34.96
按登记注册类型分	**By status of Registration**		
内资企业	Domestic Funded Enterprises	77.26	78.04
国有企业	State-owned Enterprises	6.34	6.71
中央企业	Central Enterprises	5.70	6.03
地方企业	Local Enterprises	0.64	0.68
集体企业	Collective-owned Enterprises	0.05	
股份合作企业	Cooperation Enterprises	0.06	
联营企业	Joint-owned Enterprises		
有限责任公司	Limited Liability Corporations	28.13	28.99
股份有限公司	Share-holding Corporations Limited	9.98	10.12
私营企业	Private Enterprises	32.70	32.11
其他企业	Others		
港、澳、台商投资企业	Enterprises with Funds from Hong kong,Macao and Taiwan	2.06	1.97
外商投资企业	Foreign Funded Enterprises	1.70	1.64
按轻重工业分	**Grouped by Type of Light and Heavy Industry**		
轻工业	Light Industry	23.73	24.30
重工业	Heavy Industry	57.29	57.35
按企业规模分	**Grouped by Scale of Enterprises**		
大型企业	Large Enterprises	29.49	30.16
中型企业	Medium-sized Enterprises	20.90	21.85
小型企业	Small Enterprises	28.47	28.33
微型企业	Mini-sized Enterprises	2.15	1.31

14-21 高技术产业基本情况

Basic Statistics on High-tech Industry

指 标	Item	2017	2018	2019	2020	2021
规模以上高技术企业数(个)	Number of High-tech Enterprises (unit)	449	475	428	398	387
从业人员年平均人数(万人)	Annual Average Number of Employees(10000 persons)	13.31	12.71	12.04	11.11	9.94
工业总产值(亿元)	Gross Value of Industrial Output (100 million yuan)	1603.95	1164.95	1380.87	1179.97	1212.14
主营业务收入(亿元)	Revenue from Principal Business (100 million yuan)	1249.68	1183.71	1137.66	947.97	955.25
利税总额(亿元)	Pre-Tax Profits (100 million yuan)	98.43	119.90	92.57	93.16	109.45
利润总额(亿元)	Profits (100 million yuan)	69.28	73.66	57.85	62.41	76.93

注：高技术产业统计口径为年主营业务收入2000万元及以上工业企业。

Note: High tech industry´s statistics caliber is the industrial enterprise with the main business income of 20 million yuan and above.

14-22 历年工业增加值增长速度

Growth Rate of Added Value of Industry Over the Years

单位:% (%)

年 份 Year	全部工业增加值 Total Added Value of Industry	#规模以上工业增加值 Added Value of Industry above Designated Size	轻工业 Light Industry	重工业 Heavy Industry
1996	12.1	10.3	11.0	9.8
1997	11.8	9.0	6.0	11.1
1998	10.4	10.2	8.1	11.5
1999	11.8	6.2	0.8	9.3
2000	7.5	13.8	12.2	14.7
2001	9.2	12.6	6.4	13.6
2002	11.0	16.2	13.4	17.6
2003	13.3	16.9	9.8	20.3
2004	15.9	20.1	22.1	19.2
2005	13.0	17.0	25.3	13.3
2006	13.8	17.5	13.1	19.7
2007	14.0	16.8	13.9	18.1
2008	8.6	10.1	14.0	8.4
2009	10.2	10.6	11.6	10.2
2010	15.7	15.8	15.9	15.7
2011	18.9	21.0	22.7	20.1
2012	15.5	16.2	17.6	15.5
2013	13.1	13.6	12.7	14.1
2014	11.1	11.3	11.5	11.2
2015	9.8	9.9	8.3	10.9
2016	9.9	9.9	10.1	9.8
2017	9.0	9.5	12.2	7.7
2018	9.0	9.0	13.0	6.0
2019	8.3	9.6	10.7	8.6
2020	3.6	5.0	5.4	4.7
2021	12.3	12.9	19.8	8.2

14-23 历年规模以上工业主要经济指标

Main Indicators of Industrial Enterprises above Designated Size Over the Years

单位:亿元 (100 million yuan)

年 份 Year	主营业务收入 Revenue from Principal Business	轻工业 Light Industry	重工业 Heavy Industry	利税总额 Total Profits and Taxes	轻工业 Light Industry	重工业 Heavy Industry
1996	434.00	129.12	304.88	50.61	29.73	20.88
1997	419.82	128.07	291.75	60.82	38.42	22.40
1998	463.24	149.81	313.43	62.25	37.38	24.87
1999	507.55	162.34	345.21	65.81	40.47	25.34
2000	593.80	178.54	415.26	87.44	45.66	41.78
2001	646.01	193.35	452.66	94.30	51.27	43.03
2002	752.97	213.50	539.47	104.43	57.76	46.67
2003	974.30	248.48	725.82	135.87	72.15	63.72
2004	1325.95	274.04	1051.91	201.21	85.43	115.78
2005	1577.16	338.02	1239.14	232.49	113.50	118.99
2006	1948.57	389.38	1559.19	299.09	137.05	162.04
2007	2430.62	486.28	1944.34	403.49	187.27	216.22
2008	2922.35	567.80	2354.55	453.53	233.66	219.87
2009	3234.59	674.36	2560.23	470.60	252.25	218.35
2010	3926.01	807.13	3118.88	671.39	326.72	344.67
2011	5022.11	1091.79	3930.32	901.36	463.03	438.33
2012	5966.52	1299.99	4666.53	1172.15	608.19	563.96
2013	7357.43	1697.41	5660.02	1268.68	722.35	546.33
2014	8655.87	2064.97	6590.89	1310.38	781.12	529.27
2015	9876.81	2471.60	7405.20	1460.84	844.46	616.38
2016	11172.44	2939.85	8232.59	1625.14	939.70	685.44
2017	10647.55	3023.56	7623.99	1756.78	1100.63	656.15
2018	9791.34	2863.54	6927.80	1950.62	1272.59	678.03
2019	9619.12	2933.88	6685.24	1853.77	1323.03	530.74
2020	9120.36	3069.74	6050.62	2043.71	1495.19	548.52
2021	10217.80	2800.07	7417.73	2198.87	1438.78	760.10

14-23 续表 continued

年 份 Year	利润总额 Total Profits	轻工业 Light Industry	重工业 Heavy Industry	资产合计 Total Assets	轻工业 Light Industry	重工业 Heavy Industry
1996	-3.57	-2.47	-1.10	960.79	257.78	703.01
1997	0.76	0.65	0.11	1076.72	294.65	782.07
1998	1.64	-0.65	2.29	1166.76	312.79	853.97
1999	0.65	1.14	-0.49	1328.55	357.12	971.43
2000	12.56	4.48	8.08	1517.13	371.83	1145.30
2001	18.59	6.98	11.61	1698.58	412.57	1286.01
2002	21.41	10.82	10.59	1797.46	404.54	1392.92
2003	37.52	19.00	18.52	1958.57	409.35	1549.22
2004	61.99	18.03	43.96	2441.52	430.64	2010.88
2005	70.79	34.31	36.48	2734.05	458.41	2275.64
2006	110.91	48.52	62.39	3214.39	514.26	2700.13
2007	174.41	81.29	93.12	3521.19	541.49	2979.70
2008	181.83	108.56	73.27	4566.10	700.92	3865.18
2009	191.73	109.42	82.31	5066.17	819.69	4246.48
2010	317.63	149.62	168.01	5960.13	1007.10	4953.03
2011	456.20	220.40	235.80	6990.58	1200.82	5789.76
2012	627.02	307.74	319.28	8302.29	1458.24	6844.05
2013	636.59	370.74	265.85	10339.87	1989.29	8350.58
2014	628.68	397.58	231.10	11747.39	2338.93	9408.46
2015	732.76	426.74	306.02	13540.06	2853.81	10686.25
2016	847.02	491.66	355.36	14319.98	3507.17	10812.81
2017	903.43	600.99	302.44	15228.11	3793.01	11435.10
2018	1036.16	696.99	339.17	15724.71	4238.28	11486.43
2019	976.30	722.05	254.24	16346.93	4418.96	11927.96
2020	1174.41	864.84	309.57	17244.62	5163.75	12080.87
2021	1249.64	791.71	457.94	17864.25	4417.28	13446.98

14-24 历年主要工业产品产量

Output of Major Industrial Products Over the Years

年 份 Year	卷 烟 (万箱) Cigarettes (10000 boxes)	白 酒 (万千升) White Spirit (10000 kiloliters)	发电量 (亿千瓦小时) Electricity (100 million kwh)	粗 钢 (万吨) Crude Steel (10000 tons)	成品钢材 (万吨) Steel Products (10000 tons)	水 泥 (万吨) Cement (10000 tons)	农用化肥 (万吨) Chemical Fertilizer (10000 tons)	磷矿石 (万吨) Phosphorite Material (10000 tons)
1978	31.60		41.43	8.73	4.95	130.93	11.57	169.02
1979	34.30		44.90	9.11	6.48	148.38	21.8	124.61
1980	44.00		45.17	8.66	7.75	144.47	30.34	188.02
1981	48.70		43.55	8.60	5.17	145.82	30.22	170.03
1982	56.10		57.86	10.62	9.43	161.07	30.98	207.98
1983	64.40		69.51	11.63	13.73	182.26	32.37	216.72
1984	85.70		76.46	13.87	18.93	206.94	36.85	214.34
1985	106.10		78.07	19.28	20.47	231.26	30.31	92.77
1986	102.10		82.52	26.34	21.45	247.31	34.99	162.58
1987	146.40		84.90	32.67	25.30	258.10	39.32	248.39
1988	188.40		90.12	33.17	23.13	293.38	39.23	281.82
1989	205.10		96.53	37.78	22.96	295.51	43.49	285.46
1990	208.00	16.06	103.87	47.11	25.36	278.29	46.73	323.86
1991	194.00	21.03	116.03	52.71	31.87	308.13	51.65	342.96
1992	202.90	22.58	129.35	64.19	48.83	370.44	51.54	348.42
1993	193.60	22.49	146.56	70.67	53.03	406.68	60.06	307.00
1994	204.90	23.32	197.21	69.89	56.14	463.10	53.60	341.43
1995	202.90	26.26	231.55	65.94	51.69	468.34	61.02	390.81
1996	197.70	34.24	248.80	59.47	51.60	522.00	57.50	446.40
1997	205.30	38.57	255.75	78.77	57.65	632.00	69.17	509.91
1998	195.80	6.91	291.77	100.28	77.28	559.42	72.82	436.51
1999	187.60	7.58	334.46	140.09	118.77	710.29	73.12	493.92
2000	187.40	8.38	404.70	166.90	150.93	783.88	84.05	588.70
2001	180.80	7.96	480.25	146.99	138.61	920.01	86.75	669.91
2002	177.80	8.63	547.12	194.65	177.79	1121.11	158.49	729.20
2003	183.19	9.85	636.60	206.10	192.97	1324.66	186.89	783.68
2004	194.74	9.22	713.04	208.07	203.22	1428.80	213.78	801.98
2005	208.21	11.74	786.78	237.83	214.85	1557.97	268.28	878.79
2006	211.73	14.21	974.66	332.51	256.57	1799.40	338.76	1034.60
2007	220.71	14.57	1166.32	349.36	328.14	1943.10	321.84	1198.83
2008	226.74	18.35	1192.08	345.64	337.52	2048.94	262.21	1317.18
2009	232.24	13.79	1363.09	343.10	337.62	2664.78	347.28	1360.66
2010	239.24	16.04	1358.69	360.48	391.04	3694.84	384.92	1579.21
2011	245.23	25.49	1359.01	434.01	462.77	5250.89	360.37	2084.18
2012	249.35	26.83	1548.44	531.27	560.22	6100.45	503.82	2281.95
2013	254.29	30.49	1620.08	531.44	573.28	8352.95	524.26	2905.44
2014	258.36	38.05	1682.27	551.81	552.39	9386.89	533.52	3397.42
2015	252.34	42.79	1740.92	466.59	463.04	9909.52	582.47	4323.10
2016	232.13	49.01	1839.71	515.86	526.18	10748.76	611.31	5256.00
2017	215.21	45.21	1856.53	439.90	495.72	11356.51	538.47	4817.00
2018	215.16	30.83	1945.35	418.41	569.40	11029.99	474.48	3084.11
2019	222.93	27.39	2106.28	442.34	707.74	10991.07	371.42	2504.06
2020	232.01	26.62	2174.34	461.94	741.09	10797.36	338.33	2132.89
2021	234.43	34.81	2238.99	461.93	811.16	9328.35	336.17	2415.36

注:表中工业产品产量1998年以前为全社会口径,1998年及以后为规模以上工业企业数据。

Note: 1.Before 1998, the data of industrial product output from this chart referred to all the industries in society and it refers to the industrial enterprises above designated size after 1998.

主要统计指标解释

工业 指从事自然资源的开采,对采掘品和农产品进行加工和再加工的物质生产部门。具体包括:(1)对自然资源的开采,如采矿、晒盐等(但不包括禽兽捕猎和水产捕捞);(2)对农副产品的加工、再加工,如粮油加工、食品加工、缫丝、纺织、制革等;(3)对采掘品的加工、再加工,如炼铁、炼钢、化工生产、石油加工、机器制造、木材加工等,以及电力、自来水、煤气的生产和供应等;(4)对工业品的修理、翻新,如机器设备的修理、交通运输工具(如汽车)的修理等。

工业统计调查单位为独立核算法人工业企业。

独立核算法人工业企业指从事工业生产经营活动的单位。独立核算法人工业企业应同时具备以下条件:①依法成立,有自己的名称、组织机构和场所,能够承担民事责任;② 独立拥有和使用资产、承担负债、有权与其他单位签订合同;③独立核算盈亏,并能够编制资产负债表。

国有控股企业 包括:(1)在企业的全部实收资本中,国有经济成分的出资人拥有的实收资本(股本)所占企业全部实收资本(股本)的比例大于50%的国有绝对控股。(2)在企业的全部实收资本中,国有经济成分的出资人拥有的实收资本(股本)所占比例虽未大于50%,但相对大于其他任何一方经济成分的出资人所占比例的国有相对控股;或者虽不大于其他经济成分,但根据协议规定拥有企业实际控制权的国有协议控股。(3)投资双方各占50%,且未明确由谁绝对控股的企业,若其中一方为国有经济成分的,一律按国有控股处理。

本篇涉及的其他企业登记注册类型的解释详见综合篇。

资产总计 指企业过去的交易或者事项形成的、由企业拥有或者控制的、预期会给企业带来经济利益的资源。资产一般按流动性分为流动资产和非流动资产。其中流动资产可分为货币资金、交易性金融资产、应收票据、应收账款、预付款项、其他应收款、存货等;非流动资产可分为长期股权投资、固定资产、无形资产及其他非流动资产等。根据会计"资产负债表"中"资产总计"项目的期末余额数填报。

流动资产合计 资产满足以下条件之一应归为流动资产:(1)预计在一个正常营业周期中变现、出售或耗用,主要包括存货、应收账款等;(2)主要为交易目的而持有;(3)预计在资产负债表日起一年内(含一年)变现;(4)自资产负债日起一年内,交换其他资产或清偿负债的能力不受限制的现金或现金等价物。包括货币资金、应收票据、应收账款、存货等项目。根据会计"资产负债表"中"流动资产合计"项目的期末余额数填报。

负债合计 指企业过去的交易或者事项形成的,预期会导致经济利益流出企业的现时义务。负债一般按偿还期长短分为流动负债和非流动负债。根据会计"资产负债表"中"负债合计"项目的期末余额数填报。

主营业务收入 指企业确认的销售商品、提供劳务等主营业务的收入。根据会计"主营业务收入"科目的期末贷方余额填报。

主营业务成本 指企业经营主要业务所发生的成本总额。根据会计"主营业务成本"科目的期末借方余额填报。

主营业务税金及附加 指企业经营主要业务应负担的营业税、消费税、城市维护建设税教育费附加等。根据会计"主营业务税金及附加"科目的期末借方余额填报。

利润总额 指企业在一定会计期间的经营成果,是生产经营过程中各种收入扣除各种耗费后的盈余,反映企业在报告期内实现的盈亏总额。根据会计"利润表"中"利润总额"项目的本期金额数填报。

应交增值税 指企业按税法规定,从事货物销售或提供加工、修理修配劳务等增加货物价值的活动本期应交纳的税金。计算公式为:

应交增值税=销项税额-(进项税额-进项税额转出)-出口抵减内销产品应纳税额-减免税款+出口退税

进项税额指企业在报告期内购入货物或接受应税劳务而支付的、准予从销项税额中抵扣的增值税额。

销项税额指企业在报告期内销售货物或提供应税劳务应收取的增值税额。

总资产贡献率 反映企业全部资产的获利能力，是企业经营业绩和管理水平的集中体现，是评价和考核企业盈利能力的核心指标。计算公式为：

$$总资产贡献率=\frac{利润总额+税金总额+利息支出}{平均资金总额}\times 100\%$$

公式中：税金总额为主营业务税金及附加与应交增值税之和；平均资产总额为期初期末资产之和的算术平均值。

资产负债率 该指标既反映企业经营风险的大小，也反映企业利用债权人提供的资金从事经营活动的能力。计算公式为：

$$资产负债率=\frac{负债总额}{资产总额}\times 100\%$$

资产与负债均为报告期期末数。

流动资产周转次数 指一定时期内流动资产完成的周转次数，反映投入工业企业流动资金的周转速度。计算公式为：

$$流动资产周转次数=\frac{产品销售收入}{全部流动资产平均余额}$$

公式中：全部流动资产平均余额为期初和期末的流动资产之和的算术平均值。

成本费用利润率 反映企业投入的生产成本及费用的经济效益，同时也反映企业降低成本所取得的经济效益。计算公式为：

$$成本费用利润率=\frac{利润总额}{成本费用总额}\times 100\%$$

公式中：成本费用总额为营业成本、销售费用、管理费用、财务费用、研发费用之和。

Explanatory Notes on Main Statistical Indicators

Industry refers to the material production sector which is engaged in the extraction of natural resources and processing and reprocessing of minerals and agricultural products, including (1) extraction of natural resources, such as mining, salt production (but not including hunting and fishing); (2) processing and reprocessing of farm and sideline produces, such as rice husking, flour milling, wine making, oil pressing, silk reeling, spinning and weaving, and leather making; (3) manufacture of industrial products, such as steel making, iron smelting, chemicals manufacturing, petroleum processing, machine building, timber processing; water and gas production and electricity generation and supply; (4)repairing of industrial products such as the repairing of machinery and means of transport (including cars).

In industrial statistics surveys, the units of enquiry are corporate industrial enterprises with independent accounting systems.

Corporate industrial enterprises with independent accounting systems refer to enterprises engaging in industrial production activities, which meet the following requirements: (1) They are established legally, having their own names, organizations, location and able to take civil liability; (2) They possess and use their assets independently, assume liabilities and are entitled to sign contracts with other units; (3) They are financially independent and compile their own balance sheets.

State-holding Enterprises include: (1) Absolute state-holding in which the contributors of state-owned parts possess more than 50% of all the paid-in capital (stocks) of the enterprises; (2) Relative state-holding in which the contributors of state-owned parts possess no more than 50% of the paid-in capital (stocks) of the enterprises, but more than that of any other contributors; or Agreed state-holding in which the contributors of state-owned parts possess no more than other contributors but have actual control over the enterprises according to agreements; (3) In the case both contributors possess 50% and it is not clear which one is in absolute holding position, the enterprise is regarded as state-holding enterprise if one of the contributor has state-owned elements.

Total Assets refer to all resources that are owned or controlled by enterprises through previous trades or transactions with expectation of making economic profits. Classified by the degree of liquidity, total assets include current assets, and non-current assets. Current assets can be classified into monetary assets, trading financial assets, notes receivable, accounts receivable, advanced payments, other prepaid money and inventories. Non-current assets can be divided into long-term equity investment, fixed assets, intangible assets and other non-current assets. Date on this indicator can be obtained by the year-end figures of total assets in the Assets and Liability Table of accounting records of enterprises.

Total Current Assets refers to the assets that meet one of the following requirements: (1) expected to be cashed, sold or used in a normal operation cycle, mainly including inventory and accounts receivable; (2) be owned for trading purpose mainly; (3) expected to be cashed in one year (including one year) from the day of the Assets and Liability Table; (4) unlimited cash or cash equivalents that can be exchanged with other assets or being capable of settling debts during one year since the day of Assets and Liability Table. Included are monetary assets, notes receivable, accounts receivable and inventories. Data on this indicator can be obtained by the year-end figures of total current assets in the Assets and Liability Table of the accounting records of enterprises.

Total Liabilities refer to payable liabilities of enterprises that accumulated from previous trades or transactions with expectation of economic profits leaking out. In terms of payment, it can be divided into liquid liabilities and long-term liabilities. Data on this item is obtained from the year-end figures on total liabilities from the Assets and Liability Table of the accounting record of the enterprises.

Revenue from Principal Business refers to the income confirmed of an enterprise from the principal business of selling products and providing labor services. Data on this indicator can be obtained from the year-end credit balance of "revenue from principal business" in the accounting record of enterprise.

Cost of Principal Business refers to the total cost occurred from the principal business of the enterprise. Date can be obtained from the year-end debit balance of "cost of principal business" in the accounting record of enterprise.

Tax and Extra Charges from Principal Business refers to the sales tax, consumption tax, urban maintenance and construction tax and education expenses shouldered by the enterprise from its principal business. Date are obtained from the year-end debit balance of "tax and extra charges from principal business" in the accounting record of enterprise.

Total Profits refers to the operation results in a certain accounting period, and it is the balance of various incomes minus various spendings in the course of operation reflecting the total profits and losses of enterprises in reference period. Date are obtained from the amount of "total profits" in the "profit table" of the accounting record of enterprise.

Value-added Tax Payable refers to the payable tax according to Tax Law of enterprises which engaged in selling of goods or providing services that bring added value to the goods, such as processing, repairing, fitting and other activities. The formula is as follows:

Value-added Tax Payable = tax on sales - (tax on purchase - transferred tax on purchase) - exports deduct tax payable on domestic sales - tax relief + the export tax rebate.

Tax on Purchase refers to the value-added tax payable by enterprises that purchase goods or receiving taxable services during the reference period and this part of the tax is allowed to be deducted from the tax on sales.

Tax on Sales refers to the value-added tax chargeable by enterprises that sell goods or provide taxable services during the reference period.

Ratio of Profits, Taxes and Interests to Average Assets reflects the profit-making capability of all assets, manifests the performance and management of the enterprise, and is a key indicator for evaluating the profit-making potential of the enterprise. It is calculated as follows:

$$\text{Ration of Profits, Taxes and Interests to Average Assets}(\%)=\frac{\text{total profits}+\text{total taxes}+\text{interest payment}}{\text{average assets}}\times 100\%$$

In the above formula, total taxes is the sum of tax of and extra charges on the principal business and value-added tax payable; and average assets is the arithmetic mean of the sum of beginning assets and ending assets.

Ratio of Debts to Assets reflects both the operation risk and the capability of the enterprise in making use of the capital from the creditors. It is calculated as follows:

$$\text{Ratio of Debts to Assets}(\%)=\frac{\text{total debts}}{\text{total assets}}\times 100\%$$

Both assets and debts are figures at the end of the reference period.

Turnover of Current Assets refers to the number of times of turnover of current assets in a given period of time, which reflects the speed of the turnover of current assets of industrial enterprises, and is calculated as follows:

$$\text{Turnover of Working Capital}=\frac{\text{sales revenue of products}}{\text{average balance of total working capital}}$$

In the above formula, average balance of total current assets refers to the arithmetic mean of the sum of current assets at the beginning and at the end of the reference period.

Ratio of Profits to Total Industrial Costs refers to the ratio of profits realized in a given period to the total costs in the same period, which reflects the economic efficiency of input cost and is calculated as follows:

$$\text{Ratio of Profits to Total Industrial Cost}(\%)=\frac{\text{total profits}}{\text{total costs}}\times 100\%$$

Total costs in the formula above are the sum of operating costs, marketing costs, management costs, financial costs and research and development costs.

建筑业

Construction 15

简 要 说 明

一、主要内容

本篇资料主要反映全省建筑业发展情况。包括企业数、从业人员、建筑业总产值、房屋建筑面积、利润税金、劳动生产率等。

二、统计范围

建筑业统计范围是全省具有总承包或专业承包建筑业资质的所有独立核算建筑业企业及所属产业活动单位。

三、统计调查方法

根据国家统计局制定的《建筑业统计报表制度》整理汇总。

四、资料来源

本篇资料由省统计局提供。

Brief Introduction

I. Main Contents

The data in this chapter show the general situation and the development of the construction industry in Guizhou Province, including the number of enterprises, number of employed persons, gross output value of the construction industry, floor space of buildings under construction, profits and taxes, labour productivity, etc.

II. Scope of Statistics

The scope of construction industry data in this chapter refers to all independent accounting construction enterprises and affiliated industrial activity units with the qualification of general contracting or professional contracting construction industry in the whole province.

III. Methods of Survey

Data on construction enterprises are collected in accordance with the Statistical Reporting System of Construction stipulated by the National Bureau of Statistics.

IV. Sources of Data

The data in this chapter are provided by Guizhou Provincial Bureau of Statistics.

15-1 建筑业主要指标

Main Economic Indicators on Construction Enterprises

指标	Item	2017	2018	2019	2020	2021
建筑业企业个数(个)	**Number of Construction Enterprises (unit)**	**1029**	**1212**	**1449**	**1770**	**1993**
年末从业人员(万人)	Number of Employed Persons at the Year-end (10000 persons)	77.64	90.27	80.00	81.10	71.58
自有固定资产原价(亿元)	Fixed Assets Owned(original value) (100 million yuan)	153.31	209.28	198.92	219.47	219.20
自有固定资产净价(亿元)	Fixed Assets Owned (net value) (100 million yuan)	91.53	135.97	120.45	130.31	128.60
自有机械设备台数(万台)	Number of Machinery and Equipment Owned (10000 sets)	8.01	7.96	7.14	8.04	4.23
自有机械设备净值(亿元)	Net Value of Machinery and Equipment Owned (100 million yuan)	72.95	69.55	58.54	50.13	39.81
自有机械设备总功率(万千瓦)	Total Power of Machinery and Equipment Owned (10000 kw)	385.98	404.49	321.40	332.89	275.33
建筑业总产值(亿元)	**Gross Output Value of Construction (100 million yuan)**	**2932.96**	**3352.19**	**3714.89**	**4080.24**	**4578.04**
#本年固定资产折旧	Depreciation of Fixed Assets	10.62	12.97	12.50	11.81	13.12
应付职工薪酬	Wages Payable	249.14	251.27	305.74	366.99	349.96
工程结算税金及附加	Taxes and Extra Charges on Project Settle Accounts	23.94	21.33	17.55	16.80	14.62
营业利润	Operating Profits	97.92	120.71	100.67	133.46	63.51
房屋建筑施工面积(万平方米)	**Floor Space of Buildings under Construction (10000 sq.m)**	**18054**	**16496**	**15929**	**17167**	**17892**
房屋建筑竣工面积(万平方米)	**Floor Space of Buildings Completed (10000 sq.m)**	**4714**	**4912**	**4131**	**3952**	**4036**
利润总额(亿元)	Total Profits (100 million yuan)	100.85	121.85	105.61	135.06	63.25
税金总额(亿元)	Total Taxes (100 million yuan)	107.93	129.77	110.24	124.39	102.79
劳动生产率(元/人)	**Overall Labor Productivity (yuan/person)**					
按总产值计算	In Terms of Gross Output Value	366276	362686	408857	435615	541463
技术装备率(元/人)	Value of Machines Per Laborer (yuan/person)	9109	7705	6443	6181	5562
动力装备率(千瓦/人)	Power of Machines Per Laborer (kw/person)	4.97	4.48	3.54	4.10	3.85
房屋建筑面积竣工率(%)	Ratio of Floor Space of Buildings Completed (%)	26.13	29.78	25.93	23.02	22.56
产值利润率(%)	Ratio of Profit to Gross Output Value (%)	3.4	3.6	2.8	3.3	1.4
产值利税率(%)	Ratio of Pre-tax Profit to Gross Output Value (%)	7.1	7.5	5.8	6.4	3.6

注：1. 2018年数据为第四次经济普查数据；2. 建筑业个数为有工作量的企业数据（以下表同）。

Note: 1. The data of 2018 have been revised to the fourth economic census. 2. The number of construction is the enterprises with work load . (the same as in the following table)

15-2 建筑业主要生产指标(2021)

指　标	Item	企业个数(个) Number of Constrution Enterprises (unit)	年末从业人员(万人) Number of Persons Engaged (10000 persons)	签订合同额(亿元) Value of Signed Contract (100 million yuan)	#本年新签合同额 New Value of Signed Contract This Year
总　计	**Total**	**1993**	**71.58**	**12077.25**	**5337.95**
#国有及国有控股	State-owned and State-controlled Construction Enterprises	295	40.18	8274.25	3549.69
#施工总承包企业	General Contractors	1700	69.01	11848.23	5197.69
专业承包企业	Special Contractors	293	2.57	229.02	140.26
按登记注册类型分组	**By Registration Status**				
#内资企业	Domestic Funded	1991	71.57	12075.92	5337.53
#国有企业	State-owned	33	3.58	421.33	162.50
集体企业	Collective-owned	37	0.78	77.18	32.52
股份有限公司	Company Limited with Share Holding	13	0.26	34.24	7.38
私营企业	Private Enterprises	1469	21.74	2546.40	1143.04
按国民经济行业分组	**By Sector**				
房屋和土木工程建筑业	Building and Civil Engineering Construction	1726	64.66	11432.87	5026.16
房屋工程建筑	Building Engineering Construction	1237	46.60	7456.13	3447.06
土木工程建筑	Civil Engineering Construction	489	18.06	3976.74	1579.10
建筑安装业	Construction Installation	133	2.25	333.26	175.13
建筑装饰业	Construction Decoration	91	4.16	170.06	85.22
其他建筑业	Others	43	0.51	141.06	51.44

Main Production Indicators on Construction Enterprises

建筑业总产值 (亿元) Total Output Value of Construction (100 million yuan)	#在外省完成的产值 Value of Construction Fulfilled outside of Guizhou Province	#建筑工程 Output Value of Construction	#安装工程 Output Value of Installation	房屋建筑施工面积 (万平方米) Floor Space of Buildings under Construction (10000 sq.m)	#本年新开工面积 Floor Space Started This Year
4578.04	**1413.09**	**3916.64**	**425.73**	**17892.13**	**5344.58**
2858.16	1266.07	2459.51	278.05	10014.69	2819.19
4457.64	1406.55	3851.10	375.80	17737.24	5252.98
120.40	6.54	65.54	49.93	154.89	91.60
4577.15	1413.09	3916.02	425.47	17889.68	5343.88
159.45	36.05	123.91	12.06	986.88	240.28
44.79	0	41.86	2.40	346.57	67.51
9.26	0.91	9.05	0.16	73.02	11.00
1169.91	58.37	1005.06	107.51	4717.06	1698.70
4284.77	1328.50	3793.79	311.65	17505.30	5135.12
2836.98	638.74	2585.68	102.14	17180.63	5003.82
1447.79	689.76	1208.11	209.51	324.67	131.30
197.69	63.95	67.99	108.16	169.49	108.38
54.45	3.07	38.46	5.26	198.45	94.85
41.13	17.57	16.40	0.66	18.89	6.23

15-3 建筑业企业房屋建筑(2021)

House Buildings by Construction Enterprises

指 标	Item	竣工面积(万平方米) Floor Space of Buildings Completed (10000sq.m)	#厂房、仓库 Workshop Storehouse	#住 宅 Residential Buildings	#教育用房 Educational Buildings	#卫生医疗用房 Medical Buildings	#科研用房 Scientific Research Buildings
总 计	**Total**	**4035.63**	**243.77**	**2662.55**	**228.20**	**81.48**	**11.14**
#国有及国有控股	Construction Enterprises of State-owned and State-controlled	1768.28	126.75	1217.03	46.34	41.50	2.01
#施工总承包企业	General Contractors	3937.19	232.99	2627.27	226.05	81.48	11.14
专业承包企业	Special Contractors	98.44	10.78	35.28	2.15		
按登记注册类型分组	**By Registration Status**						
#内资企业	Domestic Funded	4033.18	243.77	2662.55	225.75	81.48	11.14
#国有企业	State-owned	159.36	53.89	67.38	7.18	4.79	1.80
集体企业	Collective-owned	106.07	0.50	75.07	1.63	0.80	
股份有限公司	Company Limited with Share Holding	17.98		15.88	0.39		
私营企业	Private Enterprises	1316.51	55.33	864.75	91.39	21.22	2.25
按国民经济行业分组	**By Sector**						
#房屋和土木工程建筑业	Building and Civil Engineering Construction	3869.55	238.90	2554.92	225.61	81.46	11.14
房屋工程建筑	Building Engineering Construction	3802.80	237.89	2503.51	219.89	78.02	11.14
土木工程建筑	Civil Engineering Construction	66.75	1.01	51.41	5.72	3.44	
建筑安装业	Construction Installation	139.92	4.87	104.81	2.30	0.02	

15-4 历年建筑业总产值和房屋施工、竣工面积
Gross Output Value of Construction and Floor Space of Buildings Over the Years

年 份 Year	建筑业总产值(亿元) Gross Output Value of Construction (100 million yuan)	#国有及国有控股 State-owned and State-controlled	房屋施工面积(万平方米) Floor Space Under Construction (10000 sq.m)	房屋竣工面积(万平方米) Floor Space Completed (10000 sq.m)
1978	4.40	3.55	313	164
1979	4.44	3.40	371	185
1980	4.55	3.37	380	198
1981	4.76	3.27	392	213
1982	5.34	3.46	450	236
1983	6.22	3.85	501	258
1984	7.54	4.79	551	293
1985	9.81	6.34	662	342
1986	11.27	7.21	720	368
1987	12.93	8.62	725	378
1988	15.30	10.43	823	326
1989	15.57	11.07	765	305
1990	16.98	11.85	699	328
1991	20.32	14.09	739	335
1992	26.20	18.13	906	393
1993	37.65	26.63	1250	597
1994	48.69	36.65	1119	467
1995	55.40	44.58	1191	477
1996	66.49	52.45	1216	510
1997	76.70	59.78	1278	585
1998	83.20	62.42	1457	592
1999	96.65	70.91	1671	694
2000	109.06	77.04	1792	824
2001	150.20	110.40	1946	892
2002	181.12	133.62	2309	1054
2003	212.29	164.02	2520	980
2004	255.45	191.63	2820	1251
2005	271.23	207.88	3153	1150
2006	312.34	247.90	3369	1108
2007	348.79	271.69	3813	1204
2008	393.88	303.28	4230	1216
2009	523.91	408.00	4953	1244
2010	622.96	496.00	5756	1350
2011	824.72	659.29	6779	1530
2012	1039.95	859.68	8254	1863
2013	1365.00	1103.42	12174	2450
2014	1640.24	1264.19	13890	2801
2015	1947.74	1497.31	16770	3194
2016	2362.95	1556.54	19355	4112
2017	2932.96	1918.88	18054	4714
2018	3352.19	1887.33	16496	4912
2019	3714.89	2003.62	15929	4131
2020	4080.24	2088.56	17167	3952
2021	4578.04	2858.16	17892	4036

注:2018年数据为第四次经济普查数。

Note: The data of 2018 were the data from the fourth economic Census.

主要统计指标解释

建筑业总产值 是以货币形式表现的建筑业企业在一定时期内生产的建筑业产品和提供服务的总和。建筑业总产值包括：

(1)建筑工程产值：指列入建筑工程预算内的各种工程价值。

(2)安装工程产值：指设备安装工程价值，不包括被安装设备本身价值。

(3)其他产值：建筑业总产值中除建筑工程、安装工程以外的产值。包括房屋构筑物修理产值、非标准设备制造产值、总包企业向分包企业收取的管理费以及不能明确划分的施工活动所完成的产值。

a.房屋构筑物修理产值：指房屋和构筑物修理所完成的产值，但不包括被修理房屋、构筑物本身价值和生产设备的修理价值。

b.非标准设备制造产值：指加工制造没有定型的非标准生产设备的加工费和原材料价值(如化工厂、炼油厂用的各种罐、槽，矿井生产统一使用的各种漏斗、三角槽、阀门等)以及附属加工厂为本企业承建工程制作的非标准设备的价值。

在外省完成的产值 指建筑业企业在其他省份施工所完成的建筑业产值。

签订合同额 指建筑业企业在报告期直接同建设单位签订的各种国内工程合同的总价款和以前年度同建设单位签订的各种国内工程合同的未完成工程转入本年度继续施工工程合同的总价款余额。

房屋建筑施工面积 指在报告期内施工的全部房屋建筑面积，包括本期新开工的房屋面积、上期施工跨入本期继续施工的房屋面积、上期停缓建在本期恢复施工的房屋面积、本期竣工的房屋面积及本期施工后又停缓建的房屋面积。

房屋建筑竣工面积 指在报告期内房屋建筑按照设计要求全部完工，达到了住人和使用条件，经验收鉴定合格，正式移交使用单位的房屋建筑面积。

Explanatory Notes on Main Statistical Indicators

Gross Output Value of Construction refers to total of construction products and services, expressed in money terms, produced or rendered by construction and installation enterprises during a given period of time. It includes:

(1) Output value of construction projects: the value of projects covered by the project budgets;

(2) Output value of installation projects: the value of the installation of equipment, (excluding the value of the equipment to be installed);

(3) Other output values: the output value of construction industry apart from that of construction projects and installation projects. It includes: output value of repair of buildings and structures; output value of non-standard equipment manufacturing; overhead expenses received by contracted enterprises from the sub-contracted enterprises and the completed output value of construction activities for which there is no clear definition.

a. Output value of repair of buildings and structures: the value created through the repairs of buildings or structures. It does not include the value of buildings or structures being repaired and the value of the repair of production equipment;

b. Output value of manufactured non−standard equipment: the value of non−standard production equipment, including raw materials and manufacturing cost, made for the construction project (i.e., chemical plant; kettles or tanks used by refineries; various fillers, triangle tanks, valves used by mines). It also includes the output value of equipment manufactured by subsidiary workshops.

The Output Value in Other Provinces refers to the output value produced by the construction enterprises in other provinces .

The Total Amount of the Contract refers to the construction company in the reporting period directly with the construction unit signed a variety of domestic engineering contracts and the total price of the previous year with the construction unit signed a variety of domestic engineering contracts to complete the project transferred to the current year to continue construction contract price Balance.

Floor Space of Buildings Under Construction refers to floor space of buildings under construction during the reference period, including the space of buildings for which construction has newly started, buildings for which construction has started earlier and is continuing during the reference period, and buildings for which construction has been suspended earlier but has restarted during the reference period, buildings completed during the reference period, and buildings under construction but construction has subsequently been during the reference period.

Floor Space of Buildings Completed refers to the total floor space of each of the buildings that are completed in the reference period in accordance with the requirements of the design, up to the standard for being resided in and put into use, and have been checked and accepted by concerned departments as qualified ones.

运输和邮电

Transport, Postal and Telecommunication Services

16

简要说明

一、主要内容

本篇资料反映全省交通运输业、邮政和电信业、大数据等方面发展的基本状况。

交通运输业资料主要包括：铁路、公路、水运、航空四种运输方式的线路里程、各种运输方式完成的货物运输量和旅客运输量等资料。

邮政、电信业资料主要包括：营业网点及邮政邮路情况，电信主要通信能力，主要的邮电业务完成情况等资料。

大数据资料主要包括：互联网发展情况，软件和信息技术服务业等资料。

二、统计范围

1. 铁路资料：包括国家铁路（含控股合资）、地方铁路和非控股合资铁路运营情况，不含军用铁路及由厂矿企事业单位自建的铁路专用线和不办理公共营业的专用铁路。

2. 公路、水运资料：(1)公路和水路线路里程为年末通车和通航里程数，不含未正式投入使用的公路和航道里程；(2)民用汽车拥有量根据省公安厅交通管理局车管部门登记注册的车辆资料整理；(3)公路、水路客货运输量资料，由省交通运输厅负责收集整理；(4)公路、水路运输量统计包括全面调查和非全面调查两种方式，统计范围是在省交通运输主管部门登记注册的从事公路、水路客、货运输的营业性的车辆和船舶所完成的运输量。

3. 民航运输资料：统计对象为在贵州境内注册从事民用航空运输飞行和通用飞行的航空运输企业和定期航班通航机场，不包括在贵州境内运输飞行的外国航空公司。统计范围为各航空公司从事国内运输、港澳台运输、国际运输的定期航班航线条数及里程、运输量及飞机构成和运营情况、通用航空飞行完成情况等。

4. 邮政和电信业资料：包括邮政企业和获得快递业务经营许可的快递企业，以及从事电信运营的中国电信、中国移动、中国联通三家基础电信企业（不含专用网业务资料），主营业务收入100万元以上的软件和信息技术服务业等企业。邮电业务量按业务种类分为邮政业务量和电信业务量。

三、资料来源

本篇资料由省统计局根据部门资料加工、整理、编辑。

Brief Introduction

I. Main Contents

Data in this chapter present the development of transportation, post and telecommunications industry and big data in Guizhou.

Data on transport cover mainly the length of the routes of four means of transportation (railway, road, water and air), freight traffic, passenger traffic accomplished by various means of transportation etc.

Data on post and telecommunications industry cover mainly the situation of post and telecommunication offices and postal routes, main telecommunication capacity, business volume of postal and telecommunication services achieved.

Big Data mainly cover the development of Internet, services of software, information technology, etc.

II. Scope of Statistics

1. Data on railway transportation include the operation and management of the national, local and joint–venture railways, but not railways for military purpose, lines built by industrial and mining enterprises and special railways not for commercial use.

2. Data on highways and waterways: (1) The length of highways and waterways refers to the length open to traffic or navigation at the end of the year, not including the highways and waterways under construction or not officially having been put into use. (2) Data on the possession of civil motor vehicles are provided by the Divisions of Vehicle Management, which is subordinate to the Traffic Management Bureau of Guizhou Public Security. (3) Data on passenger traffic and freight traffic by highways and waterways are collected and prepared by the Ministry of Transport of Guizhou Province. (4) Data on highway and waterway transportation are collected through both comprehensive reporting system and non–comprehensive reporting system. The statistical scope encompasses all the enterprises, institutional units and individuals (including joint–households) registered in the Guizhou Provincial Transportation Department and engaged in highway or waterway freight or passenger transport business.

3. Data on civil aviation transport: The targets of statistical collection are enterprises registered for engagement in civil aviation transport flights and flights for general purposes and general aviation airports with scheduled

flights. Excluded are foreign companies which operate flights within Guizhou territory. The scope of statistics encompasses number of lines, mileage flown, transport volume, composition of the fleets operational situation of the airlines, performance of general purpose flights in respect of province transport, transport between China mainland and Hong Kong, Macao and Taiwan, and international transport.

4. Data on post and telecommunications industry: Data in this category include postal enterprises and express delivery companies with annual revenue above 2 million yuan, the three major enterprises of telecommunication: China Telecom, China Mobile and China Unicom (not including services provided through dedicated networks), and enterprises of software and IT services with turnover from primary activities above one million yuan. By types of business, the business volume of post and telecommunications is divided into postal services and telecommunication services; by coverage it is divided into province service, international service, and service between mainland and Hong Kong as well as Macao (business volume of the service to Taiwan is covered in that for Hong Kong and Macao).

III. Sources of Data

The data in this chapter are processed, collasorted out and edited by the Guizhou Provincial Bureau of Statistics according to departmental data.

16-1 境内运输线路长度

Length of Domestic Transportation Routes

单位:公里 (km)

指 标	Item	2017	2018	2019	2020	2021	2021年比2020年增长(%) Increase Rate in 2021 over 2020(%)
铁路营业里程	**Length of Railways in Operation**	**3285**	**3560**	**3753**	**3873**	**3873**	**持平**
#复线里程	Double-tracking Length	1630	1941	2129	2344	2344	持平
#高速铁路营运里程	Length of High-speed Railways	860	1127	1337	1457	1457	持平
公路线路里程	**Length of Highways**	**194379**	**196908**	**204723**	**206693**	**207190**	**0.2**
按行政等级分	**Classified by Administrative Level**						
国 道	State Road	11735	11910	11875	12069	12080	0.1
#国家高速公路	Expressway	3280	3458	3441	3647	3661	0.4
省 道	Provincial Road	20331	20877	21422	21657	22091	2.0
县 道	County Road	34501	34648	36422	36729	35898	-2.3
乡 道	Township Road	45822	45898	48568	49117	48603	-1.0
村 道	Village Road	81990	83575	86436	87122	88519	1.6
按技术等级分	**Classified by Technical Grade**						
等级公路	Expressway and Class I to IV Highways	148839	156559	170883	183245	188797	3.0
高速公路	Expressway	5835	6453	7005	7607	8010	5.3
#四车道	Four-lane	5497	6116	6668	7178	7563	5.4
一 级	First Class	1313	1464	1397	1438	1459	1.5
二 级	Second Class	7468	8433	9280	10283	10670	3.8
三 级	Third Class	7235	6918	6937	6727	6350	-5.6
四 级	Fourth Class	126988	133291	146264	157190	162308	3.3
等外公路	Highways Below Class IV	45540	40349	33840	23448	18392	-21.6
按路面类型分	**Classified by Pavement**						
有铺装路面(高级)	Paved Road (advanced)	97622	110799	132720	161353	170244	5.5
沥青混凝土	Asphalt Concrete	17662	21305	24729	30817	33740	9.5
水泥混凝土	Cement Concrete	79960	89494	107991	130536	136504	4.6
简易铺装路面	Simple Paved Road	33018	31959	31426	27903	25970	-6.9
未铺装路面	Not-paved Road	63739	54150	40577	17437	10975	-37.1
可绿化里程	Greening Mileage	182197	186105	191353	191986	190759	-0.6
养护里程	Maintained Road	192180	195224	202992	206547	207190	0.3
内河航道里程	**Length of Navigable Inland Waterways**	**3664**	**3745**	**3755**	**3954**	**3954**	**持平**

注:1.资料来源于省交通运输厅、中国铁路成都局集团有限公司(以下相关表同)。2.公路线路里程包括村道里程。3.铁路复线里程数据为成都铁路局管辖范围内贵州省的数据。4.2016年路网调整,将专用公路调整到类似省道、县道、乡道、村道。

Note:1. The data in the table are obtained from the Department of Transportation of Guizhou Province and China Railway Chengdu Group Co., Ltd (the relative tables in the chapter are the same). 2. Length of Highways includes the length of village road. 3. The data of Double-tracking Railway Length belongs to Guizhou Province under the jurisdiction of Chengdu Railway Bureau. 4. According to the road network adjustment in 2016, accommodation highway has been classified into the level of provincial road, county road, township road and village road.

16-2 民用航空运输

Civil Aviation Transportation

指　标	Item	2017年	2018年	2019年	2020年	2021年
机场个数(个)	**Number of Civil Airports(unit)**	**11**	**11**	**11**	**11**	**11**
起降架次(架次)	**Take-off and Landing Flights(unit)**	**233881**	**247792**	**262487**	**226224**	**237474**
#贵阳/龙洞堡机场	Guiyang/Longdongbao Airport	149050	158567	167063	134606	134639
铜仁/凤凰机场	Tongren/Phoenix Airport	19126	13506	8278	5842	6052
兴义/万峰林机场	Xingyi/Wanfenglin Airport	10653	12383	14814	12536	11783
安顺/黄果树机场	Anshun/Huangguoshu Airport	5652	6978	6836	1396	967
黎平机场	Liping Airport	2250	1128	3651	4407	10004
黔南/荔波机场	Qiannan/Libo airport	1984	3500	2398	1286	952
遵义/新舟机场	Zunyi/Xinzhou Airport	15310	18902	20759	15639	13743
毕节/飞雄机场	Bijie/Feixiong Airport	13708	13622	14220	10415	7490
凯里/黄平机场	Kaili/Huangping Airport	9476	3191	2596	19174	33617
六盘水/月照机场	Liupanshui/Yue Zhao Airport	5484	5536	4502	3078	2123
遵义/茅台机场	Zunyi/Maotai Airport	1188	10479	17370	17845	16104
旅客吞吐量(人次)	**Throughput of Passengers(person-times)**	**24576507**	**27995046**	**30308964**	**22531598**	**22215015**
#贵阳/龙洞堡机场	Guiyang/Longdongbao Airport	18109610	20094681	21910911	16583878	16964158
铜仁/凤凰机场	Tongren/Phoenix Airport	1344928	1276640	924490	601073	528431
兴义/万峰林机场	Xingyi/Wanfenglin Airport	922070	1120857	1384614	1042558	1001683
安顺/黄果树机场	Anshun/Huangguoshu Airport	421517	441391	368934	110843	69293
黎平机场	Liping Airport	93382	50747	20064	37670	50456
黔南/荔波机场	Qiannan/Libo airport	101462	182668	155182	82762	71783
遵义/新舟机场	Zunyi/Xinzhou Airport	1561066	2033587	2257147	1531287	1292664
毕节/飞雄机场	Bijie/Feixiong Airport	1110613	1216557	1217071	777257	552352
凯里/黄平机场	Kaili/Huangping Airport	425155	141478	94791	119004	155964
六盘水/月照机场	Liupanshui/Yue Zhao Airport	385141	430977	323636	194846	114850
遵义/茅台机场	Zunyi/Maotai Airport	101563	1005463	1652124	1450420	1413381
货邮吞吐量(吨)	**Throughput of cargo(tons)**	**107015.1**	**117967.1**	**127360.8**	**118121.7**	**119934.4**
#贵阳/龙洞堡机场	Guiyang/Longdongbao Airport	102369.7	112396.2	120110.2	113452.0	115242.6
铜仁/凤凰机场	Tongren/Phoenix Airport	131.9	173.9	93.4	50.8	44.6
兴义/万峰林机场	Xingyi/Wanfenglin Airport	891.0	1139.0	1364.2	782.9	2039.6
安顺/黄果树机场	Anshun/Huangguoshu Airport	897.2	730.0	347.0	9.5	2.3
黎平机场	Liping Airport	11.7	1.8	0.0	0.0	0.0
黔南/荔波机场	Qiannan/Libo airport	0.9	1.1	27.4	2.1	2.8
遵义/新舟机场	Zunyi/Xinzhou Airport	1618.1	2315.9	3611.9	2167.5	1461.6
毕节/飞雄机场	Bijie/Feixiong Airport	1046.1	835.1	743.2	575.0	250.9
凯里/黄平机场	Kaili/Huangping Airport	0.6	1.7	4.5	60.2	5.6
六盘水/月照机场	Liupanshui/Yue Zhao Airport	48.0	63.4	55.3	50.9	55.4
遵义/茅台机场	Zunyi/Maotai Airport	0.0	309.1	1003.7	970.8	829.1

注：资料来源于贵州省机场集团有限公司。

Note: The data in the table are provided by Guizhou Airports Group Co., Ltd..

16-3 汽车保有量
Possession of Civil Vehicles

单位:万辆 (10000 units)

指 标	Item	2017	2018	2019	2020	2021	2021年比2020年增长(%) Increase Rate in 2021 over 2020(%)
汽车保有量	Total	415.71	480.60	533.70	577.05	622.76	7.9
#载客汽车	Passenger Vehicles	355.32	414.49	463.59	504.02	544.02	7.9
载货汽车	Trucks	56.49	62.13	67.62	71.63	76.04	6.2
#私人汽车	Private Vehicles	375.93	437.70	488.91	533.46	575.49	7.9

注:资料来源于省交警总队车辆管理所。
Note:The data in the table are obtained from the Vehicle Management Office of the Provincial Traffic Police Corps.

16-4 快递业务量
Business Volume of Express services

指 标	Item	2017	2018	2019	2020	2021
快递(万件)	**Pieces of Express Mail Services (10000 pcs)**	**15781.90**	**21193.68**	**24584.40**	**28156.99**	**39787.06**
国内同城快递	Local Express Service	4704.42	6848.08	6141.45	5058.01	8819.68
国内异地快递	National Express Service	11067.63	14331.46	18420.78	23048.96	30909.09
国际及港澳台	Hong Kong, Macao, Taiwan and International Express Service	9.85	14.14	22.17	50.03	58.29
快递业务收入(亿元)	**Revenue from Express Service (100 million yuan)**	**31.15**	**40.45**	**46.11**	**52.21**	**66.68**

注:资料来源于省邮政管理局。
Note: The data in this table are provided by Guizhou Provincial Postal Administration.

16-5 旅客运量及周转量
Passenger Traffic and Passenger-Kilometers

指 标	Item	2017	2018	2019	2020	2021
旅客运量(万人)	Passenger Traffic (10000 persons)	101664	93025	93756	40137	25855
铁 路	Railways	5797	6761	7196	5536	6481
公 路	Highways	93909	84053	84255	33584	19004
水 运	Waterways	1958	2211	2305	1017	370
旅客周转量(亿人公里)	Passenger-Kilometers (100 million passenger-km)	719.46	798.67	832.94	524.47	404.17
铁 路	Railways	249.50	322.82	353.97	224.98	255.39
公 路	Highways	463.93	469.08	471.47	295.84	153.89
水 运	Waterways	6.03	6.77	7.50	3.65	0.89

16-6 货物运输量及周转量
Freight Traffic and Ton-Kilometers

指 标	Item	2017	2018	2019	2020	2021
货物运输量(万吨)	**Freight Traffic (10000 tons)**	**96076**	**102535**	**106417**	**86444**	**96990**
铁 路	Railways	5278	5511	5523	5801	7276
公 路	Highways	89298	95354	99220	79412	89154
水 运	Waterways	1500	1670	1674	1231	560
货物周转量(亿吨公里)	**Freight Ton-Kilometers (100 million ton-km)**	**1651.77**	**1797.68**	**1953.89**	**1265.12**	**1435.90**
铁 路	Railways	602.60	606.10	641.64	617.79	685.85
公 路	Highways	1008.58	1146.51	1267.06	609.80	726.31
水 运	Waterways	40.59	45.07	45.19	37.53	23.73

注:2019年开展货运专项调查,2019年公路货物运输量、公路货物周转量为专项调查数。
Note:The data of highway freight traffic and highway freight ton-kilometers in 2019 are obtained from the special investigation on freight transportation which was carried out in 2019.

16-7 电信主要指标

Major Indicators of Telecommunications

指 标	Item	2017	2018	2019	2020	2021	2021年比2020年增长(%) Increase Rate in 2021 over 2020(%)
电信业务总量(亿元)	**Business Volume of Telecommunication Services(100 million yuan)**	**825.29**	**2191.17**	**3874.88**	**5077.71**	**431.10**	**18.8**
交换机总容量(万门)	Capacity of Telephone Exchanges (10000 line)	5238.30	5938.50	6597.10	—	—	—
移动电话交换机容量(万户)	Capacity of Mobile Telephone Exchanges (10000 subscribers)	4908	5605	6565	—	—	—
长途光缆线路长度(万公里)	Length of Long Distance Optical Cable Lines (10000km)	90.00	96.90	114.14	123.05	134.63	9.4
年末固定电话用户数(万户)	Number of Fixed Line Telephone at the Year-end (10000 subscribers)	248.00	238.94	229.71	223.14	239.47	7.3
#农村电话用户	Rural Fixed Telephone Subscribers	45.40	43.11	—	—	—	—
城市电话用户	Urban Fixed Telephone Subscribers	202.50	195.83	—	—	—	—
#公 用	Public Telephone	8.00	6.03	—	—	—	—
移动电话用户(万户)	Number of Mobile Telephone Subscribers (10000 subscribers)	3792.27	4248.90	4386.24	4386.92	4503.84	2.7
移动短信业务量(亿条)	Business Volume of Short Message Services (100 million messages)	93.68	126.62	199.19	244.91	260.62	6.4
互联网宽带接入端口(万个)	Broadband Subscribers Port of Internet (10 000 ports)	1283.31	1575.13	1759.85	1744.46	2045.11	17.2
电话普及率(包括移动电话)(部/百人)	Popularization Rate of Telephone (Include Mobile Telephone) (set/100 persons)	114.47	125.36	128.94	127.25	130.92	—
#移动电话普及率	Popularization Rate of Mobile Telephone	107.44	118.68	122.52	121.09	124.31	—
已通电话的行政村比重(%)	Percentage of Administrative Villages Already on Call (%)	100	100	100	100	100	—
国内长途电话(万分钟)	Number of Long Distance Telephone Calls Inside Country (10000 minutes)	106311	95241	—	—	—	—
国际及港澳长途电话(万分钟)	Number of Long Distance Telephone Calls outside Country or to Macao and Hong Kong (10000 minutes)	16.73	14.89	—	—	—	—

注:1.资料来源于省通信管理局。2.电信业务总量,2017—2020年按2015年不变价计算,2021年采用2020年不变单价计算。3.电信业务总量增速均按照当年可比口径进行计算。

Note: 1.The data in the table are obtained from the Guizhou Communications Administration. 2. Business volume of telecommunication services in 2016 is calculated at constant prices of 2010, that from 2017 to 2020 is calculated at constant prices of 2015, and that in 2021 is calculated at constant prices of 2020. 3. The growth rate of total telecommunications services is calculated according to the comparable caliber of the year.

16-8 邮政主要指标

Major Indicators of Post

指 标	Item	2017	2018	2019	2020	2021	2021年比2020年增长(%) Increase Rate in 2021 over 2020(%)
邮电局所总数(处)	**Number of Post and Telecommunication Offices (unit)**	**15751**	**21082**	**18393**	**17277**	**19158**	**10.9**
#邮 政	Post	1828	1830	1830	1826	1829	0.2
电 信	Telecommunication	13923	19252	16563	15451	17329	12.2
邮路网路总长度 (公里)	Length of Postal Routes (km)	148484	147277	150032	175412	161501	-7.9
#汽车邮路	Highway Routes	56927.8	55721	57207	80928	99039	22.4
邮政业务总量 (亿元)	Business Volume of Postal Services (100 million yuan)	53.23	63.07	76.05	85.48	87.81	23.1
函件(万件)	Number of Letters (10000 pcs)	7773	9288	6092	3809	2481	-34.9
报刊、杂志累计订销数(万份)	Number of Newspapers and Magazines Sold and Booked (10000 copies)	39888	41063	39610	38537	38082	-1.2
国内快递 (万件)	Pieces of Express Mail Services inside Nation (10000 pcs)	15772	21180	24562	28107	39729	41.3
国际及港澳台快递(万件)	Pieces of Express Mail Services outside Nation (10000 pcs)	9.85	14.14	22.17	50.03	58.29	16.5
集邮业务 (万枚)	Stamps for Collection (10000 pcs)	4398.1	3356.45	2769.3	1773.0	1289.4	-27.3

注：1.资料来源于省邮政管理局、省通信管理局。2.邮电局所总数含授权代理点、电信部门特约代理点。3.邮路网路总长度为邮路总长度。4.国内、国际特快专递含快递企业数据。5. 2021年邮政业务总量按2020年不变单价计算，同比增长按可比口径计算。

Note: 1. The data in this table are from Guizhou Provincial Postal Administration and Guizhou Communications Administration. 2. The total number of the post offices contains the authorized agencies and the special agencies of the telecom department. 3.The total length "postal" index changes to Length of Postal Routes. 4.Domestic and international express mail include data of delivery enterprise. 5.Total postal business volume in 2021 is calculated at constant unit price in 2020, and year-on-year growth is calculated at comparable caliber.

16-9 历年交通运输

Transportation over the Years

年份 Year	铁路营业里程(公里) Length of Railways in Operation (km)	公路线路里程(公里) Length of Highways(km)	客运量(万人) Passenger Traffic (10000 persons)			货运量(万吨) Freight Traffic (10000 tons)			
				铁路 Railway	公路 Highway	水运 Waterway		铁路 Railway	公路 Highway	水运 Waterway
1978	1365	25954	3294	977	2260	57	3467	1320	2083	64
1979	1373	26166	4608	1083	3462	63	3599	1314	2209	76
1980	1374	27367	5950	1164	4700	86	3424	1395	1953	76
1981	1373	27422	7175	1224	5873	78	3541	1481	1991	69
1982	1396	27499	8026	1288	6648	90	3825	1581	2164	80
1983	1396	27675	8259	1456	6707	96	4233	1665	2488	80
1984	1411	27872	9915	1620	8184	111	4600	1777	2735	88
1985	1419	27999	10874	1638	9102	134	5717	1874	3758	85
1986	1419	28383	11033	1458	9387	188	6551	1949	4510	92
1987	1420	29823	13512	1461	11854	197	7613	2043	5479	91
1988	1420	30445	14361	1633	12564	164	8570	2074	6413	83
1989	1420	30716	14923	1530	13125	268	9459	2178	7170	111
1990	1420	31157	17048	1256	15682	110	9840	2315	7414	111
1991	1419	31588	19081	1255	17718	108	10008	2365	7551	92
1992	1423	31889	21641	1251	20262	128	11349	2498	8752	99
1993	1423	32092	23494	1366	22010	118	11495	2537	8851	107
1994	1423	32398	27076	1515	25313	248	12189	2599	9453	137
1995	1423	32487	36151	1572	34304	275	12586	2657	9806	123
1996	1423	32700	42429	1843	40245	341	12182	2770	9192	220
1997	1640	33211	46644	1957	44416	271	13077	2739	10117	221
1998	1648	33604	48468	2048	45987	433	13577	3044	10219	314
1999	1654	33973	49457	2194	46807	456	14065	3272	10449	344
2000	1641	34643	53032	2251	50313	468	15615	3577	11684	354
2001	1644	34618	54665	2017	52154	494	16344	3875	12114	355
2002	1893	44220	55980	1947	53478	555	17399	4356	12685	358
2003	1900	45304	55074	1796	52695	583	18224	4971	12886	367
2004	1891	46128	58707	1855	56077	775	19439	5504	13541	394
2005	1986	46893	64450	2191	61414	845	21771	6169	15082	520
2006	2014	113277	69270	2536	65786	948	24709	6826	17284	599
2007	2012	123247	74440	2979	70377	1084	26788	7289	18834	665
2008	1962	125365	80056	3199	73550	1507	33576	6683	26156	737
2009	1983	142561	84981	3204	80044	1733	34844	6997	27031	816
2010	2002	151644	97793	3437	65452	1930	40310	7991	30834	910
2011	2070	157820	120554	3939	66303	2186	44890	7219	36684	987
2012	2058	164542	142809	3902	77172	2453	52765	6665	44892	1098
2013	2093	172564	83435	4322	77359	1755	72700	6458	65100	1142
2014	2373	179079	86572	4409	80231	1931	85673	6319	78017	1338
2015	2810	186407	87541	4901	80621	2019	84540	5736	77341	1463
2016	3270	191626	89464	5169	82198	2096	89525	5634	82237	1654
2017	3285	194379	91804	5797	93909	1958	96241	5278	89298	1500
2018	3560	196908	93025	6761	84053	2211	102536	5511	95354	1670
2019	3753	204723	93756	7196	84255	2305	106802	5523	99220	1674
2020	3873	206693	40137	5536	33584	1017	86444	5801	79412	1231
2021	3873	207190	25855	6481	19004	370	96990	7276	89154	560

注: 1.资料来源于省交通运输厅、中国铁路成都局集团有限公司。2.2006年起,公路线路里程包括村道里程;2008年公路、水路运输量采用全国公路水路运输量专项调查数据(下表同)。3.2013年由于交通运输部对公路、水运运输量统计方案进行调整,相关数据统计口径发生变化,相同指标数据与以往年份不可比(下表同)。

Note: 1. The data in the table are obtained from the Department of Transportation of Guizhou Province and China Railway Chengdu Group Co., Ltd. 2.From 2006, the total length of highways contained the length of village road; the data of highways and waterways freight traffic have been adapted to special volume investigation data in 2008 (the same applies to the next table). 3.Because the statistics schemes of highway, waterway transport volume are adjusted by the Ministry of Transport of the People´s Republic of China in 2013, and the related data statistics caliber changed, and the same indicators can not compare with those of previous years (the same applies to the next table).

16-10 历年旅客周转量和货物周转量

Passenger-kilometers and Freight Ton-kilometers over the Years

年份 Year	旅客周转量(亿人公里) Passenger-kilometers (100 million passenger-km)	铁路 Railway	公路 Highway	水运 Waterway	货物周转量(亿吨公里) Freight Ton-kilometers (100 million ton.km)	铁路 Railway	公路 Highway	水运 Waterway
1978	25.50	16.04	9.26	0.20	79.60	72.30	6.57	0.73
1979	31.54	19.66	11.68	0.20	93.99	86.49	6.59	0.91
1980	37.69	22.77	14.67	0.25	96.03	88.99	5.91	1.13
1981	43.28	25.32	17.73	0.23	100.43	93.19	6.23	1.01
1982	46.93	26.70	19.99	0.24	109.69	98.99	9.50	1.20
1983	52.35	30.69	21.40	0.26	117.22	104.86	10.97	1.39
1984	61.04	36.21	24.55	0.28	132.72	119.19	11.61	1.92
1985	74.07	45.11	28.64	0.32	151.42	133.22	16.32	1.88
1986	76.45	47.39	28.70	0.36	171.03	148.13	20.44	2.46
1987	93.19	53.22	39.60	0.37	186.09	156.33	26.87	2.89
1988	105.67	61.20	44.14	0.33	196.04	159.75	33.50	2.79
1989	105.73	58.08	47.16	0.49	216.45	174.59	38.96	2.90
1990	102.90	49.20	53.34	0.36	224.31	179.72	41.84	2.75
1991	117.61	54.84	62.52	0.25	232.91	186.96	42.51	3.44
1992	136.77	66.62	69.84	0.31	268.80	214.88	49.84	4.08
1993	156.26	80.86	75.12	0.28	292.96	239.40	49.12	4.44
1994	173.71	88.72	84.53	0.46	298.44	243.87	50.06	4.51
1995	180.09	91.23	88.32	0.54	301.28	245.76	51.34	4.18
1996	185.94	88.32	96.84	0.78	317.70	261.99	51.07	4.64
1997	191.02	97.97	92.52	0.53	336.08	277.95	54.06	4.07
1998	201.77	101.13	99.97	0.67	330.30	270.40	54.84	5.06
1999	229.20	118.37	109.95	0.88	370.03	305.68	60.28	4.07
2000	238.36	120.79	116.54	1.03	404.07	334.11	65.86	4.10
2001	251.06	124.22	125.76	1.08	439.30	364.71	70.36	4.23
2002	250.79	116.10	133.60	1.09	486.03	407.26	74.25	4.52
2003	248.55	112.08	135.31	1.16	547.01	465.92	76.63	4.46
2004	278.21	125.87	150.79	1.55	610.88	520.70	84.27	5.91
2005	312.40	145.71	164.91	1.78	646.55	544.31	94.15	8.09
2006	349.82	160.98	186.91	1.93	680.96	557.70	114.48	8.78
2007	369.20	160.51	206.40	2.29	721.26	583.85	127.99	9.42
2008	407.59	163.00	241.15	3.44	809.93	564.31	234.96	10.66
2009	430.56	162.41	264.06	4.09	897.38	644.41	241.60	11.37
2010	514.41	189.38	281.02	4.57	1012.20	706.45	286.72	12.75
2011	631.74	204.58	343.17	5.15	1060.69	696.36	350.09	14.23
2012	718.22	199.20	426.80	5.85	1177.78	693.68	464.56	16.47
2013	593.62	211.21	377.87	4.54	1292.11	655.85	610.64	25.62
2014	635.50	217.39	412.92	5.19	1442.24	634.35	776.95	30.94
2015	658.23	229.92	422.79	5.52	1379.00	561.27	782.47	35.26
2016	674.86	226.00	443.10	5.76	1482.00	566.40	873.23	42.37
2017	720.15	249.50	463.93	6.03	1656.25	602.60	1008.58	40.59
2018	798.67	322.82	469.08	6.77	1797.68	606.10	1146.51	45.07
2019	832.94	353.97	471.47	7.50	1953.89	641.64	1267.06	45.19
2020	524.47	224.98	295.84	3.65	1265.12	617.79	609.80	37.53
2021	410.17	255.39	153.89	0.89	1435.90	685.85	726.31	23.73

16-11 互联网主要指标发展情况(年底数)

Main Indicators on Internet Development at Year-end

指　标	Item	2016	2017	2018	2019	2020
互联网宽带接入端口(万个)	Broadband Subscribers Port of Internet (10000 ports)	1113.9	1325.6	1535.4	1759.9	1744.5
移动互联网用户(万户)	Mobile Internet Subscribers (10000 subscribers)	2528.7	2938.5	3323.1	3520.1	3597.4
移动互联网接入流量(万GB)	Flow Accessed to Mobile Internet (10000 GB)	20948.9	84612.3	250673.2	461004.4	638807.0
互联网宽带接入用户(万户)	Broadband Subscribers of Internet (10000 subscribers)	459.5	568.6	732.0	892.9	1002.4
#城市宽带接入用户	Urban Broadband Subscribers	361.5	436.7	568.0	715.6	778.1
农村宽带接入用户	Rural Broadband Subscribers	97.9	131.9	164.1	177.2	224.3
#家庭宽带接入用户	Household Broadband Subscribers	413.5	517.4	632.5	768.6	873.9
单位宽带接入用户	Institution Broadband Subscribers	46.0	51.2	99.5	124.3	128.5
域名数(万个)	Number of Domain Names (10000 units)	18.8	25.5	39.8	119.9	110.1
网页数(万个)	Number of Webpages (10000 pages)	18057.6	17166.7	15726.2	25034.4	11949.1
IPv4地址数(万个)	IPv4 Addresses (10000)	154.1	149.0	149.1	149.2	149.9

注:数据来源于《中国统计年鉴》。(下表同)

Note: The data come from China Statistical Yearbook.

16-12 软件和信息技术服务业主要经济指标

Main Indicators on Software and Information Technology Services

单位:亿元 (100 million yuan)

指　标	Item	2016	2017	2018	2019	2020
软件业务收入	Software Income	127.83	129.73	176.73	212.34	267.83
#软件产品收入	Software Products Income	50.27	19.11	29.96	23.98	30.38
#信息技术服务收入	Income from IT Service	76.78	102.71	143.95	182.83	228.94
#信息安全收入	Information Safety Income			0.87	4.11	4.83
#嵌入式系统软件收入	Embedded System and Software Income	0.79	7.90	1.96	1.40	3.68

注:本表统计口径为主营业务收入500万元以上的软件和信息技术服务业等企业。

Note: The data in the table cover enterprises with revenue from principal business of over 5 million yuan of software and information technology services etc.

主要统计指标解释

铁路营业里程 又称营业长度，指投入客货运输营业或临时营业的线路长度。

公路线路里程 指报告期末公路的实际长度。包括城间、城乡间、乡(村)间能行驶汽车的公共道路，公路通过城镇街道的里程，公路桥梁长度、隧道长度、渡口宽度。不包括城市街道里程，断头路里程，农(林)业生产用道路里程，工(矿)企业等内部道路里程。按已竣工验收或交付使用的实际里程计算；两条或多条公路共同经由同一路段的重复里程，只计算一次。

内河航道里程 指在一定时期内，能通航运输船舶及排筏的天然河流、湖泊水库、运河及通航渠道的长度。包括全年季节性通航累计三个月以上的航道，不包括仅供零散流放竹、木排的河道。两省以河为界的航道里程，双方均按一半计算，以免重复。该指标可以反映内河水运网的规模、水平和发展情况。

货(客)运量 指在一定时期内，各种运输工具实际运送的货物(旅客)数量。货运按吨计算，客运按人计算。货物不论运输距离长短、货物类别，均按实际重量统计。旅客不论行程远近或票价多少，均按一人一次客运量统计；半价票、小孩票按一人统计。

货物(旅客)周转量 指在一定时期内，由各种运输工具运送的货物(旅客)数量与其相应运输距离的乘积之总和。计算货物周转量通常按发出站与到达站之间的最短距离，也就是计费距离计算。计算公式为：

$$\text{货物(旅客)周转量} = \sum \text{货物(旅客)运输量} \times \text{运输距离}$$

移动电话用户 指通过移动电话交换机进入移动电话网、占用移动电话号码的电话用户。用户数量以报告期末在移动电话营业部门实际办理登记手续进入移动电话网的户数进行计算，一部移动电话统计为一户。

固定电话用户 指在电信运营企业营业网点办理开户登记手续并已接入固定电话网上的全部电话用户。包括普通电话用户、公用电话用户、窄带综合业务数字网(N—ISDN)用户、智能网专用接入终端用户等。按行政区划分为城市电话用户和农村电话用户。1997年以前，市内电话用户是指接入县城及县以上城市的电话网上的电话用户；农村电话用户是指接入县邮电局农话台及县以下农村电话交换点，以县城为中心(除市话用户外)联通县、乡(镇)、行政村、村民小组的用户。从1997年起，电话用户数分组以用户所在区域划分，调整为城市电话用户和乡村电话用户，与过去的按市内电话和农村电话划分方法不同。电话用户总数、电话机总部数统计范围不变。

城市电话用户 指按行政区划属于中央直辖市、省辖市、地级市、县级市的市区、市郊区及县城区范围内的电话用户数。包括分布在农村地区但以县团级以上建制的独立工矿区、林区、驻军的电话用户。

农村电话用户 指按行政区划属于城市范围以外的乡(镇)、村电话用户。

Explanatory Notes on Main Statistical Indicators

Length of Railways in Operation also is known as operating length and refers to the total length of the trunk line for passenger and freight transportation in full operation or temporary operation.

Length of Highways refers to the actual length of highways at the end of reference period. It covers public roads running vehicles among cities, city and rural areas, township (villages), highways passing through streets at small cities and towns, length of bridges and tunnels, width of ferry piers. It does not include the length of streets in cities, dead end highways, the length of streets built for agricultural (forest) production and inside factories (mines). It can only be calculated with the actual mileage having been completed, checked and accepted or put into operation. If two or more highways go the same section of the way, the length of the section is only calculated for once and no duplication is allowed.

Length of Navigable Inland Waterways refers to the length of the natural rivers, lakes, reservoirs and canals that are open to navigation for ships and rafts during a given period. It includes the channels with annual seasonal navigation for more than three months other than the waterways only for scattered bamboo and wooden rafts. If two provinces share one river as the border, the length of waterways will be half divided for each province to avoid duplication. This indicator can reflect the scale, level and development situation of the inland waterway network.

Freight (Passenger) Traffic refers to the weight of freight (number of passenger) transported with various means within a specific period of time. Freight transport is calculated in tons and passenger traffic is calculated in the number of persons. Despite the type of freight and travelling distance, the freight transport is calculated in the actual weight of the goods: and despite the travelling distance and ticket price, the passenger traffic is calculated by the principle that one person can be counted only once in one travel. The passenger who travel with a half price ticket or a child ticket is also calculated as one person.

Freight Ton-kilometers (Passenger-kilometers) refer to the sum of the products of the volume of transported cargo (passengers) multiplying by the transport distance. Normally, the shortest distance between the departure station and the destination station (i.e., the payable distance) is the basis to calculate the freight ton-kilometers. The formula is as follows:

$$\text{Freight Ton-kilometers (Passenger-kilometers)} = \sum \{\text{Freight (Passenger) Traffic} \times \text{Distance of Transportation}\}$$

Mobile Telephone Subscribers refer to the persons who are connected with the mobile telephone communication network through the mobile telephone switchboards and occupy mobile phone numbers. In the reporting period the number of users in the mobile phone operating divisions actual registration number of households into the mobile phone network to calculate, a mobile phone is counted as a household.

Local Telephone Subscribers refers to all subscribers who have gone through registration procedures in the operation points of enterprises engaged in telecommunications and are hence connected to the local telecommunications service provider through fixed line network. Included are general subscribers, public telephones subscribers, N-ISDN subscribers and intelligent network terminal subscribers. They are also classified in terms of administrative districts as urban telephone subscribers and rural telephone subscribers according to location. Before 1997, the "local phone users" refers to access cities above county and county telephone line telephone subscribers; "Rural Telephone User" refers to access the post office, if farmers Taiwan county and below county rural telephone exchange points, to the county as the center (except local subscriber outside) Unicom county and township (town), administrative villages, village groups of users. From 1997 onwards, the number of telephone users adjust to the user group area classified as "urban telephone subscribers" and "rural telephone subscribers," with the past by local and rural telephone divided in different ways. But the number of telephone users and telephone statistical range are unchanged.

Urban Telephone Subscribers refers to the number of telephone users in the urban area, suburban area and county area, which are under the jurisdiction of central municipalities, municipalities directly under the central government, municipalities directly under the provincial government, prefecture-level cities, county-level cities, including telephone users in rural areas, but in the independent industrial and mining areas, forest areas and military garrison established at or above the county and regiment level.

Rural Telephone Subscribers refers to the telephone users of townships (towns) and villages outside the city limits according to the administrative divisions.

批发和零售、住宿和餐饮业

Wholesale and Retail Trades, Hotels and Catering Services

17

简 要 说 明

一、主要内容

本篇资料主要反映全省批发和零售业、住宿和餐饮业的基本情况和经营状况。包括:社会消费品零售总额、限额以上批发和零售业的基本情况、商品交易、限额以上住宿和餐饮业基本情况。

二、统计范围

限额以上批发和零售业的法人企业、个体经营户,零售连锁集团,成交额在亿元以上的商品交易市场,以及参与商品零售、餐饮经营活动的各行业法人企业、产业活动单位和个体经营户。限额以上批发和零售业统计单位指:批发业,年主营业务收入2000万元及以上;零售业,年主营业务收入500万元及以上。

限额以上住宿和餐饮业法人企业、个体经营户;餐饮连锁集团;旅行社、星级饭店和旅游者。限额以上住宿和餐饮业统计单位为年主营业务收入200万元及以上。

三、统计调查方法

限额以上单位采用全面调查方法。

四、资料来源

本篇资料由省统计局提供。

Brief Introduction

I. Main Contents

The data in this chapter reflect the development and operation of wholesale and retail trades, as well as hotel and catering services.

The main contents of data on wholesale and retail trades include total retail sales of consumer goods, basic conditions, operation and financial status of the wholesale and retail trades above designated size, commodity trading.

The data on hotel and catering services mainly include the basic conditions, operation and financial status of hotel and catering services above the designated size, etc.

II. Scope of Statistics

Included in this chapter are the registered enterprises and self-employed individuals of wholesale and retail trades, chain enterprises, large commodity markets with transaction value over 100 million yuan. corporation enterprises, economic active establishments and self-employed individuals involved in retail trades, as well as catering services. The criteria for wholesale and retail sale trades above designated size are as follows: wholesale trade with annual principal business sales over 20 million yuan; retail trade with annual principal business sales over 5 million yuan.

The data in this chapter cover the corporate enterprises of hotel and catering services above the designated size, self-employed households of hotel and catering services; chain catering services, travel agencies, star-rated hotels and tourists; The statistical unit of the enterprises of hotel and catering services above the designated size is the annual income of main business at and over 2 million yuan.

III. Methods of Survey

The data on all corporate enterprises of wholesale and retail trades above designated size, all corporate enterprises of hotel and catering services above designated size, are collected through comprehensive reporting system.

IV. Sources of Data

The data in this chapter are collected and processed by Guizhou Provincial Bureau of Statistics.

17-1 社会消费品零售总额

Total Retail Sales of Consumer Goods

年 份 Year	社会消费品零售总额(亿元) Total Retail Sales of Consumer Goods (100 million yuan)	按地域分 By Area		按行业分 By Sector	
		城镇 Urban	乡村 Rural	批发和零售业 Wholesale and Retail Trade	住宿和餐饮业 Hotel and Catering Services
1978	21.23	14.83	6.40		
1979	23.57				
1980	26.73	15.07	11.66		
1981	30.48				
1982	34.55				
1983	38.43				
1984	43.64				
1985	52.25	35.58	16.67		
1986	57.25				
1987	66.39				
1988	83.40				
1989	83.84				
1990	85.90	59.44	26.46		
1991	92.92				
1992	106.75				
1993	143.09				
1994	165.01				
1995	204.45	156.48	47.97		
1996	241.57	184.14	57.43		
1997	274.68	209.43	65.25		
1998	299.97	227.26	72.71		
1999	324.67	247.84	76.83		
2000	355.58	273.27	82.31	322.73	24.23
2001	391.14	302.50	88.64	352.09	30.04
2002	430.64	334.07	96.57	384.66	37.34
2003	474.57	370.01	104.56	422.31	43.24
2004	535.31	420.64	114.67	467.28	58.64
2005	615.75	485.50	130.25	539.60	65.63
2006	710.00	558.10	151.90	619.35	78.29
2007	858.15	667.83	190.32	720.80	121.43
2008	1075.24	838.81	236.43	952.04	106.90
2009	1265.46	971.37	275.88	1114.40	132.85
2010	1531.64	1233.74	297.90	1373.41	158.23
2011	1899.92	1561.07	338.85	1710.15	189.77
2012	2266.27	1863.59	402.68	2049.70	216.57
2013	2601.20	2148.26	452.94	2370.95	230.25
2014	2936.85	2425.25	511.60	2679.29	257.56
2015	3283.02	2711.57	571.45	2991.84	291.18
2016	3708.99	3030.73	678.26	3386.39	322.61
2017	4154.00	3388.54	765.46	3784.41	369.58
2018	7105.02	6227.66	877.36		
2019	7468.15	6609.31	858.84	6754.92	713.23
2020	7833.37	6886.90	946.47	7140.62	692.75
2021	8904.27	7782.20	1122.07	8034.11	870.16

注:2018年因经普调整,国家未反馈行业数。

Note:The data of Total Retail Sales of Consumer Goods by Secter were not fed back by the country because of the adjustment of national economic census in 2018.

17-2 限额以上批发业和零售业法人企业

Basic Conditions of Enterprises above Designated Size of Wholesale and Retail Trades

指 标	Item	2017	2018	2019	2020	2021
批发业	**Wholesale Trade**					
法人企业数(个)	Number of Corporation Enterprises (unit)	1072	1232	1375	1483	1797
从业人员期末人数(人)	Engaged Persons at Year-end (person)	62036	65559	62734	64797	71905
商品购进额(亿元)	Total Purchases Value (100 million yuan)	3031.47	2843.01	3275.06	4121.73	5331.3
商品销售额(亿元)	Total Sales Value (100 million yuan)	3808.26	3899.79	4577.42	5474.27	6703.7
期末商品库存额(亿元)	Total Stock at Year-end (100 million yuan)	225.68	231.93	288.64	286.34	357.5
零售业	**Retail Trade**					
法人企业数(个)	Number of Corporation Enterprises (unit)	2424	2451	2393	2373	2479
从业人员期末人数(人)	Engaged Persons at Year-end (person)	101667	104969	104822	104148	106638
商品购进额(亿元)	Total Purchases Value (100 million yuan)	1731.99	1528.59	1774.34	1744.62	1948.54
商品销售额(亿元)	Total Sales value (100 million yuan)	2092.80	2062.63	2413.28	2241.89	2497.49
期末商品库存额(亿元)	Total Stock at Year-end (100 million yuan)	161.02	175.58	244.88	233.52	173.45
年末零售营业面积(万平方米)	Retail Operating Area at Year-end (10000 sq.m)	506.14	544.45	600.46	690.51	719.63

17-3 限额以上批发业法人企业(2021)

单位:万元

指　　标	Item	法人企业数(个) Number of Corporation Enterprises (Unit)
合　　计	**Total**	**1797**
按登记注册类型分	**by Status of Registration Status**	
内资企业	**Domestic-funded Enterprises**	**1784**
国有企业	State-owned Enterprises	34
集体企业	Collective-owned Enterprises	10
有限责任公司	Limited Liability Corporations	436
国有独资公司	State Sole Funded Corporations	124
其他有限责任公司	Other Limited Liability Corporations	312
股份有限公司	Share-holding Corporations Ltd.	8
私营企业	Private Enterprises	1296
私营独资企业	Private-funded Enterprises	6
私营合伙企业	Private Partnership Enterprises	1
私营有限责任公司	Private Limited Liability Corporations	1281
私营股份有限公司	Private Share-holding Corporations Ltd.	8
港、澳、台商投资企业	**Enterprises with Funds From HongKong, Macao and Taiwan**	**10**
与港澳台商合资经营企业	Joint-venture with Hong Kong, Macao and Taiwan	3
港澳台商独资企业	Hong Kong, Macao and Taiwan Private-funded Enterprises	7
外商投资企业	Foreign-invested Enterprises	3
外资企业	Foreign-funded Enterprises	3
按国民经济行业分	**by Sector**	
农、林、牧、渔产品批发	**Wholesale of Farming, Forestry, Animal Husbandry and Fishery Products**	**46**
谷物、豆及薯类批发	Wholesale of Cereal, Bean and Tubers	25
种子批发	Wholesale of Seeds	2
畜牧渔业饲料批发	Wholesale of Animal Husbandry and Fishery Feed	6
林业产品批发	Wholesale of Forestry Products	4
牲畜批发	Wholesale of Livestock	5
其他农牧产品批发	Other Farm and Ranch Products	4
食品、饮料及烟草制品批发	**Wholesale of Food, Beverages and Tobacco**	**335**
米、面制品及食用油批发	Wholesale of Rice, Flour and Edible Oil	57
糕点、糖果及糖批发	Wholesale of Pastries, Candy and Sugar	4
果品、蔬菜批发	Wholesale of Fruits and Vegetables	32
肉、禽、蛋、奶及水产品批发	Wholesale of Meat, Poultry, Eggs, Milk and Aquatic Products	53
盐及调味品批发	Wholesale of Salts and Condiments	13
营养和保健品批发	Wholesale of Nutrition and Health Products	2
酒、饮料及茶叶批发	Wholesale of Wine, Beverages and Tea	147
烟草制品批发	Wholesale of Tobaccos	11
其他食品批发	Wholesale of Other Food	16

Basic Conditions of Enterprises above Designated Size of Wholesale Trade

(10000 yuan)

从业人员期末人数(人) Engaged Persons at Year-end (person)	商品购进额 Total Purchase Value	商品销售额 Total Sales Value	#零售额 Retail Sales	期末商品库存额 Stock(year-end)
71905	**53312526**	**67036847**	**1892950**	**3575164**
69267	**52081177**	**65684055**	**1611240**	**3525370**
17972	6489892	9614192	45956	964232
148	50712	52896	13096	10493
22271	30930153	39440796	1114936	1845898
6530	10809234	11957690	558817	453142
15741	20120919	27483106	556118	1392756
372	875837	922730	46	29076
28504	13734584	15653441	437207	675671
49	27843	32589	4715	2478
18	3018	4320		215
27878	13502971	15401745	426328	660803
559	200753	214786	6164	12175
1921	**774798**	**888225**	**12555**	**44284**
529	267969	270986	1772	658
1392	506829	617239	10782	43626
717	456550	464567	269156	5510
717	456550	464567	269156	5510
1177	**528720**	**562080**	**8660**	**208853**
663	360887	371540	3210	145717
35	4034	5674		2074
64	71262	72512		1746
30	21066	21806		203
329	56939	71371	541	58976
56	14531	19178	4910	136
37173	**17859233**	**29893948**	**1092331**	**1946635**
3228	1116160	1076354	76990	127413
393	23866	25882	4260	1091
1145	378773	413595	32550	9518
1594	394125	426304	23509	28616
1018	649100	730436	173000	19565
60	7010	8507		2111
13236	10375514	19978065	779761	979831
16004	4821209	7139131		772268
495	93476	95674	2261	6222

17-3 续表(2021)

单位:万元

指 标	Item	法人企业(个) Number of Corporation Enterprises (Unit)
纺织、服装及家庭用品批发	**Wholesale of Textiles, Garments and Household Articles**	**43**
纺织品、针织品及原料批发	Wholesale of Textiles, Knitwear and Raw Materials	1
服装批发	Wholesale of Garments	7
鞋帽批发	Wholesale of Shoes and Hats	1
化妆品及卫生用品批发	Wholesale of Cosmetics and Sanitary Articles	8
厨具卫具及日用杂品批发	Wholesale of Kitchen Utensils, Sanitary Wares and Daily Groceries	2
灯具、装饰物品批发	Wholesale of Lamps and Decorative Items	4
家用视听设备批发	Wholesale of Household Audio-visual Equipment	1
日用家电批发	Wholesale of Household Appliances	13
其他家庭用品批发	Wholesale of Other Household Articles	6
文化、体育用品及器材批发	**Wholesale of Cultural, Sports Articles and Equipment**	**15**
文具用品批发	Wholesale of Stationery	4
图书批发	Wholesale of Books	4
音像制品、电子和数字出版物批发	Wholesale of Audio-visual, Electronic and Digital Publications	1
乐器批发	Wholesale of Musical Instruments	1
其他文化用品批发	Wholesale of Other Cultural Articles	5
医药及医疗器材批发	**Wholesale of Medicines and Medical Appliances**	**181**
西药批发	Wholesale of Western Medicines	103
中药批发	Wholesale of Traditional Chinese Medicines	24
动物用药品批发	Wholesale of Veterinary Drugs	1
医疗用品及器材批发	Wholesale of Medical Articles and Appliances	53
矿产品、建材及化工产品批发	**Wholesale of Mineral Products, Building Materials and Chemical Products**	**967**
煤炭及制品批发	Wholesale of Coal and Related Products	305
石油及制品批发	Wholesale of Petroleum and Related Products	36
非金属矿及制品批发	Wholesale of Nonmetal Minerals and Related Products	35
金属及金属矿批发	Wholesale of Metal Materials and Metal Minerals	244
建材批发	Wholesale of Building Materials	247
化肥批发	Wholesale of Fertilizer	40
农药批发	Wholesale of Farm Chemicals	2
其他化工产品批发	Wholesale of Other Chemical Products	58
机械设备、五金产品及电子产品批发	**Wholesale of Machinery, Hardware and Electronic Products**	**184**
农业机械批发	Wholesale of Agricultural Machinery	2
汽车及零配件批发	Wholesale of Automobiles Fittings	74
摩托车及零配件批发	Wholesale of Motorcycles and Fittings	4
五金产品批发	Wholesale of Hardware Products	5
电气设备批发	Wholesale of Electrical Equipments	7
计算机、软件及辅助设备批发	Wholesale of Computer, Software and Assistance Appliances	12
通讯设备批发	Wholesale of Communication Equipments	48
其他机械设备及电子产品批发	Wholesale of Other Machinery and Electric Products	32
贸易经纪与代理	**Trade Brokering and Agency**	**2**
贸易代理	Trade Agency	2
其他批发业	**Other Wholesales**	**24**
再生物资回收与批发	Recycling and Wholesale of Recycled Materials	9
互联网批发	Wholesale of Internet	3
其他未列明批发业	Other Wholesale Not Classified Elsewhere	12

continued

(10000 yuan)

从业人员期末人数(人) Engaged Persons at Year-end (person)	商品购进额 Total Purchase Value	商品销售额 Total Sales Value	#零售额 Retail Sales	期末商品库存额 Stock(year-end)
1862	**294902**	**316613**	**20083**	**45533**
10	5136	5112		240
969	62001	79090	10036	23965
9	3962	3415		263
177	30074	32731	4228	4014
103	5522	6664	1167	461
15	7766	8927	546	3540
6	1636	2028		153
351	142211	138585	3911	10005
222	36595	40063	195	2892
828	**555549**	**551436**	**54463**	**70442**
107	33870	36649	2723	26422
539	289474	269411	4812	27519
98	216815	228372	46039	16007
3	307	339		
81	15083	16665	889	494
11232	**3781646**	**4157447**	**27505**	**348740**
8328	2839495	3079126	21094	264331
1173	439456	496422	4491	38922
23	3779	4535	1651	482
1708	498916	577365	269	45006
13925	**26770789**	**27753077**	**498040**	**679718**
3719	5821771	6219308	51250	96254
1664	1119774	1195279	321512	43945
270	334912	353851	30370	13069
2555	11791532	12147246	16976	191737
2537	2337757	2460763	43626	126961
1149	3719343	3661237	14182	171427
191	20747	25804	5836	6525
1840	1624953	1689589	14287	29801
4780	**2686715**	**2876208**	**166607**	**174000**
27	4548	7652		1649
1648	1326922	1407725	51128	52675
128	76250	88062	4613	9169
76	51004	52920	5740	4166
82	42218	45960		863
228	112607	118583	65361	4191
900	587017	628558	6900	23904
1691	486149	526747	32865	77382
30	**98939**	**102365**		**118**
30	98939	102365		118
898	**736034**	**823674**	**25261**	**101126**
501	434079	452656		96598
65	220744	283221	17902	1782
332	81211	87797	7359	2746

17-4 限额以上批发业法人企业主要财务指标(2021)

Main Financial Indicators of Enterprises above Designated Size of Wholesale Trade

单位:万元 (10000 yuan)

指 标	Item	营业收入 Operating Revenue	营业成本 Operating Costs	税金及附加 Tax and Surcharges	销售费用 Selling Expenses	营业利润 Operating Profits
总 计	**Total**	**60373849**	**47271476**	**864878**	**1991511**	**9414228**
按登记注册类型分	**by Status of Registration**					
内资企业	**Domestic Funded Enterprises**	**59166011**	**46233213**	**862884**	**1898477**	**9363062**
国有企业	State-owned Enterprises	8653339	6113006	681211	484677	1289797
集体企业	Collective-owned Enterprises	29974	26822	46	1370	(460)
有限责任公司	Limited Liability Corporations	35466640	27103180	145283	691546	7367646
国有独资公司	State Sole Funded Corporations	10947381	9451753	27933	308558	925710
其他有限责任公司	Other Limited Liability Corporations	24519259	17651428	117350	382988	6441936
股份有限公司	Share-holding Corporations Ltd.	840147	802919	1530	16460	34564
私营企业	Private Enterprises	14175912	12187286	34815	704426	671514
私营独资企业	Private-funded Enterprises	29670	26080	184	211	1082
私营合伙企业	Private Partnership Enterprises	4320	3180	23	905	44
私营有限责任公司	Private Limited Liability Corporations	13949841	11976570	34334	698248	669110
私营股份有限公司	Private Share-holding Corporations Ltd.	192081	181456	275	5061	1279
港、澳、台商投资企业	**Enterprises with Funds from HongKong, Macao and Taiwan**	**796047**	**671026**	**1648**	**72436**	**34005**
合资经营企业(港或澳、台资)	Joint-venture Enterprises (HongKong, Macao or Taiwan)	264468	250219	335	6692	-(2956)
港、澳、台商独资经营企业	Hong Kong, Macao and Taiwan Private-funded Enterprises	531580	420807	1313	65744	36960
外商投资企业	**Foreign-invested Enterprises**	**411791**	**367237**	**346**	**20598**	**17162**
外资企业	Foreign-funded Enterprises	411791	367237	346	20598	17162
按国民经济行业分	**by Sector**					
农、林、牧、渔产品批发	**Wholesale of Farming, Forestry, Animal Husbandry and Fishery Products**	**532584**	**491984**	**305**	**8697**	**2794**
谷物、豆及薯类批发	Wholesale of Cereal, Bean and Tubers	352639	327083	126	7221	457
种子批发	Wholesale of Seeds	5697	4483	19	302	203
畜牧渔业饲料批发	Wholesale of Animal Husbandry and Fishery Feed	68772	66483	20	817	463
林业产品批发	Wholesale of Forestry Products	19618	19138	21	166	60
牲畜批发	Wholesale of Livestock	68559	58925	84	22	642
其他农牧产品批发	Other Farm and Ranch Products	17299	15873	36	170	969
食品、饮料及烟草制品批发	**Wholesale of Food, Beverages and Tobacco**	**26978402**	**15409915**	**818067**	**1406356**	**9180051**
米、面制品及食用油批发	Wholesale of Rice, Flour and Edible Oil	1048869	752501	1034	40803	1286
糕点、糖果及糖批发	Wholesale of Pastries, Candy and Sugar	23542	21553	32	1176	-(159)
果品、蔬菜批发	Wholesale of Fruits and Vegetables	395202	356502	556	13613	4227
肉、禽、蛋、奶及水产品批发	Wholesale of Meat, Poultry, Eggs, Milk and Aquatic Products	412963	380362	380	10308	1015
盐及调味品批发	Wholesale of Salts and Condiments	705875	608869	2027	13092	63831
营养和保健品批发	Wholesale of Nutraceutical Products	7686	5397	27	1093	113
酒、饮料及茶叶批发	Wholesale of Wine, Beverages and Tea	17860458	8533502	145380	1021650	8401256
烟草制品批发	Wholesale of Tobaccos	6437931	4675107	668538	301166	707812
其他食品批发	Wholesale of Other Food	85876	76123	95	3454	671

17-4 续表 continued(2021)

单位:万元 (10000 yuan)

指　标	Item	营业收入 Operating Revenue	营业成本 Operating Costs	税金及附加 Tax and Surcharges	销售费用 Selling Expenses	营业利润 Operating Profits
纺织、服装及家庭用品批发	**Wholesale of Textiles, Garments and Household Articles**	**283010**	**249671**	**552**	**21184**	**-450**
纺织品、针织品及原料批发	Wholesale of Textiles, Knitwear and Raw Materials	4524	4254	7	53	54
服装批发	Wholesale of Garments	68698	54470	136	9785	-125
鞋帽批发	Wholesale of Shoes and Hats	3415	3273	12	95	-25
化妆品及卫生用品批发	Wholesale of Cosmetics and Sanitary Articles	30462	25873	181	929	596
厨具卫具及日用杂品批发	Wholesale of Kitchen Utensils, Sanitary Ware and Daily Groceries	5986	4569	12	1004	31
灯具、装饰物品批发	Wholesale of Lamps and Decorative Items	8444	7971	10	42	-773
家用视听设备批发	Wholesale of Household Audio-visual Equipment	1791	1652	2		25
日用家电批发	Wholesale of Household Appliances	123569	114688	135	7376	-489
其他家庭用品批发	Wholesale of Other Household Articles	36120	32919	58	1900	256
文化、体育用品及器材批发	**Wholesale of Cultural, Sports Articles and Equipment**	**515510**	**477848**	**165**	**14528**	**9894**
文具用品批发	Wholesale of Stationery	32333	29523	32	1272	775
图书批发	Wholesale of Books	269073	242773	48	11881	5162
音像制品、电子和数字出版物批发	Wholesale of Audio-visual, Electronic and Digital Publications	199008	191872	67	843	3623
乐器批发	Wholesale of Musical Instruments	339			29	6
其他文化用品批发	Wholesale of Other Cultural Articles	14757	13680	18	504	328
医药及医疗器材批发	**Wholesale of Medicines and Medical Appliances**	**3737880**	**3351519**	**8821**	**171960**	**146165**
西药批发	Wholesale of Western Medicines	2772809	2516753	5991	114829	54771
中药批发	Wholesale of Traditional Chinese Medicines	443801	391506	1330	21308	76961
动物用药品批发	Wholesale of Veterinary Drugs	4480	3379	7	19	207
医疗用品及器材批发	Wholesale of Medical Articles and Appliances	516790	439881	1493	35805	14226
矿产品、建材及化工产品批发	**Wholesale of Mineral Products, Building Materials and Chemical Products**	**24906978**	**24067530**	**27767**	**281718**	**39353**
煤炭及制品批发	Wholesale of Coal and Related Products	5610978	5357742	8573	116795	15447
石油及制品批发	Wholesale of Petroleum and Related Products	1075549	979563	2008	39511	7705
非金属矿及制品批发	Wholesale of Nonmetal Minerals and Related Products	329253	313608	440	9862	4377
金属及金属矿批发	Wholesale of Metal Materials and Metal Minerals	10852919	10629653	9686	37666	67020
建材批发	Wholesale of Building Materials	2207257	2091955	3168	26508	5247
化肥批发	Wholesale of Fertilizer	3300386	3222015	2530	34024	169
农药批发	Wholesale of Farm Chemicals	24333	19546	85	1915	-59
其他化工产品批发	Wholesale of Other Chemical Products	1506303	1453449	1278	15438	-60554
机械设备、五金产品及电子产品批发	**Wholesale of Machinery, Hardware and Electronic Products**	**2595980**	**2465045**	**3058**	**66330**	**2887**
农业机械批发	Wholesale of Agricultural Machinery	6053	5513	2	163	75
汽车及零配件批发	Wholesale of Automobiles Fittings	1255978	1218537	1446	17986	-511
摩托车及零配件批发	Wholesale of Motorcycles and Fittings	69523	65214	65	1223	1397
五金产品批发	Wholesale of Hardware Products	47655	44750	41	1567	398
电气设备批发	Wholesale of Electrical Equipments	42658	39745	71	515	762
计算机、软件及辅助设备批发	Wholesale of Computer, Software and Assistance Appliances	113249	105047	177	1443	529
通讯设备批发	Wholesale of Communication Equipments	569536	552635	313	4806	1012
其他机械设备及电子产品批发	Wholesale of Other Machinery and Electric Products	491328	433603	942	38626	-776
贸易经纪与代理	**Trade Brokering and Agency**	**91930**	**90745**	**87**	**202**	**-5**
贸易代理	Trade Agency	91930	90745	87	202	-5
其他批发业	**Other Wholesales**	**731576**	**667220**	**6057**	**20536**	**33540**
再生物资回收与批发	Recycling and Wholesale of Recycled Materials	403761	399265	5008	5923	-8856
互联网批发	Wholesale of Internet	246950	194475	968	10112	41171
其他未列明批发业	Other Wholesale Not Classified Elsewhere	80866	73481	82	4502	1225

17-5 限额以上零售业法人企业(2021)

单位:万元

指　标	Item	法人企业(个) Number of Corporations Enterprises (Unit)
合　计	Total	2479
按登记注册类型分	by Status of Registration	
内资企业	Domestic Funded Enterprises	2438
国有企业	State-owned Enterprises	13
集体企业	Collective-owned Enterprises	10
股份合作企业	Cooperative Enterprises	2
有限责任公司	Limited Liability Corporations	434
国有独资公司	State Sole Funded Corporations	61
其他有限责任公司	Other Limited Liability Corporations	373
股份有限公司	Share-holding Corporations Ltd.	21
私营企业	Private Enterprises	1958
私营独资企业	Private-funded Enterprise	290
私营合伙企业	Private Partnership Enterprises	55
私营有限责任公司	Private Limited Liability Corporations	1608
私营股份有限公司	Private Share-holding Corporations Ltd.	5
港、澳、台商投资企业	Enterprises with Funds From Hongkong, Macao and Taiwan	17
与港澳台商合资经营企业	Joint-venture Enterprises with Hong Kong, Macao and Taiwan	5
港澳台商独资企业	Hong Kong, Macao and Taiwan Private-funded Enterprises	11
港澳台商投资股份有限公司	Hong Kong, Macao and Taiwan Investment Co., Ltd.	1
外商投资企业	Foreign-invested Enterprises	24
中外合资经营企业	Joint-venture Enterprises	2
外资企业	Foreign-funded Enterprises	18
外商投资股份有限公司	Foreign-invested Limited Liability Companies	4
按国民经济行业分	by Sector	
综合零售	Integrated Retail	329
百货零售	Retail of General Merchandise	115
超级市场零售	Retail of Supermarkets	196
便利店零售	Retail of Convenience Stores	4
其他综合零售	Other Integrated Retail	14
食品、饮料及烟草制品专门零售	Retail of Food,Beverages and Tobaccos	305
粮油零售	Retail of Grain and Oil	53
糕点、面包零售	Retail of Pastries and Bread	1
果品、蔬菜零售	Retail of Fruits and Vegetables	60
肉、禽、蛋、奶及水产品零售	Retail of Meat, Poultry, Eggs,Milk and Aquatic Products	39
营养和保健品零售	Retail of Nutrition and Health Products	2
酒、饮料及茶叶零售	Retail of Wine, Beverages and Tea	130
其他食品零售	Retail of Other Food	20
纺织、服装及日用品专门零售	Special Retail of Textiles,Wearing Apparel and Household Articles	28
服装零售	Retail of Costumes	14
鞋帽零售	Retail of Shoes and Hats	1
化妆品及卫生用品零售	Retail of Cosmetics and Hygiene Products	4

Basic Conditions of Enterprises above Designated Size in Retail Trade

(10000 yuan)

从业人员期末人数(人) Engaged Persons at Year-end (person)	购进总额 Total Purchases	销售总额 Total Sales	#零售 Retail Trade	年末库存额 Stock(year-end)
106638	19485423	24974851	21352961	1734501
99311	17753087	20723514	17634549	1614257
1310	150848	958259	614049	18634
120	24858	35235	28696	522
244	10400	12776	12776	915
33599	7721944	8501499	6966472	640907
2797	742541	819994	713624	44828
30802	6979402	7681505	6252848	596079
3702	1644255	2022016	1476818	29920
60336	8200783	9193730	8535739	923360
3328	378832	418195	401940	16830
757	62866	77433	72130	2929
56073	7742349	8631492	7995861	898624
178	16736	66609	65808	4977
2176	314385	362694	361284	14056
546	166519	205830	205830	7498
1580	142909	151907	150497	6558
50	4957	4957	4957	
5151	1417950	3888642	3357127	106188
315	184866	203603	172259	9054
2369	563913	1016188	925306	33768
2467	669172	2668851	2259563	63367
31640	2435002	2795288	2718291	288438
6954	858411	1004682	966635	58925
23985	1525427	1731429	1696435	225901
39	12168	13820	10240	601
662	38996	45358	44982	3011
8864	1992206	2486502	2136295	179750
1890	134010	150856	144754	23483
33	715	1490	1490	39
2596	189633	241002	231844	8854
1749	113842	130886	126809	3349
85	2643	4008	3518	177
2070	1468101	1866454	1541606	140890
441	83262	91807	86273	2958
1952	103555	128909	116979	33413
1213	75724	93322	83450	24243
328	10112	16303	16303	4917
225	10184	10821	9516	2751

17-5 续表(2021)

单位:万元

指 标	Item	法人企业(个) Number of Corporations Enterprises (Unit)
钟表、眼镜零售	Retail of Horologe and Spectacles	3
自行车等代步设备零售	Retail of Bicycles	1
其他日用品零售	Retail of Other Daily Consumer Use	5
文化、体育用品及器材专门零售	Retail of Cultural, Sports Appliances and Equipment	44
文具用品零售	Retail of Stationery	17
图书、报刊零售	Retail of Books, Newspaper and Periodicals	14
珠宝首饰零售	Retail of Jewelry	10
工艺美术品及收藏品零售	Retail of Arts and Handicrafts and Collections	3
医药及医疗器材专门零售	Retail of Medicines and Medical Appliances	112
西药零售	Retail of Western Medicines	108
中药零售	Retail of Traditional Chinese Medicine	3
医疗用品及器材零售	Retail of Medical Applies and Equipment	1
汽车、摩托车、零配件和燃料及其他动力销售	Retail of Motor Vehicles, Motorcycles, Fuel and Parts	1325
汽车新车零售	Retail of New Cars	849
汽车旧车零售	Retail of Used Cars	10
汽车零配件零售	Retail of Automobile Fittings	2
摩托车及零配件零售	Retail of Motorcycles and Parts	42
机动车燃油零售	Retail of Motor Vehicle Fuel	415
机动车燃气零售	Retail of Motor Vehicle Gas	7
家用电器及电子产品专门零售	Special Retail of Household Electrical Appliances and Electronic Products	213
家用视听设备零售	Retail of Household Audio and Video Appliances	23
日用家电零售	Retail of Household Appliances	104
计算机、软件及辅助设备零售	Retail of Computer, Software and Assistant Appliances	61
通信设备零售	Retail of Communication Equipment	20
其他电子产品零售	Retail of Other Electronic Products	5
五金、家具及室内装饰材料专门零售	Special Retail of Hardware, Furniture and Interior Decoration Materials	56
五金零售	Retail of Hardware	6
灯具零售	Retail of Light Fittings	1
家具零售	Retail of Furniture	30
涂料零售	Retail of Paint	1
卫生洁具零售	Retail of Sanitary Wares	1
木质装饰材料零售	Retail of Wooden Decorative Materials	2
陶瓷、石材装饰材料零售	Retail of Ceramics, Stone Decorative Materials	5
其他室内装饰材料零售	Retail of Other Indoor Decoration Materials	10
货摊、无店铺及其他零售业	Stalls, Non-shop and Other Retails	67
互联网零售	E-commerce Retail	44
邮购及电视、电话零售	Retails by Post, TV and Telephone	1
生活用燃料零售	Retail of Fuel for Daily Use	17
其他未列明零售业	Other Retails Not Classified Elsewhere	5

continued

(10000 yuan)

从业人数(人) Engaged Persons (person)	购进总额 Total Purchases	销售总额 Total Sales	#零售 Retail Trade	年末库存额 Stock(year-end)
85	3092	3945	3735	1260
7	653	662	662	38
94	3791	3858	3313	203
1336	265363	268814	262042	25075
189	20133	21555	20351	2399
958	226911	229110	223543	16335
136	14682	14731	14731	5999
53	3637	3418	3418	343
15243	571595	747838	724579	105842
15076	564763	739470	717749	104980
151	6524	7828	6290	858
16	309	540	540	4
41721	12343647	16728088	13684199	964590
28408	7878193	8499682	7900710	803052
228	44885	46138	46138	5105
26	4127	3570	3239	1260
384	55777	60423	59500	7445
12420	4344873	8089898	5646235	147074
255	15792	28378	28378	654
3746	568471	591240	504637	72695
358	41889	54339	48971	6478
1918	359002	368734	317209	24956
716	71475	79683	71381	6217
588	74060	77304	56045	6126
166	22046	11181	11031	28919
730	69283	78151	77082	11940
58	7812	8113	8113	928
7	527	593	593	22
454	41175	48896	48161	5787
26	1879	1677	1341	1033
14	622	782	782	
103	4944	5757	5757	3346
68	12325	12334	12334	824
1406	1136300	1150020	1128857	52758
769	1004570	984539	968178	48325
193	99222	125072	125072	3162
383	26364	33271	28493	809
61	6145	7138	7114	462

17-6 限额以上零售业法人企业主要财务指标(2021)

Main Financial Indicators of Enterprises above Designated Size of Retail Trade

单位:万元 (10000 yuan)

指标	Item	营业收入 Operating Revenue	营业成本 Operating Costs	税金及附加 Tax and Surcharges	销售费用 Selling Expenses	营业利润 Operating Profits
总计	**Total**	**22463017**	**19925566**	**52337**	**1157910**	**875861**
按登记注册类型分	**by Status of Registration**					
内资企业	**Domestic Funded Enterprises**	**18695505**	**16565127**	**44209**	**988383**	**750067**
国有企业	State-owned Enterprises	843492	726162	1306	32204	77450
集体企业	Collective-owned Enterprises	31513	27033	150	1253	906
股份合作企业	Cooperative Enterprises	11592	10511	29	506	-738
有限责任公司	Limited Liability Corporations	7689760	6776118	18681	397800	535942
国有独资公司	State Sole Funded Corporations	731918	655799	1297	28057	26856
其他有限责任公司	Other Limited Liability Corporations	6957842	6120320	17384	369743	509086
股份有限公司	Share-holding Corporations Ltd.	1727381	1608796	2481	98196	13992
私营企业	Private Enterprises	8391768	7416508	21561	458425	122514
私营独资企业	Private-funded Enterprises	382252	322387	1395	15074	16622
私营合伙企业	Private Partnership Enterprises	69419	57646	227	3658	1886
私营有限责任公司	Private Limited Liability Corporations	7875020	6973769	19833	439227	104033
私营股份有限公司	Private Share-holding Corporations Ltd.	65076	62706	108	466	-26
港、澳、台商投资企业	**Enterprises with Funds From HongKong, Macao and Taiwan**	**231375**	**170944**	**1941**	**31443**	**28366**
合资经营企业(港或澳、台资)	Joint-venture Enterprises(with Hong Kong, Macao and Taiwan)	81702	46171	1517	8692	29427
港、澳、台商独资经营企业	Hong Kong, Macao and Taiwan Private-funded Enterprises	144085	120321	333	22496	-1165
港、澳、台商投资股份有限公司	Hong Kong, Macao and Taiwan investment share-holding Co., Ltd.	5587	4452	91	255	104
外商投资企业	**Foreign-invested Enterprises**	**3536137**	**3189496**	**6187**	**138085**	**97429**
中外合资经营企业	Joint-venture Enterprises	181396	159283	1385	6627	9658
外资企业	Foreign-funded Enterprises	921292	790443	3184	51456	35563
外商投资股份有限公司	Foreign-invested Limited Liability Companies	2433449	2239770	1619	80002	52209
按国民经济行业分	**by Sector**					
综合零售	**Integrated Retail**	**2483103**	**1956743**	**10690**	**332955**	**25141**
百货零售	Retail of General Merchandise	759158	565138	7503	91263	44001
超级市场零售	Retail of Supermarkets	1666782	1343801	3071	236602	-18990
便利店零售	Retail of Convenience Stores	13249	11382	4	317	-251
其他综合零售	Other Integrated Retail	43914	36423	113	4773	382
食品、饮料及烟草制品专门零售	**Retail of Food, Beverages and Tobaccos**	**2259519**	**1902923**	**7195**	**56408**	**558916**
粮油零售	Retail of Grain and Oil	145402	127077	321	6396	-3557
糕点、面包零售	Retail of Pastries and Bread	1428	1127	0	57	168
果品、蔬菜零售	Retail of Fruits and Vegetables	230806	198936	883	10514	-1346
肉、禽、蛋、奶及水产品零售	Retail of Meat, Poultry, Eggs, Milk and Aquatic Products	128508	108580	306	3894	3524
营养和保健品零售	Retail of Nutrition and Health Products	3776	2477	8	706	338
酒、饮料及茶叶零售	Retail of Wine, Beverages and Tea	1666437	1388571	5467	32203	558697
其他食品零售	Retail of Other Food	83163	76156	210	2638	1093
纺织、服装及日用品专门零售	**Special Retail of Textiles, Wearing Apparel and Household Articles**	**116313**	**90781**	**379**	**19925**	**-592**
服装零售	Retail of Costumes	85512	68859	258	14792	-2361
鞋帽零售	Retail of Shoes and Hats	14476	8932	71	3056	1787
化妆品及卫生用品零售	Retail of Cosmetics and Hygiene Products	8844	6779	4	1341	196

17-6 续表 continued(2021)

单位:万元 (10000 yuan)

指 标	Item	营业收入 Operating Revenue	营业成本 Operating Costs	税金及附加 Tax and Surcharges	销售费用 Selling Expenses	营业利润 Operating Profits
钟表、眼镜零售	Retail of Horologe and Spectacles	3495	2770	43	533	-290
自行车等代步设备零售	Retail of Bicycles	662	618			13
其他日用品零售	Retail of Other Daily Consumer Use	3325	2822	3	203	64
文化、体育用品及器材专门零售	**Retail of Cultural, Sports Appliances and Equipment**	**261962**	**216493**	**303**	**12736**	**19860**
文具用品零售	Retail of Stationery	19352	17230	39	646	47
图书、报刊零售	Retail of Books, Newspaper and Periodicals	225404	185844	83	10630	18037
珠宝首饰零售	Retail of Jewelry	13837	10983	133	1382	1064
工艺美术品及收藏品零售	Retail of Arts and Handicrafts and Collections	3369	2437	49	78	712
医药及医疗器材专门零售	**Retail of Medicines and Medical Appliances**	**673562**	**489496**	**2553**	**112634**	**5961**
西药零售	Retail of Western Medicines	665964	483749	2532	111509	6881
中药零售	Retail of Traditional Chinese Medicine	7133	5451	18	1053	-923
医疗用品及器材零售	Retail of Medical Applies and Equipment	465	295	3	73	2
汽车、摩托车、零配件和燃料及其他动力销售	**Retail of Motor Vehicles, Motorcycles, Fuel and Parts**	**15011417**	**13791889**	**27850**	**544238**	**279782**
汽车新车零售	Retail of New Cars	7745092	7121434	19356	284593	65987
汽车旧车零售	Retail of Used Cars	42514	39338	77	1686	500
汽车零配件零售	Retail of Automobile Fittings	3530	3333	38	135	32
摩托车及零配件零售	Retail of Motorcycles and Parts	55489	49599	508	1839	1622
机动车燃油零售	Retail of Motor Vehicle Fuel	7137384	6558196	7732	254636	208606
机动车燃气零售	Retail of Motor Vehicle Gas	27408	19989	139	1349	3033
家用电器及电子产品专门零售	**Special Retail of Household Electrical Appliances and Electronic Products**	**538211**	**491663**	**969**	**34697**	**-11501**
家用视听设备零售	Retail of Household Audio and Video Appliances	48970	44439	88	2400	34
日用家电零售	Retail of Household Appliances	328988	304117	539	24741	-12238
计算机、软件及辅助设备零售	Retail of Computer, Software and Assistant Appliances	75656	65951	245	1645	2182
通信设备零售	Retail of Communication Equipment	72947	67042	78	4089	-460
其他电子产品零售	Retail of Other Electronic Products	11650	10114	19	1823	-1018
五金、家具及室内装饰材料专门零售	**Special Retail of Hardware, Furniture and Interior Decoration Materials**	**73763**	**56742**	**863**	**5150**	**-5342**
五金零售	Retail of Hardware	7511	7202	8	24	-77
灯具零售	Retail of Light Fittings	525	368	2	53	52
家具零售	Retail of Furniture	47060	35265	786	4210	-6386
涂料零售	Retail of Paint	1484	1335		13	-25
卫生洁具零售	Retail of Sanitary Wares	775	641	16	49	11
木质装饰材料零售	Retail of Wooden Decorative Materials					
陶瓷、石材装饰材料零售	Retail of Ceramics, Stone Decorative Materials	5182	4218	12	615	75
其他室内装饰材料零售	Retail of Other Indoor Decoration Materials	11226	7713	39	186	1009
货摊、无店铺及其他零售业	**Stalls, Non-shop and Other Retails**	**1045167**	**928837**	**1535**	**39167**	**3637**
互联网零售	E-commerce Retail	886608	809818	1098	10962	-4255
邮购及电视、电话零售	Retails by Post, TV and Telephone	119771	86451	243	26348	7236
生活用燃料零售	Retail of Fuel for Daily Use	31987	26688	111	1524	524
其他未列明零售业	Other Retails Not Classified Elsewhere	6802	5879	83	334	132

17-7 商品交易市场

Commodity Exchange Markets

单位:个 (unit)

指 标	Item	2017	2018	2019	2020	2021
商品交易市场数	**Number of Commodity Trading Markets**	**1365**	**1626**	**1666**	**1307**	**1268**
消费品市场数	**Number of Consumable Markets**	**1283**	**1530**	**1566**	**1225**	**1189**
消费品综合市场	Consumable Comprehensive Markets	538	652	474	441	391
农副产品市场	Agricultural Subproduct Markets	567	642	866	553	604
工业消费品市场	Industrial Consumable Markets	49	44	54	49	36
其他消费品市场	Other Consumable Markets	129	192	172	182	158
生产资料市场数	**Number of Production Markets**	**82**	**96**	**100**	**82**	**79**
生产资料综合市场	Production Comprehensive Markets	21	32	48	12	15
工业生产资料市场	Industrial Production Markets	17	20	8	17	16
农业生产资料市场	Agricultural Production Markets	35	41	35	33	30
其他生产资料市场	Others	9	3	9	20	18

注:资料来源于省市场监督管理局。

Note: The data in the table are provided by the Administration for Market Regulation of Guizhou Province.

17-8 限额以上住宿业和餐饮业法人企业

Basic Conditions of Enterprises above Designated Size in Hotels and Catering Services

指 标	Item	2017	2018	2019	2020	2021
住宿业	**Hotels**					
法人企业数(个)	Number of Corporation Enterprises (unit)	642	704	776	808	876
从业人员期末人数(人)	Engaged Persons at Year-end (person)	39253	39965	41868	37691	37533
营业额(亿元)	Business Revenue (100 million yuan)	68.70	73.43	79.71	73.63	85.31
#客房收入	From Hotel Rooms	42.75	47.97	52.36	49.04	57.97
餐费收入	From Meals	20.39	19.66	20.08	17.39	17.86
客房数(万间)	Number of Rooms (10000 rooms)	9.56	14.76	18.63	12.94	11.66
床位数(万张)	Number of Beds (10000 beds)	14.90	23.81	29.41	20.31	19.46
年末餐饮营业面积(万平方米)	Business Area of Catering Services at Year-end (10000 sq.m)	116.98	138.65	262.02	256.58	179.92
餐饮业	**Catering Services**					
法人企业数(个)	Number of Corporation Enterprises(unit)	603	611	607	645	721
从业人员期末人数(人)	Engaged Persons at Year-end (person)	20419	21651	24266	23416	24522
营业额(亿元)	Business Revenue (100 million yuan)	36.84	41.89	45.95	46.92	62.41
#餐费收入	From Meals	32.44	37.49	41.42	41.77	55.66
年末餐饮营业面积(万平方米)	Business Area of Catering Services at Year-end (10000 sq.m)	71.46	79.81	101.37	99.60	127.40

17-9 限额以上住宿业法人企业(2021)

单位:万元

指标	Item	法人企业数(个) Number of Corporations Enterprises (unit)	从业人员平均人数(人) Engaged Persons at Year-end (person)	营业额 Business Revenue	#客房收入 from Hotel Rooms	#餐费收入 from Meals
合计	**Total**	**876**	**38662**	**853141**	**579679**	**178574**
按登记注册类型分	**by Status of Registration**					
内资企业	**Domestic Funded Enterprises**	**872**	**38581**	**843557**	**572554**	**176956**
国有企业	State-owned Enterprises	18	1296	23960	12938	6628
有限责任公司	Limited Liability Corporations	153	11979	271604	149957	68805
国有独资公司	State Sole Funded Corporations	45	3312	64990	33577	15477
其他有限责任公司	Other Limited Liability Corporations	108	8667	206614	116381	53328
私营企业	Private Enterprises	701	25306	547993	409659	101522
私营独资企业	Private-funded Enterprises	70	1283	47712	39007	5736
私营合伙企业	Private Partrership Enterprises	11	280	7025	6404	527
私营有限责任公司	Private Limited Liability Corporations	617	23571	487548	361681	93360
私营股份有限公司	Private Share-holding Corporations Ltd.	3	172	5709	2567	1900
港、澳、台商投资企业	**Enterprises with Funds From Honkong, Macao and Taiwan**	**2**	**34**	**4807**	**4020**	**528**
港澳台商独资企业	Hong Kong, Macao and Taiwan Private-funded Enterpises	1	12	1916	1916	
港澳台商投资股份有限公司	Hong Kong, Macao and Taiwan Investment Co., Ltd.	1	22	2891	2104	528
外商投资企业	**Foreign-invested Enterprises**	**2**	**47**	**4777**	**3106**	**1090**
中外合资经营企业	Joint-venture Enterprises	2	47	4777	3106	1090
按国民经济行业分	**by Sector**					
旅游饭店	Tourist Hotel	497	27084	609663	384940	144422
一般旅馆	Fonda	339	10098	221023	177626	29945
经济型连锁酒店	Economical Chain Hotel	61	1804	45951	41755	2657
其他一般旅馆	Other Ordinary Hotel	278	8294	175073	135870	27288
民宿服务	Homestay Service	12	393	5827	4776	949
露营地服务	Campsite Service	1	33	391	305	86
其他住宿业	Others	27	1054	16236	12033	3172

Basic Conditions of Enterprises above Designated Size in Hotel Services

(10000 yuan)

营业收入 Operating Revenue	营业成本 Operating Costs	税金及附加 Tax and Surcharges	利润总额 Total profit	资产总计 Total Assets	#流动资产合计 Current Assets	#固定资产原价 Fixed Assets Original cost	负债合计 Total iabilities	所有者权益 Total Owners′ Equities
816373	**445962**	**9351**	**-58593**	**4004929**	**1811214**	**1794681**	**2734493**	**1197064**
807335	**439704**	**9204**	**-59717**	**3984835**	**1806279**	**1776271**	**2731480**	**1188221**
22357	13774	196	-3270	66610	17859	41629	55096	11616
268774	143344	4768	-11412	2288771	1063519	968768	1322117	919405
65373	38133	1015	-7483	401666	173190	142739	238402	129462
203401	105210	3753	-3930	1887104	890329	826029	1083715	789943
516204	282586	4239	-45034	1629455	724900	765875	1354267	257200
44233	27601	199	4082	64536	25748	45272	18690	43423
6902	4629	71	437	20909	5396	16419	4231	16306
459647	245988	3801	48411	1514836	690304	683977	1303599	196043
5423	4368	168	-1143	29174	3453	20207	27747	1427
4518	**3692**	**56**	**981**	**6405**	**3575**	**4210**	**98**	**6307**
1801	1399	21	393	2590	1915	1423	59	2531
2717	2294	35	588	3816	1660	2788	40	3776
4520	**2566**	**91**	**143**	**13688**	**1361**	**14199**	**2915**	**2536**
4520	2566	91	143	13688	1361	14199	2915	2536
583821	313313	7343	-49351	3305962	1470382	1497764	2261277	1009482
211706	120685	1603	-7529	605963	306969	258010	425430	142361
43571	20968	233	296	86975	41216	43528	50007	36141
168134	99717	1370	-7826	518988	265753	214482	375423	106220
5165	2807	154	-390	13987	4966	3646	6144	7843
387	112	0	-3	3482	1444	132	2555	928
15294	9045	251	-1320	75535	27453	35128	39088	36450

17-10 限额以上餐饮业法人企业(2021)

单位:万元

指　标	Item	法人企业数(个) Number of Corporation Enterprises (unit)	从业人员平均人数(人) Average number of Engaged Persons (person)	营业额 Business Revenue	#餐费收入 From Meals
合计	**Total**	**721**	**24327**	**624132**	**556614**
按登记注册类型分	**by Status of Registration**				
内资企业	**Domestic Funded Enterprises**	**716**	**24117**	**620246**	**553766**
国有企业	State-owned Enterprises	5	290	3974	2101
集体企业	Collective-owned Enterprises	7	232	4699	4695
联营企业	Associates	1	319	5565	5565
国有联营企业	State-owned Associated Enterprises	1	319	5565	5565
有限责任公司	Limited Liability Corporations	83	4903	150210	107758
国有独资公司	State Sole Funded Corporations	29	1405	46797	36632
其他有限责任公司	Other Limited Liability Corporations	54	3498	103413	71126
私营企业	Private Enterprises	620	18373	455798	433648
私营独资企业	Private-funded Enterprises	130	1742	56295	53969
私营合伙企业	Private Partnership Enterprises	6	282	6446	5624
私营有限责任公司	Private Limited Liability Corporations	481	15908	385366	367495
私营股份有限公司	Private Share-Holding Co.Ltd.	3	441	7691	6561
港、澳、台商投资企业	**Enterprises with Funds From HongKong, Macao and Taiwan**	**3**	**173**	**2456**	**1946**
与港澳台商合资经营企业	Joint-venture Enterprises with HongKong, Macao and Taiwan	2	22	1097	1097
港澳台商独资企业	Hong Kong, Macao and Taiwan Private-funded Enterprises	1	151	1359	849
外商投资企业	Foreign-invested Enterprises	2	37	1430	902
中外合资经营企业	Joint-venture Enterprises	1	8	857	803
外资企业	Foreign-funded Enterprises	1	29	573	100
按国民经济行业分	by Sector				
正餐服务	Restaurant	670	20597	500414	458898
快餐服务	Fast Food	11	223	5409	4970
饮料及冷饮服务	Beverages and Cold Drinks	7	558	18935	17937
咖啡馆服务	Coffee Shop Services	3	185	7292	6756
其他饮料及冷饮服务	Other Beverages and Cold Drinks Services	4	373	11643	11181
餐饮配送及外卖送餐服务	Food and Beverage Delivery and Delivery Services	22	2419	64138	60734
餐饮配送服务	Food and Beverage Delivery Services	22	2419	64138	60734
其他餐饮业	Others	11	530	35237	14075
小吃服务	Snack Services	8	206	6471	5849
其他未列明餐饮业	Other Food and Beverage Industry Not Listed	3	324	28766	8226

Basic Conditions of Enterprises above Designated Size in Catering Services

(10000 yuan)

营业收入 Operating Revenue	营业成本 Operating Costs	税金及附加 Tax and Surcharges	利润总额 Total Profit	资产总计 Total Assets	#流动资产合计 Current Assets	#固定资产原价 Fixed Assets Original cost	负债合计 Total Liabilities	所有者权益 Total Owners' Equities
595647	**423662**	**2672**	**10783**	**646085**	**430382**	**134589**	**462443**	**176688**
585725	**416137**	**2624**	**9428**	**636297**	**429040**	**129159**	**463187**	**166156**
3854	1522	10	-139	6071	5695	184	3679	2392
4550	3938		131	209	132	65	169	40
5565	4600		321	11214	7214	4344	8194	3020
5565	4600		321	11214	7214	4344	8194	3020
144216	105545	555	4465	252549	210797	29771	221312	30948
44688	35391	171	-148	113207	92889	8755	101664	11542
99529	70153	384	4613	139342	117908	21017	119647	19406
427541	300532	2059	4650	366254	205201	94796	229833	129756
53310	39422	306	5224	24598	14321	7971	9329	14016
6277	2519	44	672	5728	3380	3055	1715	3733
360382	253069	1703	-1288	326813	179227	82639	210375	111307
7572	5522	6	41	9115	8273	1132	8415	700
8574	**7079**	**36**	**1228**	**9034**	**1022**	**3948**	**1325**	**7709**
1068	821	3	19	370	293	137	353	18
7506	6258	33	1209	8664	729	3811	972	7692
1349	447	12	127	755	321	1481	-2068	2823
809	304		-121	308	66	42	261	47
540	142	12	248	447	255	1439	-2330	2776
477769	335530	2253	2098	586969	386177	122570	427050	153896
5311	3954	31	235	1241	828	729	755	487
17930	9184	66	1142	5072	2995	1080	4399	673
6873	5398	63	1046	1343	1165	5	2432	-1090
11056	3786	3	96	3730	1831	1075	1967	1763
62282	50881	120	1507	34295	24511	7951	22665	10711
62282	50881	120	1507	34295	24511	7951	22665	10711
32356	24114	203	5801	18508	15871	2260	7575	10921
6261	4421	5	649	4260	2933	185	2597	1652
26096	19693	197	5153	14247	12938	2074	4978	9269

主要统计指标解释

社会消费品零售总额 指企业(单位、个体户)通过交易直接售给个人、社会集团非生产、非经营用的实物商品金额,以及提供餐饮服务所取得的收入金额。个人包括城乡居民和入境人员,社会集团包括机关、社会团体、部队、学校、企事业单位、居委会或村委会等。

社会消费品零售总额包括:(1)售给城乡居民作为生活用的商品和修建房屋用的建筑材料;(2)售给社会集团的各种办公用品和公用消费品;(3)售给机关、团体、学校、部队、企业、事业单位的职工食堂和旅店(招待所)附设专门供本店旅客食用,不对外营业的食堂的各种食品、燃料;企业、单位和国营农场直接售给本单位职工和职工食堂的自己生产的产品;(4)售给部队干部、战士生活用的粮食、副食品、衣着品、日用品、燃料;(5)售给来华的外国人、华侨、港澳台同胞的消费品;(6)居民自费购买的中、西药品、中药材及医疗用品;(7)报社、出版社直接售给居民和社会集团的报纸、图书、杂志,集邮公司出售的新、旧纪念邮票、特种邮票、首日封、集邮册、集邮工具等;(8)旧货寄售商店自购、自销部分的商品;(9)煤气公司、液化石油气站售给居民和社会集团的煤气灶具和罐装液化石油气;(10)农民售给非农业居民和社会集团的商品。不包括售给国民经济各部门企业、事业单位(包括国有经济的农场)生产经营用的各种原材料、燃料、设备、工具等和售给批发和零售贸易业、住宿和餐饮业作为转卖用的商品,旧货寄售商店受托寄售卖出的商品,服务业的营业收入,邮局出售邮票的收入,自来水、电力、煤气生产(供应)单位的产品供应收入,也不包括农民之间的商品销售。

商品购进额 指从本企业以外的单位和个人购进(包括从国外直接进口)作为转卖或加工后转卖的商品金额(含增值税)。商品购进包括:(1)从工农业生产者、批发和零售业企业、住宿和餐饮业企业、出版社或报社的出版发行部门和其他服务业企业购进的商品;(2)从机关团体、事业单位购进的商品;(3)从海关、市场管理部门购进的缉私和没收的商品;(4)从居民收购的废旧商品等,不包括:①企业为本单位自身经营用,不是作为转卖而购进的商品,如材料物资、包装物、低值易耗品、办公用品等;②未通过买卖行为而收入的商品,如接受其他部门移交的商品、借入的商品、收入代其他单位保管的商品、其他单位赠送的样品、加工回收的成品等;③经本单位介绍,由买卖双方直接结算,本单位只收取手续费的业务;④销售退回和买方拒付货款的商品;⑤商品溢余;⑥期货交易商品。

商品销售额 指对本单位以外的单位和个人出售的商品金额(包括售给本单位消费用的商品,含增值税)。商品销售包括:(1)售给城乡居民和社会集团消费用的商品;(2)售给农业、工业、建筑业、服务业等国民经济各行业用于生产、经营用的商品,包括售予批发和零售业作为转卖或加工后转卖的商品;(3)对国(境)外直接出口的商品。不包括:①未通过买卖行为付出的商品,如随机构变动移交给其他企业单位的商品、借出的商品、归还受其他单位委托代保管的商品、付出的加工原料和赠送给其他单位的样品等;②促销返券所销售的、不计入营业收入的商品;③经本单位介绍,由买卖双方直接结算,本单位只收取手续费的业务;④未发生所有权转移的商品预付卡销售,如加油卡;⑤汽车维修、电话卡销售等服务性经济活动;⑥购货退回的商品;⑦商品损耗和损失;⑧出售本单位自用的废旧物资;⑨期货交易商品;⑩自来水供应企业、电力企业、天然气供应企业提供的水、电、气。

商品库存额 对于批发和零售业法人单位和个体经营户,是指报告期末取得所有权的全部商品金额(含增值税);对于批发和零售业产业活动单位,是指报告期末实际在库且归属法人具有所有权的全部商品金额(含增值税)。它反映批发和零售业企业(单位)的商品库存情况和对市场商品供应的保证程度。商品库存包括:(1)存放在批发和零售业经营单位(如门市部、批发站、经营处)仓库、货场、货柜和货架中的商品;(2)挑选、整理、包装中的商品;(3)已记入购进而尚未运到本单位的商品,即发货单或银行承兑凭证已到而货未到的商品;(4)寄放他处的商品,如因购货方拒绝承付而暂时存放在购货方的商品和已办完加工成品收回手续而未提回的商品;(5)委托其他单位代销(未作销售或调出)尚未售出的商品;(6)代其他单位购进尚未交付的商品。

库存商品不包括所有权不属于本单位的商品、委托外单位加工生产尚未收回成品的商品、外贸企业代理其他单位从国外进口尚未付给订货单位的商品、代国家物资储备部门保管的商品等。

住宿业 指为旅行者提供短期留宿场所的活动,有些单位只提供住宿,也有些单位提供住宿、饮食、商务、娱乐一体的服务,不包括主要按月或按年长期出租房屋住所的活动,如出租房屋、公寓等,列入房地产开发经营。

餐饮业 指通过即时制作加工、商业销售和服务性劳动等,向消费者提供食品和消费场所及设施的服务。

营业额 指住宿和餐饮业法人企业(单位)在经营活动中因提供服务或销售商品等取得的收入(含增值税)。包括客房收入、餐费收入、商品销售额和其他收入。其中,客房收入指住宿和餐饮业法人企业(单位)在经营活动中因提供住宿服务取得的收入。餐费收入指住宿和餐饮业法人企业(单位)因为顾客提供就餐服务取得的收入(含增值税),包括经烹饪、调制加工后出售的各种食品,如主食、炒菜、凉拌菜等的收入。

Explanatory Notes on Main Statistical Indicators

Total Retail Sales of Consumer Goods refers to enterprises (units and self-employed) by trading sold directly to individuals, social groups, non-production and non-business use of the physical amount of goods, and provide catering services achieved the amount of revenue. Individuals, including urban and rural residents and immigration personnel, social groups, including organs, social groups, troops, Schools, enterprises and institutions, neighborhood committees, etc.

The total retail sales of consumer goods include: (1) commodities sold to urban and rural residents for their daily use and building materials sold to them for the construction or repair of houses; (2) office appliances and supplies sold to institutions; (3) food and fuels sold to canteens of institutions, enterprises ,schools ,military units and to canteens of hotels and hostels that only serve their guests ,and commodities produced by enterprises ,institutions or state farms and sold directly to their employees or their canteens; (4) grain and non-staple food, clothing ,daily articles and fuels sold to military personnel; (5)consumer goods sold to foreigners, overseas Chinese, and Chinese compatriots from Taiwan, Hong Kong and Macao during their stay in the mainland of China; (6) Chinese and western medicines, herbs and medical facilities purchased by residents; (7) newspapers, books and magazines directly sold to residents and social groups by publishers, new and old commemorative stamps, special stamps, first-day covers, stamp albums and other stamp-collection articles sold by stamp companies; (8) consumer goods purchased and then sold by second-hand shops; (9) stoves and other heating facilities and liquefied gas sold by gas companies to households and institutions; and (10) commodities sold by farmers to non-agricultural residents and social groups. Excluded under this heading are: raw materials, fuels, equipment, tools sold to enterprises, institutions and state farms for production purpose; commodities sold to trade establishments for re-selling; commissioned sales at second-hand shops; operational income of urban public utilities; stamps sold at post offices; income of water, power, gas production and supply establishments from the supply of their products; and sales of commodities among farmers.

Purchases of Commodities refer to the total value of purchases of commodities by enterprises (establishments) from other establishments or individuals (including direct import from abroad) for the purpose of re-selling, either with or without further processing of the commodities purchased. The commodities include: (1) commodities purchased from agricultural and industrial producer, wholesaler, retailer, publishing house and other service business; (2) commodities purchased from institutions and government departments; (3) confiscated goods purchased from the customs authorities or market management agencies; (4) second-hand goods and wastes purchased from residents; The commodities exclude: ①commodities purchased by enterprises (establishments) for use in their own business operation, commodities obtained without buying or selling procedures such as materials, consumable goods of low value, office appliance, etc. ②received goods without trading, such as goods handed over from others, borrowed goods, preserved goods for others, donated goods from others, processed and retrieved goods, etc. ③goods of direct settlement between buyer and seller with handling fees introduced by others, ④goods returned or refused to pay by the buyer, ⑤excessive goods, ⑥futures traded commodity.

Sales of Commodities refer to value of commodities sold by the establishments to other establishments and individuals (including goods sold for self-consumption, including the value-added tax). The commodities include: (1) commodities sold to urban and rural residents and social groups for their consumption; (2) commodities sold to establishments in all industries for their production and operation, including agriculture, industry, construction, transportation, post and telecommunications, catering services, and public utility including commodities sold to wholesale and retail establishments for re-selling, with or without further processing; and (3) commodities for direct export to abroad. Excluded are ①extended commodities without trading, such as goods handed over to other enterprises and institutions because of the change of organizations, lent goods, returned goods preserved for others, extended processing materials and samples donated to others, ②goods sold with promotional vouchers and not included in operating income, ③business introduced by the establishment and settled directly by the buyer and seller, and the establishment only charge commission, ④no transfer of ownership occurs in the sale of prepaid cards for goods, such as fuel cards, ⑤automobile maintenance, telephone card sales and other service economic activities, ⑥goods returned after purchase, ⑦damaged and spoiled goods, ⑧waste and used goods of self use, ⑨futures traded commodity, ⑩water, electricity and gas provided by water supply enterprises, electric power enterprises and natural gas supply enterprises.

Stock of Commodities refers to total commodities possessed by wholesaler and retailer of various types of registration status at the end of the reference period, reflecting the commodity stock level of various wholesaler and retailer and the potential for market supply. It includes: (1) commodities located in storage, garages, counters, and shelves of operating places (such as sale stores, wholesale centers, and operating offices); (2) commodities in the process of being selected, sorted, and packed; (3) commodities not arrived but recorded as purchase in the account, i.e. commodities not arrived but payment receipts for the commodities from the sellers or the banks arrived; (4) commodities deposited in other places rather than places mentioned above, for instance: commodities in the hold of purchasers temporarily due to the refusal of payment and commodities not taken back after going through the formalities; (5) commodities entrusted to other units to sell but not sold yet; (6) commodities purchased for other units but not delivered yet. Commodities not included as stock are those not owned by the enterprises (units), commodities on commission for processing but not yet delivered, imported commodities of agency of foreign trade enterprise but not yet delivered to ordering units and finally those put in stock on behalf of the state material reserves units.

Hotel Services refer to the activities that provides temporary places for travelers to stay. Some establishments only provide accommodation, while others provide accommodation, catering, business and entertainment services, excluding activities for the permanent rental of premises mainly on a monthly or annual basis, such as rental housing, apartments, etc., which are listed in the real estate development and management.

Catering Services refers to services that provide food and consumption places and facilities to consumers through instant production and processing, commercial sales and service labor, etc.

Business Revenue refers to revenue received from providing services or selling commodities by enterprises and establishments engaged in hotels and catering services (VAT included), including income from hotels, from catering services, from selling of commodities and from other services. Income from hotels refers to income of enterprises and establishments engaged in hotels and catering services by providing lodging services. Income from catering services refers to income of enterprises and establishments engaged in hotels and catering services by providing catering services (VAT included), including selling of cooked or prepared foods, such as staple food, cooked dishes, or cold dishes.

旅游业

Tourism 18

简要说明

一、主要内容

本篇主要反映全省旅游业发展变化情况。包括旅游业基本情况、旅游外汇收入、旅游业接待经营、风景名胜区等基本情况。

二、资料来源

本篇资料由省文化和旅游厅提供。

Brief Introduction

I. Main Contents

The data in this chapter reflect the development of tourism in Guizhou, which mainly include basic tourism conditions, tourism foreign exchange earnings, tourism reception business, basic conditions of scenic area, etc.

II. Sources of Data

The data in this table are come from Guizhou Tourism Development Committee.

18-1 旅游业

Tourism

指 标	Item	2017	2018	2019	2020	2021
旅行社总数(个)	**Total Number of Travel Agencies (unit)**	**392**	**339**	**498**	**665**	**693**
出境游组团旅行社	International Travel Agencies	30	28	31	31	31
国内及入境旅游旅行社	Domestic Travel Agencies	362	311	467	634	662
旅行社职工人数(人)	**Number of Staff and Workers of Travel Agencies(person)**	**6229**	**4572**	**5244**	**4159**	**4092**
出境游组团旅行社	International Travel Agencies	1203	1205	1201	723	668
国内及入境旅游旅行社	Domestic Travel Agencies	5026	3367	4043	3436	3424
旅游总人数(万人次)	**Total Number of Tourists (10000 person-times)**	**74417.43**	**96858.12**	**113526.60**	**61781.49**	**64436.68**
入境旅游人数	Number of Overseas Visitor Arrivals	126.79	146.55	161.31	4.36	5.56
外国人	Foreigners	64.86	79.57	102.11	1.94	2.33
港澳同胞	Chinese Compatriots from Hong Kong and Macao	31	35.74	24.26	1.50	2.19
台湾同胞	Chinese Compatriots from Taiwan Province	30.93	31.24	34.94	0.91	1.04
国内旅游人数	Total Number of Domestic Tourists	74290.64	96711.56	113365.29	61777.13	64431.12
旅游总收入(亿元)	**Tourism Earnings (100 million yuan)**	**7116.81**	**9471.03**	**12318.86**	**5785.09**	**6642.16**
国际旅游外汇收入(万美元)	Foreign Exchange Earnings from International Tourism (USD 10000)	28326.58	31762.59	34503.00	2110.80	1949.00
国内旅游收入(亿元)	Earnings from Domestic Tourism (100 million yuan)	7097.91	9449.58	12296.03	5783.64	6640.82

注:1.资料来源于省文化和旅游厅;2.旅游收入按过夜游客花费和一日游游客花费进行核算。(以下表同)

Note: 1. The data in the table come from the Department of Culture and Tourism of Guizhou Province. 2. The tourism earnings are calculated according to the spending of overnight tourists and one-day tourists. (the relative tables are the same)

18-2 旅游外汇收入

Foreign Exchange Earnings from Tourism

单位:万美元 (USD 10000)

指　　标	Item	2017	2018	2019	2020	2021
旅游外汇收入	**Foreign Exchange Earnings from Tourism**	**28326.58**	**31762.59**	**34503.00**	**2110.80**	**1949.00**
长途交通	Long Distance Transportation	9381.93	12962.31	14687.93	425.33	829.69
游　　览	Sightseeing	1690.54	476.44	562.40	66.91	31.77
住　　宿	Accommodation	2387.49	6740.02	7255.98	568.44	409.87
餐　　饮	Food and Beverage	1565.25	4872.38	3771.18	368.54	213.03
商品销售	Shopping	9446.99	2493.36	2984.51	415.83	168.59
娱　　乐	Entertainment	848.21	1013.23	1255.91	66.91	70.94
邮电通讯	Postal and Communication Services	814.98	101.64	113.86	26.38	6.43
市内交通	Local Transportation	525.32	1191.10	1411.17	134.25	79.71
其他服务	Other Services	1665.87	1912.11	2460.06	38.21	138.77

18-3 接待外国旅游人数(按地区分)

Number of Overseas Tourists Visiting Guizhou(by Country/Territory)

单位:人次 (person-time)

指　标	Item	2017	2018	2019	2020	2021	2021年比2020年增长(%) Increase Rate in 2021 over 2020(%)
接待外国旅游人数	Number of Overseas Tourists Visiting Guizhou	648563	795744	1021130	19428	23336	20.1
亚　　洲	Asia	281768	378991	656829	8268	8461	2.3
非　　洲	Africa	11812	36743	26784	2062	1355	-34.3
欧　　洲	Europe	169055	185573	180639	3961	6572	65.9
拉丁美洲	Latin America	112393	132082	118239	4259	5853	37.4
大 洋 洲	Oceania	49991	28040	21856	877	1095	24.9
其　　他	Others	23544	34315	16783	1	0	-100.0

18-4 来黔境外旅游人数及人均消费支出

Number of Overseas Tourists Visiting Guizhou and Average Per Capita Spending

指 标	Item	2017	2018	2019	2020	2021	2021年比2020年增长(%) Increase Rate in 2021 over 2020(%)
来黔境外旅游人数(万人次)	**Number of Foreign Tourists Visiting Guizhou (10000 person-times)**	**126.79**	**146.55**	**161.31**	**4.36**	**5.56**	**27.5**
外国人	Foreigners	64.86	79.57	102.11	1.94	2.33	20.1
港澳同胞	Chinese Compatriots From Hong Kong and Macao	31.00	35.74	24.26	1.50	2.19	46.0
台湾同胞	Chinese Compatriots from Taiwan Province	30.93	31.24	34.94	0.91	1.04	14.3
平均每人逗留天数(天/人)	Average Days Tourists Stay in Guizhou Per Capita (day/person)	2.15	2.08	2.70	2.03	2.03	0
平均每人每天消费支出(美元/人、天)	Average Per Capita Daily Spending (USD/person-day)	203.11	231.90	181.41	127.44	172.61	35.4

18-5 星级饭店个数

Star-rated Hotels

单位:个 (unit)

指 标	Item	2017	2018	2019	2020	2021
星级饭店个数	**The Number of Star-rated Hotels**	**286**	**203**	**239**	**231**	**232**
按经济类型分	**Grouped by Economic Type**					
国有经济	State-owned	43	39	41	35	38
集体经济和私营经济	Collective-owned and Privately-owned	239	163	197	195	193
外商投资经济	Foreign Funded	4	1	1	1	1
按规模分	**Grouped by Capacity**					
客房总数300间以上	With above than 300 Rooms	12	11	11	12	14
客房总数200-299间	With 200-299 Rooms	19	17	28	20	22
客房总数100-199间	With 100-199 Rooms	76	71	93	70	75
客房总数99间以下	With Less than 100 Rooms	179	104	107	129	121

18-6 旅馆业接待经营

Operation of Hotels

指 标	Item	2017	2018	2019	2020	2021
接待能力	**Capacity**					
年末客房数(间)	Guest Rooms (Year-end) (unit)	766831	792121	824545	786012	833276
年末客房床位数(张)	Guest Beds (Year-end) (bed)	1340539	1380706	1438921	1219728	1398858
客房开房率(%)	Room Occupancy Rate(%)	59.5	57.4	61.0	39.1	54.4
#星级宾馆	Star-rated Hotels	58.6	59.1	46.9	40.4	35.2
实际住宿人次数(万人次)	Actual Number of Guests (10000 person-times)	17971.59	18070.78	20557.52	7356.18	15746.23
#海外来黔	Overseas Visitors	32.40	39.69	47.18	4.36	5.56
实际住宿人天数(万人天)	Actual Number of Guests and Days of Stay (10000 person-days)	28574.83	28913.25	32048.08	17437.10	25508.89
#海外来黔	Overseas Visitors	69.66	82.56	127.39	8.85	11.29
经营和财务	**Management and Financial**					
营业收入(万元)	Operational Revenue (10000 yuan)	4270087	5872039	7637761	3586789	5247147

18-7 风景名胜区

National Parks

名　　称	Name	级别	地　　址
红枫湖风景名胜区	Hongfeng Lake National Park	国家级	贵州省贵阳市清镇市、贵安新区、安顺市平坝区
黄果树风景名胜区	Huangguoshu Waterfalls National Park	国家级	贵州省安顺市镇宁、关岭县
龙宫风景名胜区	The Dragon Palace National Park	国家级	贵州省安顺市西秀区
织金洞风景名胜区	Zhijin Cave National Park	国家级	贵州省毕节市织金县
九洞天风景名胜区	Jiudongtian National Park	国家级	贵州省毕节市大方、纳雍县
马岭河峡谷风景名胜区	Malinghe Canyon ----Wanfeng Lake National Park	国家级	贵州省黔西南州兴义市
㵲阳河风景名胜区	Wuyang River National Park	国家级	贵州省黔东南州镇远、施秉、黄平县
黎平侗乡风景名胜区	Liping Dong-Village National Park	国家级	贵州省黔东南州黎平县
荔波樟江风景名胜区	Libo Zhangjiang National Park	国家级	贵州省黔南州荔波县
都匀斗篷山——剑江风景名胜区	Duyun Doupeng Mountain----Jianjiang National Park	国家级	贵州省黔南州都匀市
赤水风景名胜区	Chishui National Park	国家级	贵州省遵义市赤水市
九龙洞风景名胜区	Jiulong Cave National Park	国家级	贵州省铜仁市
紫云格凸河风景名胜区	Ziyun Getu River National Park	国家级	贵州省安顺市紫云县
平塘风景名胜区	Pingtang National Park	国家级	贵州省黔南州平塘县
瓮安江界河风景名胜区	Wengan Jiangjie River National Park	国家级	贵州省黔南州瓮安县
榕江苗山侗水风景名胜区	Rongjiang Mountain and Water Landscapes with Miao and Dong Dong Cultures National Park	国家级	贵州省黔东南州榕江县
石阡温泉群风景名胜区	Shiqian Hot Well Flock National Park	国家级	贵州省铜仁市石阡县
沿河乌江山峡风景名胜区	Yanhe Wujiang River Sanxia National Park	国家级	贵州省铜仁市沿河县
百花湖风景名胜区	Baihua Lake National Park	省级	贵州省贵阳市清镇市、观山湖区
花溪风景名胜区	Huaxi National Park	省级	贵州省贵阳市花溪区
息烽风景名胜区	Xifeng National Park	省级	贵州省贵阳市息烽县
修文阳明风景名胜区	Xiuwen Yangming National Park	省级	贵州省贵阳市修文县
贵阳香纸沟风景名胜区	Guiyang Xiangzhigou National Park	省级	贵州省贵阳市乌当区
开阳风景名胜区	Kaiyang National Park	省级	贵州省贵阳市开阳县
贵阳相思河风景名胜区	Guiyang Xiangsi River National Park	省级	贵州省贵阳市乌当区
清镇暗流河风景名胜区	Qingzhen Undercurrent River National Park	省级	贵州省贵阳市清镇市
普定梭筛风景名胜区	Puding Suoshai National Park	省级	贵州省安顺市普定县
关岭花江大峡谷风景名胜区	Guanling Huajiang Canyon National Park	省级	贵州省安顺市关岭县
平坝天台山——斯拉河风景名胜区	Pingba Tiantai Mountain ----Sila River National Park	省级	贵州省安顺市平坝区
百里杜鹃风景名胜区	One-Hundred-Li Azalea Belt National Park	省级	贵州省毕节市大方、黔西市
贵州屋脊赫章韭菜坪风景名胜区	Guizhou Fastigium Hezhang Jiucaiping National Park	省级	贵州省毕节市赫章县
鲁布革风景名胜区	Lubuge National Park	省级	贵州省黔西南州兴义市
泥凼石林风景名胜区	Nidang shilin National Park	省级	贵州省黔西南州兴义市
安龙招堤风景名胜区	Anlong Zhaodi National Park	省级	贵州省黔西南州安龙县
贞丰三岔河风景名胜区	Zhenfeng Sancha River National Park	省级	贵州省黔西南州贞丰县

18-7 续表 continued

名　称	Name	级别	地　址
晴隆三望坪风景名胜区	Qinglong Sanwangping National Park	省级	贵州省黔西南州晴隆县
兴仁放马坪风景名胜区	Xingren Fangmaping National Park	省级	贵州省黔西南州兴仁市
岑巩龙鳌河风景名胜区	Cengong Longao River National Park	省级	贵州省黔东南州岑巩县
剑河风景名胜区	Jianhe National Park	省级	贵州省黔东南州剑河县
镇远高过河风景名胜区	Zhenyuan Gaoguo River National Park	省级	贵州省黔东南州镇远县
雷山风景名胜区	Leishan National Park	省级	贵州省黔东南州雷山县
锦屏三板溪——隆里古城风景名胜区	Jinping Sanbanxi----Longli National Park	省级	贵州省黔东南州锦屏县
丹寨风景名胜区	Danzhai National Park	省级	贵州省黔东南州丹寨县
从江风景名胜区	Congjiang National Park	省级	贵州省黔东南州从江县
龙里猴子沟风景名胜区	Longli Monkey Fossa National Park	省级	贵州省黔南州龙里县
福泉洒金谷风景名胜区	Fuquan Sajingu National Park	省级	贵州省黔南州福泉市
惠水涟江——燕子洞风景名胜区	Huishui good Bonus -- Swallow Cave Scenic Park	省级	贵州省黔南州惠水县
长顺杜鹃湖——白云山风景名胜区	Changshun Dujuan Lake--Baiyun Mountain National Park	省级	贵州省黔南州长顺县
三都都柳江风景名胜区	Sandu Duliu River National Park	省级	贵州省黔南州三都县
贵定洛北河风景名胜区	Guiding Luobei River National Park	省级	贵州省黔南州贵定县
独山深河桥风景名胜区	Dushan Shenhe Bridge National Park	省级	贵州省黔南州独山县
遵义娄山风景名胜区	Zunyi Loushan Mountain National Park	省级	贵州省遵义市汇川区、红花岗区、播州区、桐梓县
绥阳宽阔水风景名胜区	Suiyang Kuankuoshui National Park	省级	贵州省遵义市绥阳县
仁怀茅台风景名胜区	Renhuai Moutai National Park	省级	贵州省遵义市仁怀市
习水风景名胜区	Xishui National Park	省级	贵州省遵义市习水县
余庆大乌江风景名胜区	Yuqing Wujiang River National Park	省级	贵州省遵义市余庆县
湄潭湄江风景名胜区	Meitan National Park	省级	贵州省遵义市湄潭县
梵净山——太平河风景名胜区	Fanjing Mountain----Taiping River National Park	省级	贵州省铜仁市江口县
印江木黄风景名胜区	Yinjiang Muhuang National Park	省级	贵州省铜仁市印江县
思南乌江白鹭洲风景名胜区	Sinan Wujiang River Bailuzhou National Park	省级	贵州省铜仁市思南县
松桃豹子岭——寨英风景名胜区	Songtao Baozi Mountain----Zhaiying National Park	省级	贵州省铜仁市松桃县
万山汞都——夜郎谷风景名胜区	Wanshan mercury night - Lang Valley Scenic Park	省级	贵州省铜仁市万山区
玉屏北洞萧笛之乡风景名胜区	Yuping Beidong Xiaodi-Village National Park	省级	贵州省铜仁市玉屏县
六枝牂牁江风景名胜区	Liuzhi Zangke River National Park	省级	贵州省六盘水市六枝特区
盘县古银杏风景名胜区	Panxian Ancientry Gingko National Park	省级	贵州省六盘水市盘州市
盘县大洞竹海风景名胜区	PanXian Dadong Banboo Sea National Park	省级	贵州省六盘水市盘州市
盘县坡上草原风景名胜区	PanXian Grassland on Mountain National Park	省级	贵州省六盘水市盘州市
南开风景名胜区	Nankai National Park	省级	贵州省六盘水市钟山区、水城县
务川洪渡河风景名胜区	Wuchuan Hongduhe National Park	省级	贵州省遵义市务川县
罗甸大小井风景名胜区	Luodian Daxiaojin National Park	省级	贵州省黔南州罗甸县
德江乌江傩文化风景名胜区	Dejiang Wujiang Riverside National Park	省级	贵州省铜仁市德江县

18-8 全国重点文物保护单位

Historical and Cultural Relics under Key Protection

文物单位名称	Name	地　　址
天台山伍龙寺	Tiantai Wulong Temple	贵州省安顺市平坝区
云山屯古建筑群(含本寨)	The Ancientry Construction of Yunshantun(Including the Village)	贵州省安顺市西秀区
安顺文庙	Anshun Temple	贵州省安顺市西秀区
穿洞遗址	The Ruins of Chuandong	贵州省安顺市普定县
宁谷遗址	The Ruins of Ninggu	贵州省安顺市西秀区
黔西观音洞遗址	The Site of Kwan-yin Cave Qianxi	贵州省毕节市黔西县
可乐遗址	The Ruins of Kele	贵州省毕节市赫章县
织金古建筑群	The Ancientry Construction Zhijin	贵州省毕节市织金县
川滇黔省革命委员会旧址	Finish the Committee old address of Chuan Dian Qian Province Revolution	贵州省毕节市七星关区、大方县
奢香墓	The Mausoleum of Lady She Xiang	贵州省毕节市大方县
大屯土司庄园	Datun Headman′s Castle	贵州省毕节市毕节市
马头寨古建筑群	The Ancientry Construction of Matouzhai	贵州省贵阳市开阳县
阳明洞和阳明祠	Yangming Cave and Yangming Ancestral Temple	贵州省贵阳市修文县、云岩区
文昌阁和甲秀楼	Wenchang Pavilion and Jiaxiu Floor	贵州省贵阳市贵阳市
息烽集中营旧址(含玄天洞)	The Site of Concentration Camp Xifeng(including Tien-dong)	贵州省贵阳市息烽县
大洞遗址	The Site of Dadong Cave	贵州省六盘水市盘州市
郎德上寨古建筑群	The Ancientry Construction Langdeshangzhai	贵州省黔东南州雷山县
地坪风雨桥	Diping Pavilion Bridge	贵州省黔东南州黎平县
飞云崖古建筑群	The Ancientry Construction of Feishanya	贵州省黔东南州黄平县
旧州古建筑群	The Ancientry Construction of Jiuzhou	贵州省黔东南州黄平县
黎平会议会址	The Site of Liping Conference	贵州省黔东南州黎平县
和平村旧址	The Former Site of Peace Village	贵州省黔东南州镇远县
青龙洞	Qinglong Cave	贵州省黔东南州镇远县
增冲鼓楼	Zengchong Drum-tower	贵州省黔东南州从江县
福泉城墙	Ming Dynasty Wall in Fuquan	贵州省黔南州福泉市
葛镜桥	Gejing Bridge	贵州省黔南州福泉市
交乐墓群	Jiaole Tombs	贵州省黔西南州兴仁市
“二十四道拐”抗战公路	"Twenty-four Shui" Road War	贵州省黔西南州晴隆县
石阡万寿宫	Shiqian Wanshou Palace	贵州省铜仁市石阡县
万山汞矿遗址	The Site of Wanshan Hydrargyrum	贵州省铜仁市万山区
东山古建筑群	The Ancient Building Complex of Dongshan	贵州省铜仁市铜仁市
寨英村古建筑群	The Ancient Building Complex of Zhaiying Village	贵州省铜仁市松桃县
思唐古建筑群	The Ancientry Construction Sitang	贵州省铜仁市思南县
黔东特区革命委员会旧址	The Site of Qiandong SAR Revolution Committee	贵州省铜仁市沿河县、德江县、印江县
遵义会议会址	The Site of Zunyi Conference	贵州省遵义市红花岗区
海龙屯	Hailongtun	贵州省遵义市汇川区
杨粲墓	Yangcan Tomb	贵州省遵义市汇川区
红军四渡赤水战役旧址	The Former Site of Battle of the Red Army Siduchishui	贵州省遵义市习水县、仁怀市
湄潭浙江大学旧址	The Former Site of Zhejiang University in Meitan	贵州省遵义市湄潭县

注:资料来源于省文化和旅游厅,表中文物单位为第一批至第六批全国重点文物保护单位。

Note: The data in this table come from the Department of Culture and Tourism of Guizhou Province. The cultural relics listed in the table are the first to the sixth batch of national key cultural relics protection units.

18-8 续表 continued

名　称	Name	地　址
龙广观音洞遗址	The Ruins of Longguang Cave	贵州省黔西南州安龙县
普安铜鼓山遗址	The Ruins of Puan Timbal Hill	贵州省黔西南州普安县
茶马古道	Tea-Horse Road	四川、云南、贵州
务川大坪墓群	Wuchuan Daping Tombs	贵州省遵义市务川县
兴义万屯墓群	Xingyi Wan Tun Tombs	贵州省黔西南州兴义市
平坝棺材洞	Pingba Coffin Hole	贵州省安顺市平坝区
惠水仙人桥洞葬	Huishui Fairy Bridge Burial Cave	贵州省黔南州惠水县
黔南水族墓群	Qiannan Aquarium Tombs	贵州省黔南州三都县、荔波县
小冲墓群	Small Punch Tombs	贵州省六盘水市盘州市
明十八先生墓	Eighteen Persons′ Tomb of Ming Dynasty	贵州省黔西南州安龙县
鲍家屯水利工程	Baojiatun Hydraulic	贵州省安顺市西秀区
镇远城墙	Zhenyuan Walls	贵州省黔东南州镇远县
安顺武庙	Anshun Wumiao	贵州省安顺市西秀区
隆里古建筑群	The Ancient Building Complex of Longli	贵州省黔东南州锦屏县
石阡府文庙	Shiqian Temple	贵州省铜仁市石阡县
榕江大利村古建筑群	The Ancient Building Complex in the Village Rongjiang Dali	贵州省黔东南州榕江县
楼上村古建筑群	The Ancient Building Complex in the Village Loushang	贵州省铜仁市石阡县
岩门长官司城	Yanmen Long lawsuit City	贵州省黔东南州黄平县
锦屏飞山庙	Jinping Feishan Temple	贵州省黔东南州锦屏县
高阡鼓楼	Gaoqian Drum-tower	贵州省黔东南州从江县
宰俄鼓楼	Zaie Drum-tower	贵州省黔东南州从江县
金勾风雨桥	Jingou Pavilion Boasting	贵州省黔东南州从江县
鲁屯牌坊群	Lu Tun Archway	贵州省黔西南州兴义市
复兴江西会馆	Jiangxi Hall in the Town of Fuxing	贵州省遵义市赤水市
三门塘古建筑群	The Ancient Buildings Complex in the Village of Sanmentang	贵州省黔东南州天柱县
敖氏和罗氏墓群石刻	Ao and Roche′ Tombs of Carved Stone	贵州省毕节市金沙县
尚稽陈玉壂祠	Chenyu Temple in the Town of Shangji	贵州省遵义市播州区
兴义刘氏庄园	The Liu Manor in Xingyi	贵州省黔西南州兴义市
茅台酒酿酒工业遗产群	Maotai Wine Industry Heritage Group	贵州省遵义市仁怀市
王若飞故居	Wang Ruofei′s Former Residence	贵州省安顺市西秀区
述洞独柱鼓楼	Duzhu Drum-tower in the Village of Shudong	贵州省黔东南州黎平县
重安江水碾群	Chongan River Shuinian Group	贵州省黔东南州黄平县
正安尹道真务本堂	Yindaozhen′s Lecture Hall in Zhengan	遵义市正安县
镇远天后宫	Zhenyuan Thean Hou Temple	黔东南州镇远县
玛瑙山营盘遗址	The Ruins of Military Camp in Agate Mountain	遵义市凤冈县
贵阳达德学校旧址	The Site of Guiyang Dade School	贵阳市南明区
猴场会议旧址	The Site of Houchang Conference	黔南州瓮安县
苟坝会议旧址	The Site of Gouba Conference	遵义市播州区
天门河水电厂旧址	The Site of Tianmen River Hydropower plant	遵义市桐梓县
邓萍墓	Dengping Tomb	遵义市红花岗区
三线贵州航空发动机厂旧址	The Site of Sanxian Guizhou Aero Engine Plant	安顺市平坝区
三线贵州歼击机总装厂旧址	The Site of Fighter Plane Assembly Plant	安顺市西秀区

注:表中文物单位为第七批全国重点文物保护单位。

Note:The units in this table are the seventh batch of national key cultural relics protection units.

18-9 历年旅游人数及收入
Tourism Numbers and Earnings Over the Years

年 份 Year	国内旅游人数 (万人次) Number of Domestic Visitors (10000 person-times)	国内旅游收入 (亿元) Earnings from Domestic Tourism (100 million yuan)	入境旅游人数 (万人次) Number of Overseas Visitor Arrivals (10000 person-times)	#外国人 (万人次) Foreigners (10000 person-times)	国际旅游外汇收入 (万美元) Foreign Exchange Earnings from International Tourism (10000 USD)
1980			0.17	0.07	0.70
1981			0.23	0.06	2.49
1982			0.51	0.18	5.73
1983			0.71	0.19	8.03
1984	204	0.07	1.02	0.27	15.86
1985	244	0.07	1.13	0.29	61.95
1986	248	0.05	1.40	0.46	100.19
1987	261	0.07	1.88	0.77	137.22
1988	296	0.18	2.36	0.75	162.54
1989	397	0.18	1.37	0.47	136.75
1990	399	0.19	2.41	0.74	180.90
1991	630	0.66	3.75	1.04	307.35
1992	1426	2.21	7.63	1.87	686.13
1993	1647	4.29	10.25	4.26	1049.45
1994	1700	4.28	12.08	7.61	2109.63
1995	1750	7.18	13.65	7.78	2897.73
1996	1800	8.53	12.53	6.67	3811.95
1997	1850	30.81	15.02	7.81	4429.10
1998	1880	35.14	15.13	6.77	4831.18
1999	1910	43.75	16.70	6.57	5501.54
2000	1980	57.95	18.39	7.12	6092.23
2001	2100	75.81	20.55	7.85	6873.23
2002	2200	99.86	22.81	8.45	7950.63
2003	1835	114.36	7.70	2.40	2893.91
2004	2480	161.02	23.10	7.63	8020.27
2005	3099	242.83	27.62	9.26	10141.36
2006	4716	377.79	32.14	10.70	11515.66
2007	6220	504.04	43.00	15.48	12917.55
2008	8151	643.82	39.54	18.22	11697.37
2009	10400	797.69	39.95	16.28	11044.40
2010	12863	1052.64	50.01	18.61	12957.88
2011	16961	1420.70	58.51	23.62	13507.18
2012	21331	1849.49	70.50	30.42	16893.60
2013	26684	2358.18	77.70	31.97	20143.41
2014	32049	2882.66	85.50	35.94	21671.23
2015	37536	3500.46	94.09	39.83	20111.94
2016	53038	5011.94	110.19	51.83	25270.74
2017	74291	7097.91	126.79	64.86	28326.58
2018	96712	9449.58	146.55	79.57	31762.59
2019	113365	12296.03	161.31	102.11	34503.00
2020	61777	5783.64	4.36	1.94	2110.80
2021	64431	6640.82	5.56	2.33	1949.00

主要统计指标解释

入境游客人数 指报告期内来中国(大陆)观光、度假、探亲访友、就医疗养、购物、参加会议或从事经济、文化、体育、宗教活动的外国人、港澳台同胞等游客(即入境旅游人数)。统计时,入境游客按每入境1次统计1人次。

入境游客包括入境过夜游客和入境一日游游客。

国内游客人数 指报告期内在中国(大陆)观光游览、度假、探亲访友、就医疗养、购物、参加会议或从事经济、文化、体育、宗教活动的中国(大陆)居民,其出游的目的不是通过所从事的活动谋取报酬。统计时,国内游客按每出游1次统计1人次。

国内游客包括国内过夜游客和国内一日游游客。

国际旅游(外汇)收入 入境游客在中国(大陆)境内旅行、游览过程中用于交通、参观游览、住宿、餐饮、购物、娱乐等全部花费。

出境游组团旅行社 指从事招徕、组织、接待中国内地居民出国旅游,赴香港特别行政区、澳门特别行政区和台湾地区旅游,以及招徕、组织、接待在中国内地的外国人、在内地的香港特别行政区、澳门特别行政区居民和在大陆的台湾地区居民出境旅游的业务的旅行社。

国内及入境旅游旅行社 指从事招徕、组织和接待中国内地居民在境内旅游的业务和从事招徕、组织、接待外国旅游者来我国旅游,香港特别行政区、澳门特别行政区旅游者来内地旅游,台湾地区居民来大陆旅游,以及招徕、组织、接待在中国内地的外国人,在内地的香港特别行政区、澳门特别行政区居民和在大陆的台湾地区居民在境内旅游的业务的旅行社。

国内旅游收入 国内游客在旅游过程中(由游客或游客的代表为游客)支付的一切旅游支出就是国家(省、区、市)的国内旅游收入。旅游支出应包括过夜游客和一日游游客在整个游程中行、游、住、食、购、娱,以及为亲友、家人购买纪念品、礼品等方面的旅游支出,不包括为商业目的购物、购买房、地、车、船等资本性或交易性的投资、馈赠亲友的现金及给公共机构的捐赠。

星级饭店 指设备、设施、服务符合《旅游饭店星级的划分与评定》(GB/T14308-2003),通过相关旅游管理部门评定,并取得星级饭店称号的饭店(含预备星级饭店)。

Explanatory Notes on Main Statistical Indicators

Number of Oversea Visitor Arrivals refer to the number of foreigners, Chinese compatriots from Hong Kong, Macao and Taiwan Chinese who come to China within the reference period for sight-seeing, vacation, visiting relatives, medical treatment, shopping, attending conference, or to engage in economic, cultural, sports and religious activities (namely the number of oversea arrivals). In compiling statistics, each time of entering China is counted as one person-time.

The number of overseas visitor arrivals includes inbound overnight tourists and one-day tourists.

Number of Domestic Tourists refers to the number of Chinese (mainland) residents who travel within China (mainland) for sight-seeing, vacation, visiting relatives, medical treatment, shopping, attending conference, or to engage in economic, cultural, sports and religious activities. In compiling statistics, each time of travelling is counted as one person-time.

Domestic tourists are including domestic overnight visitors and domestic day trip visitors.

Foreign Exchange Earnings from International Tourism refer to the total expenditure of foreigners, overseas Chinese, Chinese compatriots from Hong Kong, Macao and Taiwan during their stay in the mainland of China on transportation of sighting, accommodation, food, shopping and entertainment.

Outbound Travel Agencies refer to the agencies which is engaged in the solicitation, organization, hospitality Chinese mainland residents to travel abroad, to visit Hong Kong SAR, Macao SAR and Taiwan tourism and attract, organize the reception of foreigners in the Chinese mainland, the mainland Hong Kong SAR, Macao SAR residents and residents of Taiwan on the mainland outbound travel business travel.

Domestic and Inbound Tourism Travel Agencies refer to the agencies which is engaged in soliciting travel, organization and hospitality Chinese mainland residents to travel in the territory and engaged in soliciting business, organization, reception of foreign tourists to China's tourism, Hong Kong SAR, Macao SAR mainland tourists to travel to the mainland for Taiwan residents tourism and attract, organization, reception of foreigners in China Mainland, the Mainland Hong Kong SAR, Macao SAR residents and residents of Taiwan on the mainland tourism business.

Income from Domestic tourism refer to the payment of all tourism expenditure revenue domestic tourists in the tourism process (by the representatives of visitors or tourists for tourists) payment of all tourism expenditure is the national (provincial, autonomous regions and municipalities) of domestic tourism revenue. Travel expenses shall include overnight visitors and day visitors in the entire run Bank of China, travel, housing, food, shopping and entertainment, as well as friends, family, buy souvenirs, gifts and other aspects of tourism expenditure, not including for commercial purposes, shopping, purchase house, ground, cars, boats and other capital investment or trading, cash and gift donations to public institutions.

Star-rated Hotels refer to hotels rated with stars as assessed by the relevant tourism authorities according to GB/T14308-2003 standard with reference to their infrastructure, facilities and service levels.

金融业

Financial Intermediation

19

简要说明

一、主要内容

本篇资料主要反映全省金融、保险和证券业发展情况。

二、资料来源

1.金融资料由中国人民银行贵阳中心支行提供。

2.保险业资料由中国银保监局提供。

3.证券资料由中国证监会贵州监管局提供。

Brief Introduction

I. Main Contents

The data in this chapter show the development of financial, securities and insurance industries of Guizhou.

II. Sources of Data

1. The data on financial are provided by Guiyang central branch of the People´s Bank of China.

2. The data on insurance industry are provided by the China Banking and Insurance Regulatory Bureau.

3. The data in the table are provided by the Guizhou Securities Regulatory Bureau of the CSRC.

19-1 各类金融机构

Financial Institutions

单位:个 (unit)

指　标	Item	2017	2018	2019	2020	2021
银行类	**Banking Institutions**	**5329**	**5354**	**5379**	**5406**	**5391**
#商业银行	Commercial Banks	3063	3281	4308	4430	4429
外资银行	Foreign Funded Banks	1	1	1	1	1
非银行类	**Non-Bank Financial Intermediaries**	**7**	**7**	**7**	**7**	**7**
#财务公司	Finance Companies	5	5	5	5	5
信托公司	Trust Companies	1	1	1	1	1

注:1资料来源于中国银行保险监督管理委员会贵州监管局。2.商业银行数量中包括邮政储蓄银行。

Note:1.The data in the table are obtained from Guizhou Regulatory Bureau of China Banking and Insurance Regulatory Commission. 2. The data of Commercial Banks include the data of Postal Savings Banks.

19-2 金融机构人民币各项存贷款余额

Saving Deposits and Loans Balance of Financial Institutions

单位:亿元 (100 million yuan)

指　标	Item	2017	2018	2019	2020	2021	2021年比2020年增长(%) Increase Rate in 2021over 2020(%)
资金来源合计	**Sources of Funds**	**26433.92**	**30380.05**	**34543.02**	**39062.94**	**42848.94**	**9.7**
各项存款	**Total Deposits**	**26088.89**	**26473.34**	**27170.60**	**28276.31**	**30048.12**	**6.3**
#财政存款	Fiscal Deposits	824.05	739.42	471.06	619.86	795.11	28.3
个人存款	Personal Deposits	9580.29	10588.61	11527.25	12764.42	14210.90	11.3
资金运用合计	**Uses of Funds**	**26433.92**	**30380.05**	**34543.02**	**39062.94**	**42848.94**	**9.7**
各项贷款	**Total Loans**	**20860.34**	**24715.05**	**28448.73**	**32235.75**	**35829.38**	**11.1**
#短期贷款	Short-term Loans	3791.62	4276.30	4863.57	5351.29	5836.61	9.1
中长期贷款	Medium-term & Long-term Loans	16798.37	20018.37	23033.16	26118.05	29259.16	12.0

注:资料来源于中国人民银行贵阳中心支行。

Note: The data in the table come from Guiyang Central Sub-branch of the People's Bank of China.

19-3 保 险

Insurance

单位：个 (unit)

指　标	Item	2017	2018	2019	2020	2021	2021年比2020年增长(%) Increase Rate in 2021over 2020(%)
机构数	**Total**	**1226**	**1250**	**1255**	**1286**	**1317**	**2.4**
省级分公司	Provincial Branches	31	32	32	33	33	持平
地市级分公司	Branches at Prefecture Level	170	176	176	188	196	4.3
县级支公司	Branches at County Level	616	633	638	656	667	1.7
办事处或营业部	Business Offices and Departments	36	36	36	36	37	2.8
营销服务部	Marketing Departments	372	372	372	372	383	3.0
职工人数	**Total**	**18848**	**20029**	**20644**	**19562**	**17640**	**-9.8**
省级分公司	Provincial Branches	3546	3499	3934	3997	3869	-3.2
地市级分公司	Branches at Prefecture Level	9219	9290	9942	8827	7816	-11.5
县级支公司	Branches at County Level	5003	5918	5441	5503	4915	-10.7
办事处或营业部	Business Offices and Departments	402	286	331	309	284	-8.1
营销服务部	Marketing Departments	678	1036	996	926	756	-18.4

注：1. 资料来源于中国银行保险监督管理委员会贵州监管局(以下相关表同)。2. 2017年起，贵州省机构数含1家总公司。

Note:1.The data in the table are obtained from the Guizhou Office of China Banking and Insurance Regulatoty Commission. (the relative tables in the chapter are the same). 2.Since 2017, there has been one head office in the total institutions of Guizhou Province.

19-4 财产保险

Property Insurance

单位:万元 (10000 yuan)

指 标	Item	2017	2018	2019	2020	2021	2021年比2020年增长(%) Increase Rate in 2021over 2020(%)
保费收入	**Premium**	**1918309**	**2259880**	**2466040**	**2564620**	**2483328**	**-2.0**
企业财产保险	Enterprise Property Insurance	40577	45523	49193	51426	54498	6.6
机动车辆保险	Motor Vehicle Insurance	1469550	1632961	1720559	1733412	1639346	-4.1
货物运输保险	Freight Transport Insurance	4904	4385	5102	4603	5736	24.7
责任保险	Liability Insurance	82083	100097	107637	129702	145761	14.4
信用保证保险	Credit and Guarantee Insurance	63428	113056	170726	123818	60351	-51.3
农业保险	Agriculture Insurance	82600	118798	136115	166820	179198	7.4
其他保险	Other Insurance	175167	245060	276709	354841	398438	13.3
储金	**Deposits**	**15592**	**9507**	**18063**	**12880**	**15057**	**16.9**
赔案件数(万件)	**Cases of Claims (10000 cases)**	**200.36**	**288.83**	**352**	**657**	**728**	**11.4**
赔款支出	**Claim and Payment**	**982906**	**1179830**	**1321276**	**1415752**	**1584699**	**13.5**
企业财产保险	Enterprise Property Insuance	18238	18602	16036	19042	19478	2.7
机动车辆保险	Motor Vehicle Insurance	769981	895841	952004	967876	1063575	11.8
货物运输保险	Freight Transport Insurance	1436	467	712	806	656	-11.5
责任保险	Liability Insurance	44446	53974	61132	62126	64575	4.6
信用保证保险	Credit and Guarantee Insurance	25672	27277	51776	99338	103802	4.5
农业保险	Agriculture Insurance	32800	61617	89447	96136	116023	20.7
其他保险	Other Insurance	90335	122051	150169	170428	216590	29.3
未决赔款	**Outstanding Claim**	**399813**	**417754**	**441080**	**459657**	**502684**	**11.3**

注:1.资料来源于中国银行保险监督管理委员会贵州监管局(下表同)。2.储金为保险机构银行活期存款金额。

1.The data come from the Guizhou Office of China Banking and Insurance Regulatoty Commission (the same as in the following table). 2.The deposits in the table are the bank demand deposits of the insurance institutions.

19-5 财产保险主要指标(2021)
Major Indicators on Property Insurance

指 标	Item	合 计 Total	企业财产保险 Enterprise Property Insurance	家庭财产保险 Family Property Insurance	机动车辆保险 Motor Vehicle Insurance	工 程 保 险 Engin-eering Insurance	责 任 保 险 Liability Insurance	保 证 保 险 Guarantee Insurance	信 用 保 险 Credit Insurance
承保件数(万件)	Amount Insured (10000 cases)	18857	4	112	1252	0	363	880	1
保险金额或责任限额(亿元)	Insurance Value or Liability Limit (100 million yuan)	550802	7953	6376	108240	1724	27152	128	0
签单保费(万元)	Premium of Sign Bill (10000 yuan)	2531053	55061	14054	1685373	31022	147964	62787	17
赔付件数(万件)	Amount Claim and Payment (10000 cases)	728	1	3	174	0	15	20	0
已决赔款(万元)	Settled claim (10000 yuan)	1545671	18120	7324	1024802	18315	61978	115096	239
未决赔款(万元)	Outstanding claim (10000 yuan)	502684	7565	1404	381540	23321	30486	2671	894

19-5 续表 continued(2021)

指 标	Item	船 舶 保 险 Ship Insurance	货物运输保险 Freight Transport Insurance	特殊风险保险 Special Risk Insurance	农 业 保 险 Agricultural Insurance	健康险 Health Insurance	意外伤害保险 Accident Injury Insurance	其他险 Other Insurance
承保件数(万件)	Amount Insured(10000 cases)	0.02	17.25	0.02	4.01	1766.78	2414.33	12041.68
保险金额或责任限额(亿元)	Insurance Value or Liability Limit (100 million yuan)	1.61	2244.24	217.74	1963.41	102521.69	259351.57	32927.25
签单保费(万元)	Premium of Sign Bill(10000 yuan)	96.23	6502.98	2589.66	179717.89	180162.52	152134.23	13571.92
赔付件数(万件)	Amount of Claim and Payment (10000 cases)		0.10	0.16	19.47	57.57	5.94	431.33
已决赔款(万元)	Settled claim(10000 yuan)	761.68	689.26	608.73	115366.75	131753.28	44344.87	6271.55
未决赔款(万元)	Outstanding claim(10000 yuan)	5.00	258.57	681.78	19442.14	6637.14	27657.50	121.83

注:赔付件数指已决赔付件数。

Note: The amount of the claim and payment refers to the amount of settled claims.

19-6 人寿保险

Life Insurance

单位:万元 (10000 yuan)

指　标	Item	2017	2018	2019	2020	2021	2021年比2020年增长(%) Increase Rate in 2021over 2020(%)
保费收入	**Premium Income**	**1958979**	**2198902**	**2426545**	**2553049**	**2479272**	**-2.9**
#新单保费	Premium of New Guarantee Slip	1010762	935638	998189	976533	860008	-11.9
#个人业务	Personal Business	1812505	1987744	2196702	2326246	2281734	-1.9
人寿保险	Life Insurance	1561347	1615517	1715809	1824857	1803170	-1.2
意外伤害险	Accident Injury Insurance	50922	62184	60528	55047	42589	-22.6
健康险	Health Insurance	200235	310043	420366	446341	435975	-2.3
#团体业务	Group Business	146474	211157	229843	226803	197538	-12.9
人寿保险	Life Insurance	4685	3481	5830	4341	3907	-10.0
意外伤害险	Accident Injury Insurance	23865	21768	18742	17596	15754	-10.5
健康险	Health Insurance	117924	185909	205270	204866	177878	-13.2
有效保单件数(万件)	**Cases of Virtual Guarantee Slip (10000 cases)**	**1042**	**1127**	**1411**	**1552**	**1436**	**-7.5**
赔款及给付支出	**Claim and Payment**	**555165**	**632831**	**544401**	**544893**	**484825**	**-11.0**
#个人业务	Personal Business	373533	417692	345452	350120	320475	-8.5
赔款支出	Claim Paid	18314	20524	25644	25901	30021	15.9
年金给付	Payment for Annuity	77243	111552	92985	83596	84345	0.9
满期给付	Payment for Expiration	223545	221163	148876	153800	100478	-34.7
死伤医疗给付	Payment for Death and Injured person	54432	64454	77947	86823	105631	21.7
#团体业务	Group Business	181632	215139	198950	194773	164350	-15.6
赔款支出	Claim and Payment	137835	173021	182499	178142	150138	-15.7
年金给付	Payment for Annuity	4751	4135	5712	6165	6620	7.4
满期给付	Payment for Expiration	34640	30991	4620	6262	3083	-50.8
死伤医疗给付	Payment for Death and Injured Person	4405	6991	6118	4204	4508	7.2

注:本表数据包含华贵人寿、中国人寿、太保寿险、平安寿险、新华人寿、泰康人寿、平安养老、太平人寿、人保寿险、富德生命人寿、泰康养老、阳光人寿12家人寿保险分公司数据(下表同)。

Note: The data in the table include the figures of the Guizhou Branches of Huagui Life Insurance Company, China Life Insurance Company, Pacific Life Insurance Company, Ping´an Life Insurance Company, Xinhua Life Insurance Company, Taikang Life Insurance Company, Ping´an pension Insurance and Life Insurance Company, Taiping Life Insurance Company, PICC Life Insurance Company, Funde Sino Life Insurance Company, Taikang pension Insurance and Life Insurance Company, Sunshine Life Insurance Company (the same applies to the next table) .

19-7 人寿保险主要指标(2021)

Major Indicators on Life Insurance

单位:万元 (10000 yuan)

指标项目	Item	合 计 Total	寿险业务 Life Insurance Business	普通寿险 Normal Life Insurance	个人业务 Personal	团体业务 Group	分红寿险 Share out Bonus	个人业务 Personal	团体业务 Group
保费收入	Premium Income	2479271.71	1807076.22	1200865.18	1196969.84	3895.35	597041.41	597030.11	11.30
期末有效保险金额(亿元)	Virtual Insurance Value at the Year-end(100 million yuan)	149485.82	18574.21	17658.02	17246.63	411.40	673.52	669.78	3.74
期末有效承保人次(万人)	Virtual Insurance Person-time at the Year-end (10000 persons)	6455.94	992.33	758.63	715.38	43.25	142.51	135.23	7.28
期末有效承保保单件数(万件)	Cases of Virtual Guarantee Slip at the Year-end (10000 cases)	1435.86	638.29	422.22	415.73	6.49	134.37	133.79	0.58
赔款和给付支出	Expenditure for Claim and Payment	484824.91	243489.10	111722.69	97948.79	13773.91	128586.38	128548.72	37.66
#赔款支出	Claim and Payment	180158.85							
死伤医疗给付	Payment for Death,Injury or Medical Treatmnet	110139.28	49459.11	40726.17	36618.33	4107.84	6917.80	6917.80	
满期给付	Mature Payment	103561.23	103064.44	29189.06	26105.78	3083.28	72510.49	72510.49	
年金给付	Payment for Annuity	90965.55	90965.55	41807.46	35224.68	6582.79	49158.09	49120.43	37.66
退保金	Insurance Withdrawed	370416.92	351266.18	194968.08	194904.78	63.29	156290.33	156278.28	12.05
在售产品数量(个)	Amount of Products under Selling(unit)	1979	568	415	362	53	77	74	3

19-7 续表 continued(2021)

单位:万元 (10000 yuan)

指标项目	Item	投资连结产品 Life Insurance Product in Investment	万能寿险 Omnipotence Life Insurance	健康险业务 Health Insurance	个人业务 Personal	团体业务 Group	意外伤害保险业务 Unforeseen Injury Insurance
保费收入	Premium Income	99.76	9069.87	613852.10	435974.57	177877.53	58343.38
期末有效保险金额(亿元)	Virtual Insurance Value at the Year-end (100 million yuan)	3.05	239.62	117374.11	37621.83	79752.28	13537.50
期末有效承保人次(万人)	Virtual Insurance Person-time at the Year-end(10000 persons)	0.39	90.80	3863.02	1396.29	2466.73	1600.59
期末有效承保保单件数(万件)	Cases of Virtual Guarantee Slip at the Year-end(10000 cases)	0.35	81.36	571.15	522.38	48.77	226.42
赔款和给付支出	Expenditure for Claim and Payment	621.79	2558.25	226427.94	84750.16	141677.78	14907.87
#赔款支出	Claim and Payment			165250.98	23972.91	141278.07	14907.87
死伤医疗给付	Payment for Death,Injury or Medical Treatmnet	1.27	1813.88	60680.17	60280.46	399.71	
满期给付	Mature Payment	620.52	744.37	496.79	496.79		
年金给付	Payment for Annuity						
退保金	Insurance Withdrawed	0.10	7.67	19150.74	18929.47	221.27	
在售产品数量(个)	Amount of Products under Selling (unit)	12	64	1012	710	302	399

19-8 贵州上市公司股票发行情况(2021)

Summary List of Stocks Publicly Issued by Guizhou Enterprises

单位:亿股 (100 million shares)

上市公司名称	Listed Companies	上市时间 Listed Time	板块类别 Sector of Listed Companies	总股本(亿股) Total Capital Stock(100 million shares)	流通股 Tradable Share	募集资金总额(亿元) Total Amount Issued (100 million yuan)
中天金融	Zhongtian Financial Group Company Limited	1994.02.02	主板	70.05	69.68	
贵州轮胎	Guizhou Tyre Co.,Ltd.	1996.03.08	主板	7.98	7.75	
中航重机	AVIC Heavy Machinery Co.,Ltd.	1996.11.06	主板	9.40	8.57	
振华科技	China Zhenhua (Group) Science & Technology Co.,Ltd.	1997.07.03	主板	5.15	5.15	
ST天成	Guizhou Changzheng Tiancheng Holding Co.,Ltd.	1997.11.27	主板	5.09	5.09	
高鸿股份	Gohigh Data Networks Technology Co.,Ltd.	1998.06.09	主板	9.08	8.78	
南方汇通	South Huiton Co.,Ltd.	1999.06.16	主板	4.22	4.22	
圣济堂	Guizhou Salvage Pharmaceutical Co.,Ltd.	2000.02.21	主板	16.93	12.78	
红星发展	Guizhou Redstar Developing Co.,Ltd.	2001.03.20	主板	2.95	2.91	
盘江股份	Guizhou Panjiang Refined Coal Co.,Ltd.	2001.05.31	主板	16.55	16.55	
贵州茅台	Kweichow Moutai Co.,Ltd.	2001.08.27	主板	12.56	12.56	
贵航股份	Guizhou Guihang Automotive Components Co.,Ltd.	2001.12.27	主板	4.04	4.04	
益佰制药	Guizhou Yibai Pharmaceutical Co.,Ltd.	2004.03.23	主板	7.92	7.92	
贵绳股份	Guizhou Wire Rope Co.,Ltd.	2004.05.14	主板	2.45	2.45	
航天电器	Guizhou Space Appliance Co.,Ltd.	2004.07.26	主板	4.29	4.29	
保利联合	Poly Union Chemical Holding Group Co.,Ltd.	2004.09.08	主板	4.88	3.27	
黔源电力	Guizhou Qianyuan Power Co.,Ltd.	2005.03.03	主板	3.05	3.05	
信邦制药	Guizhou Xinbang Pharmaceutical Co.,Ltd.	2010.04.16	主板	16.67	15.58	
贵州百灵	Guizhou Bailing Group Pharmaceutical Co.,Ltd.	2010.06.03	主板	14.11	7.78	
朗玛信息	Guiyang Longmaster Information&Technology Co.,Ltd.	2012.02.16	创业版	3.38	2.11	
贵阳银行	Bank of Guiyang Co.,Ltd..	2016.08.16	主板	32.18	30.96	
永吉股份	Guizhou Yongji Printing Co.,Ltd.	2016.12.23	主板	4.19	4.18	
贵广网络	Guizhou BC&TV Information Network Co.,Ltd.	2016.12.26	主板	10.52	10.52	
新天药业	Guiyang Xintian Pharmaceutical Co.,Ltd.	2017.05.19	主板	1.17	1.13	
勘设股份	Guizhou Transportation Planning Survey&design Academe Co.,Ltd.	2017.08.09	主板	2.41	2.37	
川恒股份	Guizhou Chanhen Chemical Corporation	2017.08.25	主板	4.88	4.04	9.10
贵州燃气	Guizhou Gas Group Corporation Ltd.	2017.11.07	主板	11.38	11.38	
泰永长征	Guizhou Taiyong-Changzheng Technology Co.,Ltd.	2018.02.23	主板	2.24	0.94	
华夏航空	China Express Airlines Co.,Ltd.	2018.03.02	主板	10.14	4.19	
贵州三力	Guizhou SanLi Pharmaceutical Co.,Ltd.	2020.04.28	主板	4.07	0.41	2.99
中伟股份	Cngr Advanced Material Co.,Ltd.	2020.12.23	创业板	5.70	0.43	14.01
航宇科技	Guizhou Aviation Technical Development Co.,Ltd.	2021.07.05	科创板	1.40	0.28	4.02
振华新材	Guizhou Zhenhua E-chem Inc	2021.09.14	科创板	4.43	0.74	13.01

注:1.资料来源于中国证监会贵州监管局。2.募集资金总额包括首发、增发、配股、可转债等募集的资金。

Note: 1.The data in the table are provided by Guizhou Securities Regulatory Bureau of the CSRC. 2.Total Raised Capitals include money raised by the first, issuing, allotment, convertible bonds of listed companies.

19-9 历年金融机构人民币各项存贷款余额

Saving Deposits and Loans Balance of Financial Institutions Over the Years

单位：亿元 (100 million yuan)

年 份 Year	各项存款余额 Total Deposits Balance	#个人储蓄存款 Personal Savings Deposits	人均储蓄余额(元) Per Capita Savings Deposits (yuan)	各项贷款余额 Total Loans Balance
1978	18.05	1.84	6.91	21.62
1979	19.82	2.42	8.93	23.31
1980	24.43	3.73	13.54	24.94
1981	25.75	5.28	18.85	30.10
1982	30.75	7.26	25.46	33.99
1983	35.25	8.86	30.68	36.07
1984	45.33	12.33	42.27	46.22
1985	52.27	16.61	56.27	63.41
1986	69.76	22.21	74.06	89.67
1987	83.79	30.37	99.60	107.76
1988	91.92	34.99	112.87	125.17
1989	107.35	44.54	141.44	142.73
1990	144.39	61.27	190.32	183.91
1991	187.06	80.30	243.99	234.56
1992	232.80	102.07	305.80	290.01
1993	291.22	141.88	419.16	357.00
1994	364.84	181.05	527.30	421.07
1995	478.21	247.62	710.89	513.41
1996	586.26	311.19	881.12	610.51
1997	712.80	362.87	1013.43	761.88
1998	815.43	423.08	1164.96	840.63
1999	945.80	484.51	1315.23	899.83
2000	1106.64	539.49	1445.23	1064.82
2001	1341.11	641.67	1698.83	1212.23
2002	1553.00	759.05	1988.13	1403.92
2003	1898.62	912.84	2368.88	1714.04
2004	2322.27	1094.55	2816.16	2020.04
2005	2777.54	1350.90	3633.79	2303.93
2006	3300.08	1596.86	4304.20	2696.11
2007	3826.37	1790.14	4889.76	3128.63
2008	4736.93	2237.05	6189.96	3569.27
2009	5898.26	2676.09	7502.35	4656.50
2010	7363.92	3244.99	9250.26	5747.53
2011	8742.79	3934.48	11226.94	6841.92
2012	10540.06	4806.09	13505.94	8274.78
2013	13265.01	5919.05	16398.53	10104.30
2014	15263.26	6620.56	18116.18	12368.30
2015	19438.64	6861.43	18582.07	15051.94
2016	23770.93	7795.01	20881.36	17857.80
2017	26088.89	8581.34	22698.95	20860.34
2018	26473.34	9099.21	23866.79	24715.05
2019	27170.60	9929.40	25891.53	28448.73
2020	28276.31	11280.79	29277.95	32235.75
2021	30048.12	12610.70	32712.58	35829.38

注：1. 2005年及以后各年人均储蓄余额采用按人口普查修订后常住半年的年平均人口计算，以前年份按常住一年口径计算。2. 表中个人储蓄存款及人均储蓄余额2010年及以前为城乡居民储蓄存款和城乡居民人均储蓄。

Note: 1.Per capita savings deposits have been calculated by permanent population in half a year scope since 2005, and by permanent population in one year scope before 2005. 2. In the year 2010 and before, personal savings deposits and per captia savings deposits respectively refer to urban and rural resident savings and per capita savings deposits.

主要统计指标解释

存款 指企业、机关、团体或居民把货币资金存入银行或其他信贷机构保管，可随时或按约定时间支取款项，并取得一定利息的一种信用活动形式。根据存款对象或性质的不同可划分为住户存款、非金融企业存款、政府存款、非银行业金融机构存款等科目。它是银行信贷资金的主要来源。

贷款 指银行或其他信贷机构根据资金必须归还的原则，按一定利率，为企业、个人等提供资金的一种信用活动形式。我国银行贷款分为短期贷款、中长期贷款、融资租赁、票据融资、各项垫款、境外贷款等。

保费 指投保人为取得保险人在约定范围内所承担赔偿责任而支付给保险人的费用。

赔款 指保险人对保险事故造成的损失，根据合同约定向被保险人或受益人给予的经济补偿。

给付 包括死伤医疗给付和满期给付。死伤医疗给付是指保险人根据人寿保险及长期健康保险合同的规定，因被保险人在保险期内发生保险责任范围内的保险事故支付给被保险人(或受益人)的金额。满期给付是指被保险人生存期满，保险人按人寿保险合同规定支付给被保险人的满期保险金额。

Explanatory Notes on Main Statistical Indicators

Deposit refers to a form of credit activity in which an enterprise, organ, group or resident deposits monetary funds in a bank or other credit institution for safekeeping and may withdraw funds at any time or at the agreed time and obtain certain interest. According to the different objects or properties of deposits, it can be divided into household deposits, non−financial corporate deposits, government deposits, and deposits of non−banking financial institutions. Deposits are major sources of the credit funds of banks.

Loan is a form of credit by which banks and other credit institutions provide funds at certain interest rate to enterprises and individuals in the light of the principle of unconditional repayment. Bank loans in China are divided into short−term loans, medium − and long−term loans, financial leasing, bill financing, advances, overseas loans, etc.

Premium refers to the expenses paid to the insurer by the applicant to obtain the insurer′s liability for compensation within the agreed scope.

Settled Claim is the economic compensation that for the insurance losses caused by the accident and according to the contract, the insurer paid to the insured or the beneficiary.

Payment includes death and injury medical benefits and expired benefits. Death and injury medical benefits refer to the expenses paid by the insurer to the insured (or the beneficiary) for the insured′s occurrence of an insured event within the scope of the insured′s liability during the period of insurance, according to life insurance and long−term health insurance contract provisions. Expired benefits refer to the expired insurance amount paid by the insurer to the insured as stipulated in the life insurance contract, upon the expiration of the life of the insured.

教育

Education 20

简 要 说 明

一、主要内容

本篇资料主要反映全省教育事业发展情况。包括：公办教育和民办教育、学历教育和非学历教育。具体有高等教育(研究生教育、普通高等教育和成人高等教育)、中等教育(高中阶段教育和初中阶段教育)、初等教育(小学)、学前教育、民族教育、特殊教育(盲聋哑和弱智学校等)以及教育经费等资料，主要指标包括学校数、在校学生数、招生数、毕业生数、教职工数和专任教师数等。

二、资料来源

本篇资料由省教育厅、省人力资料社会保障厅提供。

Brief Introduction

I. Main Contents

The data in this chapter show the development of education, and cover the situations on education funded by government and non-government agencies, as well as the education with and without academic credentials, including higher education (education of postgraduates, general higher education and adult education), secondary education (senior and junior high schools), elementary education (primary schools), preschool education, national education, special education (schools for the blind, the deaf and the mentally handicapped, etc.) and education funds and other information. Key indicators include the number of schools, the number of students enrolled, the number of new students enrolled, the number of graduates, the number of staff and workers, and the number of full-time teachers.

II. Sources of Data

The data in this chapter are provided by Provincial Guizhou Department of Education, the Ministry of Human Resources and Social Security of Guizhou Province.

20-1 各级各类学校数

Number of Schools by Level and Type

单位:所 (unit)

指　标	Item	2017	2018	2019	2020	2021
研究生培养机构	Institutions Providing Postgraduate Programs	9	9	10	10	10
普通高等学校	Regular Higher Education Institutions	70	72	72	75	75
成人高等学校	Adult Higher Education Institutions	3	3	3	3	3
中等职业学校	Secondary Vocational Education	192	183	185	184	183
普通中专学校	Regular Specialized Secondary Schools	66	67	65	63	64
职业高中学校	Vocational Senior Secondary Schools	119	110	115	116	114
成人中专学校	Adult Specialized Secondary Schools	7	6	5	5	5
普通中学	Regular Secondary Schools	2499	2468	2476	2491	2491
高　中	Senior Secondary Schools	451	466	468	471	478
初　中	Junior Secondary Schools	2048	2002	2008	2020	2013
#九年一贯制学校	9-Year Schools	544	525	535	550	563
小　学	Primary Schools	7113	6951	6943	6855	6709
幼儿园	Kindergartens	9772	10306	10685	11017	11305
特殊教育	Special Education	76	77	77	77	77
专门学校	Specialized school	18	18	22	21	22
成人中学	Adult Secondary Schools	1	52	75	41	0
成人技术培训学校	Adult Technical Training Schools	5084	3910	4635	4476	1820
成人小学	Adult Primary Schools	2926	3035	2310	1801	10

注:资料来源于省教育厅。2. 2021年起,"工读学校"改为"专门学校"(以下表同)。

Note: The data in the table are provided by the Department of Education of Guizhou Province, From 2021, "work-study school" will be changed to "specialized school"(the relative tables in the chapter are the same).

20-2 各级各类学校专任教师数

Number of Full-time Teachers by Level and Type of School

单位:人 (person)

指 标	Item	2017	2018	2019	2020	2021
专任教师	**Number of Full-time Teachers**					
培养研究生的单位	Institutions Providing Postgraduate Programs	4302	4686	4937	5427	6580
普通高等学校	Regular Higher Education Institutions	35072	36243	37753	39418	40660
成人高等学校	Adult Higher Education Institutions	326	353	342	91	80
中等职业学校	Secondary Vocational Schools	18181	17386	17470	16630	17228
普通中专学校	Regular Specialized Secondary Schools	6520	5724	5485	4675	4921
职业高中学校	Vocational Senior Secondary Schools	10369	10506	10819	10826	11552
成人中专学校	Adult Specialized Secondary Schools	1203	1067	1076	1036	375
其它中职机构	Other Secondary Vocational Education Institutions	89	89	90	93	90
附设中职班	Subsidiaty Secondary Vocational Class	0	0	0	0	290
普通中学	Regular Secondary Schools	191622	194840	196323	198076	200296
高 中	Senior Secondary Schools	64094	66598	68099	69086	70536
初 中	Junior Secondary Schools	127528	128242	128224	128990	129760
小 学	Primary Schools	202061	207839	212485	215012	212735
幼儿园	Kindergartens	83376	87421	90713	94064	104954
特殊教育	Special Education	1728	1839	1922	1981	2068
专门学校	Specialized school	256	271	320	318	363
成人中学	Adult Secondary Schools	13	240	790	500	0
成人技术培训学校	Adult Technical Training Schools	5605	4980	7683	8257	5480
成人小学	Adult Primary Schools	3309	3882	4935	4063	33

注:2021年起,中等职业学校增加附设中职班。

Note: From 2021, secondary vocational schools will provide additional secondary vocational classes。

20-3 各级各类学校招生数

Number of New Students Enrollment by Level and Type of School

单位:人 (person)

指　标	Item	2017	2018	2019	2020	2021
研究生	Postgraduates	7117	7848	8483	11078	12166
普通高等教育	Regular Higher Education Institutions	209522	229587	261485	277696	268510
成人高等教育	Adult Higher Education	34743	35087	33325	35384	28988
#成人高等学校	Adult Higher Education Institutions	351	434	916	873	1239
中等职业学校	Secondary Vocational Schools	183061	166564	154707	145981	157849
普通中专学校	Regular Specialized Secondary Schools	66677	60918	46063	36647	39004
职业高中学校	Vocational Senior Secondary Schools	103962	95391	97199	96697	108570
成人中专学校	Adult Specialized Secondary Education	2030	1690	1986	3498	2907
其他中职机构	Other Secondary Vocational Education Institutions	126	90	71	155	118
附设中职班	Subsidiaty Secondary Vocational Class	10266	8475	9388	8984	7250
普通中学	Regular Secondary Schools	948978	952430	886868	924971	973759
高　中	Senior Secondary Schools	348498	337279	325020	331313	331022
初　中	Junior Secondary Schools	600480	615151	561848	593658	642737
小　学	Primary Schools	650473	675210	687609	648934	624076
幼儿园	Kindergartens	738023	687339	654564	699124	638475
特殊教育	Special Education	5269	6147	7876	6948	7419
专门学校	Specialized school	808	943	1566	989	2822

20-4 各级各类学校在校生数

Number of Students Enrollment by Level and Type of School

单位:人 (person)

指 标	Item	2017	2018	2019	2020	2021
在校生数	**Total Enrollment**					
研究生	Postgraduate	18591	20946	23676	27668	31675
普通高等教育	Regular Higher Education Institutions	627672	687530	765745	840249	881641
成人高等教育	Adult Higher Education	106930	95478	92078	92726	86992
#成人高等学校	Adult Higher Education Institutions	5398	4394	4694	5111	4701
中等职业学校	Secondary Vocational Schools	503118	472182	438121	403573	397515
普通中专学校	Regular Specialized Secondary Schools	189236	175781	152146	117976	105088
职业高中学校	Vocational Senior Secondary Schools	272610	259764	254153	253652	261658
成人中专学校	Adult Specialized Secondary Education	4898	5185	5576	7031	8128
其他中职机构	Other Secondary Vocational Education Institutions	338	309	262	292	314
附设中职班	Subsidiaty Secondary Vocational Class	36036	31143	25984	24622	22327
普通中学	Regular Secondary Schools	2840913	2816227	2784875	2755931	2765482
高 中	Senior Secondary Schools	1011043	1007791	992072	975235	965576
初 中	Junior Secondary Schools	1829870	1808436	1792803	1780696	1799906
小 学	Primary Schools	3620770	3717297	3882991	3972666	3963246
幼儿园	Kindergartens	1534207	1549437	1545246	1588464	1655347
特殊教育	Special Education	25840	31068	38942	42053	42351
专门学校	Specialized school	1043	1342	2183	1283	2822
成人中学	Adult Secondary Schools	432	7920	9394	5194	0
成人技术培训学校	Adult Technical Training Schools	1354921	837569	898526	830610	431614
成人小学	Adult Primary Schools	155365	146770	100071	83095	793

20-5 各级各类学校毕业生数

Number of Graduates by Level and Type of School

单位:人 (person)

指 标	Item	2017	2018	2019	2020	2021
毕业生数	**Graduates**					
研究生	Postgraduate	4929	5361	5559	6942	7468
普通高等教育	Regular Higher Education Institutions	149037	149037	169655	194515	211215
成人高等教育	Adult Higher Education	45408	44575	38101	33897	30090
#成人高等学校	Adult Higher Education Institutions	1808	1184	608	453	222
中等职业学校	Secondary Vocational Schools	158978	152670	142170	134772	128181
普通中专学校	Regular Specialized Secondary Schools	56727	54750	51126	43768	40148
职业高中学校	Vocational Senior Secondary Schools	84261	82672	78496	78924	78715
成人中专学校	Adult Specialized Secondary Education	1162	968	1318	1568	1542
其他中职机构	Other Secondary Vocational Education Institutions	44	100	104	110	77
附设中职班	Subsidiaty Secondary Vocational Class	16784	14180	11126	10402	7699
普通中学	Regular Secondary Schools	981299	959035	934814	951403	950291
高 中	Senior Secondary Schools	323440	330559	333356	340290	327933
初 中	Junior Secondary Schools	657859	628476	601458	611113	622358
小 学	Primary Schools	595600	605043	545516	581395	634938
幼儿园	Kindergartens	604508	661726	659658	637090	603782
特殊教育	Special Education	2407	3311	4297	6135	7900
专门学校	Specialized school	813	821	1462	1428	2158
成人中学	Adult Secondary Schools	0	4817	11088	5194	0
成人技术培训学校	Adult Technical Training Schools	1337112	873665	857997	767585	406490
成人小学	Adult Primary Schools	137645	131063	96229	70867	0

20-6 教师职称

Technical Rank of Teachers

单位:人 (person)

指 标	Item	2017	2018	2019	2020	2021
高等学校教师数	**Teachers of Regular Higher Education Institutions**	**35398**	**36596**	**38095**	**39509**	**40740**
正高级	Senior	3343	3470	3774	3840	4091
副高级	Sub-senior	11164	11317	11950	12291	12267
中 级	Middle	10422	10619	11081	12094	12905
初 级	Junior	5990	6155	5724	6111	5656
无职称	No Rank	4479	5035	5566	5173	5821
中等职业学校教师数	**Teachers of Secondary Vocational Education**	**18181**	**17386**	**17470**	**16630**	**17228**
正高级	Senior	53	54	56	59	85
副高级	Sub-senior	2967	2601	2780	2680	2897
中 级	Middle	5436	5401	5531	5383	5159
初 级	Junior	6290	6381	6318	5511	5201
无职称	No Rank	3435	2949	2785	2997	3886
普通中学教师数	**Teachers of Regular Secondary Schools**		**194840**	**196323**	**198076**	**200296**
正高级	Senior			352	395	480
副高级	Sub-senior		35264	36424	38112	39711
中 级	Middle		68483	73167	75711	76337
助理级	Assistant		65392	60332	58332	55127
员 级	Technician		1774	3107	2802	2611
未定职级	Undetermined		23927	22941	22724	26030
小学教师数	**Teachers of Regular Primary Schools**		**207839**	**212485**	**215012**	**212735**
正高级	Senior			16	38	58
副高级	Sub-senior		3447	9593	11780	14458
中 级	Middle		95949	112948	112577	105045
助理级	Assistant		63975	58002	58994	59571
员 级	Technician		18799	5425	4548	4455
未定职级	Undetermined		25669	26501	27075	29148

注:2018年起普通中学、小学统一职称(职务)等级和名称,分别为:正高级、副高级、中级、助理级、员级、未定职级。

Note: Since 2018, regular middle schools and primary schools have unified technical ranks (posts), namely senior, sub-senior, middle, assistant, technician, and undetermined.

20-7 各级各类学校女学生和女教师数

Female Students and Teachers by Level and Type of School

单位：人 (person)

指标	Item	2017	2018	2019	2020	2021
在校女生数	**Number of Female Students Entrollment**					
普通高等教育	Regular Higher Education	352750	381322	424200	462884	477339
成人高等教育	Adult Higher Education	66934	61145	58625	58095	55110
中等职业教育	Vocational Secondary Education	259239	235686	209688	183276	178057
普通中学	Regular Secondary Schools	1381877	1369786	1347135	1331199	1335143
#高　中	Senior Secondary Schools	528648	526558	516355	503385	496105
初　中	Junior Secondary Schools	853229	843228	830780	827814	839038
小　学	Primary Schools	1690658	1735762	1811674	1851653	1844842
女教师数	**Number of Female Teachers**					
普通高等学校	Regular Higher Education Institutions	18200	19032	19930	20997	22150
成人高等学校	Adult Higher Education Institutions	191	210	201	57	50
中等职业学校	Secondary Vocational Schools	8982	8624	8765	8288	9024
普通中学	Regular Secondary Schools	85501	88846	90923	93021	96483
#高　中	Senior Secondary Schools	29839	31439	32548	33435	34708
初　中	Junior Secondary Schools	55662	57407	58375	59586	61775
小　学	Primary Schools	106597	112594	117347	120764	125266

20-8　各级各类学校师生比

Student-Teacher Ratio by Level and Type of School

单位：学生/教师　　(Student / Teacher)

指　　标	Item	2017	2018	2019	2020	2021
普通高等学校	Regular Higher Education Institutions	17.90	18.97	20.28	18.48	21.50
普通高中	Regular Senior Secondary School	15.77	15.13	14.57	13.8	13.70
初　中	Junior Secondary School	14.35	14.10	13.98	14.12	13.90
小　学	Primary School	17.92	17.89	18.27	21.32	18.60

20-9　各级各类学校学生入学率

Enrollment Rate by Level and Type of School

单位：%　　(%)

指　　标	Item	2017	2018	2019	2020	2021
小学学龄儿童入学率	Enrollment Rate of School-age Children in Primary Schools	99.6	99.7	99.7	99.9	99.9
小学毕业生升学率	Enrollment Rate of Primary Schools Graduates	100.0	100.0	100.0	100	100.0
初中阶段毛入学率	Rate of Primary School Graduates Entering into Junior Secondary Schools	108.8	109.7	109.9	109.8	111.1
高中阶段毛入学率	Rate of Junior Secondary School Graduates Entering into Senior Secondary Schools	87.0	88.0	89.0	90.7	91.5
高等教育毛入学率	Rate of Senior Secondary School Graduates Entering into Institution of Higher Education	34.0	36.0	38.2	41.6	45.7
九年义务教育巩固率	The Consolidation Rate of Nine Year Compulsory Education	90.0	91.0	93.0	95.0	95.5

20-10 普通高等学校基本情况(2021)

Basic Statistics on Regular Institutions of Higher Education

单位:人 (person)

类别	Sort	学校数(所) Number of Schools (unit)	毕业生数 Graduates with Degrees or Diplomas	招生数 New Enrollment	在校学生人数 Enro-llment	教职员工 Teachers, Staff & Workers	#专任教师 Full-time Teachers	#正、副教授 Senior and Sub-senior Professors
普通高等院校	**Regular Institutions of Higher Education**	**75**	**211215**	**268510**	**881641**	**55823**	**40660**	**16275**
综合大学	Comprehensive Universities	22	67357	80479	265650	16093	12019	4301
理工院校	Science & Engineering	17	37277	57513	163479	7954	6223	1701
农业院校	Agriculture	1	2450	5737	13557	664	429	81
医药院校	Medicine & Pharmacy	12	33931	45869	163466	10881	8336	3741
师范院校	Teacher Training	13	37142	44099	145536	11493	7884	4142
财经院校	Finance & Economics	7	22100	25118	92559	5770	3817	1242
政法院校	Politics and Law	1	1225	1230	4584	406	215	88
民族院校	Ethnic Minorities	2	9733	8465	32810	2562	1737	979
高等职业技术学院	**Vocational and Technical Colleges**	**38**	**95730**	**137798**	**395297**	**18887**	**14467**	**3502**

20-11 普通高校专任教师教学领域分学科门类情况(2021)

The Sub-categories of Teaching Fields of Full-time Teachers in General Colleges and Universities

单位:人 (person)

类别	Sort	专任教师数 Full-time Teachers	正高级 Senior	副高级 Sub-senior	中级 Middle	初级 Junior	无职称 No Rank
总计	**Total**	**22275**	**3412**	**8069**	**6766**	**1392**	**2636**
哲学	Philosophy	952	122	313	273	71	173
经济学	Economics	806	126	240	240	110	90
法学	Law	1457	199	543	455	82	178
教育学	Education	1949	234	709	620	138	248
文学	Literature	2895	295	1127	1006	189	278
历史学	History	380	91	160	78	10	41
理学	Science	2708	529	1078	667	107	327
工学	Engineering	3651	518	1377	1140	114	502
农学	Agriculture	854	185	304	190	18	157
医学	Medicine	3494	802	1203	1004	244	241
管理学	Management	1925	206	639	651	187	242
艺术学	Art	1204	105	376	442	122	159

20-12　职业高校专任教师教学领域所属大类情况(2021)

The General Category of Full-time Teachers in Vocational Colleges and Universities

单位:人　(person)

类　别	Sort	专任教师数 Full-time Teachers	正高级 Senior	副高级 Sub-senior	中　级 Middle	初　级 Junior	无职称 No Rank
总　计	**Total**	**18385**	**674**	**4170**	**6106**	**4250**	**3185**
其中:实习指导课	Among Them: Internship Guidance Class	2335	84	586	793	579	293
农林牧渔大类	Agriculture, Forestry, Animal Husbandry and Fishery	566	52	175	168	86	85
资源环境与安全大类	Resource, Environment and Security	133	1	47	48	11	26
能源动力与材料大类	Energy Dynamics and Materials Science	207	5	34	71	55	42
土木建筑大类	Civil Architecture	1153	36	204	390	287	236
水利大类	Hydraulics	117	4	21	61	16	15
装备制造大类	Equipment Manufacturing	1249	43	296	412	314	184
生物与化工大类	Biology and Chemical Engineering	399	29	104	110	103	53
轻工纺织大类	Light Industry Textile	47		5	10	24	8
食品药品与粮食大类	Food, Drug and Grain Science	206	11	42	59	61	33
交通运输大类	Transportation Science	572	24	121	192	129	106
电子与信息大类	Electronics and Informatics	1826	44	485	545	401	351
医药卫生大类	Medicine and Hygiene	3093	190	674	1076	786	367
财经商贸大类	Finance and Commerce	1955	48	341	607	522	437
旅游大类	Tourism	564	11	130	154	142	127
文化艺术大类	Culture and Art	1817	59	358	661	376	363
新闻传播大类	Journalism and Communication	77	1	4	23	23	26
教育与体育大类	Education and Physical Education	3666	99	986	1293	717	571
公安与司法大类	Public Security and Juridical	136	2	35	47	34	18
公共管理与服务大类	Public Administration and Service	602	15	108	179	163	137

20-13 研究生数

Number of Postgraduates

单位:人 (person)

指 标	Item	2017	2018	2019	2020	2021
招研究生数	Number of New Postgraduates Entrants	7117	7848	8483	11078	12166
#女 性	Female	4133	4672	5180	6747	7383
在校研究生数	Number of Postgraduates Enrollment	18591	20946	23676	27668	31675
#女 性	Female	10541	12262	14078	16621	19216
毕业研究生数	Number of Postgraduates Graduate	4929	5361	5559	6942	7468
#女 性	Female	2740	3001	3289	4153	4476

20-14 技工学校基本情况

Statistics on Technical Schools

单位:人 (person)

指 标	Item	2017	2018	2019	2020	2021
学校数(所)	Number of Schools (unit)	51	49	48	46	48
招生数	Number of Entrants	35486	29444	33370	39284	40487
在校学生数	Number of Students Enrollment	86366	69735	72974	91324	91941
毕业生数	Number of Graduates	20064	19121	20811	20068	20053
教职工数	Teachers and Staff	7333	6452	6397	6078	7151
专任教师数	Full-time Teachers	6813	6879	6757	6209	7743
文化技术理论课教师	Classroom Teachers	3676	3584	3194	3440	4025
生产实习课指导教师	Practical Training Teachers	1498	1379	1733	986	1665
理论实习一体化教师	Classroom cum Practical Training Teachers	1639	1916	1830	1783	2053

注:资料来源于省人力资源社会保障厅。

Note: The data in the table are obtained from Guizhou Human Resources and Social Security.

20-15 中等职业学校(机构)数 (2021)

Number of Secondary Vocational Schools

单位:个 (unit)

指 标	Item	总 计 Total	地方部门 Local Departments	教育部门 Departments of Education	非教育部门 Departments of Non-Education	民 办 Private
中等职业学校	Secondary Vocational Schools	183	141	105	36	42
普通中专学校	Regular Specialized Secondary Schools	64	59	30	29	5
成人中专学校	Adult Specialized Secondary Schools	5	5	1	4	0
职业高中学校	Vocational Senior Secondary Schools	114	77	74	3	37

20-16 中等职业学校(2021)

Secondary Vocational Schools

单位:人 (person)

指 标	Item	学校数(所) Schools (unit)	毕业生数 Graduates	招生数 New Enrollment	在校学生数 Total Enrollment	教职员工 Teachers, Staff & Workers	#专任教师 Full-time Teachers
中等职业学校	Secondary Vocational Schools	183	128181	157849	397515	20617	17228
普通中专学校	Regular Specialized Secondary Schools	64	40148	39004	105088	6451	4921
成人中专学校	Adult Specialized Secondary Schools	5	1542	2907	8128	485	375
职业高中学校	Vocational Senior Secondary Schools	114	78715	108570	261658	13571	11552
其他中职业机构(不计校数)	Other Secondary Vocational Education Institutions	2	77	118	314	110	90
附设中职班	Subsidiaty Secondary Vocational Class	—	7699	7250	22327	—	290

20-17 中等职业学校(机构)学生分科类情况(2021)

Students in Secondary Vocational Schools by Field of Study

单位:人 (person)

指 标	Item	招生数 New Enrollment	#应届 毕业生 Current Year Graduates	在校学生数 Total Enrollment	毕业生数 Graduates	#获得职业资格证书 With Certificate On Professional Competence
总 计	**Total**	**157849**	**130067**	**397515**	**128181**	**66780**
农林牧渔类	Farming, Forestry, Animal Husbandry and Fishery	8537		15515	7584	3319
资源环境类	Resources and Environment	961		1624	346	179
能源与新能源类	Energy and New Energy	288		815	157	84
土木水利类	Civil and Hydraulic Engineering	3951		11542	3623	1876
加工制造类	Manufacturing	298		810	423	383
石油化工类	Petroleum and Chemical	7137		19174	5671	3078
轻纺食品类	Light Textile and Food	70		284	82	
交通运输类	Transportation	3630		9799	2892	1752
信息技术类	Information Technologies	1187		2399	701	155
医药卫生类	Medicine and Health	28761		76922	23743	12856
休闲保健类	Leisure and Health-care	27927		67339	20540	12139
财经商贸类	Finance and Trade	14102		36571	12309	7183
旅游服务类	Tourism and Services	14598		35946	11974	6377
文化艺术类	Culture and Art	12443		33214	9804	5074
体育与健身	Physical Education	11618		25590	5190	2348
教育类	Education	474		1695	678	311
司法服务类	Justice Services	18614		52926	21275	8986
公共管理与服务类	Public Management and Services	270		270		
其 他	Others	2983		5080	1189	680

20-18 民族教育

Minority Nationality Education

指　标	Item	2017	2018	2019	2020	2021
学校数(所)	**Number of Schools(unit)**					
普通高校	Regular Higher Education Institutions	2	2	2	2	2
普通中学	Regular Secondary Schools	203	129	126	126	120
小　学	Primary Schools	506	174	175	174	159
专任教师数(人)	**Full-time Teachers (person)**					
普通高校	Regular Higher Education Institutions	8726	9264	9456	9942	10211
成人高校	Adult Higher Education Institutions	66	83	81	18	8
普通中学	Regular Secondary Schools	78662	79667	80776	81797	82213
#高　中	Senior Secondary Schools	25197	26247	26992	27662	28570
中等职业学校	Secondary Vocational Schools	4966	5050	5812	4690	5745
小　学	Primary Schools	85108	87667	89182	90263	87898
在校生数(人)	**Number of Total Enrollment (person)**					
普通高等教育	Regular Higher Education Institutions	256633	280702	318543	352723	374043
成人高等教育	Adult Higher Education	30647	32878	31629	29999	27765
普通中学	Regular Secondary Schools	1230147	1238237	1240414	1232647	1238364
#高　中	Senior Secondary Schools	432444	441013	440303	438403	438200
中等职业学校	Secondary Vocational Schools	186741	181097	157004	141486	145174
小　学	Primary Schools	1590718	1651245	1742680	1803316	1813335
毕业生数(人)	**Number of Graduates (person)**					
普通中学	Regular Secondary Schools	410816	407480	405244	420726	422441
#高　中	Senior Secondary Schools	133505	139194	143253	148793	145033
小　学	Primary Schools	260308	264300	242827	255697	277761

20-19 民办教育

Private Education

指标	Item	2017	2018	2019	2020	2021
学校数(所)	**Number of Schools (unit)**					
普通高等学校	Regular Higher Education Institutions	15	15	15	16	15
中等职业教育学校	Secondary Vocational Schools	47	40	41	41	42
普通中学	Regular Secondary Schools	475	491	504	517	536
#高　中	Senior Secondary Schools	127	147	157	165	176
小　学	Primary Schools	230	214	198	190	172
在校学生数(人)	**Number of Total Enrollment (person)**					
普通高等学校	Regular Higher Education Institutions	114140	129558	148800	169016	119978
中等职业教育学校	Secondary Vocational Schools	38753	40163	42700	49081	54894
普通中学	Regular Secondary Schools	280550	311813	330983	346005	367104
#高　中	Senior Secondary Schools	124465	147242	165670	179619	185451
小　学	Primary Schools	172136	171896	180207	176468	188060
教职员工数(人)	**Teachers, Staff and Workers (person)**					
普通高等学校	Regular Higher Education Institutions	7005	7029	7768	8301	7779
中等职业教育学校	Secondary Vocational Schools	2144	2541	2632	2994	3265
普通中学	Regular Secondary Schools	28270	32532	36170	39414	45288
小　学	Primary Schools	5257	5278	4989	4907	5191
专任教师数(人)	**Full-time Teachers (person)**					
普通高等学校	Regular Higher Education Institutions	5365	5126	5836	6046	5859
中等职业教育学校	Secondary Vocational Schools	1532	1895	1924	2134	2480
普通中学	Regular Secondary Schools	21405	24396	26788	28802	31944
小　学	Primary Schools	4104	3951	3798	3565	3542

20-20 成人教育

Adult Education

指 标	Item	2017	2018	2019	2020	2021
学校数(所)	**Number of Schools(unit)**					
成人高等教育学校	Adult Higher Education Institutions	3	3	3	3	3
成人中等专业教育学校	Adult Specialized Secondary Schools	7	6	5	5	5
成人中学	Adult Secondary Schools	1	52	75	41	0
成人技术培训学校	Adult Technical Training Schools	5084	3910	4635	4476	1820
成人小学	Adult Primary Schools	2926	3035	2310	1801	10
在校生数(万人)	**Number of Students Enrollment (10000 persons)**					
成人高等教育	Adult Higher Education	10.69	9.55	9.21	9.27	8.70
成人中等专业教育	Adult Specialized Secondary Education	6.42	5.47	5.19	4.04	0.81
成人中学	Adult Secondary Schools	0.04	0.79	0.94	0.52	0.00
成人技术培训学校	Adult Technical Training Schools	135.49	83.76	89.85	83.06	43.16
成人小学	Adult Primary Schools	15.54	14.68	10.01	8.31	0.00
毕业生数(万人)	**Number of Graduates (10000 persons)**					
成人高等教育	Adult Higher Education	4.54	4.46	3.81	3.39	3.00
成人中等专业教育	Adult Specialized Secondary Education	2.62	2.15	2.04	2.00	0.15
成人中学	Adult Secondary Schools	0.00	0.48	1.11	0.52	0.00
成人技术培训学校	Adult Technical Training Schools	133.71	87.37	85.80	76.76	40.65
成人小学	Adult Primary Schools	13.76	13.11	9.62	7.09	0.00

20-21 历年教育事业发展情况

年 份 Year	在校学生数(万人) Students Enrollment(1 0000 persons)			小学毕业生升学率 (%) Enrollment Rate of Primary Schools Graduates(%)
	普通高等学校 Regular Institutions of Higher Education	普通中学 Regular Secondary Schools	小 学 Primary Schools	
1978	1.33	137.17	423.60	76.1
1979	1.78	126.07	413.71	70.0
1980	1.71	110.24	404.22	62.6
1981	1.81	96.58	403.49	56.7
1982	1.67	89.53	412.30	53.8
1983	1.68	82.39	415.79	51.5
1984	2.03	85.13	436.56	53.1
1985	2.30	91.59	447.68	54.2
1986	2.52	99.00	461.99	53.8
1987	2.60	102.35	458.27	47.7
1988	2.73	98.63	449.70	56.6
1989	2.76	93.31	440.36	67.1
1990	2.70	96.54	435.05	60.8
1991	2.57	100.23	433.85	59.6
1992	2.67	103.99	435.94	59.9
1993	2.93	100.55	439.81	63.9
1994	3.23	103.08	455.30	70.5
1995	3.47	108.43	475.34	72.7
1996	3.57	113.47	489.32	71.5
1997	3.85	121.54	503.82	75.8
1998	4.26	127.10	505.36	75.1
1999	5.65	138.63	500.96	77.8
2000	7.55	157.20	500.21	78.7
2001	10.82	184.60	490.17	84.4
2002	12.27	212.81	484.28	88.2
2003	14.94	235.30	476.87	92.4
2004	17.99	249.34	479.41	96.0
2005	20.68	254.96	473.76	97.4
2006	22.15	256.31	474.38	97.8
2007	24.17	256.00	466.31	95.6
2008	26.75	261.78	469.79	98.7
2009	29.91	269.45	456.87	97.7
2010	32.33	276.75	433.50	96.3
2011	34.41	282.71	408.74	96.5
2012	38.38	287.38	380.08	96.3
2013	41.90	296.01	355.53	99.0
2014	46.04	301.10	346.31	100.0
2015	50.09	295.86	346.31	99.3
2016	57.39	288.51	353.37	100.0
2017	62.77	284.09	362.08	100.0
2018	68.75	281.62	371.73	100.0
2019	76.57	278.49	388.30	100.0
2020	84.02	275.59	397.27	100.0
2021	88.16	276.55	396.32	100.0

Development of Education Over the Years

学龄儿童入学率 (%) Percentage of School-aged Children Enrolled(%)	专任教师数(人) Number of Full-time Teachers(person)		
	普通高等学校 Regular Higher Education Institutions	普通中学 Regular Secondary Schools	小 学 Primary Schools
89.5	2753	54227	155930
86.1	3357	55532	151860
80.8	3638	51950	155708
78.5	3606	46892	159494
78.3	3986	44646	152176
81.2	4183	43821	152338
83.6	4555	41879	155715
84.9	4830	45159	157622
86.9	5177	47119	162105
89.2	5559	50216	161689
89.9	5588	51618	163514
88.8	5530	53279	164298
91.3	5469	55528	166662
90.3	5371	57074	168364
92.4	5542	59006	166769
93.8	5550	60453	165276
95.1	5540	63059	168842
96.0	5599	64292	168358
96.7	5600	66842	166526
97.4	5699	69355	168493
97.7	5929	72865	167823
98.2	6050	76654	170680
98.5	7240	81156	174822
98.2	9007	88079	173238
98.2	11079	97641	177920
98.2	11775	107312	179367
97.8	13792	115616	180793
98.3	14353	122721	183679
98.6	15398	128274	188762
98.6	16964	131087	191991
97.2	18037	135360	200024
98.4	19634	139302	199189
97.9	20351	143128	197913
98.6	21855	147396	197094
99.3	22803	156325	197983
99.3	25351	162309	192953
99.1	28144	171988	192850
99.5	30515	179875	193511
99.6	33087	188127	197069
99.6	35072	191622	202061
99.7	36243	194840	207839
99.7	37753	196323	212485
99.9	39418	198076	215012
99.9	40660	200296	212735

主要统计指标解释

普通高等学校 指通过国家普通高等教育招生考试,招收高中毕业生为主要培养对象,实施高等学历教育的全日制大学、独立设置的学院,独立学院和高等专科学校、高等职业学校及其他普通高教机构。

成人高等学校 指通过国家成人高等教育招生考试,招收具有高中毕业或同等学历的人员为主要培养对象,利用函授、业余、脱产等多种形式,对其实施高等学历教育的学校。包括:职工高等学校、农民高等学校、管理干部学院、教育学院、独立函授学院、广播电视大学、其他成人高教机构。

小学学龄儿童入学率 指调查范围内已入小学学习的学龄儿童占校内外学龄儿童总数(包括弱智儿童,不包括盲聋哑儿童)的比重。计算公式为:

小学学龄儿童入学率=已入学的小学学龄儿童数/校内外小学学龄儿童总数×100%

Explanatory Notes on Main Statistical Indicators

Regular Institutions of Higher Education refer to recruiting graduates from senior secondary schools as the main target by National Matriculation TEST. They include full-time universities, colleges, institutions of higher professional education, institutions of higher vocational education, institutions of higher vocational education and others.

Institutions of Higher Education for Adults refer to educational establishments, enrolling staff and workers with senior secondary school or equivalent education, and providing higher education courses in many forms of correspondence, spare time, or full time for adults. Professionals thus trained receive a qualification equivalent to graduates studying regular courses at regular universities, colleges and professional colleges. Institutions of higher learning for adults include schools of higher education for staff and workers, schools of higher education for peasants, colleges for management cadres, pedagogical colleges, independent correspondence colleges, Radio and TV universities and other educational establishments.

Enrollment Ratio of Primary Schools refers to the proportion of school age children enrolled at schools to the total number of school age children both in and outside schools (including retarded children, but excluding blind, deaf and mute children). The formula is:

Net Enrolment Ratio of Primary Schools=Total Primary School-age Children at Schools / Total Primary School-age Children Whether or Not Attending School×100%

科学技术

Technology 21

简 要 说 明

一、主要内容

本篇资料主要反映全省科技事业发展状况。包括全社会规模以上工业法人单位、政府属研究机构、高等学校的研究与试验发展(R&D)活动情况;规模以上工业法人单位创新活动开展情况;专利申请和授权情况;高技术企业生产及研发活动情况;科技成果情况;科协系统科技活动情况等。

二、统计范围

科技活动统计范围为全社会有研究与试验发展(R&D)活动的企事业单位,具体包括规模以上工业法人单位、地级及以上独立核算的政府属科学研究与技术开发机构及科技信息与文献机构、全日制普通高等学校及附属医院,以及研究与试验发展(R&D)活动相对密集行业(包括农、林、牧、渔业,建筑业,交通运输、仓储和邮政业,信息传输、软件和信息技术服务业,金融业,租赁和商务服务业,科学研究和技术服务业,水利、环境和公共设施管理业,卫生和社会工作,文化、体育和娱乐业等)中从事研究与试验发展(R&D)活动的企事业单位。

创新活动统计范围为规模以上工业法人单位。

三、统计调查方法

研究与试验发展(R&D)活动情况采用全面调查取得;创新活动情况采用全面调查取得;科协、专利等资料采用抽样等多种调查方法取得。

四、资料来源

本篇综合资料由省统计局根据科技综合统计报表的有关资料加工整理编辑,规模以上工业法人单位科技活动情况根据企业(单位)科技活动统计报表的有关资料加工整理编辑。

政府属研究机构资料、专利申请和授权资料由省科技厅提供。

科协系统科技活动资料由省科协提供。

Brief Introduction

I. Main Contents

Statistics in this chapter reflect the development of science and technology in Guizhou province. It contains the data on research and development (R&D) activities of the whole society, industrial corporate units above designated size, scientific and technological institutions under the government and institutions of higher education; the data on innovation activities of industrial corporate units above designated size; the data on patents application accepted and granted; the data on production, research and development activities of high-tech enterprises; the data on scientific and technological achievements; the data on the scientific and technological activities in the system of associations for science and technology.

Ⅱ.Scope of Statistics

The data on scientific and technological activities cover research and development (R&D) activities of enterprises and institutions of whole society, mainly including industrial corporate units above designated size, scientific research and technological development institutions and scientific and technological information and literature institutions of prefecture level and above under the government with independent accounting, full-time universities and colleges, affiliated hospitals, and enterprises and institutions engaged in R&D activities in relatively R&D-intensive industries (such as agriculture, forestry, animal husbandry, fishery, construction, transport, storage and post, information transmission, software and information technology service, finance, leasing and business services, scientific research and technical services, management of water conservancy, environment and public facilities, health and social service, culture, sports and entertainment).

Data on innovation activities cover industrial corporate units above designated size.

Ⅲ.Statistical Methodology

The data on R&D activities and innovation activities are collected through complete surveys. Data on scientific and technological associations, patents are collected through sample surveys and other surveys.

Ⅳ. Sources of Data

The comprehensive data are processed, sorted out and edited by Guizhou Provincial Bureau of Statistics according to the relevant data of comprehensive reporting forms of science and technology. Meanwhile, the data on scientific and technological activities of industrial corporate units above designated size are processed, sorted out and edited based on reporting forms of enterprises'(units') scientific and technological activities in this article.

Guizhou Science and Technology Department provides information on scientific and technological institutions under the government, and the data on patent apply and authorize.

Guizhou Association for Science and Technology provides data on the scientific and technological activities of associations for science and technology.

21-1 科技活动
Scientific and Technological Activities

指 标	Item	2017	2018	2019	2020	2021
科技活动人员(人)	**Persons Engaged in Scientific and Technological Activities (person)**	—	—	—	—	—
科研机构	**Scientific Research Institutions**					
科研机构数(个)	Number of Institutions(unit)	744	842	993	969	879
科研用仪器设备原价(万元)	Original Cost of Instrument and Equipment for Scientific Research(10000yuan)	586266	636277	916893	1121103	1037941
#进 口	Import	139330	158474	81588	113590	119494
研究与实验发展(R&D)	**Research and Development**					
研究与试验发展(R&D)人员 (人)	R&D Personnel(person)	52746	63689	67285	71604	77390
#博士毕业	Doctor	2827	3601	4776	5432	6393
#硕士毕业	Master	8574	9888	11070	12573	14097
研究与试验发展(R&D)经费支出 (万元)	Expenditure on R&D(10000yuan)	958815	1216145	1446849	1617090	1803506
科技产出	**S&T Output**					
专利申请数(件)	Number of Patents Application (piece)	10376	11324	13772	14414	15958
#发明专利	Inventions	4458	4790	5952	5873	6403
专利授权数(件)	Number of Patents Granted (piece)	2247	3107	3044	5010	5024
#发明专利	Inventions	339	528	399	628	862
有效发明专利数(件)	Number of Inventions in Force (piece)	10400	11021	11840	13105	14664
专利所有权转让及许可数(件)	Number of Patents Ownership Assigned and Granted (piece)	141	20	202	234	130
专利所有权转让及许可收入 (万元)	Revenue from Patents Ownership Assigned and Granted(10000yuan)	4145	169.3	2775.2	9662	1365.8
植物新品种权授予数(项)	Number of New Plant Breed Rights Granted (unit)	28	6	13	40	22
形成国家或行业标准数(项)	Number of Standards Adopted by State or Industry (unit)	187	244	271	291	314
发表科技论文(篇)	Scientific Papers Issued (piece)	21251	21902	25537	27526	27501
出版科技著作(种)	Publication on Science and Technology (kind)	890	976	857	864	910

注:2018年起,专利所有权转让及许可数、专利所有权转让及许可收入不含企业数据。

Note: Since 2018, the number of patents ownership assigned and granted and the revenue from patents ownership assigned and granted have not included the corporate data yet.

21-2 研究与试验发展(R&D)活动

Scientific Research and Development Activities

指 标	Item	2017	2018	2019	2020	2021	2021年比2020年增长(%) Increase Rate in 2021 over 2020(%)
有研究与试验发展(R&D)活动的单位(个)	**Number of Institutions Having R&D Activities(unit)**	**1166**	**1209**	**1432**	**1627**	**2007**	**23.4**
R&D人员(人)	**R&D Personnel(person)**	**52746**	**63689**	**67285**	**71604**	**77390**	**8.1**
#女性	Female	14991	16836	18262	19459	21057	8.2
#研究人员	Research Personnel	24780	26957	31510	34294	37816	10.3
#全时人员	Full-time Personnel	30962	32847	35898	38338	39246	2.4
非全时人员	Part-time Personnel	21784	30842	31387	33266	38144	14.7
#博士毕业	Doctor	2827	3601	4776	5432	6393	17.7
硕士毕业	Master	8572	9888	11070	12573	14097	12.1
本科毕业	Bachelor	22363	23402	27357	29292	30931	5.6
其他学历	Others	18984	26798	24082	24307	25969	6.8
R&D人员折合全时当量(人年)	**Full-time Equivalent of R&D Personnel (person-year)**	**28290**	**33357**	**37757**	**41496**	**43084**	**3.8**
#研究人员	Research Personnel	13327	14318	17106	19198	19965	4.0
#基础研究	Basic Research	3993	4773	5282	6068	6161	1.5
应用研究	Applied Research	3906	6057	6689	7234	8791	21.5
试验发展	Experimental Development	20390	22526	25791	28194	28132	-0.2
R&D经费内部支出(万元)	**Intramural Expenditure on R&D (10000yuan)**	**958815**	**1216145**	**1446849**	**1617090**	**1803506**	**11.5**
#基础研究	Basic Research	98003	102724	139705	147190	158706	7.8
应用研究	Applied Research	125749	198295	203493	208591	254831	22.2
试验发展	Experimental Development	735063	915126	1103650	1261309	1389969	10.2
#日常性支出	Daily Expenditure	762786	1050432	1222913	1406296	1646181	17.1
#人员劳务费	Personnel Service Fees	232849	311807	392146	454153	515476	13.5
资产性支出	Expenditure on Assets	196029	165713	219998	210794	157325	-25.4
#仪器和设备	Instrument and Equipment	166170	139098	179358	167944	114504	-31.8
#政府资金	Government Appropriation Funds	260656	264591	357154	434585	417701	-3.9
企业资金	Self-raised Funds by Enterprises	657388	909258	1050195	1149983	1333214	15.9
境外资金	Overseas Funds	1071	325	7	124	9253	7362.2
其他资金	Other Funds	39700	41971	39494	32398	43337	33.8
经费投入强度(%)	**Intensity of Funds Input(%)**	**0.70**	**0.79**	**0.86**	**0.91**	**0.92**	**0.01**
R&D项目(课题)数(项)	Projects of R&D(unit)	20453	22369	25290	28445	32364	13.8
R&D项目(课题)参加人员折合全时当量(人年)	Full-time Equivalent of R&D Participants(man-year)	25777	29824	34787	38260	41910	9.5
#研究人员	Research Personnel	11449	12404	14783	16431	17889	8.9
R&D项目(课题)经费内部支出(万元)	Intramural Expenditure on R&D (10000yuan)	865479	1056315	1275698	1396633	1619554	16.0

21-3 规模以上工业企业科技活动

Scientific and Technological Activities of Industrial Enterprises above Designated Size

指　标	Item	2017	2018	2019	2020	2021
科技活动人员(人)	**Persons Engaged in Scientific and Technological Activities (person)**	—	—	—	—	—
科研机构	**Scientific Research Institutions**					
科研机构数(个)	Number of Institutions(unit)	442	494	590	679	503
科研用仪器设备原价(万元)	Original Cost of Instrument and Equipment for Scientific Research(10000yuan)	403695	414826	635742	798085	694167
#进　口	Import	73119	78447	—	—	—
研究与实验发展(R&D)	**Research and Development**					
研究与试验发展(R&D)人员(人)	R&D Personnel(person)	32616	37686	37644	41280	44499
#研究人员	Research Personnel	9775	9221	10635	12200	13260
#全时人员	Full-time Personnel	21813	22121	24314	25845	26173
#博士毕业	Doctor	212	123	—	176	180
硕士毕业	Master	1492	1125	—	1676	2141
研究与试验发展(R&D)人员折合全时当量(人年)	Full-time Equivalent of R&D Personnel (person-year)	18786	20041	23164	26261	26717
#研究人员	Research Personnel	6167	5501	6872	8140	8246
#基础研究	Basic Research	107	174	162	113	179
应用研究	Applied Research	568	2275	2442	3084	3451
试验发展	Experimental Development	18113	17592	20566	23064	23087
研究与试验发展(R&D)经费支出(万元)	Expenditure on R&D (10000yuan)	648576	762280	910206	1053574	1210567
#基础研究	Basic Research	2950	2860	6259	1543	4909
应用研究	Applied Research	19217	53630	51990	76498	93478
试验发展	Experimental Development	626409	705789	851957	975533	1112180
#日常性支出	Daily Expenditure	525440	673209	806103	947656	1145502
#人员劳务费	Personnel Service Fees	138333	178215	220584	255708	302376
资产性支出	Expenditure on Assets	123136	89071	104103	105918	65065
#仪器和设备	Instrument and Equipment	121749	85520	102488	103691	63008
#政府资金	Government Appropriation Funds	73466	47464	76307	119306	123530
企业资金	Self-raised Funds by Enterprises	559695	707679	833899	926788	1073418
境外资金	Overseas Funds	740	159		104	9253
其他资金	Other Funds	14675	6978		7376	4366
科技产出	**Statistics on S&T Outputs**					
专利申请数(件)	Number of Patents Application (piece)	5344	5976	6919	7227	8372
#发明专利	Inventions	2542	2611	2985	3475	3850
有效发明专利数(件)	Number of Valid Patents for Invention (piece)	6805	6544	7740	8487	9357
专利所有权转让及许可数(件)	Number of Patents Ownership Assigned and Granted (piece)	116	—	117	169	69
专利所有权转让及许可收入(万元)	Revenue from Patents Ownership Assigned and Granted (10000yuan)	2389	—	2560	8725	88
形成国家或行业标准数(项)	Number of Standards Adopted by State or Industry (unit)	167	180	174	206	187
发表科技论文(篇)	Scientific Papers Issued (piece)	1379	1101	1018	1516	1462

注：规模以上工业企业指年主营业务收入2000万元及以上工业企业。

Note: The industrial enterprises which are above designated size refer to the industrial enterprises with the sales revenue above 20 million yuan.

21-4 规模以上工业企业新产品开发及生产情况(2021)

New Product Development and Production of Industrial Enterprises above Designated Size

指 标	Item	新产品开发项目数(项) Number of New Pruduct Development (unit)	新产品开发经费支出(万元) Expenditure on New Product Development (10000 yuan)	新产品销售收入(万元) Sales Revenue of New Product (10000 yuan)	#出口 Exports
合 计	**Total**	**5381**	**1054368**	**10207676**	**485708**
#大中型工业企业	Large and Medium-sized Industrial Enterprises	2388	730294	8224017	445692
按登记注册类型分	**by Status of Registration**				
内资企业	Domestic Funded Enterprises	5288	1038583	10048844	484775
#国有企业	State-owned Enterprises	279	58120	204686	9662
有限责任公司	Limited Liability Corporations	2139	579422	5043664	270154
股份有限公司	Share-holding Corporations Ltd.	506	128343	2983289	164487
港、澳、台商投资企业	Enterprises with Funds From Hong Kong, Macao and Taiwan	58	8096	125096	765
外商投资企业	Foreign Funded Enterprises	35	7690	33736	169
按行业分	**By Industrial Sector**				
#煤炭开采和洗选业	Mining and Washing of Coal	99	31385	36405	
食品制造业	Manufacture of Foods	123	16466	22102	32
酒、饮料和精制茶制造业	Manufacture of Liquor, Beverages and Refined Tea	245	21134	1070133	585
烟草制品业	Manufacture of Tobacco	104	7933	187221	124
石油、煤炭及其他燃料加工业	Processing of Petroleum, Coking, Processing of Nuclear Fuel	12	6055	2775	
化学原料及化学制品制造业	Manufacture of Raw Chemical Material and Chemical Products	375	102015	1669504	250303
医药制造业	Manufacture of Medicines	504	61508	762094	611
非金属矿物制品业	Manufacture of Non-metallic Mineral Products	423	57765	187784	
黑色金属冶炼和压延加工业	Smelting and Pressing of Ferrous Metals	122	49638	136889	63
有色金属冶炼和压延加工业	Smelting and Pressing of Non-ferrous Metals	104	42498	1341384	22889
金属制品业	Manufacture of Metal Product	225	27934	254345	26617
通用设备制造业	Manufacture of General Purpose Machinery	254	36464	257022	9587
专用设备制造业	Manufacture of Special Purpose Machinery	181	21395	185644	10330
汽车制造业	Manufacture of Automobiles	80	21836	708267	3283
计算机、通信和其他电子设备制造业	Manufacture of Computer, Communication and Other Electronic Equipment	469	59513	783804	48817
电力、热力生产和供应业	Production and Supply of Electric Power and Heat Power	160	28867	4872	

21-5 政府属独立研究与开发机构科技活动

Scientific and Technological Activities of Government-affiliated Independent Research Institutions

指　标	Item	2017	2018	2019	2020	2021
科技机构数(个)	**Number of S&T Institutions(unit)**	**75**	**77**	**70**	**76**	**74**
县级以上自然类研究与开发机构	The Scientific Research and Development Institution above the county level	60	59	58	61	58
县级以上社会、人文科学研究机构	The Research Institutions of Social and Human Studies above the county level	5	7	7	6	7
县级以上部门属科技情报与文献机构	Department of S&T Informations and Literature Institutions above the county level	5	5	5	4	4
县级政府部门属研究与开发机构	Scientific Research and Development Institutions at County Level	5	6		5	5
科技活动人员数(人)	**Personnel Engaged in S&T Activities (person)**	**4206**	**4265**	**5187**	**4948**	**5027**
县级以上自然类研究与开发机构	The Scientific Research and Development Institution above the county level	3722	3720	4683	4437	4500
县级以上社会、人文科学研究机构	The Research Institutions of Social and Human Studies above the county level	281	311	350	317	328
县级以上部门属科技情报与文献机构	Department of S&T Informations and Literature Institutions above the county level	143	151	154	140	148
县级政府部门属研究与开发机构	Scientific Research and Development Institutions at County Level	60	83		54	51
大学本科及以上学历人数(人)	**University,College and Above(person)**	**3484**	**3508**	**4369**	**4263**	**4376**
县级以上自然类研究与开发机构	The Scientific Research and Development Institution above the county level	3070	3052	3915	3831	3928
县级以上社会、人文科学研究机构	The Research Institutions of Social and Human Studies above the county level	263	270	322	281	283
县级以上部门属科技情报与文献机构	Department of S&T Informations and Literature Institutions above the county level	118	133	132	123	137
县级政府部门属研究与开发机构	Scientific Research and Development Institutions at County Level	33	53		28	28

注：政府属独立研究与开发机构科技活动单位不包含县级以上研究与开发转制机构，此类机构改革转制为企业。

Note: Since 2016, independent research and development institutions of science and technology activities which is within the jurisdiction of the government no longer contain the institutions for research and development above the county level. Such institutions have been transformed into enterprises.

21-6 省部级以上成果登记(完成人员)

Staffs Personnel of Provincial or Ministerial Level and above

单位:人次 (person-time)

指 标	Item	2017	2018	2019	2020	2021
合 计	**Total**	**1468**	**672**	**1662**	**1409**	**1482**
按学历分	**by Education Background**					
博 士	Doctor	369	109	509	301	384
硕 士	Master	444	258	473	376	390
大 本	Undergraduate Student	589	268	594	546	565
大 专	Junior College Student	54	33	69	137	104
中 专	Secondary Specialized School Student	9	3	11	34	9
其 他	Others	3	1	6	15	30
按年龄结构分	**by Type of Age**					
35岁以下(含35岁)	thirty-five and below	403	202	384	321	401
36-45岁	thirty-six to forty-five	516	259	601	548	588
46-55岁	forty-six to fifty-five	449	161	500	373	328
56-65岁	fifty-six to sixty-five	89	47	160	152	142
65岁以上	above sixty-five	11	3	17	15	23
按技术职称分	**by Type of Title**					
院 士	Academicians	3		1	1	3
正 高	Senior Title	410	127	546	351	384
副 高	Sub-senior Title	544	265	574	430	460
中 级	Middle Title	403	224	421	383	390
初 级	Primary Title	54	27	57	110	95
其 他	Others	54	29	63	134	150

注:2018年根据“放管服”改革精神,非财政支持的科技成果登记采用自愿登记的方式管理,2018年登记数量较少(下表同)。

Note: In 2018, according to the reform spirit of "delegating, regulating and serving", the registration of non-financially supported scientific and technological achievements was managed by voluntary registration, and the number of registrations is rather small in 2018 (the same applies to the next table).

21-7 省部级以上成果登记(数量及投资额)

Number of Achievements and Investment of Projects at Provincial or Ministerial Level and above(number & investment)

指　标	Item	2017	2018	2019	2020	2021
成果登记(项)	Achievement Registration(item)	144	65	220	198	199
发明专利授权数(件)	Invention of Patent Authorizations Granted (piece)	316	166	489	408	
制订标准数(个)	Number of Standards for Formulation (unit)	3	2	1	5	2
按成果类别分(项)	by Type of Achievement Sort (item)					
#基础理论成果	Basic Theory Achievement	36	13	61	34	63
应用技术成果	Applied Technical Achievement	108	50	156	164	135
按成果应用属性分(项)	by Type of Achievement Application Property (item)					
#原始性创新	Original Invention	54	23	88	77	59
国外引进消化 吸收创新	Absorb and Digest Invention of Foreign Indraught	12	2	27	15	6
国内技术二次开发	Twice Development of Inner Technology	42	25	41	72	70
项目投资额(万元)	Project Investment (10000 yuan)	164272	109147	167401	265651	102615
国家资金	Government Funds	70195	5468	14593	12137	9012
部门资金	Department Funds	2803	82	7689	161711	765
地方资金	Local Funds	34754	38232	17882	16001	27073
基金投入	Fund Input	240	81	1435	594	1065
自有资金	Self-raised Funds	54069	65233	84014	68804	52302
银行贷款	Loans from Bank	900	0	0	0	0
国外资金	Foreign Funds	86	0	0	72	0
其他资金	Other Funds	1225	51	41788	6332	12398
净利润(万元)	After-Tax Profit (10000 yuan)	2581655	30119	120644	215107	556509
实交税金(万元)	Tax (10000 yuan)	2270754	11753	50185	98672	143202

21-8 专利申请受理及授权

Patent Application Accepted and Granted

单位：件 (item)

指　标	Item	2017	2018	2019	2020	2021
受理专利总计	**Total Patent Applications Accepted**	**34610**	**44508**	**44328**	**46428**	**39267**
按种类分	Grouped by Sort					
发　明	Inventions	13885	14992	10770	9805	2824
实用新型	Utility Models	16898	25577	28364	31801	30666
外观设计	Designs	3827	3939	5194	4822	5777
按对象分	**Grouped by Applicant**					
非职务发明创造	Non-service Creations and Inventions	6920	12641	14095	18187	13209
职务发明创造	Service Creations and Inventions	27690	31867	30233	28241	26058
大专院校	Universities and Colleges	5532	6386	7173	6360	6439
科研单位	Research Institutions	897	633	818	728	532
工矿企业	Industrial and Mineral Enterprises	18875	18914	18592	18733	17041
机关团体	Government Agencies and Organizations	2386	3839	3650	2420	2046
授权专利总计	**Total Patent Authorigations Granted**	**12559**	**19456**	**24729**	**34971**	
按种类分	**Grouped by Sort**					
发　明	Inventions	1875	2081	1900	2268	
实用新型	Utility Models	7986	13980	19392	27714	
外观设计	Designs	2698	3395	3437	4989	
按对象分	**Grouped by Applicant**					
非职务发明创造	Non-service Creations and Inventions	2340	4514	7362	12240	
职务发明创造	Service Creations and Inventions	10219	14942	17367	22731	
大专院校	Universities and Colleges	1908	2883	3124	5670	
科研单位	Research Institutions	301	375	346	385	
工矿企业	Industrial and Mineral Enterprises	7656	10473	11479	14091	
机关团体	Government Agencies and Organizations	354	1211	2418	2585	

注：资料来源于省市场监督管理局。

Note: The data in the table are obtained from the Administration for Market Regulation of Guizhou Province.

21-9 科协系统科学技术普及情况

Popularization of Science and Technology

指　标	Item	2017	2018	2019	2020	2021
科学技术普及活动	**Science and Technology Popularization Activities**					
举办科普宣讲活动(次)	Popular Science Propaganda Activities (unit)	1454	983	1369	2818	1428
宣讲活动受众人数(万人次)	Audience of Preaching Activity (10000 Person-time)	444.9	309.8	223.5	412.25	502.6
参加活动科技人员 (万人次)	Personnel Participated in the scientific and Technical Activities(10000 Person-time)	2.6	7.3	1.5	2.96	1.0
科普基础设施建设	**Infrastructure Construction in Popularization of Science**					
科技馆(个)	Number of Science and Technology Museum (unit)	3	7	14	5	5
全年参观人数(万人次)	Number of Participants (10000 Person-time)	58.48	119.86	134.50	44.93	65.67
#少儿参观人数	Number of Child and Youth´s Participation	27.07	75.06			
科普画廊建筑面积(宣传栏、橱窗)(平方米)	Gallery Construction Area in Popularization of science(square meter)	49809	58234	40851	18279	15467
科普画廊展示面积 (平方米)	Gallery Exhibition Area in Popularization of Science(square meter)	71746	75557	78044	52349	40028

注：资料来源于省科协。

Note: The data in the table are provided by Guizhou Association for Science and Technology.

主要统计指标解释

科技活动 指在自然科学、农业科学、医药科学、工程与技术科学、人文与社会科学领域(简称科学技术领域)中，与科技知识的产生、发展、传播和应用密切相关的有组织的活动。可分为研究与试验发展(R&D)、研究与试验发展成果应用及相关的科技服务三类活动。

科技活动人员 指直接从事科技活动、以及专门从事科技活动管理和为科技活动提供直接服务，累计的实际工作时间占全年制度工作时间10%及以上的人员。(1)直接从事科技活动的人员包括：在独立核算的科学研究与技术开发机构、高等学校、各类企业及其他事业单位内设的研究室、实验室、技术开发中心及中试车间(基地)等机构中从事科技活动的研究人员、工程技术人员、技术工人及其它人员；虽不在上述机构工作，但编入科技活动项目(课题)组的人员；科技信息与文献机构中的专业技术人员；从事论文设计的研究生等。(2)专门从事科技活动管理和为科技活动提供直接服务的人员，包括：独立核算的科学研究与技术开发机构、科技信息与文献机构、高等学校、各类企业及其他事业单位主管科技工作的负责人，专门从事科技活动的计划、行政、人事、财务、物资供应、设备维护、图书资料管理等工作的各类人员，但不包括保卫、医疗保健人员、司机、食堂人员、茶炉工、水暖工、清洁工等为科技活动提供间接服务的人员。该指标用来反映投入科技活动人力的规模。

科技活动从业人员：指从业人员中的科技管理人员、课题活动人员和科技服务人员。其中，**科技管理人员：**指院、所领导及业务、人事管理人员。包括：从事科技计划管理、课题管理、成果管理、专利管理、科技统计、科技档案管理、科技外事工作、人事管理、教育培训、财务等与科技活动有关的人员；**课题活动人员：**指编制在研究室或课题组的人员；**科技服务人员：**指直接为科技工作服务的各类人员，如从事图书、信息与文献、测试、试制、咨询、物资器材供应等工作的人员，以及实验室、试验工厂（车间）、试验农场的人员。不包括司机、门卫、食堂人员、医务人员、清洁工、幼儿园和托儿所的工作人员，以及主要从事生产、经营活动人员。

研究与试验发展(R&D) 指在科学技术领域，为增加知识总量、以及运用这些知识去创造新的应用进行的系统的创造性的活动，包括基础研究、应用研究、试验发展三类活动。国际上通常采用R&D活动的规模和强度指标反映一国的科技实力和核心竞争力。

基础研究：是一种实验性或理论性的工作，主要是为了获得关于现象和可观察事实的基本原理的新知识，不预设任何特定的应用或使用目的。

应用研究：是指为了获取新知识而进行的创造性研究，但它主要针对某一特定的实际目的或目标。应用研究通常是为了确定基础研究成果或知识的可能的用途，或是为达到某一具体的、预定的实际目的，确定新的(原理性)方法或途径。

试验发展：是指是利用从科学研究、实际经验中获取的知识和产生的额外知识，以形成新的产品、工艺（流程），或改进现有产品、工艺（流程），而进行的系统性工作。

R&D人员：指本单位人员及外聘研究人员和在读研究生中参加R&D课题的人员、R&D课题管理人员和为R&D活动提供直接服务的人员，不包括为R&D课题提供间接服务的人员（如生活服务人员），也不包括全年从事R&D活动工作量不到0.1年的人员。

R&D人员折合全时当量：指全时人员折合全时工作量与所有非全时人员工作量之和，结果取整数。一个全时人员的折合全时工作量计为1，非全时人员按实际投入工作量进行累加。例如：有两个全时人员(他们的工作量分别为0.9年和1.0年)和三个非全时人员(他们的工作量分别为0.2年、0.3年和0.7年)，则折合为：折合全时工作量＝1+1+0.2+0.3+0.7=3(人年)（四舍五入）。

科技活动经费支出:指调查单位在报告期内用于内部开展科技活动实际支出的费用,包括来自科研渠道以及其他各种渠道的经费实际用于科技活动支出的费用,包括外协加工费。

专利 一般是专利权的简称,指专利权人对发明创造享有的专利权。即国家依法在一定时期内授予发明创造或者其权利继受者独占使用其发明创造的权利。

专利同时也指具体专利技术,即受国家认可并在公开的基础上进行法律保护的技术或者方案。

专利还可指具体的物质文件,即国家颁发的确认申请人对其发明创造享有的专利证书或记载发明创造内容的专利文献。

发明 对产品、方法或其改进所提出的新的技术方案。

Explanatory Notes on Main Statistical Indicators

Scientific and Technological Activities (S&T Activities) refer to organized activities which are closely related with the creation, development, dissemination and application of the scientific and technical knowledge in the fields of natural sciences, agricultural science, medical science, engineering and technological science, humanities and social sciences (referred to as scientific and technological fields). S&T activities can be classified in to 3 categories: research and development (R&D) activities, application of R&D results, and related S&T services.

Personnel Engaged in S&T Activities refer to personnel directly engaged in S&T activities, in the management of S&T activities, and in providing direct service to S&T activities, who spend over 10% of the total working hours in a year in S&T activities. (1) Personnel directly engaged in S&T activities include researchers, engineers, technicians and other related personnel engaged in S&T activities in independent-accounting R&D institutions, institutions of higher learning, and in research institutes, laboratories, technology development centers and central experiment workshops under enterprises and institutions. Also included are people working in S&T research project teams, professional and technical personnel working in S&T information archiving institutes, and graduate students working on the design of their thesis. (2) Personnel engaged in the management of S&T activities and in providing direct service to S&T activities include senior management people responsible for S&T activities in independent-accounting R&D institutions, S&T information archiving institutes, institutions of higher learning, and in enterprises and institutions where S&T activities are undertaken. Also included are people responsible for the planning, administration, personnel management, financial management, logistics supply, equipment maintenance, information and library management that are related with S&T activities. People providing indirect services are excluded, such as security, medical service, drivers, plumbers, cleaners and those providing catering and related service. This indicator reflects the size of personnel engaged in S&T activities.

Science and Technology Activities Staff refers to the scientific and technological management ,project and technical services person in employee。The scientific and technological management refers to the Instructor leadership and business, personnel management persons which including related person Engaged in science and technology program management, project management, results management, patent management, science and technology statistics, science and technology file management, science and technology foreign affairs, personnel management, education and training, finance and other scientific and technological activities; project staff refers to the person who are staffed in a research room or task group; technical service person refers to the various types of staff who work for scientific and technological ,such as work on books, information and literature, testing, trial production, consulting, supplies and other equipment, as well as laboratories, test factories (workshops), experimental farms. Those staff are not including the driver, guard, canteen staff, medical staff, cleaners, kindergartens and nursery staff, and mainly engaged in production and business activities.

Research and Development (R&D) refers to systematic and creative activities in the field of science and technology aiming at increasing the knowledge and using the knowledge for new application. R&D includes 3 categories of activities: basic research, applied research and experimentation for development. The scale and intensity of R&D are widely used internationally to reflect the strength of S&T and the core competitiveness of a country in the world.

Basic Research refers to empirical or theoretical research aiming at obtaining new knowledge on the fundamental principles regarding phenomena or observable facts to reveal the intrinsic nature and underlying laws and to acquire new discoveries or new theories. Basic research takes no specific or designated application as the aim of the research.

Applied Research refers to creative research aiming at obtaining new knowledge on a specific objective or target. Purpose of the applied research is to identify the possible uses of results from basic research, or to explore new (fundamental) methods or new approaches.

Experiments and Development refer to systematic activities aiming at using the knowledge from basic and applied researches or from practical experience to develop new products, materials and equipment, to establish new production process, systems and services, or to make substantial improvement on the existing products, process or services.

R&D Personnel refer to persons engaged in research, management and supporting activities of R&D, including persons in the project teams, persons engaged in the management of S&T activities of enterprises and supporting staff providing direct service to the research projects, and not including annual research and experimental development activities in less than 0.1 years of staff workload.

Full-time Equivalent of R&D Personnel refers to the sum of the full-time persons and the full-time equivalent of part-time persons converted by workload. A full-time staff equivalent to full-time work is counted as a part-time personnel according to actual efforts to accumulate. For instance, if there are 2 full-time persons and 3 part-time workers (20%, 30% and 70% of working hours respectively on R&D activities), the full-time equivalent are 2+0.2+0.3+0.7=3.2 person-years.

Expenditure on science and technology activities refers to real expenditure of surveyed units on their own science and technology activities, including funding from scientific research channels and other channels for the actual cost of expenditure on scientific and technological activities, including external assistance in processing expenditure.

Patent is an abbreviation for the patent right and refers to the exclusive right of ownership by the inventors or designers for the creation or inventions, given from the patent offices after due process of assessment and approval in accordance with the Patent Law.

Patent also refers to a specific patented technology that recognized by the State and public legal protection on the basis of technical or program.

Patent document also refers to a specific substance, which confirm that the applicant issued by the state enjoyed their inventions patented inventions certificate or record the content of patent documents.

Inventions refer to new technical proposals to the products or methods or their modifications.

文化、体育和卫生

Culture, Sports and Public Health

22

简要说明

一、主要内容

本篇资料主要反映全省文化、体育、卫生事业发展情况。

文化、体育内容包括文化事业机构、文化娱乐、艺术表演团体、群众艺术馆、广播电视、期刊报纸出版、体育运动员获奖、群众体育活动等。

卫生内容包括医疗卫生机构、卫生人员、卫生设施、卫生经费、基层医疗卫生服务、妇幼保健、疾病控制、医疗保障制度等情况。

二、资料来源

新闻出版、广播、电视资料由省新闻出版广电局提供。

文化资料由省文化和旅游厅提供。

体育资料由省体育局提供。

卫生资料由省卫生健康委员会提供。

Brief Introduction

I. Main Contents

The data in this chapter mainly reflect the development of culture, sports and public health undertakings.

The data on culture and sports include culture undertakings, culture and entertainment, art performance troupes, mass art centers, radio and television; the publication of magazines and newspapers, the awards of athlete, and the activities of mass sports.

The data on public health include the number of medical and health institutions, health personnel, health facility, health expenses, medical and health services at grass-root level, maternal and child health, disease control and health security system.

II. Sources of Data

The data on news and publication, radio broadcasting and television are provided by Guizhou Provincial Administration of Press, Publication, Radio, Film and Television.

The data on culture are provided by Provincial Department of Culture.

The data on sports are provided by Provincial Sports Administration.

The data on public health are provided by Provincial Health Commission.

22-1 文化事业机构和人员

Number of Institutions and Personnels in Culture Industry

指　标	Item	2017	2018	2019	2020	2021
机构总计(个)	**Total Number of Institutions (unit)**	**2298**	**2164**	**2174**	**2177**	**2211**
艺术事业	Art Institutions	146	26	25	19	26
文物事业	Cultural Relics	155	203	204	204	213
图书馆事业	Libraries	98	98	98	100	99
群众文化事业	Mass Culture	1694	1688	1698	1701	1721
文艺科研	Art Research Institutions	3	3	3	3	3
其他文化事业	Other Culture Units	202	146	146	150	149
人员总计(人)	**Total Number of Persons Engaged (person)**	**17318**	**16170**	**21502**	**18553**	**18302**
艺术事业	Arts	3976	664	645	441	708
文物事业	Cultural Relics	2277	2390	2297	2702	2711
图书馆事业	Libraries	1081	1089	1088	1084	1238
群众文化事业	Mass Culture	6617	6467	10907	7493	6844
文艺科研	Art Research Institutions	25	28	32	35	36
其他文化事业	Other Culture Units	3342	5532	6533	6798	6765

注:1.资料来源于省文化和旅游厅(以下相关表同)。2.机构和人员数不含文化市场新分的机构和人员数。3.2018年机构改革,部份事业单位转为企业,不在本表统计之列。

Note: 1.The data in the table are provided by the Department of Culture and Tourism of Guizhou Province(the relative tables in the chapter are the same). 2. The number of institutions and personnels in the table exclude newly increased institutions and personnels. 3. Due to the institutional reform in 2018, some public institutions were transformed into enterprises, which are not included in this table.

22-2 文化事业单位数

Basic Statistics on Culture Establishment

单位:个 (unit)

指　标	Item	2017	2018	2019	2020	2021
公共图书馆	Public Libraries	98	98	98	100	99
博物馆、纪念馆	Museums and Memorials	84	91	91	92	97
群众艺术馆、文化馆	Mass Art Centers and Cultural Centers	99	99	99	99	99
档案馆	Archives	108	108	109	114	110

注:博物馆、纪念馆统计范围含民间博物馆机构。

Note: The statistical range of museums and memorials has included folk museum agencies.

22-3 文化娱乐业(2021)

Culture and Entertainment Industry

指　标	Item	机构数(个) Institutions (unit)	从业人员(人) Number of Employed Persons(person)	营业收入(万元) Operating Revenue (10000 yuan)	营业利润(万元) Primary Business Profit (10000 yuan)
总　计	**Total**	**3567**	**36349**	**295169**	**29097**
非国有艺术表演团体	Non-state Performing Arts Groups	99	3920	33215	718
娱乐场所	Places of Entertainment	1819	25274	203741	26433
互联网上网服务营业场所(网吧)	Internet Access Service Establishments (internet cafes)	1649	7155	58213	1946

22-4 艺术表演场所(2021)

Art Preformances Places

指　标	Item	机构数(个) Number of Institutions (unit)	从业人员(人) Number of Staff and Workers (person)	座席数(个) Seats (unit)	演(映)出场次(场) Number of Performances (show)	#艺术演出场次 Art Performances	观众人次(万人次) Number of Spectators (10000 person-times)
总　计	**Total**	**22**	**658**	**7303**	**2000**	**900**	**25.99**
#省　级	Province Level	4	48				
地　级	Prefectural Level	1	1				
县　级	County Level	17	609	7303	2000	900	25.99
#文化系统	Cultural Organizations and Institutions	6	53	90	700		1.2

22-5 文化部门艺术表演团体(2021)

Art Troupes of Culture Sector

指　标	Item	剧团数(个) Number of Troupes (unit)	从业人员(人) Number of Employed Persons (person)	国内演出(场) Number of Domestic Performances (show)	#在农村演出 Shows in Rural Areas	国内观众人数(万人次) Number of Domestic Spectators (10000 person-times)
总　计	**Total**	**17**	**573**	**1600**	**700**	**141.00**
按隶属关系分	By Jurisdiction of Management					
#国有剧团	State-owned Troupes	16	571	1600	700	141.00
按剧种分	**By Type of Art**					
话剧、儿童剧、滑稽剧团	Drama, Children's Play and Comedy Troupes					
歌舞、音乐类	Song and Dance Troupes, Music Troupes	16	427	1400	600	131.80
京剧、昆曲类	Peking Opera Troupes and Kunqu Troupes					
地方戏曲类	Local Opera Troupes	1	146	200	100	9.20
杂技、魔术、马戏类	Acrobatics , Magic, Circus Troupes					
曲艺类	Folk Arts					
综合性艺术表演团体	Comprehensive Art Performance					

22-6 群众文化馆(站)(2021)

Mass Culture Centers (Stations)

指　标	Item	合　计 Total	文化馆 Culture Centers	文化站 Culture Stations
馆(站)个数(个)	Number of Centers(unit)	1721	99	1622
组织各类讲座次数(次)	Organizing Lectures(time)	1833	1833	
组织文艺活动次数(次)	Organizing Art Performances(time)	25493	8606	16887
举办文艺训练班(班次)	Conducting Arts and Cultural Training Courses (course)	17171	9053	8118
#培训人数(万人次)	Number of People Trained (10000 persons)	187.36	126.48	60.88
举办展览次数(次)	Number of Exhibitions(unit)	6022	3847	2175

22-7 广播、电视

Radio and Television Industry

指　标	Item	2017	2018	2019	2020	2021
广播电视台(座)	Broadcasting and Television Stations(unit)	85	85	85	85	85
广播节目综合人口覆盖率(%)	Radio Coverage Rate of the Population(%)	93.5	93.9	94.6	95.5	96.0
广播节目自办套数(套)	Number of Radio Programs with Ownership(set)	46	48	45	44	48
#公共广播	Public Radio	46	48	45	44	48
广播节目制作时间(万小时)	Length of Radio Programs Produced (10 000 hours)	14.57	14.61	14.94	13.86	13.72
公共广播节目播出时间(万小时)	Length of Public Radio Programs Broadcasted (10 000 hours)	24.82	25.65	25.54	26.20	28.02
电视节目综合人口覆盖率(%)	TV Coverage Rate of Population(%)	96.5	96.8	97.0	97.5	97.8
有线广播电视用户数(万户)	Users of Cable Radio and TV (10 000 households)	576.43	702.92	813.02	836.90	869.08
数字电视用户数(万户)	Number of Users of Digital TV (10 000 households)	576.43	702.92	813.02	836.90	869.08
有线广播电视入户率(%)	Popularization Rate of Cable Radio and TV (%)	43.3	53.2	59.9	62.3	65.2
电视节目自办套数(套)	Number of TV Programs with Ownership(set)	103	104	104	105	111
#公共电视	Public TV	103	104	104	105	111
电视节目制作时间(万小时)	Length of TV Programs Produced (10 000 hours)	3.87	4.65	4.37	5.14	5.59
公共电视节目播出时间(万小时)	Length of Public TV Programs Broadcasted (10 000 hours)	43.26	45.15	47.53	51.26	56.40
电视剧播出数(万部)	Number of TV Plays Broadcasted (10 000 sets)	0.52	0.46	0.42	0.49	0.54
#进口电视剧播出数(部)	Imported TV Plays(set)	32	20	13	0	0
电视剧播出数(万集)	Number of TV Plays Broadcasted (10 000 parts)	14.15	13.7	14.52	16.40	17.49
#进口电视剧播出数	Imported TV Plays	0.1	0.06	0.05	0	0

注：资料来源于省新闻出版广电局(以下相关表同)。

Note: The data in the table are provided by Guizhou Provincial Press and Publication Bureau (the relative tables in the chapter are the same).

22-8 广播、电视节目播出时间(2021)

Broadcasting Hours of Radio and Television Programs

单位:小时 (hour)

指 标	Item	全年公共节目播出时间 Broadcasting Hours	#新闻咨询类节目 News	#专题服务类节目 Special Subject	#综合益智类节目 General Entertainment
广播电台	**All Radio Broadcasting Stations**	**280169**	**59308**	**44989**	**46731**
省 级	Province Level	59644	7383	7036	12746
地 级	Prefectural Level	121288	27147	24892	17224
县 级	County Level	99237	24777	13061	16761
电视台	**All Television Stations**	**563950**	**100903**	**57427**	**9981**
省 级	Province Level	56255	2900	7069	742
地 级	Prefectural Level	135394	29055	18167	4002
县 级	County Level	372300	68947	32190	5237

22-9 图书出版

Books Published

指 标	Item	2017	2018	2019	2020	2021
出版图书(种)	**Number of Publications(kind)**	**1062**	**1001**	**1222**	**1370**	**1202**
#新出版	New Publications	769	674	696	879	787
总印数(万册)	Printed Copies (10000 copies)	9151	9754	13663	13052	12714
总印张数(万印张)	Printed Sheets (10000 sheets)	68651	70836	87480	88065	85979

注:数据由省委宣传部提供(以下相关表同)。

Note:The data in the table are provided by Propaganda Department of the CPC Guizhou Provincial Committee (the relative tables in the chapter are the same).

22-10 杂志出版

Magazines Published

指 标	Item	2017	2018	2019	2020	2021
出版杂志(种)	Number of Publications(kind)	93	93	93	93	93
每期平均印数(万册)	Average Printed Copies Per Issue(10000 copies)	74	69	65.4	55.7	54.3
总印数(万册)	Printed Copies (10000 copies)	1734	1722	1668	1436	1410
总印张数(万印张)	Printed Sheets (10000 sheets)	8897	10054	9357	9393	9155

22-11 报纸出版

Newspaper Published

指 标	Item	2017	2018	2019	2020	2021
出版报纸(种)	Number of Publications (kind)	39	38	38	38	38
每期平均印数(万份)	Average Printed Copies Per Issue (10000 copies)	100	95	89	81	77
总印数(万份)	Printed Copies (10000 copies)	27733	26718	25367	23440	22217
总印张数(万印张)	Printed Sheets (10000 sheets)	70465	64813	59233	51439	47903

22-12 报纸分类出版数量(2021)

Number of Newspaper Published by Category

指 标	Item	出版报纸(种) Number of Publications (kind)	每期平均印数(万份) Average Publication Per Issue (10000 copies)	总印数(万份) Total Printed (10000 copies)	总印张数(万印张) Total Printed Sheets (10000 sheets)
总 计	**Total**	**3**	**22.03**	**8016.07**	**21658.56**
#贵州日报	Guizhou Daily	1	18.18	6637.16	20129.69
贵州都市报	Guizhou Urban Newspaper	1	1.99	713.03	772.78
贵阳晚报	Guiyang Evening Newspaper	1	1.86	665.88	756.09

22-13 体育运动员

Athletes

单位:人 (person)

指 标	Item	2017	2018	2019	2020	2021
优秀运动员	**Excellent Athletes**	**182**	**265**	**213**	**223**	**236**
#女运动员	Female	89	127	100	101	113
专职教练员	**Full-time Coaches**	**210**	**274**	**160**	**67**	**91**
#女专职教练员	Female	52	70	42	18	20
等级运动员发展人数	**Number of Certified Athletes**	**522**	**653**	**751**	**286**	**69**
等级裁判员发展人数	**Number of Certified Referees**	**1005**	**530**	**623**	**72**	**499**

注:资料来源于省体育局(以下相关表同)。

Note: The data in the table are provided by Guizhou Administration of Sports (the relative tables in the chapter are the same).

22-14 体育运动获奖

Medals Won by Guizhou Athletes in Domestic and International Competitions

单位:项 (item)

指 标	Item	2017	2018	2019	2020	2021
国内外大赛第一名	Number of the First Places	23	55	98	13	31
国内外大赛第二名	Number of the Second Places	19	58	95	14	26
国内外大赛第三名	Number of the Third Places	18	61	98	42	35

22-15 公共体育场地

Number of Public Stadiums and Gymnasiums

单位:个 (unit)

指 标	Item	2020	2021
总 计	**Total**	**26662**	**27515**
#体育场馆	Stadiums	272	267
全民健身活动中心	The National Fitness Activities Center	19	26
乡镇体育健身工程	Villages and Towns Sports Fitness Sites	1269	1269
村级农民体育健身工程	Villages Farmer Sports Fitness Sites	15168	15168
全民健身路径工程(条)	**Body-building Activities of the Whole Nation (unit)**	**9934**	**10785**

注:统计口径为历年累计数。

Note:The statistical caliber is the cumulative number over the years.

22-16 体育场地及体育产业情况

Sport Fields and Sports Industry

指标名称	Item	2018年	2019年	2020年	2021年
体育场地数量(个)	**Number of Sport Fields(unit)**	**81121**	**91579**	**93629**	**100388**
按系统分	By System				
体　育	Sports	1697	2842	3495	3511
教　育	Education	38355	42295	42449	44163
其　他	Others	41069	46442	47685	52714
按城乡属性分	**By Urban and Rural Attributes**				
城　镇	Urban	41624	46829	47708	51870
乡　村	Rural	39497	44750	45921	48518
按室内外分	By Indoor and Outdoor				
室内场地	Indoor	3972	4473	4596	5093
室外场地	Outdoor	77149	87106	89033	95295
体育场地面积(万平方米)	**Area of Sport Fields (10000 sq. m)**	**5496.86**	**5782.37**	**6293.48**	**7942.01**
按系统分	By System				
体　育	Sports	175.94	250.76	301.81	482.02
教　育	Education	2921.79	2897.25	2897.55	3225.25
其　他	Others	2399.13	2634.36	3094.12	4234.75
按城乡属性分	**By Urban and Rural Attributes**				
城　镇	Urban	3418.56	3626.7	3908.65	5016.50
乡　村	Rural	2078.3	2155.67	2384.83	2925.51
按室内外分	By Indoor and Outdoor				
室内场地	Indoor	230.65	249.66	259.56	318.40
室外场地	Outdoor	5266.21	5532.71	6033.92	7623.61
人均体育场地面积(平方米)	**Per Capita Area of Sport Fields(sq. m)**	**1.53**	**1.60**	**1.63**	**2.06**
体育场地投资(亿元)	**Investment in Sport Fields (100 million yuan)**	**370.97**	**671.14**	**814.47**	**753.42**
体育产业(亿元)	**Sports Industry (100 million yuan)**				
总规模	Total	213.7	280.32	271.85	
增加值	Added Value	96.86	113.11	112.42	

22-17 卫生事业

Health Care

指　标	Item	2017	2018	2019	2020	2021
卫生机构(个)	**Number of Health Institutions(unit)**	**28053**	**28072**	**28516**	**28880**	**29292**
#医院、卫生院	Hospitals and Township Hospitals	2682	2705	2708	2755	2826
床位数(万张)	**Number of Beds(10000 beds)**	**23.29**	**24.56**	**26.48**	**27.58**	**29.69**
#医院、卫生院床位	Number of Hospital and Township Hospitals Beds	22.09	23.27	25.07	26.03	27.90
卫生人员合计(万人)	**Number of Employed Personnels in Health Care Institutions (10000 persons)**	**30.19**	**32.35**	**34.71**	**36.84**	**38.41**
#卫生技术人员	Medical Technical Personnels	22.59	24.56	26.75	28.93	30.94
#执业(助理)医师	Licensed(Assistant) Doctors	7.55	8.15	8.98	9.86	10.54
#注册护士	Registered Nurse	9.80	10.91	12.14	13.20	14.17
医疗机构病床使用率(%)	**Utilization Rate in Medical Institutions (%)**	**72.46**	**74.11**	**74.31**	**68.27**	**69.36**
人均卫生费(元)	**Expenditure for Health of each Person (yuan)**	**3015**	**3271**	**3839**	**3863**	
平均每千人拥有:	**Per 1000 Persons:**					
床位数(张)	Beds(set)	6.51	6.82	7.31	7.15	7.71
#医院、卫生院床位	Number of Hospital Beds	6.17	6.46	6.92	6.75	7.24
卫生人员(人)	Number of Employed Personnels in Health Care Institutions(person)	8.43	8.99	9.58	9.55	9.97
#卫生技术人员	Medical Technical Personnels	6.31	6.82	7.38	7.50	8.03
#执业(助理)医师	Licensed(Assistant) Doctors	2.11	2.26	2.48	2.56	2.74
医院服务情况	**Hospital Services**					
诊疗人次(万人次)	Visits (10000 person-times)	6390.52	7078.57	7667.90	7193.90	8310.00
入院人数(万人)	Inpatients (10000 persons)	571.92	639.10	860.08	624.29	672.13
出院人数(万人)	Patients Discharged from Hospital (10000 persons)	567.55	633.60	854.51	619.33	666.98
每百门诊急诊入院人数(人)	Inpatients per 100 Outpatient and Emergency Visits (person)	9.33	9.34	8.92	8.93	8.33
病床使用率(%)	Utilization Rate of Beds (%)	79.90	81.76	81.50	75.35	76.37
出院者平均住院日(天)	Average Stay Days in Hospital (day)	8.1	8.1	8.2	8.4	8.3

注:1.资料来源于省卫生健康委员会(以下相关表同)。2.机构数含村卫生室。3.医院服务情况指医院类别的医疗服务情况。4.每千人口指标以常住人口数为基数计算。

Note:1.The data are obtained from the Health Committee of Guizhou Province(the following relative tables are the same). 2. The number of institutions includes village clinics. 3. Hospital services refer to the medical services in the hospital category. 4.The per thousand population index was calculated from the permanent resident population number as the base.

22-18 卫生机构、床位、人员数(2021)

Number of Health Institutions, Beds and Personnels

指 标	Item	机构数(个) Institutions (unit)	床位数(张) Hospital Beds (Bed)	人员数(人) Number of Personnels (person)	#卫生技术人员数 Medical Technical Personnels
合 计	**Total**	**29292**	**296902**	**384146**	**309378**
医 院	Hospitals	1449	232086	231041	197190
#市	City	752	131192	139002	117633
县	County	697	100894	92039	79557
#综合医院	Genaral Hospital	982	145388	163340	140816
县医院	Hospitals at County Level	117	52383	62968	54964
中医医院	Hospital Specialized in Traditional Chinese Medicine	116	28953	31839	27645
中西医结合医院	Hospitals of Integrated Traditional Chinese with Western Medicine	22	3167	3570	3148
民族医院	Nationalities Hospitals	7	385	316	243
专科医院	Specialized Hospitals	319	54013	31871	25247
护理院	Nursing Hospital	3	180	105	91
疗养院(所)	Sanatoriums	3	248	101	65
社区卫生服务中心(站)	Community Health Service Centers (Station)	893	6997	16711	14531
社区卫生服务中心	Community Health Service Centers	310	6849	12855	11019
社区卫生服务站	Community Health Service Stations	583	148	3856	3512
卫生院	Health Centers	1377	46913	56646	49836
#农村乡镇卫生院	Rural Township Health Centers	1331	45749	54906	48283
中心卫生院	Central Health Centers	531	27136	29821	26278
乡卫生院	Township Health Centers	800	18613	25085	22005
门诊部、诊所、医务室	Outpatient Department, Clinic and Infirmary	5090	139	19630	18010
#私人办诊所	Private Clinique	4311	31	13659	13133
专科防治所(站)	Specialized Disease Prevention and Treatment Institution	5	224	138	121
疾控中心(卫生防疫站)	CDC(Epidemic Prevention Station)	100		6175	5071
#县疾控中心	CDC at County Level	63		2942	2483
卫生监督机构	Sanitation Supervise Centers	79		1894	1604
#县卫生监督机构	Sanitation Supervise Centers at County Level	52		1110	948
妇幼保健院(所、站)	Women and Children Care Agencies	99	10295	18231	15546
#县妇幼保健院(所、站)	Women and Children Care Agencies at County level	63	4941	8231	7050
医学科学研究机构	Research Institution of Medicine Science	1			
村卫生室	Health Clinics of Village	20105		29241	4588
其他卫生机构	Other Health Project Institution	91		4338	2816
按主办单位分	**By Host Unit**				
政府办	Government Office	2328	189355	245899	213065
卫计部门办	Health Department	2195	184932	243199	211069
社会办	Industrial and Other Department	16715	32912	57837	31609
个人办	Private	10249	74635	80410	64704
按经济类型分	**By Type of Economic**				
公 立	The Public	13997	198821	273834	224733
国 有	State-owned	6806	197867	261777	222270
集 体	Collective	7191	954	12057	2463
民 营	Private	15295	98081	110312	84645
联 营	Joint venture	138	485	468	287
私 营	Private	13591	76159	83252	63960
其 他	others	1566	21437	26592	20398

22-19 卫生防疫防治和妇幼卫生事业

Sanitation and Epidemic Prevention,Maternity and Child Care

指 标	Item	2017	2018	2019	2020	2021
专科疾病防治院(所、站)机构数(个)	**Specialized Disease Prevention and Treatment Institution(unit)**	**10**	**8**	**6**	**5**	**5**
人员总数(人)	Number of Personnels(person)	268	169	157	106	138
#卫生技术人员数	Medical Technical Personnels	198	150	143	90	121
床位数(张)	Hospital Beds(bed)	665	163	138	60	224
疾病预防控制中心机构数(个)	**Center for Disease Control and Prevention (unit)**	**100**	**100**	**100**	**100**	**100**
人员总数(人)	Number of Personnels(person)	5324	5278	5335	5427	6175
#卫生技术人员数(人)	Medical Technical Personnels (person)	4368	4327	4338	4354	5071
妇幼保健机构数(个)	**Institutions of Maternity and Child Care (unit)**	**98**	**99**	**99**	**99**	**99**
人员总数(人)	Number of Personnels(person)	10917	12590	13980	15766	18231
#卫生技术人员数(人)	Medical Technical Personnels (person)	9373	10733	11804	13394	15546
床位数(张)	Hospital Beds(bed)	7635	8268	8479	9105	10295

22-20 县及县以上医院、卫生院(2021)

Hospitals and Health Centers at County Level and above

指 标	Item	机构合计(个) Institutions (unit)	诊疗人次数(万人次) Number of Visits and Inpatients (10000 person-times)	#门 诊(万人次) Number of Visits in Clinics (10000 person-times)	入院人数(万人) Inpatients (10000 persons)	出院人数(万人) Outpatients (10000 persons)
县及县以上医院合计	**Hospitals at County Level and above**	**1449**	**8310.00**	**7207.22**	**672.13**	**666.98**
#综合医院	General Hospitals	982	6490.06	5640.51	521.73	519.00
中医医院	Hospitals Specialized in Traditional Chinese Medicine	116	1128.99	956.78	95.68	94.58
妇幼保健院(所、站)	**Maternity and Child Care Hospital(Centers or Stations)**	**99**	**609.15**	**564.11**	**30.34**	**30.37**
#妇幼保健院	Maternity and Child Care Hospital	63	609.15	564.11	30.34	30.37
卫生院合计	**Health Centers**	**1377**	**3924.48**	**3792.53**	**128.38**	**128.09**
#农村乡镇卫生院	Rural Health Centers	1331	3817.26	3689.23	125.81	125.53
中心卫生院	Central Health Centers	531	2159.34	2083.29	81.88	81.73
乡卫生院	Township Health Centers	800	1657.92	1605.95	43.93	43.80

22-20 续表 continued(2021)

指 标	Item	平均开放病床数(张) Average Beds Opened (bed)	实有床位数(张)	病床周转次数(次/年) Turnover of Beds (time/year)	病床工作日(日/床) Working Days of Bed (day/bed)	病床使用率(%) Utili-zation Rate of Beds(%)	出院者平均住院日(天/人) Average Stay Days in Hospital (day/person)	每百门(急)诊入院人数(人) Inpatients Per 1000 Outpatient and Emergency Visits(person)
县及县以上医院合计	**Hospitals at County Level and above**	**224095**	**232086**	**29.8**	**278.7**	**76.4**	**8.3**	**8.33**
#综合医院	General Hospitals	141783	145388	36.6	280.6	76.9	7.4	8.23
#中医医院	Hospitals Specialized in Traditional Chinese Medicine	28490	28953	33.2	287.5	78.8	8.3	8.89
妇幼保健院(所、站)	**Maternity and Child Care Hospital (Centers or stations)**	**9771**	**10295**	**31.1**	**182.7**	**50.1**	**5.7**	**5.04**
#妇幼保健院	Maternity and Child Care Hospital	9771	10295	31.1	182.7	50.1	5.7	5.04
卫生院合计	**Health Centers**	**45516**	**46913**	**28.1**	**158.0**	**43.3**	**5.2**	**3.34**
#农村乡镇卫生院	Rural Township Health Centers	44373	45749	28.3	158.9	43.5	5.2	3.36
中心卫生院	Central Health Centers	26376	27136	31	174.7	47.9	5.3	3.86
乡卫生院	Township Health Centers	17997	18613	24.3	135.8	37.2	5.1	2.71

22-21 县、乡、村三级医疗、预防、保健

Health Organization at County,Town and Village Level

指　标	Item	2017	2018	2019	2020	2021
县医院个数 (个)	**Number of Hospitals at County Level (unit)**	**65**	**66**	**114**	**119**	**117**
平均每院病床数(张)	Average Number of Beds Per Hospital (bed)	508.92	522.83	436.00	436.85	447.72
平均每院人员数(人)	Average Personnels Per Hospital (person)	537.18	574.67	482.69	508.13	538.19
#平均每院卫生技术人员数	Average Medical Technical Personnels Per Hospital Per Station	467.75	503.41	421.70	446.33	469.78
县妇幼保健院(所、站)机构数 (个)	**Maternity and Child Care Centers at County Level (unit)**	**65**	**65**	**64**	**64**	**63**
平均每院(所、站)床位数(张)	Average Number of Beds Per Station (bed)	60.57	64.85	65.50	71.61	78.43
平均每院(所.站)人员数(人)	Average Personnels Per Station (person)	77.23	83.26	96.45	111.00	130.65
#每院(所.站)卫生技术人员数	Medical Technical Personnels Per Station	66.15	71.97	82.94	94.75	111.90
县疾病预防控制中心机构数 (个)	**Centers for Disease Control and Prevention at County Level (unit)**	**65**	**65**	**64**	**64**	**63**
平均每所站人员数(人)	Personnels Per Station(person)	41.86	41.75	42.47	43.77	46.70
#平均每站卫生技术人员数	Average Medical Technical Personnels Per Station	35.85	35.34	35.59	36.03	39.41
农村乡镇卫生院机构数 (个)	**Institutions of Rural Health Centers (unit)**	**1362**	**1341**	**1329**	**1330**	**1331**
农村乡镇卫生院床位数 (张)	Number of Beds of Rural Health Centers (bed)	41754	42349	44041	44600	45749
平均每院床位数(张)	Average Number of Beds Per Hospital (bed)	30.66	31.58	33.14	33.53	34.37
平均每千乡村人口乡镇卫生院床位数(张)	Average Number of Beds of Rural Health Centers Hospitals Per 1000 Rural Personnels (bed)	2.33	2.24	2.38	2.47	2.60
农村乡镇卫生院人员数(人)	Personnels of Rural Health Centers (person)	44940	47153	50944	54388	54906
平均每院人员数(人)	Average Personnels Per Hospital (person)	33.00	35.16	38.33	40.89	41.25
平均每千乡村人口乡镇卫生院人员数(人)	Average Medical Technical Personnels of Rural Health Centers Per 1000 Rural Personnels (person)	2.33	2.50	2.76	3.01	3.12
村卫生室个数(个)	**Number of Health Clinics of Village (unit)**	**20555**	**20355**	**20265**	**20162**	**20105**
村卫生室覆盖率(%)	Coverage Rate of Health Clinics of Village (%)	100.0	100.0	100.0	100.0	100.0
开展合作医疗的村数(个)	Number of Villages of Carrying out Rural Cooperative Medical Treatment (unit)	13436	13295	13231	13195	
开展合作医疗的村覆盖率(%)	Coverage Rate of Villages of Carrying out Rural Cooperative Medical Treatment (%)	100.0	100.0	100.0	100.0	100.0
平均每村设置医疗点数(个)	Average Number of Medical Treatment Stations Per Village (unit)	1.53	1.51	1.5	1.5	1.5
乡村医生和卫生员数(人)	Doctors and Health Workers (person)	35109	34097	32027	31131	24653
#乡村医生所占比例(%)	Proportion of Rural Doctors (%)	76.2	76.3	82.4	83.5	96.8
平均每村乡村医生和卫生员数(人)	Average Number of Doctors and Health Workers Per Village (person)	2.61	2.54	2.42	2.37	1.87
平均每千乡村人口乡村医生和卫生员数(人)	Average Number of Doctors and Health Workers Per 1000 Rural Personnels (person)	1.82	1.80	1.73	1.73	1.40

注：1.县医院指卫生计生部门办的县综合医院，不含县级市和区。2.“村卫生室覆盖率”=设置村卫生室的村数/行政村总数。3.每千乡村人口数以统计局提供的乡村常住人口数为计算基数。

Note: 1.Hospitals at county level refers to the general hospitals at county level running by the health department, but exclude county-level city and district. 2."Coverage Rate of Health Clinics of Village"=number of villages with medical treatment stations/the number of administrative villages. 3. The number of rural residents per thousand was calculated based on the number of permanent rural residents provided by the bureau of statistics.

22-22 28种传染病报告发病及死亡人数(2021)
List of 28 Infectious Diseases Reported and Number of Death

单位:人 (person)

顺位 No.	发病 Diseases		死亡 Death	
	疾病名称 Diseases	发病人数 Persons	疾病名称 Diseases	死亡人数 Persons
1	肺结核 Pulmonary Tuberculosis	30939	艾滋病 AIDS	1503
2	病毒性肝炎 Viral Hepatitis	29639	肺结核 Pulmonary Tuberculosis	43
3	梅毒 Syphilis	22635	狂犬病 Hydrophobia	7
4	细菌性和阿米巴性痢疾 Dysentery	597	流行性乙型脑炎 Encephalitis B	
5	淋病 Gonorrhea	4548	新生儿破伤风 Newborn Tetanus	1
6	伤寒副伤寒 Typhoid and Paratyphoid Fever	389	病毒性肝炎 Viral Hepatitis	3
7	艾滋病 AIDS	4040	梅毒 Syphilis	1
8	猩红热 Scarlet Fever	723	细菌性和阿米巴性痢疾 Dysentery	
9	流行性乙型脑炎 Encephalitis B	27	钩端螺旋体病 Leptospirosis	
10	狂犬病 Hydrophobia	9	流行性脑脊髓膜炎 Epidemic Encephalitis	
11	流行性出血热 Hemorrhage Fever	25	流行性出血热 Hemorrhage Fever	
12	百日咳 Pertussis	327	人感染高致病性禽流感 Highly Pathogenic Avian Influenza	
13	麻疹 Measles	2	淋病 Gonorrhea	
14	钩端螺旋体病 Leptospirosis	10	伤寒副伤寒 Typhoid and Paratyphoid Fever	
15	新生儿破伤风 Newborn Tetanus	3	疟疾 Malaria	
16	疟疾 Malaria	5	麻疹 Measles	
17	流行性感冒(包含甲型H1N1流感) A(H1N1)Flu	5163	流行性感冒(包含甲型H1N1流感) A(H1N1)Flu	
18	布鲁氏菌病 Brucellosis	89	炭疽 Anthrax	
19	流行性脑脊髓膜炎 Epidemic Encephalitis	4	鼠疫 The Plague	
20	炭疽 Anthrax		血吸虫病 Schistosomiasis	
21	人感染高致病性禽流感 Highly Pathogenic Avian Influenza		百日咳 Pertussis	
22	血吸虫病 Schistosomiasis		布鲁氏菌病 Brucellosis	
23	霍乱 Cholera		猩红热 Scarlet Fever	
24	鼠疫 The Plague		登革热 Dengue Fever	
25	登革热 Dengue Fever	2	霍乱 Cholera	
26	传染性非典型肺炎 SARS		传染性非典型肺炎 SARS	
27	脊髓灰质炎 Poliomyelitis		脊髓灰质炎 Poliomyelitis	
28	白喉 Diphtheria		白喉 Diphtheria	

22-23 28种传染病报告发病率、死亡率及病死率(2021)

List of Incidence, Death and Mortality Rates of 28 Infectious Disease Reported

顺位 No.	发 病 Disease Incidence 疾病名称 Diseases	发病率 (1/10万) Incidence (1/100 000)	死 亡 Death 疾病名称 Diseases	死亡率 (1/10万) Death Rate (1/100 000)	病 死 Mortality Rate 疾病名称 Diseases	病死率 (%) Mortality Rate (%)
1	肺结核 Pulmonary Tuberculosis	85.4000	狂犬病 Hydrophobia	0.0182	人禽流感 Highly Pathogenic Avian Influenza	
2	病毒性肝炎 Viral Hepatitis	76.8603	艾滋病 AIDS	3.8976	狂犬病 Hydrophobia	77.7778
3	梅毒 Syphilis	58.7000	肺结核 Pulmonary Tuberculosis	0.1187	新生儿破伤风 Newborn Tetanus	33.3333
4	细菌性和阿米巴性痢疾 Dysentery	1.5481	流行性乙型脑炎 Encephalitis B		流脑 Epidemic Encephalitis	
5	淋病 Gonorrhea	11.7900	病毒性肝炎 Viral Hepatitis	0.0078	钩端螺旋体病 Leptospirosis	
6	伤寒+副伤寒 Typhoid and Paratyphoid Fever	1.0088	新生儿破伤风 Newborn Tetanus	0.0019	流行性乙型脑炎 Encephalitis B	
7	艾滋病 AIDS	10.4766	梅毒 Syphilis	0.0026	流行性出血热 Hemorrhage Fever	
8	猩红热 Scarlet Fever	1.8749	细菌性和阿米巴性痢疾 Dysentery		肺结核 Pulmonary Tuberculosis	0.1390
9	流行性乙型脑炎 Encephalitis B	0.0700	流脑 Epidemic Encephalitis		淋病 Gonorrhea	
10	狂犬病 Hydrophobia	0.0233	流行性出血热 Hemorrhage Fever		梅毒 Syphilis	0.0044
11	流行性出血热 Hemorrhage Fever	0.0648	人禽流感 Highly Pathogenic Avian Influenza		细菌性和阿米巴性痢疾 Dysentery	
12	百日咳 Pertussis	0.8480	淋病 Gonorrhea		病毒性肝炎 Viral Hepatitis	0.0101
13	麻疹 Measles	0.0055	伤寒+副伤寒 Typhoid and Paratyphoid Fever		炭疽 Anthrax	
14	钩端螺旋体病 Leptospirosis	0.0259	疟疾 Malaria		流行性感冒 (包含甲型H1N1流感) A(H1N1)Flu	
15	新生儿破伤风 Newborn Tetanus	0.0057	流行性感冒(包含甲型H1N1流感) A(H1N1)Flu		鼠疫 The Plague	
16	疟疾 Malaria	0.0100	炭疽 Anthrax		麻疹 Measles	
17	流行性感冒 (包含甲型H1N1流感) A(H1N1)Flu	13.3888	麻疹 Measles		疟疾 Malaria	
18	布鲁氏菌病 Brucellosis	0.2308	血吸虫病 Schistosomiasis		百日咳 Pertussis	
19	流脑 Epidemic Encephalitis	0.0104	鼠疫 The Plague		血吸虫病 Schistosomiasis	
20	炭疽 Anthrax		百日咳 Pertussis		伤寒+副伤寒 Typhoid and Paratyphoid Fever	
21	人禽流感 Highly Pathogenic Avian Influenza		淋病 Gonorrhea		布鲁氏菌病 Brucellosis	
22	登革热 Dengue Fever	0.0052	布鲁氏菌病 Brucellosis		猩红热 Scarlet Fever	
23	血吸虫病 Schistosomiasis		猩红热 Scarlet Fever		登革热 Dengue Fever	
24	鼠疫 The Plague		登革热 Dengue Fever		霍乱 Cholera	
25	霍乱 Cholera		霍乱 Cholera		传染性非典型肺炎 SARS	
26	传染性非典型肺炎 SARS		传染性非典型肺炎 SARS		脊灰 Poliomyelitis	
27	脊灰 Poliomyelitis		脊灰 Poliomyelitis		白喉 Diphtheria	
28	白喉 Diphtheria		白喉 Diphtheria		艾滋病 AIDS	37.203

注:死亡率指法定传染病报告死亡人数占同年该地区总人口之比。病死率指传染病死亡人数占同年同类传染病人数之比。

Nate: Dead rate refers to the ratio of the number of reported deaths from statutory infectious diseases to the total population of the region in the same year. Mortality rate refers to the ratio of the number of deaths from infectious diseases to the number of similar infectious diseases in the same year

22-24 5岁以下儿童和孕产妇死亡率

Mortality Rate of the Maternal and Children Aged under 5

指　标	Item	2017	2018	2019	2020	2021
新生儿死亡率(‰)	**Newborn Mortality Rate(‰)**	**4.5**	**4.1**	**3.1**	**2.6**	**1.9**
城　市	Urban	3.9	3.2	2.5	2.1	1.8
农　村	Rural	4.8	4.6	3.3	2.9	1.9
婴儿死亡率(‰)	**Infant Mortality Rate(‰)**	**7.4**	**7.5**	**5.6**	**5.0**	**4.0**
城　市	Urban	5.7	5.9	4.6	4.6	3.3
农　村	Rural	8.3	8.3	6.3	5.2	4.4
5岁以下儿童死亡率(‰)	**Mortality Rate of Children under 5 (‰)**	**10.5**	**10.0**	**8.3**	**7.5**	**5.4**
城　市	Urban	7.6	7.8	6.2	6.8	5.2
农　村	Rural	11.9	11.1	9.4	7.8	5.6
孕产妇死亡率(1/10万)	**Maternal Mortality Rate(1/100 000)**	**22.8**	**19.5**	**16.9**	**15.9**	**9.7**
城　市	Urban	26.1	20.6	15.1	18.5	8.6
农　村	Rural	21.3	18.9	17.3	14.6	10.4

注:数据源自省妇幼卫生监测数据。
Note: The data are obtained from the Annual Report of Maternal and Child Health of Guizhou Province.

22-25 新型农村合作医疗

Conditions of New Cooperative Medical System

指　标	Item	2017	2018	2019	2020	2021
开展新农合县(市、区、特区)数(个)	Number of Counties Implementing of NCMS (unit)	88	88	88	88	88
参加新农合人数(万人)	Number of Enrollees (10000 persons)	3067.58	3193.12	3146.11	3718.87	3735.03
参合率(%)	Enrollment Rate (%)	99.5	99.7			
当年筹资总额(亿元)	Total Funds Raised at Current Year (100 million yuan)	172.34	188.87			
人均筹资(元)	Per Capita Premiums (yuan)	570	610	740	800	860
当年基金支出(亿元)	Payout at Current Year (10000 million yuan)	167.87	193.57	184.51	256.65	301.63
补偿受益人次(万人次)	Number of Beneficiaries from Reimbursement(10000person-times)	6402.86	7225.55	7880.25	7738.93	9135.35

注:1.数据由省医疗保障局提供。2.2020年新农合与城镇居民合并为城乡居民保险,因此2020年起数据为合并后城乡居民数据。
Note: 1.The data in the table are provided by Guizhou Provincial Healthcare Security Administration. 2. In 2020,the new rural cooperative medical system and the basic medical insurance for urban residents were merged into urban and rural residents´ insurance,so the data from 2020 is the combined data of urban and rural residents´ insurance.

22-26 历年卫生事业发展情况

Development of Health Care Over the Years

年 份 Year	卫生机构数(个) Number of Health Institutions (unit)	#医院、卫生院 Hospitals, Health Centers	卫生机构床位数(张) Number of Beds in Health Institutions (bed)	#医院、卫生院 Hospitals, Health Center	卫生技术人员数(人) Medical Technical Personnels (person)	#执业(助理)医师 Licensed (Assistant) Doctors	每万人口拥有 Per 10000 Persons 床位数(张) Number of Beds (bed)	每万人口拥有 Per 10000 Persons 执业(助理)医师数(人) Number of Licensed (Assistant) Doctors (person)
1978	6274	4510	40274	37533	58190	21228	14.0	7.9
1979	6267	4516	42812	40001	60635	21868	14.6	8.0
1980	6246	4529	43627	40835	63766	26491	14.7	9.5
1981	6634	4588	44752	41314	68918	26798	14.6	9.5
1982	6595	4605	46226	42301	70671	27097	14.7	9.4
1983	6605	4602	47555	43292	72988	28433	14.9	9.8
1984	6673	4643	49271	44123	75808	29309	15.0	10.0
1985	6480	3295	49805	45226	76722	29153	15.2	9.8
1986	6760	3358	50893	46259	79776	30475	15.3	10.1
1987	6716	3349	52595	48059	81599	31305	15.6	10.2
1988	7021	3896	54193	49543	84904	35249	15.8	11.3
1989	6926	3620	57428	52063	84891	35646	16.4	11.2
1990	6949	3721	59013	53074	86120	37185	16.2	11.4
1991	6908	3630	59168	53978	87774	37978	16.3	11.5
1992	4734	1624	57767	52405	87927	38537	15.6	11.5
1993	3908	1623	57720	51888	84409	38060	15.2	11.2
1994	3930	1660	59648	53766	88053	40358	15.5	11.7
1995	3934	1692	60295	54475	87005	40260	15.5	11.5
1996	10932	1870	58205	54051	84273	43548	15.2	12.2
1997	8955	1870	57560	53627	84348	43236	14.9	12.0
1998	9113	1877	57844	54492	84400	44138	14.9	12.1
1999	9703	1874	58624	55138	85613	45473	14.9	12.3
2000	8992	1878	58380	55148	85397	45673	14.8	12.2
2001	8791	1872	59120	55876	86103	46412	14.8	12.3
2002	7027	1857	59850	57742	79727	36964	15.1	11.3
2003	6499	1866	59281	56273	77557	36911	14.9	11.2
2004	6664	1850	61313	58113	76699	36911	14.9	12.2
2005	6571	1843	61784	58398	77805	35521	16.6	9.5
2006	6147	1855	66452	62586	82324	41147	17.9	11.1
2007	5907	1939	75806	71400	85298	42100	20.7	11.5
2008	5848	1934	83132	78129	89313	38830	23.0	10.7
2009	5736	1982	97527	91164	95270	40171	27.3	11.3
2010	5637	2005	105277	97490	102527	42158	30.0	12.0
2011	5683	2071	117534	108029	112210	44037	27.7	10.4
2012	27379	2210	136542	129670	152608	49200	32.1	11.2
2013	29182	2429	163332	155848	156557	55877	38.1	13.0
2014	28995	2512	181728	174002	169799	57802	42.0	13.4
2015	28740	2631	196517	187334	187361	63412	55.7	18.0
2016	28023	2661	210247	199930	204687	69007	59.1	19.4
2017	28053	2682	232903	220940	225870	75535	65.1	21.1
2018	28072	2705	245639	232701	245568	81476	68.2	22.6
2019	28516	2708	264827	250701	267502	89784	73.1	24.8
2020	28880	2755	275767	260260	289322	98592	71.5	25.6
2021	29292	2826	296902	278999	309378	105369	77.1	27.4

注:1.表中数据2011年及以前的数据不含村卫生室,2012年起含村卫生室;2.每万人口指标2011年以前以常住人口数为基数计算,2011年起以户籍人口数为基数计算。2015年起以常住人口为基数计算。

Note: 1.The data in the table for 2011 and before excludes village clinics, but the data from 2012 include village clinics. 2. Before 2011, per ten thousand population indicators were calculated on the number of permanent resident population, but since 2011, they have been calculated on the number of household registered population. After 2015, they are calculated on the base of the number of the resident population.

主要统计指标解释

文化事业机构 指由文化部门主办或实行行业管理的文化及相关产业机构以及由文化部门主办的非文化及相关产业机构等。

艺术表演团体 指由文化部门主办或实行行业管理(经文化行政部门审批并领取营业性演出许可证),专门从事表演艺术等活动的各类专业艺术表演团体,含民间职业剧团(不包括群众业余文艺表演团队)。

艺术表演观众人数(人次) 指在国内和国外的艺术表演的观众人数。包括售票、包场等有演出收入的场次人数和政府采购的公益性演出场次人数及参加汇演、调演等无演出收入的公开演出场次人数,包括流动舞台车演出场次人数,不包括彩排和内部观摩等无演出收入的场次人数。

广播节目综合人口覆盖率 指根据国家广电总局制定的《广播电视人口覆盖率统计技术标准和方法》进行统计调查的,在对象区内采用无线、有线、卫星等技术手段能够收听到包括中央、省、地市、县广播节目其中任意一套的人口数占全国总人口数的百分比。

电视节目综合人口覆盖率 指根据国家广电总局制定的《广播电视人口覆盖率统计技术标准和方法》进行统计调查的,在对象区内采用无线、有线、卫星等技术手段能够收看到包括中央、省、地市、县级电视节目中任意一套的人口数占全国总人口数的百分比。

体育馆 指有固定看台,可供篮球、排球、羽毛球、乒乓球、体操等项目训练比赛活动用的室内运动场地。体育馆按看台容纳观众人数分为:甲级6000人以上,乙级4000-6000人,丙级2000-4000人,丁级2000人以下。

医院 包括综合医院、中医医院、中西医结合医院、民族医院、各类专科医院和护理院。包括医学院校附属医院,不包括专科疾病防治院、妇幼保健院和疗养院。

社区卫生服务中心(站) 指为本社区居民提供预防、医疗、保健、康复、健康教育、计划生育技术服务等的基层卫生机构。包括社区卫生服务中心和社区卫生服务站。

卫生技术人员 包括执业医师、执业助理医师、注册护士、药师(士)、检验及影像技师(士)、卫生监督员和见习医(药、护、技)师(士)等卫生专业人员(不包括药剂员、检验员、护理员等),不包括从事管理工作的卫生技术人员(如院长、副院长、党委书记等)。其中见习医师(士)指毕业于高中等院校医学专业但尚未取得医师执业证书的医师和医士。

执业医师 指具有《医师执业证》及其"级别"为"执业医师"且实际从事临床工作的人员,不包括取得执业证书但从事管理工作的人员(如院长、书记等)。执业医师类别分为临床、中医、口腔和公共卫生。

执业助理医师 指具有《医师执业证》及其"级别"为"执业助理医师"且实际从事临床工作的人员,不包括取得执业证书但从事管理工作的人员。执业助理医师类别分为临床、中医、口腔和公共卫生。

孕产妇死亡率 $$孕产妇死亡率=\frac{该年该地区孕产妇死亡人数\times 100000}{某年某地区活产率\times 100000}$$

5岁以下儿童死亡率 $$5岁以下儿童死亡率=\frac{该年该地区5岁以下儿童死亡人数}{某年某地区活产率}\times 1000‰$$

婴儿死亡率 指某地区一年内出生未满28天(0—27天)的婴儿死亡人数与该地区当年全部活产数的比率。

$$婴儿死亡率=\frac{该年该地区婴儿死亡人数}{某年某地区活产数}\times 10000‰$$

参加新农合人数 指根据本地新农合的实施方案,到本年度新农合筹资截止时,已缴纳参加新农合资金的人口数。

Explanatory Notes on Main Statistical Indicators

Cultural Institutions defined by the cultural industry management department sponsored or cultural institutions and related industries as well as non-organized by the cultural sector and related industries and cultural institutions.

Art Performance Troupe defined by the cultural industry management department sponsored or carried (by the cultural administrative departments for approval and obtain business performance license), specializing in the performing arts and other activities of the various professional performing arts groups, including the professional troupes (Excluding the masses of amateur theatrical performance team).

Number of Spectators at Art Performance refers to the domestic and foreign performing arts attendance. Including ticketing, private use, which are the number of performances and screenings of revenue for government procurement and participation in the number of public performances show and other non-public performances show the number of performances, including the number of mobile stage vehicle, not including rehearsals and internal observation and other the number of non-performing income screenings.

The Population Coverage Rate of Radio refers to the percentage of population, who can receives to one of central, provincial, city, prefecture, and county radio programs by wireless, cable, satellite and other technical means, in the surveying area, to national total population, according to Statistical Standard and Method on Television and Radio Coverage of Population established by the State Administration of Broadcasting, Film and Television.

The Population Coverage Rate of Television refers to the percentage of population, who can watch one of central, provincial, city, prefecture, and county television programs by wireless, cable, satellite and other technical means, in the surveying area, to national total population, according to Statistical Standard and Method on Television and Radio Coverage of Population established by the State Administration of Broadcasting, Film and Television.

Gymnasiums refer to indoor sports grounds with permanent seats in which basketball, volleyball. badminton, table tennis and gymnastics competitions can be held. Gymnasiums are classified according to seating capacity. They include Class A gymnasiums seating over 6000 people, Class B gymnasiums seating 4000 to 6000 people, Class C gymnasiums seating 2000 to 4000 people, and Class D gymnasiums seating fewer than 2000 people.

Hospitals include polyclinics, traditional Chinese medical hospitals, hospitals integrated with traditional Chinese therapeutics and western therapeutics, ethical hospitals, various specialties hospitals and nursing hospitals, including medical colleges affiliated hospitals, but excluding specialized prevention and treatment hospital, maternal and child health care hospitals and convalescent hospitals.

Community Health Service Centers (stations) refer to the primary units that provide the health care for community residents, such as disease prevention and control, medical treatment, health care, rehabilitation, health education, family planning technical services, including community health service centers and community health service stations.

Medical Technical Personnel refers to practicing physicians, practicing physician assistant, registered nurses, pharmacists (who), inspection and imaging technician (who), health supervisors and trainee doctors (medicine, nursing, technology) division (disabilities) and other health professionals (not including pharmacy staff , inspectors, care workers, etc.), not including those engaged in the management of health and technical personnel (such as president, vice president, party secretary, etc.). The trainee doctors (who) refers graduated from high school and other institutions but has not yet obtained physician medical specialty physicians and healers practicing certificate.

Licensed Doctors refer to the medical workers who have obtained the licenses of qualified doctors and are employed in medical treatment, disease prevention or healthcare institutions, excluding the licensed doctors engaged in management job. The classification of licensed doctors is clinician, Chinese medicine, dentist and public health.

Licensed Assistant Doctors refer to the medical workers who have obtained the licenses of qualified assistant doctors and are employed in medical treatment, disease prevention or healthcare institutions, excluding the licensed assistant doctors engaged in management job. The classification of licensed assistant doctors is clinician, Chinese medicine, dentist and public health.

Maternal Mortality Rate

$$\text{Maternal Mortality Rate}=\frac{\text{number of maternal deaths}\times 100000}{\text{live births}\times 100000}.$$

Mortality Rate of Children under 5

$$\text{Mortality Rate of Children under 5}=\frac{\text{death number of children under 5}}{\text{live birth}}\times 1000‰.$$

Newborn Mortality Rate refers to the ratio of neonatal deaths of new birth under the age of 28 days (0−27 days) in a year of the region to the total number of live births of this region.

$$\text{Newborn Mortality Rate}=\frac{\text{death number of newborn}}{\text{live birth}}\times 1000‰.$$

Number of Persons Participated in the New Rural Cooperative Medical System refers to the number of persons who have given payment to the new cooperative medical system by the deadline of fundraising during the year according to the implementation plan of the new system.

社会服务及其他

Social Services and Others

23

简要说明

一、主要内容

本篇资料主要反映社会服务、公检法司、交通事故情况及火灾情况。

社会服务内容包括消费者协会受理投诉、生产安全、社会保险、社会福利、民政事业、殡葬服务情况等。

公检法司内容包括司法部门律师、公证、调解工作情况，人民检察院办案情况，人民法院审理案件和收结案情况等。

二、资料来源

本篇资料分别由省司法厅、省消费者协会、省人民检察院、省高级人民法院、省应急管理厅、省消防总队、省人力资源社会保障厅、省民政厅等提供。

Brief Introduction

I. Main Contents

The data in this chapter mainly reflect the social services, authorities of public security, procuratorates, courts and administration of justice, traffic accident and fire situation.

The data on social services include consumers association receiving complaints, production safety, social insurance, social welfare, civil affairs, funeral and interment services.

The data on authorities of public security, procuratorates, courts and administration of justice cover information such as statistics on lawyers, notarization and mediation, cases handled by people´s procuratorate, cases accepted and settled by the people's courts.

II. Sources of Data

The data in this chapter are provided respectively by Guizhou Provincial Department of Justice, Provincial Consumers Association, the People's Procuratorate of Guizhou, Guizhou Higher People's Court, Department of Emergency Management of Guizhou Province, Provincial Fire Brigade, Provincial Human Resources and Social Security Department, and Provincial Department of Civil Affairs.

23-1 律师、公证、调解工作

Lawyers, Notarization and Mediation

指　　标	Item	2020	2021
律师工作	**Lawyers**		
律师事务所(个)	Number of Law Offices (unit)	891	1034
专职律师(人)	Full-time Lawyers (person)	7818	9132
兼职律师(人)	Part-time Lawyers(person)	319	452
担任法律顾问(家)	Assistant (person)	11129	14076
律师业务数(件)	Number of Law practices (case)	308190	319669
刑事案件辩护及代理	Criminal Case Defense and Representation	25455	31735
民事案件代理	Civil Lawsuit Agency	108592	156528
行政案件代理	Agency for Administrative Cases	4297	5202
非诉讼法务事务	Non-litigation Legal Matters	7695	9311
咨询和代书	Consulting and Representation	100167	75661
仲裁业务	Arbitration	2133	3013
参与公益法律服务	Participation in Pro Bono Legal Services	59851	38219
公证工作	**Notarization**		
公证处(个)	Number of Notary Offices (unit)	98	98
公证员(人)	Notaries (person)	311	292
公证辅助人员(人)	Assistant Notaries (person)	182	375
办理公证文书(件)	Number of Notarized Documents (case)	128823	131619
#涉外公证	Foreign-related Notarization	118232	11445
国内公证	Domestic Notarization	9982	119489
公证费收入(万元)	Income of Notarization (10000 yuan)	5482.48	6032.86
人民调解工作	**Number of People´s Mediation**		
人民调解委员会(个)	Number of People´s Mediation Committees (unit)	20440	20719
人民调解人员(人)	Number of Mediators (person)	102245	102230
调解民间纠纷(件)	Number of Civil Disputes Mediated (case)	53124	151897
调解成功率(%)	The Rate of Success of Mediation (%)	98.6	92.84
基层法律服务工作	**Law Service at Basic Level**		
法律服务所(个)	Offices for Law Service (unit)	445	445
法律工作者(人)	Law Staffs (person)	1448	1375
代理案件(件)	Cases Deputed (case)	22038	21584
刑释解教人员安置帮教工作	**Settling and Assisting and Teaching Work for People That Has Been Released After Serving a Sentence**		
设立工作机构(个)	Institutions Established (unit)	82	100
工作人员(人)	Staffs (person)	186	232
安置人数(人)	Number of Persons Settled Down (person)	27205	27936
帮教人数(人)	Number of Persons Assisted and Teached (person)	30568	32302

注:1.资料来源于省司法厅(下表同)。2.参与公益法律服务含律师调解内容。

Note: 1. The information comes from Department of Justice of Guizhou Province (the tables below are the same). 2. Participation in pro bono legal services includes lawyer mediation content.

23-2 公证文书分类

Domestic Notarial Documents by Type

单位：件 (piece)

指 标	Item	2018	2019	2020	2021
合 计	**Total**	**123049**	**132995**	**128827**	**126636**
合 同(协议)	Contract (Agreement)	11050	8971	7644	5014
继 承	Inheritance	27294	31376	33670	23471
委 托	Delegation	21891	21267	18050	17411
声 明	Declaration	12550	14003	12538	12718
赠 与	Grant	1160	1043	682	523
遗 嘱	Testament	1971	1969	1015	760
现场监督	Site Supervision	937	320	737	201
婚姻状况、亲属关系、收养关系	Marital Status, Kinship, Adoptive Relationship	3481	3670	1488	1590
出生、生存、死亡	Birth, Life, Death	2276	2099	1490	1336
身份、经历、学历、学位、职务、职称	Identity, Experience, Education, Degree, Post, Professional title	1435	845	1172	1068
有无违法犯罪记录	Criminal Record or Not	2019	2607	1405	1372
公司章程	Articles of Incorporation	750	8	2	2
保全证据	Evidence Preservation	1509	3042	3611	3800
证书、执照	Certificate, License	2945	5431	3904	4833
签名、印鉴	Signature, Seal	3939	1903	2076	1627
文本相符	Text Consistency	5064	6818	4568	5817
赋予强制执行效力	Endow Enforcement with Force	12052	19017	30622	41167
执行证书	Performing Certificate	117	306	1448	2637
抵押登记	Mortgaging Registration	40	30	0	11
提 存	Escrow	19	40	23	57
保 管	Legal Custody	60	60	77	131
其 他	Other	10490	8170	2605	1090

注：本表按2018年司法统计报表编制。

Note: This table is compiled on the basis of 2018 judicial statistics.

23-3 消费者协会受理投诉

Cases Accepted and Heard by Consumer Association

单位:件 (piece)

指 标	Item	2017	2018	2019	2020	2021
总 计	Total	2377	3241	3856	6692	9268
#家用电器类	Household Appliances	308	331	271	332	473
#视听产品	Televison		18	12	33	24
电冰箱	Refrigerators		7	15	19	29
洗衣机	Washing Machines		15	7	11	8
空调器	Air-Conditioner		9	7	15	25
摩托车	Motorcycles		9	13	18	27
医疗器械	Assistant Things of Medical Treatment		5	9	42	6
服装鞋帽	Garment,Shoes and Caps	199	189	215	324	426
家 具	Furniture	36	41	38	53	110
食 品	Foods	216	322	360	695	1415
房屋及装修建材	Houses and Fitment Material	186	221	269	330	391
#房 屋	Houses	41	76	100	104	80
装饰材料	Fitment Material	96	87	102	140	194
电信服务	Telecom	49	64	67	249	155
邮政业服务	Mail	37	38	29	49	50
农用生产资料类	Agricultural Production Materials	25	27	20	32	26
其他类	Others	430	640	916	1736	2326

注:资料来源于省消费者协会。
Note: The data in the table are obtained from Guizhou Provincial Consumers Association.

23-4 检察院主要业务

Cases of Procuratorate

指 标	Item	2017	2018	2019	2020	2021
民事行政案件(件)	Civil Administrative Case (case)					
受 理	Cases Accepted	6280	5461	5954	11632	13808
提请抗诉	Protests Lodged to Procuratorate of Higher Level	81	109	141	231	408
提出抗诉	Protests Lodged to Court of the Same Level	37	65	84	173	247
提出再审检察建议	Retrial Inspection Suggested	36	54	181	586	542
批准、决定批捕	Total of Arrests					
案件数(万件)	Cases (10000 cases)	2.08	2.06	2.08	1.61	1.80
人 数(万人)	Persons (10000 persons)	2.80	2.97	3.09	2.35	2.58
决定起诉	Total of Public Prosecutions					
案件数(万件)	Cases (10000 cases)	2.93	2.73	2.67	2.64	2.85
人 数(万人)	Persons (10000 persons)	4.00	3.87	3.93	3.95	4.03

注:资料来源于省人民检察院。
Note:.The data in the table are obtained from the People´s Procuratorate of Guizhou Province.

23-5 人民法院刑事一审案件收案

First Trail Criminal Cases Accepted by Courts

单位:件 (case)

指 标	Item	2017	2018	2019	2020	2021
总 计	**Total**	**30552**	**29146**	**28564**	**28522**	**31471**
危害国家安全罪	Offences Against State Security	1		1	3	2
危害公共安全罪	Offences Against Public Security	5140	6198	6527	7183	9327
破坏社会主义市场经济秩序罪	Offences Against Socialist Economic Order	870	812	1053	1198	1315
侵犯公民人身权利民主权利罪	Offences Against Citizens´ Personal and Democratic Rights	4606	4712	5002	5036	5234
侵犯财产罪	Offences Against Properties	9453	8595	8043	7268	6857
妨害社会管理秩序罪	Offences Against Social Management of Order	9280	8067	7428	7315	8178
危害国防利益罪	Offences Against National Defense	2	3	1	3	11
贪污贿赂罪	Offences on Corruption and Bribery	1021	671	454	449	466
渎职罪	Offences on Abuse and Dereliction of Duty	179	88	55	67	81
其 他	Others					

注:资料来源于省高级人民法院(以下相关表同)。
Note: The data in the table are obtained from Guizhou Provincial Higher People´s Court (the relative tables in the chapter are the same).

23-6 人民法院刑事一审案件结案

First Trail Criminal Cases Settled by Courts

单位：件 (case)

指　标	Item	2017	2018	2019	2020	2021
总　计	**Total**	**29611**	**27995**	**27312**	**26578**	**28980**
危害国家安全罪	Offences Against State Security	1			2	
危害公共安全罪	Offences Against Public Security	5083	6094	6434	6956	9078
破坏社会主义市场经济秩序罪	Offences Against Socialist Economic Order	768	693	900	995	1050
侵犯公民人身权利民主权利罪	Offences Against Citizens′ Personal and Democratic Rights	4448	4451	4686	4562	4629
侵犯财产罪	Offences Against Properties	9299	8355	7786	6849	6383
妨害社会管理秩序罪	Offences Against Social Management of Order	9019	7753	7091	6813	7423
危害国防利益罪	Offences Against National Defense	2	3	1	1	10
贪污贿赂罪	Offences on Corruption and Bribery	851	568	377	343	353
渎职罪	Offences on Abuse and Dereliction of Duty	140	78	37	57	54
其　他	Others					

23-7 人民法院刑事案件中青少年犯罪

Juvenile Delinquency Among Criminal Cases

单位：人 (person)

指　标	Item	2017	2018	2019	2020	2021
刑事罪犯总数	**Number of Criminals**	**41110**	**37162**	**39658**	**40377**	**38028**
#青少年罪犯	Juvenile Criminals	10878	9099	10658	9715	8854
#不满18岁	Less Than 18	2551	1712	2110	1664	1000
18-25岁	Aged 18-25	8327	7387	8548	8051	7854
青少年罪犯占刑事罪犯(%)	Proportion of Juvenile Criminals to Total Criminals (%)	26.5	24.5	26.9	24.1	23.28

23-8 生产安全

Production Safety

指　标	Item	2017	2018	2019	2020	2021
各类事故死亡人数合计(人)	**Number of Deaths for Production Security Accidents (person)**	**1299**	**1118**	**956**	**750**	**569**
农林牧渔业	Farming, Forestry, Animal Husbandry, Fishery	1	3		3	2
#农业机械	Agricultural Machinery				1	1
采矿业	Mining Industry	65	54	77	19	35
#煤矿	Coal Mine	58	43	60	6	23
金属非煤矿山	Metal and Non-metal Mines	7	11	17	13	12
商贸制造业	Trade Manufacturing	27	39	38	43	33
#化工	Chemical Industry		3	1	3	9
烟花爆竹	Fireworks	1				
工贸行业	Industry and Trade	10	22	14	8	23
建筑业	Construction	69	63	69	47	63
#房屋建筑业	Housing Construction Industry	31	27	47	16	29
土木工程建筑业	Civil Engineering Construction Industry	30	20	13	20	23
交通运输和仓储业	Transportation and Warehousing	1127	938	752	616	420
#铁路运输业	Railway Transportation Industry	39	51	38	15	18
道路运输业	Road Transportation Industry	1087	886	709	596	402
其他行业	Other Industry	10	21	20	22	16
亿元地区生产总值生产安全事故死亡人率(人/亿元)	**Production Safety Accidents of GDP per billion yuan Death Rate (Person/100 million yuan)**	**0.096**	**0.076**	**0.057**	**0.042**	**0.029**
工矿商贸就业人员10万人生产安全事故死亡率(人/10万人)	**Industrial, Commercial and Employment Personnel 100 Thousand People,Production Safety Accident Mortality (person/100 thousand persons)**	**1.901**	**1.881**	**2.146**		**1.159**
煤矿百万吨死亡人率(人/百万吨)	**Coal Mine Million tons Tortality Rate (person/million tons)**	**0.36**	**0.309**	**0.463**	**0.046**	**0.170**

注:数据来源于省应急管理厅、省能源局。

Note: The data in the table are provided by the Department of Emergency Management of Guizhou Province and Guizhou Energy Administration.

23-9 火灾事故情况

Fire Accidents

指 标	Item	2017	2018	2019	2020	2021
实际发生数(起)	**Number of Fire Accidents (case)**	**3996**	**4650**	**5576**	**13327**	**14062**
按火灾原因分	**Grouped by Cause**					
生产作业	Operation	120	115	172	288	261
电 气	Electric	1864	2362	3065	7328	6185
吸 烟	Smoking	52	101	97	442	621
生活用火不慎	Not Careful with Cooking Fire	752	830	1098	2553	3606
玩 火	Playing with Fire	89	84	71	204	247
自 燃	Natural Fire	110	155	229	560	1237
不 明	Uncertain	73	77	105	120	111
其 他	Others	936	853	655	1680	617
死亡人数(人)	Number of Deaths (person)	33	37	37	58	25
受伤人数(人)	Number of Injuries (person)	16	27	37	136	80
直接财产损失(万元)	Direct Property Loss (10000 yuan)	10617	8837	10200	12988	17053
平均每起事故损失(万元)	Average Loss of Fire (10000 yuan)	2.66	1.9	1.83	0.97	1.21

注:数据来源于省消防总队。

Note: The data in the table are provided by Guizhou Provincial Fire Brigade.

23-10 社会保险
Social Insurance

指标	Item	2017	2018	2019	2020	2021
社会保险基金	**Social Security Fund**					
社会保险基金收入(亿元)	Revenue (100 million yuan)	953.81	1127.29	1359.75	1307.04	1594.61
社会保险基金支出(亿元)	Expenses (100 million yuan)	796.67	889.77	1130.53	1219.31	1309.67
社会保险基金累计结余(亿元)	Balance at Year-end (100 million yuan)	1028.56	1266.08	1495.30	1583.03	1867.97
城乡居民基本养老保险	**Basic Pension Insurance for Urban and Rural Residents**					
城乡居民基本养老保险参保人数(万人)	The Number of Insured (10000 persons)	1748.55	1802.66	1855.76	1904.49	1928.60
城乡居民基本养老保险基金收入(亿元)	Revenue (100 million yuan)	63.28	70.17	71.21	80.44	97.66
城乡居民基本养老保险基金支出(亿元)	Expenses (100 million yuan)	44.37	56.33	59.69	62.11	64.37
城镇职工基本养老保险	**Basic Pension Insurance of urban Staff**					
城镇职工基本养老保险参保人数(万人)	Number of Urban Employees Joining in Basic Pension Insurance(10000 persons)	588.17	639.81	677.50	713.98	755.84
#参保职工	Number of Employees	446.91	490.09	521.72	553.51	590.97
城镇职工基本养老保险基金收入(亿元)	Revenue (100 million yuan)	667.10	799.25	725.62	668.01	864.44
城镇职工基本养老保险基金支出(亿元)	Expenses (100 million yuan)	575.69	636.57	613.49	683.68	711.58
离退休人员社区管理服务率(%)	Rate of Community Management and Services for Retirees (%)	78.01	79.03	81.42	85.31	83.80
基本医疗保险	**Basic Medical Care Insurance**					
基本医疗保险参保人数(万人)	Number of Persons Joining in Basic Medical Care Insurance (10000 persons)	1001.34	1040.47	4186.75	4194.35	4214.47
职　工	Urban Worker	410.42	431.97	462.04	475.49	479.44
城乡居民	Urban Residents	590.92	608.50	3724.71	3718.87	3735.03
基本医疗保险基金收入(亿元)	Revenue (100 million yuan)	186.62	214.19	516.34	534.27	587.96
职　工	Urban Worker	154.09	185.80	205.12	220.53	261.40
城乡居民	Urban Residents	32.53	28.39	311.21	313.74	326.56
基本医疗保险基金支出(亿元)	Expenses (100 million yuan)	143.49	161.39	413.65	431.08	489.04
职　工	Urban Worker	120.71	133.87	149.42	174.44	187.40
城乡居民	Urban Residents	22.77	27.51	264.23	256.65	301.63
失业保险	**Unemployment Insurance**					
失业保险参保人数(万人)	Number of Persons Joining in Unemployment Insurance (10000 persons)	235.71	257.33	276.07	297.93	320.92
领取失业金人数(万人)	Beneficiaries of Unemployment Insurance Fund (10000 persons)	2.24	2.30	2.71	4.17	3.69
失业保险基金收入(亿元)	Revenue (100 million yuan)	13.80	15.54	17.69	15.00	22.48
失业保险基金支出(亿元)	Expenses (100 million yuan)	11.31	10.74	12.25	24.51	24.53
#失业金(亿元)	Jobless Claims	3.30	3.77	4.16	6.15	7.59
职业培训补贴支出(亿元)	Expenses of Professional Training (100 million yuan)	0.25	0.04	0.04	0.01	0.03
工伤保险	**Work Injury Insurance**					
工伤保险参保人数(万人)	Number of Persons Joining in Injury Insurance (10000 persons)	332.48	355.75	408.51	463.78	529.94
工伤保险基金收入(亿元)	Revenue (100 million yuan)	15.15	16.00	14.88	9.32	22.07
工伤保险基金支出(亿元)	Expenses (100 million yuan)	12.65	14.65	17.81	17.93	20.15
生育保险	**Maternity Insurance**					
生育保险参保人数(万人)	Number of Persons Joining in Basic Maternity Insurance (10000 persons)	304.03	325.90	349.61	—	—
生育保险基金收入(亿元)	Revenue (100 million yuan)	7.86	12.15	14.01	—	—
生育保险基金支出(亿元)	Expenses (100 million yuan)	9.16	10.09	13.64	—	—

注:1.资料来源于省人力资源社会保障厅;2. 2017年起,城镇职工基本医疗保险调整为职工基本医疗保险。3.社会保险基金2016年起,增加城乡居民基本养老保险和城乡居民基本医疗保险。4. 2019年起,新型农村合作医疗保险合并到基本医疗保险。

Note: 1.The data in the table are obtained from Guizhou Human Resources and Social Security. 2. Since 2017, the basic medical insurance for urban employees had been adjusted to the basic medical insurance for employees. 3. Before 2016, the statistical caliber of social insurance fund was "Old Five Insurances". While from 2016, basic pension insurance for urban and rural residents and basic medical care insurance for urban and rural residents were increased. 4. Starting from 2019, the new rural cooperative medical insurance was incorporated into the basic medical care insurance.

23-11　社会福利机构

Social Welfare Institutions and Enterprises

单位：个　(unit)

项　　目	Item	2020	2021
总　　计	**Total**	**30701**	**31183**
提供住宿的社会服务机构	Social Welfare Institutions with Accommodations	1091	1102
#养老机构	Institutional Care of the Elderly	988	1002
不提供住宿的社会服务机构	Social Welfare Institutions without Accommodations	29479	29942
#社区综合服务机构和设施	Community Integrated Service Agencies and Facilities	19779	19769
其他社会服务机构	Other Social Service Agencies	131	139
婚姻登记机构	Marriage Registration Agencies	14	12
殡仪服务机构	Funeral and Interment Services Institutions	117	127

注：1. 资料来源于省民政厅。2. 2021年根据省民政厅意见修改表式（以下相关表同）

Note: 1.The data in the table are provided by the Department of Civil Affairs of Guizhou Province. In 2021, the table will be revised according to the opinions from Department of Civil Affairs of Guizhou Province (the following relevant tables are the same).

23-12　社会服务（福利）机构工作人员

Staff of Social Service (Welfare) Agencies

单位：人　(person)

项　　目	Item	2020	2021
总　　计	**Total**	**136503**	**139239**
提供住宿的社会服务机构	Social Welfare Institutions with Accommodations	8388	8797
#养老机构	Institutional Care of the Elderly	6731	7105
不提供住宿的社会服务机构	Social Welfare Institutions without Accommodations	124123	126380
#社区综合服务机构和设施	Community Integrated Service Agencies and Facilities	87799	89615
其他社会服务机构	Other Social Service Agencies	3992	4062
婚姻登记机构	Marriage Registration Agencies	48	38
殡仪服务机构	Funeral and Interment Services Institutions	3944	4024

23-13 社会服务及设施和民政事业发展主要指标

Main Indicators of Social Services & Facilities and Civil Administration Career Development

指　标	Item	2017	2018	2019	2020	2021
社区服务机构和设施数(个)	**Number of Community Service Institutions and Facilities**	**23139**	**23207**	**23525**	**24949**	**19769**
#城市社区服务机构和设施数	Number of Urban Community Service Institutions and Facilities	5494	5700	5933	5323	5230
#农村社区服务机构和设施数	Number of Rural Community Service Institutions and Facilities	17645	17507	17592	14456	14539
乡镇敬老院覆盖率(%)	Coverage Rate of Villages and Town Elderly Welfare Homes (%)	94.0	94.4	94.6	71.3	63.14
提供住宿的社会服务机构床位数(张)	Number of Beds of Social Welfare Institutions with Accommodations (unit)	186841	186616	189783	174242	173236
提供住宿的社会服务机构床位利用率(%)	Using Rate of Bed (%)	36.1	36.7	45.84	31.12	30.81
享受城市低保人数(万人)	Number of Persons Receiving Lowest Cost of living in Urban Area (10000 persons)	31.50	34.09	48.82	64.43	60.77
城市低保生活保障支出(万元)	Expenditure of Lowest Cost of living in Urban Area (10000 yuan)	159151	173794	208169	342411	305717

注：1.为保持口径一致，提供住宿的社会服务机构床位数均为机构及设施在用床位数，不包括建成未投入使用的床位数。2.城市社区服务设施数是指城市社区服务指导中心、城市社区服务中心、城市社区服务站、社区养老照料机构、城市其他社区服务机构和设施的总和。3.2019年起“城市社区服务设施数”改为“社区服务机构和设施数”。4.2021年起“社区服务机构和设施数”改为“社区综合服务机构和设施数”。

Note: 1. In order to keep the same caliber, the number of beds of social welfare institutions with accommodations is the number of beds for institutions and facilities in use, excluding those for the construction of unused beds. 2. "Number of Urban Community Service Facilities" refers to the total number of urban community service guidance centers, urban community service centers, urban community service stations, community old-age care institutions, and other community service institutions and facilities in the city.3. Starting from 2019, "Number of Urban Community Service Facilities" is replaced by "Number of Community Service Institutions and Facilities". 4. From 2021, "Number of Community Service Institutions and Facilities" will be changed to "Number of Community Integrated Service Agencies and Facilities".

23-14 社会福利救济主要支出

Major Expenditures of Welfare Relief Funds

单位：万元　　(10000 yuan)

指　标	Item	2017	2018	2019	2020	2021
总　计	**Total**	**1073998**	**926795**	**1073274**	**1301918**	**1137637**
优抚对象补助金额	Funds for Family Members of Martyrs and Disabled Veterans	168715	166455	152266	147940	153818
#国家支出	Government Funds	168715	166455	143745	139789	145525
传统救济对象的国家救济金额	Funds for Family Members of Traditional Relief	11863	9299	5605	5603	3956
最低生活保障支出	Expenditure for Persons Receiving minimum living allowance	868537	840993	867687	1099157	926921
#城　市	For Urban Areas	159151	173794	208169	342411	305717
农　村	For Rural Areas	709386	667199	659518	756746	621204
提供住宿社会服务机构支出	Funds for Adopting Social Welfare Institution	24883	76504	47716	49218	52942
#国家支出	Government Funds	24883	76504	47716	49218	52942

注：1.传统救济对象的统计口径2017年起变更为其他社会救助(含传统救济)，包括其他城市生活救助(含传统救济)和其他农村生活救助(含传统救济)，反映除最低生活保障、临时救助、特困人员供养外的城乡生活困难居民生活救助支出。2.优抚对象补助数据由省退役军人事务厅提供。

Note: 1. The statistical caliber of traditional relief members has been changed to other social assistance (including traditional relief) since 2017, including other urban life assistance (including traditional relief) and other rural life assistance (including traditional relief), reflecting the living assistance expenses of urban and rural residents living in difficulties except for minimum living allowance, temporary assistance and support of people in special poverty. 2. The data of "Funds for Family Members of Martyrs and Disabled Veterans" are provided by the Guizhou Department of Veterans Affairs.

23-15 享受补助、救济人员

Persons Receiving Subsidies and Relief Funds

单位：万人 (10000 persons)

指　标	Item	2017	2018	2019	2020	2021
城乡居民最低生活保障人数	Number of Urban and Rural Residents Receiving Minimum Living Allowance	291.51	260.85	256.16	275.29	249.88
城　市	Urban Area	31.50	34.09	48.82	64.43	60.77
农　村	Rural Area	260.01	226.76	207.34	210.86	188.38
传统救济人数	Number of Persons Receiving Traditional Relief Funds	2.03	1.96	0.86	0.83	0.73

23-16 殡葬服务情况

Funeral and Interment Services

指　标	Item	2017	2018	2019	2020	2021
殡葬类单位数(个)	Number of Funeral and Interment Enterprises	123	122	116	117	127
从业人员(人)	Employed Persons (Porson)	3726	3751	3837	3944	4024
火化炉数(台)	Number of Crematories(unit)	178	191	206	214	225
火化数(万具)	Cremated Remains (10000 units)	9.61	10.76	11.75	12.04	12.05
#安葬数(万具)	Number of the Buried (10000 units)	3.04	3.47	4.54	4.08	4.50
火化率(%)	Cremation Rate (%)	40.60	43.67	47.48	48.90	48.00

注：1.安葬数为当年安葬数。2.根据民政部规范统计口径，将未办理统一社会信用代码证的机构不在机构台账中统计。

Note: 1. The number of the buried refers to the number in the current year. 2. The ministry of civil affairs standardizes the scope of statistics and does not make statistics on institutions that have not dealt with unified social credit code certificate.

主要统计指标解释

公证员 指按照《公证法》规定，在公证机构从事公证业务的执业公证员、公证助理员、行政人员、其他人员。

办理公证文书 指公证处在一定时期内办结的公证文书件数。公证文书按司法部规定或批准的格式制作，包括国内公证和涉外公证两部分。国内公证分为经济合同公证和民事法律关系公证两大类。

人民调解人员 指人民调解委员会委员和人民调解委员会聘任的，负责对《人民调解法》规定人民调解委员会可以受理的民间纠纷进行调解的人员。

调解民间纠纷 是指人民调解委员会通过说服、疏导等方法，促成当事人在平等协商基础上自愿达成调解协议，解决民间纠纷的活动。

批准、决定逮捕 指人民检察院对公安机关、国家安全机关、监狱管理机关提出逮捕的犯罪嫌疑人进行审查，根据事实，依法做出逮捕决定。该指标主要反映人民检察院对提请逮捕犯罪嫌疑人进行审查后依法做出批准逮捕决定的情况。

青少年罪犯 指人民法院在报告期内判决发生法律效力的有罪判决中14周岁以上不满25周岁的罪犯。其中14周岁以上不满18周岁的罪犯为未成年罪犯。

基本养老保险参保人数 指报告期末按照国家法律、法规和有关政策规定参加基本养老保险并在社保经办机构已建立缴费记录档案的人数，包括中断缴费但未终止养老保险关系的职工人数，报告期末参加基本养老保险的离休、退休和退职人员，不包括只登记未建立缴费记录档案的人数。

基本医疗保险参保人数 指报告期末按国家有关规定参加基本医疗保险的人数。包括参加保险的职工人数和退休人员人数。

失业保险参保人数 指报告期末按照国家法律、法规和有关政策规定参加了失业保险的城镇企业事业单位的职工及地方政府规定参加失业保险的其他人员的人数。

工伤保险参保人数 指报告期末依据国家有关规定参加工伤保险的职工人数和有雇工的个体工商户的雇工数。

生育保险参保人数 指报告期末依据有关规定参加生育保险的职工人数。

城市社区服务设施数 是指社区服务站、社区服务中心、其他社区服务设施的总和。是面向老年人及家庭的商品递送、医疗保健、家庭保洁、日间照料、陪伴服务等为社区居家养老服务的设施和突出综合服务功能，如党员活动室、就业保障网络、社区卫生服务站、文化活动室、图书馆、“爱心超市”社区捐款接收站点、警务站（室）、老年活动室、未成年人文化活动场所等具有综合服务功能的设施。原则上，每个社区服务站设施的最低标准能满足社区居委会办公所需，并配置多功能社区活动场所，建筑面积不低于200平方米。在此基础上可根据社区居民的实际需求，重点强化若干类服务功能。

城市居民最低生活保障人数 指在报告期末家庭人均收入低于当地最低生活保障标准的持有非农业户口的城市居民家庭人员及国家规定有民政部门救济的特殊人员和60年代精减退职老职工救济人员等。

农村居民最低生活保障人数 指报告期末家庭年人均纯收入低于当地最低生活保障标准的农村居民，主要是因病残、年老体弱、丧失劳动能力以及生存条件恶劣等原因造成生活常年困难的农村居民。

Explanatory Notes on Main Statistical Indicators

Notary Personnel refers to judicial workers of the state notary offices handling notarization work according to law. They include notaries, assistant notaries, administrators and other people working for notary offices.

Notarized Documents refer to the number of notarial documents that the notary has gone through within a certain period. The notary documents are drawn up in accordance with the regulations of the Ministry of Justice, including domestic documents and foreign-related documents. Domestic documents are divided into two major categories, documents on economic contracts and documents on civil legal relations.

Mediators refer to workers on people mediation committees responsible for mediating in civil disputes and cases of slight infraction of the law. They include members of the mediation committees and mediators of mediation groups.

Mediation of civil disputes refers to the people′s mediation committee through persuasion, persuasion and other methods, to facilitate the parties to reach a voluntary agreement on the basis of equality, the settlement of civil disputes.

Approval for Arrest refers to the decision made by people′s procurator ate office, in accordance with the law and relevant facts, to approve the arrest of the suspect(s) as proposed by the public security departments, state security departments or prisons authority. This indicator reflects approved arrests made by people′s procuratorate offices that are proposed by related departments.

Juvenile Criminals refers to the offenders within the age range of 14 to 25 convicted guilty by the court during the reporting period while those between 14 and 18 are defined as minor offenders.

Number of Basic Pension Insurance refer to the people participating in the basic pension insurance program according to national laws, regulations and related policies at the end of the reference period, who have already had payment records in social security management agencies, including those who have interrupt payment without terminating the insurance program. Those who have registered in the program but with no payment records are not included.

Number of Basic Medical Care Insurance refers to the number of people participating in the basic medical care insurance program according to related regulations as at the end of reference period, including number of staff and workers and retirees participating in this insurance program.

Number of Unemployment Insurance refers to the number of staff and workers in urban enterprises or institutions who have participated in the unemployment insurance program according to relevant policies and regulations, and other people who have participated according to local government regulations, as at the end of reference period.

Number of Work Injury Insurance refers to the number of staff and workers who have participated in the work injury insurance program according to relevant national regulations and hirelings who were hired by individual industrial and commercial households.

Number of Maternity Insurance refers to the number of staff and workers who have participated in the maternity insurance program according to relevant regulation at the end of the reporting period.

Number of Service Facilities in Urban Communities refers to community service centers, community service centers, other community service facilities combined. Is for the elderly and home delivery of goods, health care, household cleaning, day care, companionship services, home care services for community facilities and outstanding comprehensive service functions, such as Party member activity room, employment security networks, community health service stations, cultural activities room, library, "love supermarket" community donations receiving stations, police stations (room), old activity room, minors and other cultural activities with comprehensive service functions of the facility. In principle, each community service station facilities to meet the minimum standards required for community neighborhood committee office, and configure the multi-purpose community activities, building area of not less than 200 square meters. On this basis, according to the actual needs of community residents, can focus on enhancing certain types of services.

Number of Urban Residents Entitled to Minimum Living Allowances refers to urban residents who hold non-agricultural household registration and whose per capita income is lower than the local minimum living standard by the end of the reporting period, and special staff who were relieved by states provide State regulations and the District Department and 1960s streamline relief workers older workers retire, etc.

Number of Rural Residents Entitled to Minimum Living Allowances refers to the number of those receiving the minimum living allowances from the local government or community in the rural areas where this allowances system is in place as of the end of the reporting period, and rural residents who live in perennial difficulties, mainly due to illness and disability, old age and incapacitation, loss of working ability and poor living conditions and other causes.

民族自治地方

Minority Nationality Autonomous Areas

24

简要说明

一、主要内容

本篇资料主要反映全省民族自治地方经济社会发展情况。

二、资料来源

部分资料根据省民宗委《2020民族自治地方统计报表制度》加工、整理。

本篇资料由省统计局根据部门资料加工编辑。

Brief Introduction

I. Main Contents

The data in this chapter present the social and economic development of ethnic minority autonomous regions of Guizhou.

II. Sources of Data

Some of the data are processed and edited according to the 2020 Statistical Statement System of Ethnic Autonomous Areas issued by Ethnic and Religious Affairs Commission of Guizhou Province.

The data in this table are processed and edited by Guizhou Provincial Bureau of Statistics according to departmental data.

24-1 民族自治地方行政区划

Administrative Division of Minority Nationality Autonomous Areas

单位:个 (unit)

民族自治州(县)名称	Autonomous Prefecture(County)	地级 Prefectural Level	县级 County Level	#县级市 City at County Level	成立时间 Time of Coming into Existence	土地面积(平方公里) Total Land Area(sq.km)
黔西南布依族苗族自治州	Qianxinan(Bouyei & Miao)Autonomous State	1	8	1	1982年05月01日	16804
黔东南苗族侗族自治州	Qiandongnan(Miao & Dong)Autonomous State	1	16	1	1956年07月23日	30337
黔南布依族苗族自治州	Qiannan(Bouyei & Miao)Autonomous State	1	12	2	1956年08月08日	26197
道真仡佬族苗族自治县	Daozhen(Gelao & Miao)Autonomous County		1		1987年11月29日	2156
务川仡佬族苗族自治县	Wuchuan(Gelao & Miao)Autonomous County		1		1987年11月26日	2773
镇宁布依族苗族自治县	Zhenning(Bouyei & Miao)Autonomous County		1		1963年09月11日	1703
关岭布依族苗族自治县	Guanling(Bouyei & Miao)Autonomous County		1		1981年12月31日	1468
紫云苗族布依族自治县	Ziyun(Miao & Bouyei)Autonomous County		1		1966年02月11日	2284
威宁彝族回族苗族自治县	Weining(Yi,Hui & Miao)Autonomous County		1		1954年11月11日	6296
玉屏侗族自治县	Yuping(Dong)Autonomous County		1		1984年11月07日	516
印江土家族苗族自治县	Yinjiang(Tujia & Miao)Autonomous County		1		1987年11月20日	1961
沿河土家族自治县	Yanhe(Tujia)Autonomous County		1		1987年11月23日	2469
松桃苗族自治县	Songtao(Miao)Autonomous County		1		1956年12月31日	2861
三都水族自治县	Sandu(Shui)Autonomous County		1		1957年01月02日	2384

注:资料来源于省民政厅。

Note: The data in the table are provided by the Department of Civil Affairs of Guizhou Province.

24-2 少数民族分布

Geographic Distribution of Minority Nationalities

民 族	Nationality	分布的主要地区	Main Geographic Distribution
苗 族	Miao	黔东南州、黔南州、黔西南州、松桃县、紫云县、务川县、水城区	Qiandongnan, Qiannan, Qianxinan, Songtao, Ziyun Wuchuan, Shuicheng
布依族	Bouyei	黔南州、黔西南州、镇宁县、紫云县	Qiannan,Qianxinan,Zhenning,Ziyun
侗 族	Dong	黔东南州、玉屏县、碧江区、石阡县	Qiandongnan,Yuping,Bijiang,Shiqian
土家族	Tujia	铜仁市	Tongren
彝 族	Yi	毕节市、六盘水市	Bijie,Liupanshui
仡佬族	Gelao	遵义市、关岭县、石阡县	Zunyi,Guanling,Shiqian
水 族	Shui	三都县	Sandu
回 族	Hui	威宁县、兴仁市、平坝区、兴义市	Weining,Xingren,Pingba,Xingyi
白 族	Bai	毕节市、盘州市	Bijie,Panzhou
瑶 族	Yao	黔东南州、荔波县	Qiandongnan,Libo
壮 族	Zhuang	从江县、独山县、荔波县、都匀市	Congjiang,Dushan,Libo,Duyun
畲 族	She	凯里市、麻江县、都匀市、福泉市	Kaili,Majiang,Duyun,Fuquan
毛南族	Maonan	平塘县、独山县、惠水县	Pingtang,Dushan,Huishui
蒙古族	Mongolian	毕节市、石阡县、思南县	Bijie,Shiqian,Sinan
仫佬族	Mulam	凯里市、麻江县、黄平县	Kaili,Majiang,Huangping
满 族	Man	黔西市、大方县、金沙县、云岩区	Qianxi,Dafang,Jinsha,Yunyan
羌 族	Qiang	石阡县、江口县	Shiqian,Jiangkou

24-3 民族自治地方经济社会主要指标

Major Social and Economic Indicators of Minority Nationality Autonomous Areas

指　标	Item	2017	2018	2019	2020	2021	2021年比2020年增长(%) Increase Rate in 2021 over 2020(%)
人　口	**Population**						
年末常住人口(万人)	Number of Resident Population at Year-end (10000 persons)	1372.93	1376.13	1379.78	1434.59	1425.99	-0.6
#少数民族人口	Minority Population	1075.43	1102.95	1118.51	835.51	1148.31	—
地区生产总值	**Gross Domestic Product**						
地区生产总值(亿元)	Gross Domestic Product(100 million yuan)	4243.99	4628.88	5100.23	5407.58	5906.49	7.8
财政、金融	**Government Finance and Banking**						
一般公共预算收入(亿元)	General Public Budget Revenue (100 million yuan)	376.36	360.27	331.72	335.12	343.32	2.4
一般公共预算支出(亿元)	General Public Budget Expenditure (100 million yuan)	1481.37	1585.05	1724.10	1765.15	1730.15	-2.0
金融机构人民币各项存款余额(亿元)	Total Savings Deposit Balance at Year-end (100 million yuan)	5910.04	5842.12	5749.04	5870.85	6140.69	4.6
金融机构人民币各项贷款余额(亿元)	Total Loan Balance at Year-end (100 million yuan)	4271.76	5100.74	5918.23	6692.64	7412.31	10.8
农　业	**Agriculture**						
农林牧渔业增加值(亿元)	Added Value of Farming, Forestry, Animal Husbandry and Fishery (100 million yuan)	928.44	1002.30	1065.61	1184.25		
粮食产量(万吨)	Grain Output(10000 tons)	522.43	522.30	483.30	644.75	547.73	-15.0
油菜籽产量(万吨)	Output of Rapeseeds(10000 tons)	39.62	33.95	31.89	30.81	33.98	10.3
大牲畜存栏数(万头)	The Number of Large Livestock in Stock (year-end)(10000 heads)		394.32	262.87	204.74	438.01	113.9
猪年底存栏数(万头)	Hogs(year-end)(10000 heads)	666.08	631.42	514.04	652.14	694.11	6.4
羊年底存栏数(万只)	Sheep and Goats(year-end)(10000 heads)		257.22	197.77	203.51	202.50	-0.5
工　业(规模以上)	**Industry**						
企业数(个)	Number of Enterprises(unit)	2059	2154	1910	1998	1973	-1.3
主营业务收入(亿元)	Revenue from Principal Business (100 million yuan)		2255.99	2241.72	2261.52	2726.57	20.6
运输邮电	**Transportation, Post and Telecommunication**						
公路里程(公里)	Length of Highways(km)	94960	99169	101030	104789	114779	9.5
邮政业务总量(亿元)	Business Volume of Post (100 million yuan)				25.48	26.44	3.8
商　业	**Trade**						
社会消费品零售总额(亿元)	Total Retail Sales of Consumer Goods (100 million yuan)	1057.00	1127.84	—	—	—	—
人均水平	**Per Capita Standard of Living**						
人均地区生产总值(元)	Per Capita Gross Domestic Product (yuan)	30912	33160	36964	37826	41296	8.1
人均一般公共预算收入(元)	Per Capita General Public Budget Revenue(yuan)	2741	2621	2407	2336	2400	-3.0
人均储蓄(元)	Per Capita Urban and Rural Resident Savings(yuan)	19327	23025	22664	24073	26768	11.2

注：1.部分数据取自省民宗委《2021民族自治地方统计报表制度》(以下相关表同)。2.2020年少数民族人口数为第七次人口普查数据.3.规模以上工业统计口径为年主营业务收入2000万元及以上工业企业。4.人均水平数据按常住半年人口计算。(下表同)

Note: 1.Partial data in this table are obtained from Statistical Report System of National Autonomous Areas 2020 of Ethnic and Religious Affairs Commission of Guizhou Privince (the relative tables in the chapter are the same). 2.The population of ethnic minorities in 2020 is the data of the seventh census. 3.The statistical caliber of industrial above designated size are the ones whose main business income is over 20 million yuan. 3.The data of per capita standard of living are calculated according to resident population staying at home for 6 months. (the following tables are the same)

24-4 民族自治地方经济社会主要指标(2021)

Major Social and Economic Indicators of Minority Nationality Autonomous Areas

指 标	Item	民族自治地方 Minority Nationality Autonomous Areas	民族自治州 Minority Nationality Autonomous Prefecture	民族自治县 Minority Nationality Autonomous County
人 口	**Population**			
年末常住人口(万人)	Number of Resident Population at Year-end (10000persons)	1425.99	1022.21	431.39
#少数民族人口	Minority Population			
人口密度(人/平方公里)	Population Density(person/sq.km)	144.98	139.50	156.96
地区生产总值(亿元)	Gross Domestic Product(100 million yuan)	5906.47	4508.81	1493.56
第一产业增加值	Added Value of Primary Industry			
第二产业增加值	Added Value of Secondary Industry	1212.74	800.45	438.02
第三产业增加值	Added Value of Tertiary Industry	1712.66	1422.55	314.54
农 业	**Agriculture**	**2981.09**	**2285.81**	**741.01**
乡村从业人口(万人)	Rural Employed Population(10000 persons)	823.46	590.24	252.81
农用机械总动力(万千瓦)	Total Power of Agricultural Machinery(10000 kw)	1131.27	945.61	185.66
化肥使用量(折纯量)(万吨)	Consumption of Chemical Fertilizers(10000 tons)	42.01	20.67	24.85
农作物播种面积(千公顷)	Total Sown Areas (1000 hectares)	2249.73	1518.42	784.32
#粮 食	Grain	1150.66	752.99	417.50
油料作物	Rapeseeds	207.16	172.59	42.87
粮食总产量(万吨)	Total Grain Yield(10000 tons)	547.73	340.75	216.29
油菜籽产量(万吨)	Output of Rapeseeds(10000 tons)	33.98	24.63	10.25
烤烟产量(万吨)	Output of Flue-cured Tobacco (10000 tons)	10.91	5.95	4.95
茶叶产量(万吨)	Output of Tea (10000 tons)	10.25	7.91	2.62
牲畜当年存栏数	The Number of Total Livestock			
大牲畜(万头)	Large Livestock(10000 heads)	438.01	313.29	131.95
猪(万头)	Hogs(10000 heads)	694.11	435.57	269.76
羊(万只)	Sheep and Goats(10000 heads)	202.50	105.17	99.10

24-4 续表 continued(2021)

指 标	Item	民族自治地方 Minority Nationality Autonomous Areas	民族自治州 Minority Nationality Autonomous Prefectures	民族自治县 Minority Nationality Autonomous Counties
肉类总产量(万吨)	Output of Meat (10000 tons)	92.01	59.88	33.66
水产品产量(万吨)	Total Aquatic Products (10000 tons)	14.96	10.09	5.16
农林牧渔业增加值(亿元)	Added Value of Farming, Forestry, Animal Husbandry and Fishery (100 million yuan)	1272.86	841.08	458.43
工 业(规模以上)	**Industry (above designated size)**			
企业单位数(个)	Number of Enterprises (unit)	1973	1633	372
主营业务收入(亿元)	Revenue from Principal Business (100 million yuan)	2726.57	2195.11	550.61
利润总额(亿元)	Total Profits (100 million yuan)	259.20	168.03	92.34
商 业	**Trade**			
社会消费品零售总额(亿元)	Total Retail Sales of Consumer Goods (100 million yuan)	2636.12	2143.93	543.03
财政、金融	**Government Finance and Banking**			
一般公共预算收入(亿元)	General Public Budget Revenue (100 million yuan)	343.32	297.37	49.30
一般公共预算支出(亿元)	General Public Budget Expenditure (100 million yuan)	1730.15	1289.69	473.69
金融机构人民币各项存款余额(亿元)	Total Savins Deposit Balance at Year-end (100 million yuan)	6140.69	4851.09	1380.85
#个人储蓄存款	Urban and Rural Resident Savings Deposit Balance	3828.54	2917.05	977.57
金融机构人民币各项贷款余额(亿元)	Total Loan Balance at Year-end (100 million yuan)	7412.31	5706.76	1827.38
交通运输	**Traffic**			
公路里程(公里)	Length of Highways (km)	114779	73571	44543
邮电、通讯	**Post and Telecommunications**			
邮路总长度(公里)	Length of Postal Routes (km)	32640	21736	11442
农村投递线路总长度(公里)	Rural Delivery Routes (km)	87917	57850	30095
互联网宽带接入用户(万户)	Number of Fixed Telephone Subscribers at the Year-end (10000 units)	451.13	352.91	105.01

24-5 民族自治地方一般公共预算收入(2021)

General Public Financial Budget Revenue of Minority Nationality Autonomous Areas

单位:亿元 (100 million yuan)

指标	Item	民族自治地方 Minority Nationality Autonomous Area	民族自治州 Nationality Minority Autonomous Prefecture	民族自治县 Minority Nationality Autonomous County
一般公共预算收入	**General Public Budget Revenue**	**343.32**	**297.37**	**49.30**
税收收入	**Tax Revenue**	**181.1155**	**154.7608**	**27.61**
#增值税	Value-added Tax	59.75	50.96	9.14
企业所得税	Corporate Income Tax	18.66	16.16	2.60
个人所得税	Individual Income Tax	5.94	4.93	1.05
资源税	Resource Tax	6.31	5.66	0.68
城市维护建设税	City Maintenance and Construction Tax	12.33	10.92	1.48
土地增值税	Land Appreciation Tax	14.28	12.15	2.17
契 税	Deed Tax	25.80	22.93	3.32
非税收入	**Non-tax Revenue**	**162.20**	**142.61**	**21.69**
#专项收入	Special Program Receipts	14.42	11.93	2.62
行政事业性收费收入	Change of Administrative and Institutional Units	26.09	19.93	6.45
罚没收入	Penalty Receipts	23.19	20.48	2.90
国有资本经营收入	Operation Income of State-owned Assets	13.72	13.72	

注:资料来源于省财政厅(下表同)。
Note:The data in the table are obtained from Guizhou Provincial Finance Bureau(the same applies to the next table).

24-6 民族自治地方一般公共预算支出(2021)

General Public Budget Expenditure of Minority Nationality Autonomous Areas

单位:亿元 (100 million yuan)

指标	Item	民族自治地方 Minority Nationality Autonomous Area	民族自治州 Minority Nationality Autonomous Prefecture	民族自治县 Minority Nationality Autonomous County
一般公共预算支出	**General Public Financial Budget Expenditure**	**1730.15**	**1289.69**	**473.69**
#一般公共服务	Expenditure for General Public Service	183.47	147.35	39.64
国 防	Expenditure for National Defense	1.22	1.00	0.22
公共安全	Expenditure for Public Security	69.89	57.59	13.40
教 育	Expenditure for Education	395.42	288.03	115.39
科学技术	Expenditure for Science and Technology	23.55	15.47	8.57
文化体育与传媒	Expenditure for Culture,Sports and Media	22.00	17.88	4.50
社会保障和就业	Expenditure for Social Safety Net and Employment Effort	195.36	149.27	49.05
医疗卫生	Expenditure for Medical and Health Care	183.12	152.32	33.39
节能环保	Energy Saving and Environment Protection	53.34	38.35	16.37
城乡社区事务	Urban and Rural Community Affairs	66.74	53.83	13.33
农林水事务	Agriculture,Forestry and Water Conservancy	314.41	210.27	111.84
交通运输	Transportation	44.78	28.57	17.08

市(州)、县(市、区、特区)资料

Main Statistics of City (State,Prefecture) and County (City,District,Special Region)

25

简要说明

一、主要内容

本篇资料主要反映全省市(州)、县(市、区、特区)经济社会发展基本情况。

二、资料来源

本篇资料分别由省统计局、国家统计局贵州调查总队、省公安厅、省人力资源社会保障厅、省财政厅、省农业农村厅、中国人民银行贵阳中心支行、省交通运输厅、省通信管理局、省邮政管理局、省教育厅、省卫生健康委员会等单位提供。

Brief Introduction

I. Main Contents

The data in this chapter present the social and economic development of city (prefecture), county (city, district or special administrative region).

II. Sources of Data

The data in this chapter are provided respectively by Guizhou Provincial Bureau of Statistics, Guizhou Survey Organization of NBS, Department of Public Security of Guizhou Province, Department of Human Resources and Social Security of Guizhou Province, Department of Finance of Guizhou Province, Department of Agriculture and Rural Affairs of Guizhou Province, and Guiyang Central Sub-branch of the People's Bank of China, Guizhou Provincial Department of Traffic and Transportation, Guizhou Communications Administration, Guizhou Provincial Postal Administration, Guizhou Provincial Bureau of Education, and Guizhou Provincial Health Commission.

25-1 各市(州)地区生产总值及增速(2021)

Gross Domestic Product and Its Increase Rates by Region

市(州)名称	City (Autonomous Prefectures)	地区生产总值 Gross Domestic Product	第一产业增加值 Primary Industry	第二产业增加值 Secondary Industry	#工业 Industry	第三产业增加值 Tertiary Industry	人均地区生产总值(元) Per Capita Gross Domestic Product(yuan)
绝对数(亿元)	**Absolute Figures (100 million yuan)**						
贵阳市	Guiyang	4711.04	193.44	1681.34	1006.81	2836.25	77919
六盘水市	Liupanshui	1473.65	179.69	670.03	588.13	623.92	48715
遵义市	Zunyi	4169.90	523.34	1923.97	1747.58	1722.59	63170
安顺市	Anshun	1078.91	191.48	328.36	259.00	559.07	43763
毕节市	Bijie	2181.48	526.49	590.92	461.64	1064.06	31736
铜仁市	Tongren	1462.65	316.03	367.54	248.94	779.08	44440
黔西南州	Qianxinan	1506.37	265.29	523.29	385.62	717.79	50070
黔东南州	Qiandongnan	1255.03	260.67	274.56	158.38	719.81	33464
黔南州	Qiannan	1747.41	274.49	624.71	481.38	848.22	50089
比上年增长(%)	**Increase Rate over Preceding Year (%)**						
贵阳市	Guiyang	6.6	7.8	5.4	9.7	7.3	5.2
六盘水市	Liupanshui	8.2	7.3	9.4	10.3	7.1	8.3
遵义市	Zunyi	10.3	7.6	15.0	16.7	6.4	10.4
安顺市	Anshun	9.0	8.1	8.7	10.4	9.6	9.2
毕节市	Bijie	6.8	7.8	8.4	11.2	5.4	7.1
铜仁市	Tongren	8.6	8.0	7.3	11.0	9.5	8.8
黔西南州	Qianxinan	9.3	7.6	10.3	11.5	9.2	9.6
黔东南州	Qiandongnan	5.2	7.5	3.7	9.0	4.9	5.3
黔南州	Qiannan	8.3	7.6	8.5	9.8	8.3	8.4

注:表中绝对数按当年价格计算,增长速度按可比价格计算。

Note: The data of absolute figures in the table are calculated at current prices, and the increase rates are calculated at comparable prices.

25-2 各市(州)年末常住人口

Permanent Population at the Year-end by Region

单位:万人 (10000 persons)

市(州)名称	City (State)	2017	2018	2019	2020	2021
贵 阳 市	Guiyang	574.91	583.24	594.62	598.98	610.23
六盘水市	Liupanshui	300.41	301.30	302.53	303.30	301.71
遵 义 市	Zunyi	654.08	656.47	659.74	660.98	659.23
安 顺 市	Anshun	244.51	245.37	246.55	247.18	245.88
毕 节 市	Bijie	684.82	686.61	689.06	690.28	684.48
铜 仁 市	Tongren	327.04	328.06	329.46	330.00	328.26
黔西南州	Qianxinan	299.01	300.04	301.46	301.65	300.05
黔东南州	Qiandongnan	372.01	373.39	375.27	376.03	374.04
黔 南 州	Qiannan	346.21	347.52	349.31	349.60	348.12

注:2017-2019年数据为根据第七次全国人口普查数据采用趋势离差法进行修订。
Note: The data from 2017 to 2019 were revised according to the trend deviation method adopted in the seventh national census.

25-3 各市(州)户籍人口

Household Registered Population by Region

市(州)名称	City (Autonomous refectures)	总户数(万户) Total Number of Household (10000 households)		平均每户人数(人) Population of Per Household(person)	
		2021	2020	2021	2020
贵 阳 市	Guiyang	141.11	138.36	3.15	3.16
六盘水市	Liupanshui	105.39	106.77	3.42	3.36
遵 义 市	Zunyi	251.87	237.42	3.29	3.48
安 顺 市	Anshun	88.99	90.40	3.45	3.43
毕 节 市	Bijie	256.06	256.56	3.73	3.70
铜 仁 市	Tongren	135.16	135.41	3.32	3.31
黔西南州	Qianxinan	104.48	103.93	3.57	3.58
黔东南州	Qiandongnan	135.23	134.31	3.62	3.64
黔 南 州	Qiannan	129.35	130.90	3.31	3.28

注:资料来源于省公安厅。

Note:The data in the table are obtained from Guizhou Provincial Public Security Department.

25-3 续表 Continued

单位:万人 (10000 persons)

市(州)名称	City (Autonomous Prefectures)	年末人口数 Total Population at the Year-end		按性别分 Grouped by sex			
				男 Male		女 Female	
		2021	2020	2021	2020	2021	2020
贵 阳 市	Guiyang	444.83	437.30	222.75	218.96	222.08	218.33
六盘水市	Liupanshui	360.38	358.27	189.65	188.63	170.73	169.64
遵 义 市	Zunyi	829.18	826.26	431.96	430.34	397.22	395.92
安 顺 市	Anshun	307.14	309.98	159.65	160.51	147.49	149.47
毕 节 市	Bijie	954.86	950.29	501.19	498.59	453.67	451.69
铜 仁 市	Tongren	449.30	448.03	236.51	236.10	212.79	211.93
黔西南州	Qianxinan	373.46	371.96	194.10	193.24	179.36	178.72
黔东南州	Qiandongnan	489.86	488.65	261.44	260.84	228.42	227.81
黔 南 州	Qiannan	428.31	429.38	223.69	224.08	204.62	205.30

25-4 各市(州)非私营单位在岗职工年平均人数、年平均工资

Number of Staff and Workers and Their Annual Average Wages in Non-private Units by Region

市(州)名称	City (Autonomous Prefectures)	2019	2020	2021	2021年比2020年增长(%) Increase Rate in 2021 over 2020 (%)
在岗职工年平均人数(万人)	**Annual Average of Staff and Workers (10000 persons)**	**286.01**	**298.57**	**303.04**	**1.5**
贵 阳 市	Guiyang	98.85	101.91	101.48	-0.4
六盘水市	Liupanshui	21.03	21.91	22.29	1.7
遵 义 市	Zunyi	42.7	43.67	45.70	4.6
安 顺 市	Anshun	16.78	16.32	15.65	-4.1
毕 节 市	Bijie	30.34	33.18	32.17	-3.0
铜 仁 市	Tongren	18.31	19.34	21.21	9.7
黔西南州	Qianxinan	14.94	16.54	17.24	4.2
黔东南州	Qiandongnan	22.07	23.48	23.88	1.7
黔 南 州	Qiannan	20.98	22.22	23.41	5.4
年平均工资(元)	**Annual Average Wages (yuan)**	**87970**	**94276**	**99324**	**5.4**
贵 阳 市	Guiyang	92650	101829	106188	4.3
六盘水市	Liupanshui	84719	85988	92377	7.4
遵 义 市	Zunyi	94644	102116	107547	5.3
安 顺 市	Anshun	80727	82795	91513	10.5
毕 节 市	Bijie	80046	86399	89656	3.8
铜 仁 市	Tongren	82090	84942	91576	7.8
黔西南州	Qianxinan	93360	93711	98967	5.6
黔东南州	Qiandongnan	81893	89147	91890	3.1
黔 南 州	Qiannan	80540	86558	93504	8.0

25-5 各市(州)社会消费品零售总额增速

Growth Rate of Total Retail Sales of Social Consumer Goods by Region

单位:% (%)

市(州)名称	City (Autonomous Prefectures)	2019	2020	2021
贵 阳 市	Guiyang	7.9	6.6	12.9
六盘水市	Liupanshui	10.2	5.6	12.8
遵 义 市	Zunyi	7.0	6.6	15.1
安 顺 市	Anshun	9.1	4.1	14.2
毕 节 市	Bijie	8.9	3.8	14.3
铜 仁 市	Tongren	7.4	5.3	14.1
黔西南州	Qianxinan	8.7	5.4	11.5
黔东南州	Qiandongnan	7.8	2.5	13.9
黔 南 州	Qiannan	9.1	3.6	14.6

25-6 各市(州)能源利用效率(2021)

Energy Using Efficiency by Region

市(州)名称	City (Autonomous Prefectures)	单位地区生产总值能耗(吨标准煤/万元) Energy Consumption Per Unit of GDP(ton of SEC/10000 yuan)	单位地区生产总值能耗比上年增长(%) Growth Rate of Energy Consumption Per Unit of GDP over Preceding Year(%)	单位地区生产总值电耗(千瓦时/万元) Electricity Consumption Per Unit of GDP (kwh/10000 yuan)	单位地区生产总值电耗比上年增长(%) Growth Rate of Electricity Consumption Per Unit of GDP over Preceding Year(%)
贵 阳 市	Guiyang	0.51	-2.22	697	2.2
六盘水市	Liupanshui	1.14	-3.60	906	-0.4
遵 义 市	Zunyi	0.47	-4.51	690	-2.3
安 顺 市	Anshun	0.56	-3.23	707	-1.0
毕 节 市	Bijie	0.56	-4.53	587	0.4
铜 仁 市	Tongren	0.51	-2.98	738	0.4
黔西南州	Qianxinan	0.65	13.84	1029	8.3
黔东南州	Qiandongnan	0.70	-0.28	901	10.8
黔 南 州	Qiannan	0.55	-1.88	774	-4.6

25-7 各市(州)一般公共预算收入(2021)

General Public Financial Budget Revenue by Region

市(州)名称	City (Autonomous Prefectures)	一般公共预算收入(亿元) General Public Budget Revenue (100 million yuan)	#增值税 Value-added Tax	#企业所得税 Corporate Income Tax	#个人所得税 Individual Income Tax	#土地增值税 Land Appreciation Tax	#专项收入 Special Program Receipts	2021年比2020年增长(%) IncreaseRate in 2021 over2020(%)
贵阳市	Guiyang	426.68	114.90	55.15	16.28	18.84	42.04	7.2
六盘水市	Liupanshui	102.35	24.48	5.82	1.85	2.47	3.75	-6.1
遵义市	Zunyi	270.23	92.40	30.05	6.63	10.09	20.90	4.5
安顺市	Anshun	61.14	11.82	3.76	1.26	2.45	2.73	-8.8
毕节市	Bijie	123.69	25.42	7.55	2.18	4.40	6.72	-6.3
铜仁市	Tongren	67.06	17.21	3.61	2.94	3.82	3.29	3.7
黔西南州	Qianxinan	113.56	14.22	5.06	1.75	3.18	4.20	0.4
黔东南州	Qiandongnan	68.76	14.64	4.51	1.50	4.10	2.80	10.1
黔南州	Qiannan	115.04	22.10	6.59	1.68	4.86	4.93	3.6

注:资料来源于省财政厅(下表同)。
Note:The data in the table are obtained from Guizhou Provincial Finance Bureau(the same applies to the next table).

25-8 各市(州)一般公共预算支出(2021)

General Public Budget Expenditure by Region

市(州)名称	City (Autonomous Prefectures)	一般公共预算支出(亿元) General Public Financial Budget Expenditure (100 million yuan)	#一般公共服务 Expenditure for General Public Service	#教育 Expenditure for Education	#科学技术 Expenditure for Science and Technology	#文化旅游体育与传媒 Culture, Travel, Sports and Media	#社会保障和就业 Expenditure for Social Security and Employment	#卫生健康 Hygiene and Health	#节能环保 Expenditure for Energy Saving and Environmental Protection	#农林水事务 Expenditure for Agriculture, Forestry and Water Conservancy	2021比2020年增长(%) Increase Rate in 2021 over 2020(%)
贵阳市	Guiyang	682.00	81.66	141.07	20.34	7.19	71.40	49.55	12.42	44.77	0.6
六盘水市	Liupanshui	324.51	23.25	77.46	6.24	3.41	34.37	34.57	14.56	49.97	0.2
遵义市	Zunyi	773.86	69.50	155.63	9.13	11.02	83.41	94.90	36.03	101.96	2.3
安顺市	Anshun	268.65	26.29	55.51	7.04	3.78	32.52	30.49	7.28	33.81	-9.2
毕节市	Bijie	675.22	44.70	168.87	9.11	5.17	86.74	94.82	20.41	90.13	-9.7
铜仁市	Tongren	441.65	40.69	99.13	5.88	4.75	52.22	53.61	12.56	74.64	-3.7
黔西南州	Qianxinan	382.17	36.61	97.50	4.77	5.80	39.31	39.72	9.43	59.26	-6.3
黔东南州	Qiandongnan	460.92	65.42	97.97	3.49	6.04	56.75	61.02	11.29	73.48	-0.8
黔南州	Qiannan	446.60	45.33	92.56	7.21	6.04	53.20	51.57	17.64	77.53	1.1

25-9 各市(州)金融机构人民币各项存贷款余额(2021)

Saving Deposits and Loans Balance of Financial Institutions by Region

单位：亿元 (100 million yuan)

市(州)名称	City (Autonomous Prefectures)	金融机构人民币各项存款余额 Total Deposits	#个人储蓄存款 Personal Savings Deposits	金融机构人民币各项贷款余额 Total Loans
贵阳市	Guiyang	13379.81	3481.45	17228.14
六盘水市	Liupanshui	1398.51	786.31	1848.05
遵义市	Zunyi	5662.77	2513.05	5028.51
安顺市	Anshun	1143.35	666.90	1386.90
毕节市	Bijie	2062.73	1282.17	2515.05
铜仁市	Tongren	1540.56	962.55	2061.27
黔西南州	Qianxinan	1538.66	816.50	1756.15
黔东南州	Qiandongnan	1700.73	1110.32	1773.46
黔南州	Qiannan	1611.70	990.24	2177.15

注：资料来源于中国人民银行贵阳中心支行。

Note: The data in the table are obtained from the Guiyang Central Sub-branch of the People´s Bank of China.

25-10 各市(州)城镇常住居民家庭人均年收支(2021)

Per capita Income and Expenditure of Urban Resident by Region

单位：元 (yuan)

市(州)名称	City (Autonomous Prefectures)	城镇常住居民人均可支配收入 Per Capita Annual Disposable Income of Urban Resident	2021年比2020年增长(%) Increase Rate in 2021 over 2020(%)	城镇常住居民人均消费性支出 Per Capita Annual Consumption Expenditure of Urban Resident	2021年比2020年增长(%) Increase Rate in 2021 over 2020(%)
贵阳市	Guiyang	43876	8.9	31347	18.6
六盘水市	Liupanshui	37585	8.5	26582	19.9
遵义市	Zunyi	40549	9.0	25597	20.2
安顺市	Anshun	37028	9.1	22923	18.9
毕节市	Bijie	37263	8.7	21674	20.8
铜仁市	Tongren	36684	8.5	23700	19.5
黔西南州	Qianxinan	38251	8.8	25713	18.7
黔东南州	Qiandongnan	37425	8.4	23179	21.1
黔南州	Qiannan	38713	8.6	24011	22.0

注：增长速度未扣除价格因素(下表同)。

Note: The Increase Rate has not deducted price factors (the same applies in the following tables).

25-11 各市(州)农村常住居民家庭人均年收支(2021)

Per Capita Net Income and Living Expenditure of Rural Households by Region

单位:元 (yuan)

市(州)名称	City (Autonomous Prefectures)	农村常住居民人均可支配收入 Annual Per Capita Disposable Income of Rural Households	2021年比2020年增长(%) Increase Rate in 2021 over 2020 (%)	农村常住居民人均生活消费支出 Annual Per Capita Living Expenditures of Rural Households	2021年比2020年增长(%) Increase Rate in 2021 over 2020 (%)
贵 阳 市	Guiyang	20565	10.1	17261	14.7
六盘水市	Liupanshui	13298	10.8	12510	13.3
遵 义 市	Zunyi	16216	10.2	15099	14.0
安 顺 市	Anshun	12990	10.4	12316	13.8
毕 节 市	Bijie	12441	10.7	11891	11.4
铜 仁 市	Tongren	12291	10.7	11948	12.1
黔西南州	Qianxinan	12623	10.3	12065	14.0
黔东南州	Qiandongnan	12289	10.9	11745	10.4
黔 南 州	Qiannan	14237	10.6	13207	12.7

25-12 各市(州)分类价格指数

Urban Price Indices of Major Cities by Region

(上年=100) (preceding year=100)

城市名称	City	居民消费价格指数 Residents Consumer Price Index		商品零售价格指数 Retail Price Index	
		2021	2020	2021	2020
贵 阳 市	Guiyang	100.5	102.4	101.7	101.2
六盘水市	Liupanshui	99.9	102.6	101.7	102.7
遵 义 市	Zunyi	99.9	101.5	100.4	100.8
安 顺 市	Anshun	100.0	102.6	100.4	101.3
毕 节 市	Bijie	99.9	102.6	100.8	102.6
铜 仁 市	Tongren	100.4	102.1	101.3	102.1
黔西南州	Qianxinan	100.2	102.7	101.1	101.4
黔东南州	Qiandongnan	99.7	102.1	101.2	102.1
黔 南 州	Qiannan	99.7	102.1	101.0	101.5

25-13 各市(州)农业机械总动力及拥有量(2021)

Total Power and Possession of Agricultural Machinery by Region

市(州)名称	City (Autonomous Prefecture)	农业机械总动力(万千瓦) Total Power of Agricultural Machinery (10000 kw)	大型拖拉机(台) Number of Large sized Tractors (set)	中型拖拉机(台) Number of Medium sized Tractors (set)	小型拖拉机(台) Number of Small Tractors (set)	农用水泵(台) Agricultural Water Pump (set)
贵阳市	Guiyang	200.87	9	1257	1629	27494
六盘水市	Liupanshui	182.46	3	1018	7039	29061
遵义市	Zunyi	535.04	74	2066	5324	111587
安顺市	Anshun	220.02	3	2384	6591	83451
毕节市	Bijie	598.52	18	2062	63690	60766
铜仁市	Tongren	337.56	11	773	7020	87781
黔西南州	Qianxinan	297.93	45	1029	4842	71892
黔东南州	Qiandongnan	309.62	78	1630	3318	56878
黔南州	Qiannan	338.06	31	4229	7894	95707

注:资料来源于省农业农村厅。

Note:The data in this table are provided by the Department of Agriculture and Rural Affairs of Guizhou Province.

25-14 各市(州)农林牧渔业增加值、乡村从业人员数(2021)

Added Value of Farming, Forestry, Animal Husbandry, Fishery and Their Professional and Support Activities by Region, Number of Rural Employees

单位:亿元 (100 million yuan)

市(州)名称	City (Autonomous Prefecture)	乡村从业人员数(万人) Number of Rural Employees (10000 people)	农林牧渔业增加值 Added Value of Farming, Forestry, Animal husbandry, Fishery and Their Professional and Support Activities	2021年比2020年增长(%) Increase Rate in 2021 over2020 (%)
贵阳市	Guiyang	104.79	206.35	7.8
六盘水市	Liupanshui	130.24	190.44	7.3
遵义市	Zunyi	365.10	552.32	7.6
安顺市	Anshun	132.48	200.50	8.1
毕节市	Bijie	385.11	555.41	7.8
铜仁市	Tongren	153.06	331.64	8.0
黔西南州	Qianxinan	169.42	280.46	7.5
黔东南州	Qiandongnan	219.04	272.93	7.4
黔南州	Qiannan	201.78	287.69	7.5

25-15 各市(州)农用化肥施用量(2021)

Consumption of Chemical Fertilizers for Agricultural Use by Region

单位:吨 (ton)

市(州)名称	City (Autonomous Prefecture)	合计 Total	氮肥 Nitrogenous Fertilizer	磷肥 Phosphate Fertilizer	钾肥 Potash Fertilizer	复合肥 Compound Fertilizer	2021年比2020年增长(%) Increase Rate in 2021 over 2020(%)
贵阳市	Guiyang	46421	18360	3470	4716	19876	-3.2
六盘水市	Liupanshui	57561	32120	4704	3468	17269	-7.5
遵义市	Zunyi	145406	51114	16663	12060	65569	-2.2
安顺市	Anshun	56167	21936	9206	4596	20430	-3.6
毕节市	Bijie	174658	79382	15314	18827	61134	-3.8
铜仁市	Tongren	73881	26562	11367	7557	28396	-3.3
黔西南州	Qianxinan	59122	28143	8598	6135	16247	-5.5
黔东南州	Qiandongnan	64655	20444	8347	4761	31103	-3.3
黔南州	Qiannan	81912	30631	7573	5924	37783	-1.6

注:本表按折纯法计算。

Note:The data in this table are calculated by converting the gross weight into weight containing 100% effective component.

25-16 各市(州)主要经济作物播种面积和产量(2021)

Sown Areas and Yields of Major Cash Crops by Region

市(州)名称	City (Autonomous Prefecture)	播种面积(千公顷) Sown Areas (1000 hectares)		产量(万吨) Yield (10000 tons)			
		油菜籽 Rapeseeds	烤烟 Flue-cured Tobacco	油菜籽 Rapeseeds	烤烟 Flue-cured Tobacco	茶叶 Tea	水果 Fruits
贵阳市	Guiyang	23.21	2.75	4.27	0.51	0.76	62.25
六盘水市	Liupanshui	16.50	9.80	2.54	1.61	0.36	23.84
遵义市	Zunyi	89.95	33.05	17.97	5.75	8.83	84.54
安顺市	Anshun	53.21	3.00	9.26	0.40	0.85	54.26
毕节市	Bijie	64.63	38.64	13.47	6.06	0.60	93.00
铜仁市	Tongren	43.80	9.22	8.73	1.71	5.26	76.63
黔西南州	Qianxinan	39.21	19.53	6.19	3.46	1.22	46.95
黔东南州	Qiandongnan	46.10	9.45	7.19	1.68	2.02	87.23
黔南州	Qiannan	70.13	4.78	11.26	0.81	4.66	124.95

25-17 各市(州)水产品产量

Output of Major Aquatic Products by Region

单位:吨 (ton)

市(州)名称	City (Autonomous Prefecture)	2019	2020	2021
贵阳市	Guiyang	3378	3385	3585
六盘水市	Liupanshui	2123	2169	2267
遵义市	Zunyi	63561	65088	68528
安顺市	Anshun	27431	28058	29743
毕节市	Bijie	9510	9717	10176
铜仁市	Tongren	48656	49804	52450
黔西南州	Qianxinan	13065	13376	14118
黔东南州	Qiandongnan	54455	55727	58671
黔南州	Qiannan	20920	21395	22523

注：数据来源于省农业农村厅。

Note: 1. The data in this table are obtained from the Department of Agriculture and Rural Affairs of Guizhou Province.

25-18 各市(州)规模以上工业增加值增速

The Ratio of Total Gross Industrial Added Value above Designated Size in Each City to the Entire Province

单位:% (%)

市(州)名称	City (Autonomous Prefecture)	2019	2020	2021
贵阳市	Guiyang	6.3	6.1	8.0
六盘水市	Liupanshui	9.0	5.1	12.8
遵义市	Zunyi	12.5	6.0	21.0
安顺市	Anshun	11.0	1.5	12.0
毕节市	Bijie	5.3	3.2	12.1
铜仁市	Tongren	5.0	2.3	9.9
黔西南州	Qianxinan	12.1	5.7	12.5
黔东南州	Qiandongnan	5.0	4.1	4.1
黔南州	Qiannan	11.1	4.5	10.0

注:统计口径为年主营业务收入2000万元及以上的工业企业(下表同)。

Note: The statistical caliber of the table refers to the industries, of which main business revenue achieve 20 million yuan and above. (the same applies to the next table).

25-19 各市(州)规模以上工业企业主要工业产品产量(2021)

Ouput of Major Industrial Products above Designated Size by Region

市(州)名称	City (Autonomous Prefecture)	发电量(亿千瓦小时) Electricity (100 million kwh)	化　肥(万吨) Chemical Fertilizer(10000 tons)	水　泥(万吨) Cement (10000 tons)
贵 阳 市	Guiyang	137.26	228.25	797.27
六盘水市	Liupanshui	438.05		680.45
遵 义 市	Zunyi	321.52	28.43	1663.08
安 顺 市	Anshun	92.71		841.84
毕 节 市	Bijie	514.20		836.18
铜 仁 市	Tongren	127.04		748.77
黔西南州	Qianxinan	356.06		945.07
黔东南州	Qiandongnan	127.75		1012.07
黔 南 州	Qiannan	124.41	79.49	1803.62

25-20 各市(州)公路里程(2021)

Length of Highways by Region

单位:公里 (km)

市(州)名称	City (Autonomous Prefecture)	公路里程 Total Length of Highways	#等级公路 Expressway and Class Ⅰ to Ⅳ Highway	#高速公路 Expressway	#有铺装路面(高级) Paved Road (advanced)	#沥青混凝土 Asphalt concrete
贵 阳 市	Guiyang	10253	9811	623	8390	2163
六盘水市	Liupanshui	14679	14018	433	12501	3920
遵 义 市	Zunyi	39142	35129	1465	34100	5303
安 顺 市	Anshun	14235	13727	481	12494	2448
毕 节 市	Bijie	33994	30770	999	26272	5296
铜 仁 市	Tongren	26069	24563	937	21789	2903
黔西南州	Qianxinan	18382	15450	604	14052	3124
黔东南州	Qiandongnan	30315	26336	1146	24442	4378
黔 南 州	Qiannan	20120	18992	1322	16204	4206

注:资料来源于省交通运输厅。

Note:The data in the table are obtained from the Department of Transportation of Guizhou Province.

25-21 各市(州)邮政、电信主要指标(2021)

Major Indicators of Post and Telecommunications by Region

市(州)名称	City (Autonomous Prefecture)	年末固定电话用户数(万户) Number of Fixed Telephone Subscribers at the Year-end (10000 subscribers)	移动电话用户(万户) Number of Mobile Telephone Subscribers (10000 subscribers)	固定互联网宽带接入用户(万户) Number of Fixed Subscribers of Internet Service (10000 subscribers)	报刊、杂志累计订销数(万份) Number of Newspapers and Magazines Sold and Booked (10000 copies)	移动互联网用户(万户) Number of Mobile Telephone Subscribers (10000 subscribers)
贵 阳 市	Guiyang	93.91	854.71	247.76	10094.36	686.82
六盘水市	Liupanshui	19.46	351.80	88.61	2483.08	295.90
遵 义 市	Zunyi	45.07	759.40	202.42	6086.59	663.04
安 顺 市	Anshun	12.86	268.13	69.15	2097.00	231.69
毕 节 市	Bijie	13.98	659.08	136.55	4289.72	563.10
铜 仁 市	Tongren	11.37	380.13	108.73	3449.22	327.02
黔西南州	Qianxinan	11.04	364.39	93.60	2502.22	299.54
黔东南州	Qiandongnan	15.18	449.62	121.58	3805.13	385.80
黔 南 州	Qiannan	15.66	410.31	111.21	3274.28	352.94

注:资料来源于省通信管理局、省邮政管理局。

Note: The data in the table are obtained from Guizhou Communications Administration and Guizhou Provincial Postal Administration.

25-22 各市(州)教育事业主要指标(2021)

Major Indicators of Education by Region

市(州)名称	City (Autonomous Prefecture)	高等教育 Higher Education		普通中学 Secondary Schools		小学 Primary Schools	
		学校数(所) Number of schools (unit)	在校学生(人) Students Enrollment (person)	学校数(所) Number of schools (unit)	在校学生(人) Students Enrollment (person)	学校数(所) Number of schools (unit)	在校学生(人) Students Enrollment (person)
贵 阳 市	Guiyang	37	531270	345	264627	536	470340
六盘水市	Liupanshui	3	29028	211	211629	468	343291
遵 义 市	Zunyi	7	114887	420	447926	1084	612123
安 顺 市	Anshun	5	36844	165	177212	454	271887
毕 节 市	Bijie	6	48161	472	602358	1647	848092
铜 仁 市	Tongren	5	63603	255	283701	719	340241
黔西南州	Qianxinan	2	23180	251	259323	620	329517
黔东南州	Qiandongnan	3	40062	216	284325	659	398870
黔 南 州	Qiannan	11	113273	156	234381	522	348885

注:1.资料来源于省教育厅。2.高等教育学校数包括普通高等学校、成人高等学校,高等教育在校学生包括研究生、普通高等教育、成人高等教育。

Note: 1.The data in the table are obtained from the Department of Education of Guizhou Province. 2.The institutions of higher education include regular schools of higher education and adult institutions of higher education.Students enrollment of higher education include those students enrolling in post-graduates education, regular institutions of higher education and adult institution of higher education.

25-23 各市(州)卫生人员数(2021)

Number of Employed Persons in Health Care Institutions by Region

单位:人 (person)

市(州)名称	City (Autonomous Prefecture)	总计 Total	卫生技术人员 Medical Technical Personnel	#执业(助理)医师 Licensed (Assistant) Doctors	#注册护士 Registered Nurse	#药师(士) Pharmacist (person)	#技师(士) Technician (person)	乡村医生和卫生员 Village Doctors and Assistants	其他技术人员 Other Technical Personnel	管理人员 Administrative Personnel	工勤技能人员 Logistics Technical Workers
贵阳市	Guiyang	77803	63779	23127	30804	2389	4221	1233	3069	6827	5049
六盘水市	Liupanshui	27880	22667	7060	10831	877	1646	1822	1054	1600	1537
遵义市	Zunyi	67908	54582	19420	24683	2146	3762	3913	2455	4562	4413
安顺市	Anshun	20415	16214	5385	7099	605	1224	1417	812	1580	946
毕节市	Bijie	57362	45585	16014	21411	1385	2711	5939	1897	3442	2307
铜仁市	Tongren	33654	26595	8362	11484	950	2208	3405	1160	1989	1506
黔西南州	Qianxinan	28079	22505	7165	10310	917	1409	1800	1087	2211	1482
黔东南州	Qiandongnan	38011	30309	9695	13181	1192	2368	3294	1214	2421	1864
黔南州	Qiannan	33034	27142	9141	11847	1049	1915	1830	996	2021	1866

注:资料来源于省卫生健康委员会(以下相关表同)。

Note: The data in the table are obtained from Guizhou Health Commission (the same applies to relative tables below).

25-24 各市(州)每千人口拥有卫生技术人员数(2021)

Medical Technical Personnel in Health Care Institutions Per 1000 Persons by Region

单位:人 (person)

市(州)名称	City (Autonomous Prefecture)	卫生技术人员 Medical Technical Personnel		执业(助理)医师 Licensed(Assistant) Doctors		注册护士 Registered Nurses	
		合计 Total	每千人口拥有 Per 1000 Persons	合计 Total	每千人口拥有 Per 1000 Persons	合计 Total	每千人口拥有 Per 1000 Persons
贵阳市	Guiyang	63779	10.45	23127	3.79	30804	5.05
六盘水市	Liupanshui	22667	7.51	7060	2.34	10831	3.59
遵义市	Zunyi	54582	8.28	19420	2.95	24683	3.74
安顺市	Anshun	16214	6.59	5385	2.19	7099	2.89
毕节市	Bijie	45585	6.66	16014	2.34	21411	3.13
铜仁市	Tongren	26595	8.10	8362	2.55	11484	3.50
黔西南州	Qianxinan	22505	7.50	7165	2.39	10310	3.44
黔东南州	Qiandongnan	30309	8.10	9695	2.59	13181	3.52
黔南州	Qiannan	27142	7.80	9141	2.63	11847	3.40

注:每千人口拥有数按常住人口数计算。

Note: The number of persons per thousand is calculated as the number of permanent residents.

25-25 各市(州)社区卫生服务中心(站)医疗服务情况(2021)

Medical Services of Community Health Service Centers (Stations) by Region

市(州)名称	City (Autonomous Prefecture)	社区卫生服务中心 Community Health Service Centers						社区卫生服务站 Community Health Service Stations	
		诊疗人次(万人次) Visits (10 000 person-times)	入院人数(人) Inpatients (person)	病床使用率(%) Utilization Rate of Beds (%)	出院者平均住院日(日) Average Days in Hospital (day)	医师日均担负诊疗人次(人次) Daily Visits Per Doctor (person-time)	医师日均担负住院床日(日) Daily Inpatients Per Doctor (day)	诊疗人次(万人次) Visits (10 000 person-times)	医师日均担负诊疗人次(人次) Daily Visits Per Doctor (person-time)
贵阳市	Guiyang	261.34	14727	24.6	8.1	10.5	0.4	36.3	5.5
六盘水市	Liupanshui	46.83	5385	22.1	8.2	7.8	0.5	31.7	6.0
遵义市	Zunyi	151.21	51240	71.5	6.6	11.6	1.9	109.0	9.1
安顺市	Anshun	17.03	10242	72.8	5.1	11.0	2.4	16.9	4.8
毕节市	Bijie	86.16	9022	39.0	5.8	10.7	0.6	6.0	8.2
铜仁市	Tongren	113.16	19929	38.3	5.4	12.5	0.8	31.9	17.0
黔西南州	Qianxinan	80.71	17166	33.0	5.0	9.2	0.7	45.3	9.2
黔东南州	Qiandongnan	54.27	7664	33.0	5.0	10.0	0.5	6.4	11.7
黔南州	Qiannan	71.23	979	5.8	5.3	8.4		11.6	22.2

25-26 各市(州)火灾情况(2021)

Fires by Region

市(州)名称	City (Autonomous Prefecture)	火灾(起) Fire Accidents (case)	死亡(人) Deaths (person)	受伤(人) Injuries (person)	直接财产损失(万元) Direct fire loss (10000 yuan)
贵阳市	Guiyang	2447	11	7	4079
六盘水市	Liupanshui	849			510
遵义市	Zunyi	2403	5		2503
安顺市	Anshun	1216		60	723
毕节市	Bijie	1694	5	4	1561
铜仁市	Tongren	1887			1581
黔西南州	Qianxinan	725			1526
黔东南州	Qiandongnan	1600	4	2	3034
黔南州	Qiannan	1178		7	1440

注.资料来源于省消防总队。

Note: The data in the table are provided by Guizhou Provincial Fire Brigade.

25-27 各市(州)医疗卫生机构服务情况(2021)

Services in Hospitals by Region

市(州)名称	City (Autonomous Prefecture)	诊疗人次(万人次) Visits (10 000 person-times)	#医院 Hospital	#农村乡镇卫生院 Rural Town-ship Health Centers	入院人数(万人) Inpatients (10000 persons)	#医院 Hospital	#农村乡镇卫生院 Rural Town-ship Health Centers	出院人数(万人) Patients Discharged from Hosptials (10000 persons)	#医院 Hospital	#农村乡镇卫生院 Rural Town-ship Health Centers
贵阳市	Guiyang	3268.53	1970.52	277.88	117.83	105.40	3.72	115.62	103.14	3.71
六盘水市	Liupanshui	1366.86	517.01	312.83	63.42	47.89	11.38	63.53	47.88	11.46
遵义市	Zunyi	3292.20	1576.01	617.87	187.80	141.30	36.56	187.00	140.75	36.38
安顺市	Anshun	820.66	384.59	170.61	47.48	36.69	6.08	47.40	36.62	6.06
毕节市	Bijie	2987.56	1084.53	752.95	135.63	104.80	24.75	134.73	104.01	24.68
铜仁市	Tongren	1547.27	604.82	473.76	81.89	60.66	16.05	81.08	60.00	15.92
黔西南州	Qianxinan	1301.71	594.59	273.81	59.99	53.57	3.74	59.56	53.11	3.79
黔东南州	Qiandongnan	1724.70	707.94	469.04	84.35	62.57	18.26	84.22	62.45	18.27
黔南州	Qiannan	1778.57	869.98	468.49	66.56	59.26	5.27	66.29	59.02	5.25

25-27 续表 continued (2021)

市(州)名称	City (Autonomous Prefecture)	每百门诊急诊入院人数(人) Inpatients Per 100 Outpatient and Emergency Visits (person)	#医院 Hospital	#农村乡镇卫生院 Rural Township Health Centers	病床使用率(%) Utilization Rate of Beds (%)	#医院 Hospital	#农村乡镇卫生院 Rural Township Health Centers	出院者平均住院日(天) Average Days in Hospital (day)	#医院 Hospital	#农村乡镇卫生院 Rural Township Health Centers
贵阳市	Guiyang	4.43	5.00	1.35	68.99	73.86	25.05	9.4	9.7	5.7
六盘水市	Liupanshui	6.71	9.00	3.70	64.76	73.16	39.61	7.6	8.3	5.3
遵义市	Zunyi	7.60	9.00	6.00	77.90	82.10	63.21	7.5	8.0	5.5
安顺市	Anshun	7.36	10.00	3.59	72.28	79.21	46.01	8.1	8.9	5.4
毕节市	Bijie	6.79	10.00	3.36	64.30	71.79	41.78	7.2	7.8	5.5
铜仁市	Tongren	6.45	10.00	3.46	68.03	75.93	47.86	7.2	8.0	5.0
黔西南州	Qianxinan	6.00	9.00	1.40	69.17	76.77	27.44	6.7	7.0	4.6
黔东南州	Qiandongnan	6.76	9.00	4.04	66.89	77.25	40.47	7.6	8.7	4.2
黔南州	Qiannan	4.64	7.00	1.14	67.65	78.69	24.14	8.3	8.6	5.6

25-28 各县(市、区、特区)地区生产总值(2021)

Gross Domestic Product by County (City, District, Special Region)

单位:亿元 (100 million yuan)

县(市、区、特区)名 称	County (City, District, Special Region)	地区生产总值 Gross Domestic Product	第一产业增加值 Primary Industry	第二产业增加值 Secondary Industry	#工业 Industry	第三产业增加值 Tertiary Industry	2021年比2020年增长(%) Increase Rate in 2021 over 2020(%)
南明区	Nanming	977.65	1.24	324.75	89.19	651.66	6.6
云岩区	Yunyan	948.83	0.20	281.73	82.89	666.91	8.1
花溪区	Huaxi	704.12	18.86	393.05	340.05	292.21	7.2
乌当区	Wudang	188.44	21.07	90.81	74.31	76.56	5.2
白云区	Baiyun	259.78	8.31	133.27	95.02	118.20	7.0
观山湖区	Guanshanhu	706.90	4.87	102.24	51.18	599.79	5.9
开阳县	Kaiyang	266.14	44.46	100.70	73.33	120.98	8.7
息烽县	Xifeng	165.82	26.31	53.93	39.63	85.58	7.0
修文县	Xiuwen	194.82	32.25	85.20	67.67	77.36	1.6
清镇市	Qingzhen	298.53	35.87	115.64	93.54	147.01	4.5
钟山区	Zhongshan	346.70	17.48	113.50	95.75	215.73	6.0
六枝特区	Liuzhi	142.13	44.01	29.15	20.03	68.98	6.5
水城区	Shuicheng	345.42	43.35	192.31	181.06	109.76	7.7
盘州市	Panzhou	639.39	74.85	335.07	291.29	229.46	10.1
红花岗区	Honghuagang	481.84	42.19	120.41	77.84	319.24	12.3
汇川区	Huichuan	456.97	32.90	165.24	133.53	258.83	10.0
播州区	Bozhou	368.33	62.96	151.16	140.27	154.21	3.4
桐梓县	Tongzi	176.98	43.31	53.35	35.68	80.32	5.8
绥阳县	Suiyang	121.61	45.07	20.49	13.92	56.05	11.2
正安县	Zhengan	137.18	36.17	25.54	17.83	75.47	10.5
※道真县	Daozhen	88.57	29.06	17.52	11.86	42.00	9.7
※务川县	Wuchuan	91.19	27.35	21.88	16.16	41.96	4.4
凤冈县	Fenggang	95.98	33.86	18.98	11.82	43.14	10.7
湄潭县	Meitan	131.04	38.17	31.12	27.00	61.74	9.4
余庆县	Yuqing	94.72	27.77	22.46	17.34	44.49	9.0
习水县	Xishui	238.49	42.00	113.15	105.22	83.34	13.1
赤水市	Chishui	117.97	23.09	43.36	31.69	51.52	10.0
仁怀市	Renhuai	1564.49	36.44	1120.85	1109.25	407.20	12.0
西秀区	Xixiu	441.38	47.40	158.25	136.40	235.73	9.5
平坝区	Pingba	145.65	25.71	55.16	43.06	64.78	5.1
普定县	Puding	154.63	28.08	47.85	40.98	78.70	10.4
※镇宁县	Zhenning	129.88	30.14	28.17	19.76	71.57	9.8
※关岭县	Guanling	117.00	30.13	22.15	12.55	64.72	9.2
※紫云县	Ziyun	90.39	30.02	16.78	6.25	43.59	9.8
七星关区	Qixingguan	540.52	100.98	141.82	98.18	297.73	6.5
大方县	Dafang	244.76	54.84	57.66	43.54	132.26	6.4
金沙县	Jinsha	259.34	45.99	109.55	94.23	103.81	8.3
织金县	Zhijin	235.60	50.28	71.99	58.82	113.33	7.9
纳雍县	Nayong	187.24	44.66	56.56	48.45	86.01	6.8
※威宁县	Weining	308.99	125.55	51.23	37.07	132.22	5.9
赫章县	Hezhang	162.78	54.91	27.28	21.75	80.60	5.7
黔西市	Qianxi	242.24	49.29	74.84	59.59	118.11	7.3
碧江区	Bijiang	255.37	19.31	87.66	55.40	148.39	10.0
万山区	Wanshan	86.46	13.52	30.85	19.99	42.09	8.6

注:1.※为少数民族自治县(以下相关表同)。2.表中绝对数按当年价格计算,增长速度按可比价格计算。

Note: 1.Counties with ※ refer to autonomous counties (the relative tables in this chapter are the same). 2. Absolute Figures in the table are calculated at current prices, and increase rates are calculated at comparable prices.

25-28 续表 continued (2021)

单位:亿元 (100 million yuan)

县(市、区、特区)名 称	County (City, District, Special Region)	地区生产总值 Gross Domestic Product	第一产业增加值 Primary Industry	第二产业增加值 Secondary Industry	#工 业 Industry	第三产业增加值 Tertiary Industry	2021年比2020年增长(%) Increase Rate in 2021 over 2020(%)
江口县	Jiangkou	77.35	20.86	14.49	6.69	42.00	8.7
※玉屏县	Yuping	104.82	13.51	43.97	37.91	47.34	9.1
石阡县	Shiqian	126.12	37.45	21.65	13.17	67.02	8.2
思南县	Sinan	190.97	49.90	46.54	31.66	94.54	8.0
※印江县	Yinjiang	130.74	38.45	25.11	17.70	67.17	8.0
德江县	Dejiang	159.26	37.95	32.41	16.57	88.90	8.2
※沿河县	Yanhe	144.54	41.54	21.07	15.59	81.94	8.6
※松桃县	Songtao	187.01	43.54	43.78	34.27	99.69	8.2
兴义市	Xingyi	548.40	51.10	195.64	139.11	301.66	9.3
兴仁市	Xingren	216.55	36.52	88.40	68.49	91.63	10.4
普安县	Puan	112.14	24.26	37.54	27.85	50.35	10.1
晴隆县	Qinglong	95.56	24.28	25.12	20.49	46.16	6.3
贞丰县	Zhenfeng	169.67	33.49	72.18	63.11	64.00	9.8
望谟县	Wangmo	112.22	31.67	22.37	10.40	58.18	9.6
册亨县	Ceheng	87.88	25.84	20.56	8.68	41.48	7.8
安龙县	Anlong	163.94	38.14	61.48	47.49	64.33	9.3
凯里市	Kaili	295.41	20.92	56.81	30.08	217.68	4.6
黄平县	Huangping	72.67	23.49	13.17	5.05	36.01	4.8
施秉县	Shibing	39.78	12.03	7.89	2.39	19.87	8.7
三穗县	Sansui	54.20	11.61	13.91	6.11	28.68	5.9
镇远县	Zhenyuan	67.02	17.59	14.58	10.70	34.84	8.3
岑巩县	Cengong	62.78	11.77	18.46	15.39	32.55	4.4
天柱县	Tianzhu	87.31	23.34	20.64	13.15	43.33	6.8
锦屏县	Jinping	60.12	11.53	22.47	16.10	26.12	0.4
剑河县	Jianhe	62.35	15.54	12.01	3.33	34.80	4.5
台江县	Taijiang	40.79	9.68	12.30	9.25	18.81	-9.9
黎平县	Liping	103.85	25.70	23.96	11.72	54.20	5.6
榕江县	Rongjiang	89.90	23.01	17.28	10.21	49.61	6.2
从江县	Congjiang	80.62	23.30	14.14	9.22	43.17	9.4
雷山县	Leishan	46.22	9.87	7.21	3.65	29.15	8.7
麻江县	Majiang	47.12	11.31	9.38	6.21	26.42	7.0
丹寨县	Danzhai	44.90	9.99	10.35	5.82	24.56	7.7
都匀市	Duyun	234.48	24.30	37.01	22.46	173.17	3.8
福泉市	Fuquan	217.22	21.43	111.37	83.44	84.42	12.3
荔波县	Libo	74.65	13.04	11.31	6.61	50.30	10.6
贵定县	Guiding	130.14	16.99	61.90	49.55	51.25	2.9
瓮安县	Wengan	171.31	33.85	55.47	46.02	81.98	8.5
独山县	Dushan	142.63	25.20	56.92	50.92	60.51	8.4
平塘县	Pingtang	97.72	26.17	20.11	12.19	51.45	7.4
罗甸县	Luodian	90.64	22.51	27.11	19.41	41.02	11.0
长顺县	Changshun	93.25	18.78	31.28	23.05	43.18	8.7
龙里县	Longli	250.69	15.51	133.66	108.95	101.52	12.4
惠水县	Huishui	148.78	30.98	54.13	48.45	63.67	5.0
※三都县	Sandu	95.90	25.73	24.43	10.33	45.73	8.9

25-29 各县(市、区、特区)人均地区生产总值(2021)

Per Capita Gross Domestic Product by County (City, District, Special Region)

单位:元 (yuan)

县(市、区、特区)名 称	County (City, District, Special Region)	人均地区生产总值 Per Capita Gross Domestic Product (yuan)	比上年增长(%) Increase Rate over Preceding Year (%)
南明区	Nanming	92384	5.1
云岩区	Yunyan	88909	6.9
花溪区	Huaxi	72159	6.0
乌当区	Wudang	55457	5.3
白云区	Baiyun	56387	4.4
观山湖区	Guanshanhu	108896	4.2
开阳县	Kaiyang	76643	8.0
息烽县	Xifeng	74729	4.9
修文县	Xiuwen	66993	0.3
清镇市	Qingzhen	46997	3.1
钟山区	Zhongshan	43712	1.6
六枝特区	Liuzhi	26535	6.6
水城区	Shuicheng	55333	14.1
盘州市	Panzhou	59645	10.2
红花岗区	Honghuagang	49596	12.3
汇川区	Huichuan	72826	9.8
播州区	Bozhou	48390	3.2
桐梓县	Tongzi	33480	5.8
绥阳县	Suiyang	32091	11.4
正安县	Zhengan	34651	10.5
※道真县	Daozhen	36412	9.8
※务川县	Wuchuan	29615	4.8
凤冈县	Fenggang	31619	11.0
湄潭县	Meitan	35202	9.6
余庆县	Yuqing	42363	9.4
习水县	Xishui	40797	12.9
赤水市	Chishui	47713	10.1
仁怀市	Renhuai	238854	11.8
西秀区	Xixiu	50584	8.5
平坝区	Pingba	42045	4.9
普定县	Puding	41272	12.4
※镇宁县	Zhenning	43685	10.5
※关岭县	Guanling	41372	10.4
※紫云县	Ziyun	30998	9.7
七星关区	Qixingguan	41572	6.4
大方县	Dafang	28646	6.5
金沙县	Jinsha	47849	9.1
织金县	Zhijin	28993	8.3
纳雍县	Nayong	26224	7.0
※威宁县	Weining	24229	6.4
赫章县	Hezhang	25197	6.3
黔西市	Qianxi	33218	7.7
碧江区	Bijiang	57399	9.1
万山区	Wanshan	53686	8.2
江口县	Jiangkou	42002	8.8
※玉屏县	Yuping	69975	9.3
石阡县	Shiqian	42979	9.5
思南县	Sinan	41793	8.6
※印江县	Yinjiang	44522	7.9
德江县	Dejiang	40466	8.0
※沿河县	Yanhe	33642	8.5
※松桃县	Songtao	38627	9.0
兴义市	Xingyi	54597	8.5
兴仁市	Xingren	51035	10.9
普安县	Puan	46315	11.8
晴隆县	Qinglong	40974	7.7
贞丰县	Zhenfeng	55413	10.5
望谟县	Wangmo	47905	11.4
册亨县	Ceheng	46447	8.2
安龙县	Anlong	43747	9.1
凯里市	Kaili	41419	3.4
黄平县	Huangping	29893	5.8
施秉县	Shibing	31811	9.6
三穗县	Sansui	33427	6.4
镇远县	Zhenyuan	35468	9.4
岑巩县	Cengong	37430	5.0
天柱县	Tianzhu	32045	7.3
锦屏县	Jinping	38888	1.0
剑河县	Jianhe	33211	4.8
台江县	Taijiang	33319	-10.0
黎平县	Liping	25267	6.1
榕江县	Rongjiang	30338	6.7
从江县	Congjiang	25794	9.7
雷山县	Leishan	37164	9.1
麻江县	Majiang	36079	5.9
丹寨县	Danzhai	32519	7.8
都匀市	Duyun	44170	3.7
福泉市	Fuquan	72721	12.9
荔波县	Libo	48211	11.4
贵定县	Guiding	51901	3.3
瓮安县	Wengan	43244	9.3
独山县	Dushan	53875	9.4
平塘县	Pingtang	41662	8.4
罗甸县	Luodian	36807	6.6
长顺县	Changshun	46196	9.4
龙里县	Longli	106339	12.3
惠水县	Huishui	37481	5.1
※三都县	Sandu	34596	9.9

25-30 各县(市、区、特区)年末常住人口

Permanent Population at Year-end by County (City, District, Special Region)

单位:万人 (10000 persons)

县(市、区、特区)名　称	County (City, District, Special Region)	2017	2018	2019	2020	2021
南明区	Nanming	100.68	101.70	103.90	104.83	106.82
云岩区	Yunyan	103.62	104.63	105.25	105.72	107.72
花溪区	Huaxi	92.59	95.61	96.39	96.67	98.49
乌当区	Wudang	34.83	34.43	34.33	33.66	34.30
白云区	Baiyun	39.43	40.76	44.21	45.65	46.49
观山湖区	Guanshanhu	59.89	60.64	63.39	64.29	65.54
开阳县	Kaiyang	34.95	34.87	34.56	34.41	35.04
息烽县	Xifeng	21.48	21.46	21.52	21.99	22.39
修文县	Xiuwen	27.56	27.95	28.61	28.82	29.34
清镇市	Qingzhen	59.88	61.19	62.46	62.94	64.10
钟山区	Zhongshan	66.17	66.55	67.11	79.54	79.09
六枝特区	Liuzhi	53.04	53.25	53.53	53.71	53.42
水城区	Shuicheng	74.37	74.47	74.60	62.59	62.26
盘州市	Panzhou	106.83	107.03	107.29	107.46	106.94
红花岗区	Honghuagang	95.96	96.27	97.07	97.26	97.05
汇川区	Huichuan	61.87	62.07	62.49	62.82	62.68
播州区	Bozhou	74.68	75.20	75.87	76.21	76.02
桐梓县	Tongzi	52.73	52.80	52.87	52.94	52.78
绥阳县	Suiyang	37.98	37.97	37.96	37.95	37.84
正安县	Zhengan	39.44	39.51	39.58	39.65	39.53
※道真县	Daozhen	24.38	24.37	24.37	24.36	24.29
※务川县	Wuchuan	31.24	31.11	30.97	30.84	30.74
凤冈县	Fenggang	30.67	30.58	30.49	30.40	30.31
湄潭县	Meitan	37.43	37.38	37.33	37.28	37.17
余庆县	Yuqing	22.68	22.58	22.49	22.39	22.33
习水县	Xishui	56.91	57.67	58.24	58.54	58.38
赤水市	Chishui	24.54	24.62	24.73	24.76	24.69
仁怀市	Renhuai	63.57	64.34	65.28	65.58	65.42
西秀区	Xixiu	84.65	85.23	85.85	87.08	87.43
平坝区	Pingba	33.72	34.03	34.47	34.73	34.55
普定县	Puding	38.43	38.39	38.68	37.65	37.28
※镇宁县	Zhenning	29.71	29.87	29.85	29.98	29.48
※关岭县	Guanling	29.05	28.76	28.80	28.36	28.20
※紫云县	Ziyun	28.95	29.09	28.90	29.38	28.94
七星关区	Qixingguan	126.35	127.74	129.27	130.57	129.47
大方县	Dafang	83.99	84.59	85.27	85.80	85.08
金沙县	Jinsha	55.40	55.07	54.80	54.43	53.97
织金县	Zhijin	81.33	81.42	81.59	81.60	80.92
纳雍县	Nayong	70.87	71.14	71.48	71.70	71.10
※威宁县	Weining	128.68	128.47	128.39	128.07	126.99
赫章县	Hezhang	65.46	65.27	65.13	64.88	64.33
黔西市	Qianxi	72.74	72.91	73.13	73.23	72.62
碧江区	Bijiang	41.46	43.73	44.06	44.21	44.77
万山区	Wanshan	13.92	15.79	16.05	16.06	16.15

注:1.由于行政区划调整,红花岗区、汇川区、播州区数据为现行政区划统计数。2. 2017-2019年数据为根据第七次人口普查数据采用趋势离差法进行修订

Note: Due to the adjustment of administrative divisions, the data of Honghuagang District, Huichuan District and Bozhou District are the statistics of current administrative divisions. 2. The data from 2017 to 2019 are revised by the trend disoersion method according to the data of the seventh population census.

25-30 续表 continued

单位：万人 (10000 persons)

县(市、区、特区)名称	County (City, District, Special Region)	2017	2018	2019	2020	2021
江口县	Jiangkou	18.16	18.36	18.40	18.48	18.35
※玉屏县	Yuping	13.91	14.74	14.99	15.05	14.91
石阡县	Shiqian	30.16	29.69	29.70	29.72	28.97
思南县	Sinan	47.52	46.14	46.05	45.85	45.54
※印江县	Yinjiang	29.09	29.07	29.27	29.45	29.28
德江县	Dejiang	39.49	38.94	39.22	39.37	39.34
※沿河县	Yanhe	43.94	42.80	42.91	43.01	42.92
※松桃县	Songtao	49.39	48.80	48.81	48.80	48.03
兴义市	Xingyi	95.44	96.87	98.99	100.43	100.46
兴仁市	Xingren	42.55	42.62	42.65	42.59	42.27
普安县	Puan	25.36	25.21	24.88	24.31	24.11
晴隆县	Qinglong	24.50	24.22	23.82	23.43	23.21
贞丰县	Zhenfeng	30.83	30.90	30.88	30.75	30.49
望谟县	Wangmo	24.68	24.34	24.05	23.54	23.31
册亨县	Ceheng	19.05	19.00	18.98	18.99	18.85
安龙县	Anlong	36.60	36.88	37.21	37.60	37.35
凯里市	Kaili	68.22	69.12	70.13	70.93	71.72
黄平县	Huangping	25.06	24.85	24.67	24.42	24.20
施秉县	Shibing	12.85	12.75	12.68	12.56	12.45
三穗县	Sansui	16.23	16.25	16.30	16.29	16.14
镇远县	Zhenyuan	19.55	19.36	19.20	18.98	18.81
岑巩县	Cengong	16.86	16.86	16.88	16.85	16.69
天柱县	Tianzhu	27.34	27.36	27.40	27.37	27.12
锦屏县	Jinping	15.61	15.59	15.58	15.53	15.39
剑河县	Jianhe	18.66	18.73	18.83	18.86	18.69
台江县	Taijiang	11.85	12.00	12.17	12.30	12.19
黎平县	Liping	41.17	41.22	41.32	41.29	40.91
榕江县	Rongjiang	29.73	29.75	29.80	29.77	29.50
从江县	Congjiang	30.97	31.12	31.31	31.40	31.11
雷山县	Leishan	12.39	12.43	12.48	12.49	12.38
麻江县	Majiang	11.97	12.34	12.74	13.12	13.00
丹寨县	Danzhai	13.54	13.65	13.78	13.87	13.74
都匀市	Duyun	51.36	52.04	52.81	53.35	52.82
福泉市	Fuquan	30.02	30.03	30.08	30.00	29.74
荔波县	Libo	15.52	15.56	15.61	15.60	15.37
贵定县	Guiding	24.97	25.06	25.18	25.19	24.96
瓮安县	Wengan	39.97	39.95	39.98	39.83	39.40
独山县	Dushan	27.04	26.91	26.82	26.62	26.33
平塘县	Pingtang	23.78	23.74	23.72	23.61	23.30
罗甸县	Luodian	23.78	23.74	23.72	23.61	25.64
长顺县	Changshun	20.27	20.29	20.34	20.30	20.07
龙里县	Longli	22.29	22.79	23.34	23.79	23.36
惠水县	Huishui	38.75	39.14	39.60	39.87	39.52
※三都县	Sandu	28.46	28.27	28.11	27.83	27.61

25-31 各县(市、区、特区)户籍人口

Household Registered Population by County (City, District, Special Region)

单位:万人 (10000 persons)

县(市、区、特区)名称	County (City, District, Special Region)	2021	2020	县(市、区、特区)名称	County (City, District, Special Region)	2021	2020
南明区	Nanming	67.33	66.64	万山区	Wanshan	20.39	20.47
云岩区	Yunyan	70.50	69.36	江口县	Jiangkou	25.24	25.15
花溪区	Huaxi	56.32	55.16	※玉屏县	Yuping	17.63	17.56
乌当区	Wudang	23.53	23.11	石阡县	Shiqian	41.35	41.33
白云区	Baiyun	24.70	24.00	思南县	Sinan	66.89	66.84
观山湖区	Guanshanhu	39.01	36.38	※印江县	Yinjiang	44.54	44.46
开阳县	Kaiyang	45.72	45.75	德江县	Dejiang	55.58	55.32
息烽县	Xifeng	27.85	27.80	※沿河县	Yanhe	69.37	69.02
修文县	Xiuwen	33.69	33.51	※松桃县	Songtao	73.28	72.99
清镇市	Qingzhen	56.18	55.57				
				兴义市	Xingyi	93.69	92.94
钟山区	Zhongshan	68.48	48.94	兴仁市	Xingren	57.98	57.82
六枝特区	Liuzhi	76.08	75.84	普安县	Puan	36.04	35.94
水城区	Shuicheng	81.98	100.47	晴隆县	Qinglong	34.89	34.83
盘州市	Panxian	133.85	133.03	贞丰县	Zhenfeng	43.34	43.22
				望谟县	Wangmo	32.71	32.60
红花岗区	Honghuagang	83.47	82.63	册亨县	Ceheng	25.04	24.97
汇川区	Huichuan	58.70	58.16	安龙县	Anlong	49.76	49.65
播州区	Bozhou	89.78	89.42				
桐梓县	Tongzi	75.14	75.14	凯里市	Kaili	58.82	58.48
绥阳县	Suiyang	57.19	57.13	黄平县	Huangping	39.15	39.19
正安县	Zhengan	66.81	66.72	施秉县	Shibing	17.98	17.92
※道真县	Daozhen	35.26	35.31	三穗县	Sansui	23.34	23.33
※务川县	Wuchuan	48.57	48.37	镇远县	Zhenyuan	27.74	27.77
凤冈县	Fenggang	45.56	45.42	岑巩县	Cengong	24.04	23.99
湄潭县	Meitan	51.98	51.83	天柱县	Tianzhu	42.12	42.10
余庆县	Yuqing	31.09	31.09	锦屏县	Jinping	23.93	23.90
习水县	Xishui	78.93	78.76	剑河县	Jianhe	27.93	27.84
赤水市	Chishui	31.82	31.90	台江县	Taijiang	17.36	17.31
仁怀市	Renhuai	74.89	74.38	黎平县	Liping	58.04	57.80
				榕江县	Rongjiang	38.50	38.40
西秀区	Xixiu	94.34	94.38	从江县	Congjiang	39.30	39.08
平坝区	Pingba	37.87	38.59	雷山县	Leishan	16.54	16.51
普定县	Puding	52.00	52.38	麻江县	Majiang	17.11	17.11
※镇宁县	Zhenning	41.02	41.80	丹寨县	Danzhai	17.95	17.91
※关岭县	Guanling	40.87	41.33				
※紫云县	Ziyun	41.04	41.51	都匀市	Duyun	51.09	51.63
				福泉市	Fuquan	34.21	34.18
七星关区	Qixingguan	172.66	171.32	荔波县	Libo	18.58	18.56
大方县	Dafang	123.54	123.28	贵定县	Guiding	30.25	30.37
金沙县	Jinsha	71.22	71.22	瓮安县	Wengan	49.99	49.88
织金县	Zhijin	126.74	126.37	独山县	Dushan	35.81	35.87
纳雍县	Nayong	108.71	108.06	平塘县	Pingtang	33.70	33.78
※威宁县	Weining	160.25	159.14	罗甸县	Luodian	36.66	36.70
赫章县	Hezhang	89.15	88.63	长顺县	Changshun	27.37	27.43
黔西市	Qianxi	102.60	102.27	龙里县	Longli	24.53	24.51
				惠水县	Huishui	48.03	48.08
碧江区	Bijiang	35.04	34.89	※三都县	Sandu	38.09	38.40

注:资料来源于省公安厅。

Note: The data in the table above are obtained from the Guizhou Provincial Public Security Department.

25-32 各县(市、区、特区)一般公共预算收入(2021)

General Public Financial Budget Revenue by County (City, District, Special Region)

县(市、区、特区)名 称	County (City,District,Special Region)	一般公共预算收入(亿元) General Public Budget Revenue (100 million yuan)	#增值税 Value-added Tax	2021年比2020年增长(%) Increase Rate in 2021 over 2020(%)
南明区	Nanming	40.76	11.71	7.0
云岩区	Yunyan	33.89	8.56	2.5
花溪区	Huaxi	37.11	10.40	-0.5
乌当区	Wudang	16.09	5.05	10.6
白云区	Baiyun	29.94	10.21	-7.6
观山湖区	Guanshanhu	58.04	11.15	7.7
开阳县	Kaiyang	10.36	2.31	14.9
息烽县	Xifeng	5.38	0.99	3.2
修文县	Xiuwen	9.17	1.68	12.6
清镇市	Qingzhen	19.06	4.48	2.6
钟山区	Zhongshan	11.51	2.48	-13.7
六枝特区	Liuzhi	5.33	1.09	2.7
水城区	Shuicheng	13.21	2.53	1.6
盘州市	Panzhou	44.89	9.50	2.0
红花岗区	Honghuagang	26.63	6.83	5.0
汇川区	Huichuan	16.20	5.72	12.4
播州区	Bozhou	13.92	4.71	4.9
桐梓县	Tongzi	6.77	1.32	0.2
绥阳县	Suiyang	4.18	0.92	4.5
正安县	Zhengan	4.41	0.83	-18.1
※道真县	Daozhen	3.45	0.76	12.1
※务川县	Wuchuan	4.25	0.77	-22.9
凤冈县	Fenggang	3.52	0.57	10.6
湄潭县	Meitan	4.65	0.89	4.2
余庆县	Yuqing	2.67	0.82	-26.7
习水县	Xishui	16.62	5.09	13.2
赤水市	Chishui	4.86	0.85	4.0
仁怀市	Renhuai	85.83	39.38	16.3
西秀区	Xixiu	23.44	4.15	10.8
平坝区	Pingba	10.03	2.80	-3.5
普定县	Puding	5.39	0.63	2.8
※镇宁县	Zhenning	3.81	0.66	2.2
※关岭县	Guanling	4.62	0.67	12.7
※紫云县	Ziyun	3.01	0.40	2.5
七星关区	Qixingguan	25.18	5.48	-2.1
大方县	Dafang	6.97	1.20	2.1
金沙县	Jinsha	15.12	4.41	4.4
织金县	Zhijin	10.31	1.86	-11.0
纳雍县	Nayong	10.19	0.88	1.6
※威宁县	Weining	10.89	1.64	-19.2
赫章县	Hezhang	4.46	0.95	-31.1
黔西市	Qianxi	12.24	1.55	0.7
碧江区	Bijiang	15.81	4.03	3.8
万山区	Wanshan	5.07	1.68	21.2

注:资料来源于省财政厅(下表同)。
Note:The data in the table are obtained from Guizhou Provincial Finance Bureau(the same applies to the next table).

25-32 续表 continued

县(市、区、特区)名 称	County (City,District,Special Region)	一般公共预算收入(亿元) General Public Budget Revenue (100 million yuan)	#增值税 Value-added Tax	2021年比2020年增长(%) Increase Rate in 2021 over 2020 (%)
江口县	Jiangkou	2.52	0.55	10.4
※玉屏县	Yuping	4.20	0.89	0.9
石阡县	Shiqian	2.69	0.74	7.7
思南县	Sinan	3.75	1.05	-4.7
※印江县	Yinjiang	3.22	0.62	3.0
德江县	Dejiang	4.85	1.01	1.5
※沿河县	Yanhe	3.50	1.10	-5.1
※松桃县	Songtao	5.00	1.29	7.4
兴义市	Xingyi	38.15	4.22	26.5
兴仁市	Xingren	11.01	1.21	9.1
普安县	Puan	6.45	0.47	16.8
晴隆县	Qinglong	5.73	0.79	12.6
贞丰县	Zhenfeng	10.24	0.89	2.1
望谟县	Wangmo	4.52	0.58	14.8
册亨县	Ceheng	4.51	0.43	16.0
安龙县	Anlong	15.97	0.96	15.8
凯里市	Kaili	19.10	4.05	24.7
黄平县	Huangping	2.58	0.46	-8.1
施秉县	Shibing	1.61	0.27	17.8
三穗县	Sansui	1.75	0.31	4.2
镇远县	Zhenyuan	2.70	0.61	8.8
岑巩县	Cengong	2.18	0.52	-2.1
天柱县	Tianzhu	3.13	0.95	11.0
锦屏县	Jinping	2.18	0.57	2.1
剑河县	Jianhe	1.95	0.41	10.2
台江县	Taijiang	2.58	0.38	32.2
黎平县	Liping	3.18	0.64	11.7
榕江县	Rongjiang	2.80	0.65	8.1
从江县	Congjiang	2.63	0.39	1.3
雷山县	Leishan	1.79	0.23	17.3
麻江县	Majiang	1.49	0.29	6.6
丹寨县	Danzhai	1.51	0.28	3.8
都匀市	Duyun	17.61	2.63	2.8
福泉市	Fuquan	13.01	2.81	29.6
荔波县	Libo	3.02	0.55	7.6
贵定县	Guiding	8.05	1.09	3.1
瓮安县	Wengan	7.14	1.57	-28.8
独山县	Dushan	4.93	0.63	19.9
平塘县	Pingtang	3.14	0.42	4.7
罗甸县	Luodian	4.86	0.90	0.3
长顺县	Changshun	4.19	0.55	22.2
龙里县	Longli	16.17	3.31	3.6
惠水县	Huishui	6.32	1.14	-4.4
※三都县	Sandu	3.35	0.35	4.1

25-33 各县(市、区、特区)一般公共预算支出(2021)

General Public Budget Expenditure by County (City, District, Special Region)

县(市、区、特区)名称	County (City,District,Special Region)	一般公共预算支出(亿元) General Public Budget Expenditures (100 million yuan)	#教育支出 Expenditure for Education	2021年比2020年增长(%) Increase Rate in 2021 over 2020(%)
南明区	Nanming	72.55	14.50	-1.2
云岩区	Yunyan	53.17	14.45	3.6
花溪区	Huaxi	84.74	20.08	-0.3
乌当区	Wudang	26.39	6.56	-5.4
白云区	Baiyun	47.50	8.66	-9.7
观山湖区	Guanshanhu	76.95	10.26	2.7
开阳县	Kaiyang	32.08	9.00	-4.8
息烽县	Xifeng	20.28	6.02	-18.0
修文县	Xiuwen	20.21	6.35	-29.5
清镇市	Qingzhen	42.63	15.01	-6.6
钟山区	Zhongshan	37.56	12.90	15.7
六枝特区	Liuzhi	43.05	12.39	4.9
水城区	Shuicheng	71.55	16.69	4.5
盘州市	Panzhou	107.78	26.48	5.8
红花岗区	Honghuagang	70.64	17.62	4.3
汇川区	Huichuan	45.80	9.99	-6.3
播州区	Bozhou	52.67	14.98	1.5
桐梓县	Tongzi	42.62	10.52	-7.5
绥阳县	Suiyang	29.26	6.83	6.8
正安县	Zhengan	46.67	11.01	0.7
※道真县	Daozhen	44.16	6.37	64.7
※务川县	Wuchuan	31.62	8.12	-11.8
凤冈县	Fenggang	38.78	6.35	20.7
湄潭县	Meitan	29.92	7.66	-2.6
余庆县	Yuqing	22.55	6.59	2.6
习水县	Xishui	54.11	13.43	-1.2
赤水市	Chishui	34.41	5.31	-5.2
仁怀市	Renhuai	98.07	19.64	12.7
西秀区	Xixiu	63.57	14.63	-5.5
平坝区	Pingba	36.35	7.77	-10.8
普定县	Puding	27.86	7.11	-3.9
※镇宁县	Zhenning	25.93	5.74	0.8
※关岭县	Guanling	30.90	7.63	5.6
※紫云县	Ziyun	30.51	7.06	-21.5
七星关区	Qixingguan	84.42	28.88	-20.1
大方县	Dafang	56.70	15.68	-2.6
金沙县	Jinsha	44.08	12.86	-29.3
织金县	Zhijin	72.82	17.07	-5.5
纳雍县	Nayong	68.96	16.69	-14.4
※威宁县	Weining	108.72	33.93	-3.4
赫章县	Hezhang	53.38	14.49	-16.1
黔西市	Qianxi	53.25	11.60	2.3
碧江区	Bijiang	34.64	7.62	0.7
万山区	Wanshan	25.12	5.41	12.6

25-33 续表 continued(2021)

县(市、区、特区)名 称	County (City,District, Special Region)	一般公共预算支出(亿元) General Public Budget Expenditures (100 million yuan)	#教育支出 Expenditure for Education	2021年比2020年增长(%) Increase Rate in 2021 over 2020(%)
江口县	Jiangkou	25.46	5.20	1.6
※玉屏县	Yuping	31.60	4.55	2.4
石阡县	Shiqian	29.67	7.80	-5.3
思南县	Sinan	40.64	12.01	-15.6
※印江县	Yinjiang	30.44	8.33	-5.1
德江县	Dejiang	41.00	12.57	-3.8
※沿河县	Yanhe	56.05	13.11	-12.0
※松桃县	Songtao	50.52	12.55	-8.2
兴义市	Xingyi	75.40	26.51	1.7
兴仁市	Xingren	38.26	11.58	2.1
普安县	Puan	33.16	6.56	17.7
晴隆县	Qinglong	30.56	8.90	-30.2
贞丰县	Zhenfeng	36.47	8.88	-7.0
望谟县	Wangmo	39.19	10.22	-6.5
册亨县	Ceheng	25.64	5.95	-9.7
安龙县	Anlong	46.07	13.80	-1.3
凯里市	Kaili	65.64	14.29	39.6
黄平县	Huangping	22.15	7.05	-8.5
施秉县	Shibing	15.59	3.32	0.0
三穗县	Sansui	20.41	4.59	-0.4
镇远县	Zhenyuan	15.83	4.14	-5.8
岑巩县	Cengong	21.76	5.39	-6.0
天柱县	Tianzhu	27.16	6.83	-3.4
锦屏县	Jinping	20.81	4.04	4.2
剑河县	Jianhe	22.34	4.80	-4.0
台江县	Taijiang	17.69	3.37	7.7
黎平县	Liping	33.11	8.88	8.2
榕江县	Rongjiang	29.30	7.53	-29.4
从江县	Congjiang	30.60	7.32	-27.6
雷山县	Leishan	15.03	3.98	-2.4
麻江县	Majiang	14.81	3.05	-5.3
丹寨县	Danzhai	14.95	3.39	13.8
都匀市	Duyun	39.77	9.44	1.4
福泉市	Fuquan	33.71	6.87	0.2
荔波县	Libo	21.86	4.55	0.1
贵定县	Guiding	26.30	5.32	0.1
瓮安县	Wengan	36.59	8.37	-0.4
独山县	Dushan	28.55	6.13	0.8
平塘县	Pingtang	29.97	6.77	0.1
罗甸县	Luodian	31.05	6.69	-1.8
长顺县	Changshun	23.45	4.73	0.7
龙里县	Longli	39.17	6.73	8.8
惠水县	Huishui	34.88	8.53	0.7
※三都县	Sandu	33.24	8.01	0.3

25-34 各县(市、区、特区)城镇常住居民人均可支配收入

Per Capita Disposable income of Urban Households by County (City, District, Special Region)

单位:元 (yuan)

县(市、区、特区)名称	County (City,District, Special Region)	2021	2020	县(市、区、特区)名称	County (City,District, Special Region)	2021	2020
南明区	Nanming	44616	40906	万山区	Wanshan	37747	34740
云岩区	Yunyan	44743	40985	江口县	Jiangkou	36415	33481
花溪区	Huaxi	42985	39592	※玉屏县	※Yuping	37605	34755
乌当区	Wudang	42847	39428	石阡县	Shiqian	35432	32634
白云区	Baiyun	42858	39402	思南县	Sinan	36065	33130
观山湖区	Guanshanhu	43394	39713	※印江县	※Yinjiang	35483	32718
开阳县	Kaiyang	42857	39511	德江县	Dejiang	36249	33271
息烽县	Xifeng	41630	38204	※沿河县	※Yanhe	34971	32330
修文县	Xiuwen	42732	39250	※松桃县	※Songtao	35431	32715
清镇市	Qingzhen	42754	39307				
				兴义市	Xingyi	40608	37358
钟山区	Zhongshan	39811	36760	兴仁市	Xingren	36996	34032
六枝特区	Liuzhi	35111	32301	普安县	Puan	36690	33689
水城区	Shuicheng	35076	32298	晴隆县	Qinglong	36254	33292
盘州市	Panzhou	36143	33312	贞丰县	Zhenfeng	36807	33923
				望谟县	Wangmo	36250	33226
红花岗区	Honghuagang	43374	39622	册亨县	Ceheng	36510	33434
汇川区	Huichuan	43297	39733	安龙县	Anlong	36802	33888
播州区	Bozhou	42502	38932				
桐梓县	Tongzi	36379	33538	凯里市	Kaili	39546	36552
绥阳县	Suiyang	37802	34595	黄平县	Huangping	37113	34291
正安县	Zhengan	36747	33784	施秉县	Shibing	36681	33695
※道真县	※Daozhen	36625	33611	三穗县	Sansui	37842	34912
※务川县	※Wuchuan	36796	33736	镇远县	Zhenyuan	36932	34083
凤冈县	Fenggang	36451	33573	岑巩县	Cengong	36622	33728
湄潭县	Meitan	39856	36676	天柱县	Tianzhu	36550	33668
余庆县	Yuqing	36256	33363	锦屏县	Jinping	35901	33177
习水县	Xishui	38010	34687	剑河县	Jianhe	36390	33542
赤水市	Chishui	39608	36215	台江县	Taijiang	35088	32438
仁怀市	Renhuai	43575	39730	黎平县	Liping	37001	34203
				榕江县	Rongjiang	36232	33433
西秀区	Xixiu	39331	35984	从江县	Congjiang	37474	34478
平坝区	Pingba	36755	33597	雷山县	Leishan	36794	33967
普定县	Puding	35178	32333	麻江县	Majiang	36246	33290
※镇宁县	※Zhenning	34866	31987	丹寨县	Danzhai	37533	34701
※关岭县	※Guanling	34717	31880				
※紫云县	※Ziyun	33321	30514	都匀市	Duyun	41947	38625
				福泉市	Fuquan	40317	37022
七星关区	Qixingguan	39384	36147	荔波县	Libo	37664	34523
大方县	Dafang	36051	33147	贵定县	Guiding	37240	34450
金沙县	Jinsha	39051	36042	瓮安县	Wengan	39369	36185
织金县	Zhijin	35945	32961	独山县	Dushan	37749	34889
纳雍县	Nayong	36325	33432	平塘县	Pingtang	36719	33781
※威宁县	※Weining	35952	33027	罗甸县	Luodian	35911	33098
赫章县	Hezhang	35783	32960	长顺县	Changshun	35701	32905
黔西市	Qianxi	36715	33818	龙里县	Longli	40112	36800
				惠水县	Huishui	38283	35349
碧江区	Bijiang	40128	36996	※三都县	※Sandu	35874	32912

25-35 各县(市、区、特区)农村常住居民人均可支配收入

Per Capita Net Income of Rural Households by County (City, District, Special Region)

单位:元 (yuan)

县(市、区、特区)名称	County (City,District, Special Region)	2021	2020
南明区	Nanming	—	—
云岩区	Yunyan	—	—
花溪区	Huaxi	21259	19293
乌当区	Wudang	22314	20288
白云区	Baiyun	23547	21428
观山湖区	Guanshanhu	22475	20359
开阳县	Kaiyang	19822	17973
息烽县	Xifeng	18893	17208
修文县	Xiuwen	19095	17329
清镇市	Qingzhen	20113	18270
钟山区	Zhongshan	17250	15639
六枝特区	Liuzhi	12825	11565
水城区	Shuicheng	12512	11272
盘州市	Panzhou	13796	12417
红花岗区	Honghuagang	19165	17328
汇川区	Huichuan	19109	17309
播州区	Bozhou	18743	17070
桐梓县	Tongzi	15731	14301
绥阳县	Suiyang	16752	15216
正安县	Zhengan	13588	12330
※道真县	※Daozhen	13423	12214
※务川县	※Wuchuan	13479	12198
凤冈县	Fenggang	14876	13487
湄潭县	Meitan	17495	15934
余庆县	Yuqing	15297	13943
习水县	Xishui	14058	12683
赤水市	Chishui	16424	14831
仁怀市	Renhuai	16341	14775
西秀区	Xixiu	15749	14304
平坝区	Pingba	13490	12241
普定县	Puding	12167	11005
※镇宁县	※Zhenning	11667	10539
※关岭县	※Guanling	11638	10541
※紫云县	※Ziyun	11637	10539
七星关区	Qixingguan	12625	11378
大方县	Dafang	12528	11333
金沙县	Jinsha	13717	12374
织金县	Zhijin	12447	11256
纳雍县	Nayong	11829	10681
※威宁县	※Weining	12440	11241
赫章县	Hezhang	11703	10596
黔西市	Qianxi	12717	11451
碧江区	Bijiang	16932	15273
万山区	Wanshan	12393	11208
江口县	Jiangkou	12110	10902
※玉屏县	※Yuping	15312	13882
石阡县	Shiqian	12022	10861
思南县	Sinan	11882	10689
※印江县	※Yinjiang	11716	10601
德江县	Dejiang	11854	10683
※沿河县	※Yanhe	11683	10575
※松桃县	※Songtao	11788	10645
兴义市	Xingyi	16015	14533
兴仁市	Xingren	12419	11280
普安县	Puan	11752	10644
晴隆县	Qinglong	11121	10073
贞丰县	Zhenfeng	12215	11094
望谟县	Wangmo	10824	9778
册亨县	Ceheng	11076	10024
安龙县	Anlong	11955	10839
凯里市	Kaili	15698	14184
黄平县	Huangping	11757	10613
施秉县	Shibing	12746	11477
三穗县	Sansui	12684	11440
镇远县	Zhenyuan	12398	11179
岑巩县	Cengong	12396	11172
天柱县	Tianzhu	12514	11283
锦屏县	Jinping	11433	10318
剑河县	Jianhe	11570	10437
台江县	Taijiang	11159	10063
黎平县	Liping	11610	10482
榕江县	Rongjiang	11753	10571
从江县	Congjiang	12316	11067
雷山县	Leishan	12318	11115
麻江县	Majiang	11856	10714
丹寨县	Danzhai	12094	10912
都匀市	Duyun	15972	14468
福泉市	Fuquan	14675	13221
荔波县	Libo	13633	12293
贵定县	Guiding	14265	12921
瓮安县	Wengan	14771	13331
独山县	Dushan	14072	12724
平塘县	Pingtang	13394	12165
罗甸县	Luodian	13924	12578
长顺县	Changshun	13574	12317
龙里县	Longli	14959	13464
惠水县	Huishui	14255	12924
※三都县	※Sandu	13530	12167

25-36 各县(市、区、特区)乡村从业人员

Number of Rural Employees by County (City, District, Special Region)

单位:人 (person)

县(市、区、特区)名 称	County (City,District, Special Region)	2021	2020
南明区	Nanming	46659	46175
云岩区	Yunyan	13157	22069
花溪区	Huaxi	164562	163713
乌当区	Wudang	74315	76925
白云区	Baiyun	49292	48824
观山湖区	Guanshanhu	36449	49210
开阳县	Kaiyang	186612	178058
息烽县	Xifeng	114303	112256
修文县	Xiuwen	162062	166555
清镇市	Qingzhen	200479	200948
钟山区	Zhongshan	175235	78933
六枝特区	Liuzhi	291338	291424
水城区	Shuicheng	350085	447035
盘州市	Panzhou	485702	485009
红花岗区	Honghuagang	244053	246544
汇川区	Huichuan	216305	215262
播州区	Bozhou	476745	470424
桐梓县	Tongzi	368190	385542
绥阳县	Suiyang	321670	319722
正安县	Zhengan	258976	378262
※道真县	Daozhen	179681	186257
※务川县	Wuchuan	218576	235657
凤冈县	Fenggang	189471	188640
湄潭县	Meitan	260141	260360
余庆县	Yuqing	163621	164630
习水县	Xishui	328244	328890
赤水市	Chishui	136277	137088
仁怀市	Renhuai	289041	300980
西秀区	Xixiu	343798	354604
平坝区	Pingba	197570	196396
普定县	Puding	196987	192751
※镇宁县	Zhenning	165071	168123
※关岭县	Guanling	185030	183428
※紫云县	Ziyun	236366	242019
七星关区	Qixingguan	662458	697829
大方县	Dafang	670034	612462
金沙县	Jinsha	228344	227734
织金县	Zhijin	466313	471090
纳雍县	Nayong	350670	351462
※威宁县	Weining	670195	596392
赫章县	Hezhang	413747	413690
黔西市	Qianxi	389342	328317
碧江区	Bijiang	82011	92441
万山区	Wanshan	52685	52702
江口县	Jiangkou	83616	79153
※玉屏县	Yuping	84790	85513
石阡县	Shiqian	192899	198790
思南县	Sinan	285694	295195
※印江县	Yinjiang	198849	199460
德江县	Dejiang	156395	156320
※沿河县	Yanhe	177867	182205
※松桃县	Songtao	215797	216396
兴义市	Xingyi	391933	407997
兴仁市	Xingren	243221	225576
普安县	Puan	173130	169697
晴隆县	Qinglong	136263	139382
贞丰县	Zhenfeng	195881	229179
望谟县	Wangmo	175094	172552
册亨县	Ceheng	93986	87200
安龙县	Anlong	284702	287779
凯里市	Kaili	207726	213934
黄平县	Huangping	210400	212883
施秉县	Shibing	50571	67780
三穗县	Sansui	119079	121094
镇远县	Zhenyuan	110675	121182
岑巩县	Cengong	134215	136824
天柱县	Tianzhu	216884	221283
锦屏县	Jinping	108875	118460
剑河县	Jianhe	124846	126808
台江县	Taijiang	89692	91268
黎平县	Liping	234179	239337
榕江县	Rongjiang	143365	163269
从江县	Congjiang	176919	182422
雷山县	Leishan	79128	80998
麻江县	Majiang	89229	98290
丹寨县	Danzhai	94601	96277
都匀市	Duyun	166187	173486
福泉市	Fuquan	127229	127009
荔波县	Libo	101759	102823
贵定县	Guiding	136240	133557
瓮安县	Wengan	257345	276589
独山县	Dushan	184341	187368
平塘县	Pingtang	201598	204240
罗甸县	Luodian	172703	173419
长顺县	Changshun	107048	130084
龙里县	Longli	120587	130189
惠水县	Huishui	246872	247339
※三都县	Sandu	195888	197226

25-37 各县(市、区、特区)农林牧渔业增加值(2021)

Added Value of Farming, Forestry, Animal Husbandry, Fishery and Their Professional and Support Activities

单位:亿元 (100 million yuan)

县(t市、区、特区)名 称	County (City,District, Special Region)	2021	比上年增长(%) Increase Rate over Preceding Year (%)
南明区	Nanming	1.32	7.1
云岩区	Yunyan	0.21	1.3
花溪区	Huaxi	20.11	7.8
乌当区	Wudang	22.48	7.7
白云区	Baiyun	8.87	7.3
观山湖区	Guanshanhu	5.19	7.4
开阳县	Kaiyang	47.42	8.0
息烽县	Xifeng	28.05	7.9
修文县	Xiuwen	34.41	7.9
清镇市	Qingzhen	38.29	7.5
钟山区	Zhongshan	19.58	7.5
六枝特区	Liuzhi	46.87	6.7
水城区	Shuicheng	45.45	8.0
盘州市	Panzhou	78.55	7.1
红花岗区	Honghuagang	44.10	7.5
汇川区	Huichuan	34.50	7.4
播州区	Bozhou	69.20	7.7
桐梓县	Tongzi	45.82	7.2
绥阳县	Suiyang	47.02	7.7
正安县	Zhengan	37.75	7.5
※道真县	Daozhen	30.52	8.2
※务川县	Wuchuan	28.78	-0.6
凤冈县	Fenggang	35.57	7.7
湄潭县	Meitan	40.46	8.1
余庆县	Yuqing	29.32	7.7
习水县	Xishui	43.96	7.9
赤水市	Chishui	24.28	7.6
仁怀市	Renhuai	38.03	6.4
西秀区	Xixiu	49.61	8.0
平坝区	Pingba	27.06	8.0
普定县	Puding	29.40	8.1
※镇宁县	Zhenning	31.21	8.3
※关岭县	Guanling	31.49	8.2
※紫云县	Ziyun	31.73	7.9
七星关区	Qixingguan	104.71	7.8
大方县	Dafang	58.56	7.8
金沙县	Jinsha	49.66	7.9
织金县	Zhijin	53.86	7.9
纳雍县	Nayong	47.18	7.7
※威宁县	Weining	131.48	8.0
赫章县	Hezhang	57.88	7.5
黔西市	Qianxi	52.08	7.7
碧江区	Bijiang	20.18	8.7
万山区	Wanshan	14.48	8.0
江口县	Jiangkou	22.22	7.5
※玉屏县	Yuping	14.41	7.1
石阡县	Shiqian	38.62	8.0
思南县	Sinan	52.27	8.5
※印江县	Yinjiang	40.14	8.0
德江县	Dejiang	40.30	7.5
※沿河县	Yanhe	43.00	8.6
※松桃县	Songtao	46.00	7.5
兴义市	Xingyi	53.96	7.1
兴仁市	Xingren	38.70	7.2
普安县	Puan	25.47	7.3
晴隆县	Qinglong	25.59	7.4
贞丰县	Zhenfeng	35.64	8.0
望谟县	Wangmo	33.22	7.8
册亨县	Ceheng	27.42	7.6
安龙县	Anlong	40.46	7.8
凯里市	Kaili	21.91	7.3
黄平县	Huangping	24.45	7.6
施秉县	Shibing	12.48	7.7
三穗县	Sansui	12.18	7.8
镇远县	Zhenyuan	18.10	7.3
岑巩县	Cengong	13.54	7.7
天柱县	Tianzhu	24.17	7.6
锦屏县	Jinping	12.05	7.5
剑河县	Jianhe	16.01	7.4
台江县	Taijiang	10.10	7.4
黎平县	Liping	26.60	7.4
榕江县	Rongjiang	23.69	7.0
从江县	Congjiang	24.20	7.5
雷山县	Leishan	10.30	7.1
麻江县	Majiang	12.53	7.3
丹寨县	Danzhai	10.62	7.3
都匀市	Duyun	25.40	7.4
福泉市	Fuquan	21.74	7.8
荔波县	Libo	14.48	7.1
贵定县	Guiding	18.00	7.7
瓮安县	Wengan	35.24	7.1
独山县	Dushan	26.16	7.9
平塘县	Pingtang	26.93	7.4
罗甸县	Luodian	23.65	7.7
长顺县	Changshun	20.56	8.0
龙里县	Longli	16.28	7.6
惠水县	Huishui	32.60	7.3
※三都县	Sandu	26.65	7.5

25-38 各县(市、区、特区)油菜籽、烤烟产量(2021)

Output of Rapeseed and Flue-cured Tobacco and Its Order by County (City, District, Special Region)

县(市、区、特区)名 称	County (City,District, Special Region)	油菜籽产量(吨) Output of Rapeseeds (ton)	2021比2020年增长(%) Increase Rate in 2021 over 2020(%)	烤烟产量(吨) Output of Flue-cured Tobacco (ton)	2021比2020年增长(%) Increase Rate in 2021 over 2020(%)
南明区	Nanming				
云岩区	Yunyan				
花溪区	Huaxi	1282	45.0		
乌当区	Wudang	1091	137.2	47	190.6
白云区	Baiyun	243	92.9		
观山湖区	Guanshanhu	263	135.2		
开阳县	Kaiyang	15742	8.5	2533	1.3
息烽县	Xifeng	3525	21.3	575	15.0
修文县	Xiuwen	4739	2.1	526	5.2
清镇市	Qingzhen	15845	2.3	1378	14.8
钟山区	Zhongshan			4263	1191.7
六枝特区	Liuzhi	12936	-5.0	129	25.2
水城区	Shuicheng	120	-74.8	6581	-19.6
盘州市	Panzhou	12372	1.9	5170	15.5
红花岗区	Honghuagang	8037	3.5	790	26.2
汇川区	Huichuan	10853	1.3	4543	33.0
播州区	Bozhou	49383	1.0	5551	-4.1
桐梓县	Tongzi	12692	5.5	4975	2.4
绥阳县	Suiyang	18661	2.2	5065	8.5
正安县	Zhengan	12897	-2.5	4885	3.9
※道真县	Daozhen	11032	9.8	5092	4.3
※务川县	Wuchuan	6315	-21.6	9337	24.2
凤冈县	Fenggang	14210	2.4	5352	0.0
湄潭县	Meitan	15158	-1.4	5227	3.5
余庆县	Yuqing	4705	5.2	5161	-1.3
习水县	Xishui	8210	7.2	817	20.3
赤水市	Chishui	543	29.8		
仁怀市	Renhuai	7028	1.5	726	45.5
西秀区	Xixiu	35603	18.2	1431	-38.7
平坝区	Pingba	9193	14.0	1235	-2.4
普定县	Puding	7303	16.3	369	31.8
※镇宁县	Zhenning	13472	21.2		
※关岭县	Guanling	6246	2.6	36	
※紫云县	Ziyun	20738	31.0	902	-24.3
七星关区	Qixingguan	8394	18.3	4618	-9.3
大方县	Dafang	8292	4.6	8920	-1.8
金沙县	Jinsha	27095	-0.2	3200	2.2
织金县	Zhijin	18505	-2.6	3298	-0.5
纳雍县	Nayong	2122	82.9	3255	1.5
※威宁县	Weining	1	-33.8	26699	0.7
赫章县	Hezhang	88	-16.2	5400	4.3
黔西市	Qianxi	70182	2.9	5231	-2.1
碧江区	Bijiang	2548	6.4		
万山区	Wanshan	4355	6.8		

25-38 续表 continued(2021)

县(市、区、特区)名 称	County (City,District, Special Region)	油菜籽产量(吨) Output of Rapeseeds(ton)	2021比2020年增长(%) Increase Rate in 2021 over 2020(%)	烤烟产量(吨) Output of Flue-cured Tobacco (ton)	2021比2020年增长(%) Increase Rate in 2021 over 2020(%)
江口县	Jiangkou	6985	1.2	612.19	11.3
※玉屏县	Yuping	2742	3.0	33	37.5
石阡县	Shiqian	13512	3.3	3618	13.7
思南县	Sinan	17557	-14.0	1795	43.2
※印江县	Yinjiang	13046	3.6	1277	7.1
德江县	Dejiang	6684	1.8	3584	-14.3
※沿河县	Yanhe	8487	11.7	4773	17.1
※松桃县	Songtao	11354	2.5	1390	-7.3
兴义市	Xingyi	13929	0.8	8988	9.6
兴仁市	Xingren	17584	35.3	5290	-3.1
普安县	Puan	4822	-22.4	8641	8.3
晴隆县	Qinglong	2588	27.9	1657	-29.5
贞丰县	Zhenfeng	6520	4.1	3050	-8.5
望谟县	Wangmo	5317	-4.8		
册亨县	Ceheng	5750	3.4		
安龙县	Anlong	5342	12.5	7016	0.8
凯里市	Kaili	2721	12.7	445	-8.7
黄平县	Huangping	4155	16.2	1897	-13.7
施秉县	Shibing	4964	2.6	5550	2.4
三穗县	Sansui	2351	30.6	29	-55.2
镇远县	Zhenyuan	7715	1.2	5341	3.4
岑巩县	Cengong	6748	4.0	2014	8.5
天柱县	Tianzhu	6497	10.6	509	33.2
锦屏县	Jinping	4577	8.6	25	-28.6
剑河县	Jianhe	2310	0.4	10	
台江县	Taijiang	2497	3.1		
黎平县	Liping	8113	15.1	10	13.5
榕江县	Rongjiang	7722	25.8		
从江县	Congjiang	5135	40.4	167	5.1
雷山县	Leishan	779	7.9		
麻江县	Majiang	4535	39.2	675	-1.9
丹寨县	Danzhai	1038	5.8	113	-9.8
都匀市	Duyun	11061	9.2	150	-21.1
福泉市	Fuquan	11411	4.7	1750	-0.7
荔波县	Libo	5101	3.9		
贵定县	Guiding	7748	25.7	427	40.2
瓮安县	Wengan	16731	10.2	2650	6.0
独山县	Dushan	9346	7.4	207	-26.2
平塘县	Pingtang	13701	1.7	800	23.1
罗甸县	Luodian	3178	2.0	74	105.6
长顺县	Changshun	8685	33.9	1143	33.1
龙里县	Longli	8839	17.7	150	
惠水县	Huishui	7783	3.8	750	
※三都县	Sandu	9023	7.3		

25-39 各县(市、区、特区)规模以上工业增加值增速

Growth Rate of Added Value of Industry above Designated Size of Each County (City, District, Special Region)

单位:% (%)

县(市、区、特区)名 称	County (City,District, Special Region)	2021	2020
南明区	Nanming	4.3	11.8
云岩区	Yunyan	15.0	1.5
花溪区	Huaxi	9.6	4.3
乌当区	Wudang	8.7	9.4
白云区	Baiyun	16.3	-2.5
观山湖区	Guanshanhu	14.3	30.5
开阳县	Kaiyang	17.1	11.0
息烽县	Xifeng	7.0	12.1
修文县	Xiuwen	-11.4	7.4
清镇市	Qingzhen	2.0	5.5
钟山区	Zhongshan	7.0	3.0
六枝特区	Liuzhi	7.0	6.6
水城区	Shuicheng	9.6	3.2
盘州市	Panzhou	16.3	8.5
红花岗区	Honghuagang	27.7	-3.4
汇川区	Huichuan	18.5	4.3
播州区	Bozhou	-11.5	9.0
桐梓县	Tongzi	-7.6	12.4
绥阳县	Suiyang	14.5	8.9
正安县	Zhengan	8.3	-0.2
※道真县	Daozhen	10.7	5.8
※务川县	Wuchuan	49.7	20.5
凤冈县	Fenggang	11.7	-0.4
湄潭县	Meitan	0.3	8.7
余庆县	Yuqing	-21.7	10.9
习水县	Xishui	28.1	20.3
赤水市	Chishui	22.7	7.6
仁怀市	Renhuai	29.8	3.9
西秀区	Xixiu	17.7	7.6
平坝区	Pingba	-9.1	-17.7
普定县	Puding	13.8	8.3
※镇宁县	Zhenning	13.1	2.0
※关岭县	Guanling	16.1	11.0
※紫云县	Ziyun	6.5	2.4
七星关区	Qixingguan	5.3	4.3
大方县	Dafang	18.5	3.6
金沙县	Jinsha	20.9	7.3
织金县	Zhijin	10.8	7.0
纳雍县	Nayong	11.6	-4.2
※威宁县	Weining	6.3	-5.0
赫章县	Hezhang	5.5	4.3
黔西市	Qianxi	17.0	-5.2
碧江区	Bijiang	13.8	7.0
万山区	Wanshan	8.3	6.1
江口县	Jiangkou	8.9	6.3
※玉屏县	Yuping	13.6	-10.2
石阡县	Shiqian	8.0	5.1
思南县	Sinan	7.8	2.9
※印江县	Yinjiang	11.4	4.8
德江县	Dejiang	8.0	4.8
※沿河县	Yanhe	3.3	4.5
※松桃县	Songtao	2.7	6.5
兴义市	Xingyi	10.1	6.0
兴仁市	Xingren	17.5	6.6
普安县	Puan	15.0	6.4
晴隆县	Qinglong	5.5	6.7
贞丰县	Zhenfeng	15.0	6.4
望谟县	Wangmo	8.2	1.3
册亨县	Ceheng	-22.4	1.3
安龙县	Anlong	23.0	0.6
凯里市	Kaili	1.9	1.9
黄平县	Huangping	88.1	23.0
施秉县	Shibing	11.6	11.9
三穗县	Sansui	22.6	2.0
镇远县	Zhenyuan	45.7	-8.1
岑巩县	Cengong	-5.8	1.5
天柱县	Tianzhu	9.1	-2.0
锦屏县	Jinping	-14.4	11.0
剑河县	Jianhe	0.1	5.1
台江县	Taijiang	-46.9	12.6
黎平县	Liping	-12.6	10.2
榕江县	Rongjiang	8.4	4.3
从江县	Congjiang	81.2	17.2
雷山县	Leishan	-10.6	6.0
麻江县	Majiang	19.6	22.3
丹寨县	Danzhai	4.2	9.1
都匀市	Duyun	2.1	0.1
福泉市	Fuquan	17.3	5.4
荔波县	Libo	48.2	-63.0
贵定县	Guiding	-4.4	5.2
瓮安县	Wengan	15.4	8.0
独山县	Dushan	14.3	5.2
平塘县	Pingtang	11.6	5.8
罗甸县	Luodian	1.8	5.2
长顺县	Changshun	15.5	6.4
龙里县	Longli	15.5	5.4
惠水县	Huishui	4.7	4.1
※三都县	Sandu	9.7	-10.5

注:统计口径为年主营业务收入2000万元及以上的工业企业。

Note: The statistical caliber of this table in the table refers to the industries which main business revenue achieve 20 million yuan and above.

25-40 各县(市、区、特区)社会消费品零售总额增速

Growth Rate of Total Retail Sales of Social Consumer Goods by County (City, District, Special Region)

单位:% (%)

县(市、区、特区)名 称	County (City,District, Special Region)	2021	2020	县(市、区、特区)名 称	County (City,District, Special Region)	2021	2020
南明区	Nanming	14.1	6.7	万山区	Wanshan	14.3	5.6
云岩区	Yunyan	14.9	10.1	江口县	Jiangkou	13.9	4.1
花溪区	Huaxi	10.6	1.2	※玉屏县	Yuping	13.5	3.9
乌当区	Wudang	10.5	5.8	石阡县	Shiqian	14.1	4.3
白云区	Baiyun	11.8	4.2	思南县	Sinan	13.7	4.9
观山湖区	Guanshanhu	11.5	10.8	※印江县	Yinjiang	13.9	4.9
开阳县	Kaiyang	11.0	3.9	德江县	Dejiang	13.7	5.5
息烽县	Xifeng	13.9	5.6	※沿河县	Yanhe	14.5	4.6
修文县	Xiuwen	11.7	8.3	※松桃县	Songtao	14	5.9
清镇市	Qingzhen	12.2	4.1				
				兴义市	Xingyi	10.9	5.3
钟山区	Zhongshan	11.1	5.0	兴仁市	Xingren	12.9	5.5
六枝特区	Liuzhi	12.7	4.6	普安县	Puan	10.6	4.3
水城区	Shuicheng	13.4	6.0	晴隆县	Qinglong	11.7	6.9
盘州市	Panzhou	15.0	6.5	贞丰县	Zhenfeng	12.5	6.4
				望谟县	Wangmo	12.1	5.1
红花岗区	Honghuagang	17.4	5.3	册亨县	Ceheng	12.1	6.0
汇川区	Huichuan	11.7	5.5	安龙县	Anlong	12.1	5.1
播州区	Bozhou	13.1	6.4				
桐梓县	Tongzi	14.2	6.9	凯里市	Kaili	14.1	2.5
绥阳县	Suiyang	16.5	7.4	黄平县	Huangping	13.8	2.8
正安县	Zhengan	21.2	7.7	施秉县	Shibing	14.1	2.1
※道真县	Daozhen	16.4	4.0	三穗县	Sansui	13.6	2.5
※务川县	Wuchuan	24.3	8.0	镇远县	Zhenyuan	14.1	2.6
凤冈县	Fenggang	11.3	5.5	岑巩县	Cengong	14.8	2.7
湄潭县	Meitan	13.8	7.5	天柱县	Tianzhu	14.4	2.3
余庆县	Yuqing	9.2	7.7	锦屏县	Jinping	12.7	2.6
习水县	Xishui	12.4	7.7	剑河县	Jianhe	14.4	2.7
赤水市	Chishui	12.1	5.9	台江县	Taijiang	11.4	2.5
仁怀市	Renhuai	16.9	10.4	黎平县	Liping	14.0	2.5
				榕江县	Rongjiang	13.2	2.4
西秀区	Xixiu	14.3	4.1	从江县	Congjiang	13.8	2.8
平坝区	Pingba	14.0	4.0	雷山县	Leishan	14.2	2.8
普定县	Puding	14.4	3.6	麻江县	Majiang	14.1	2.3
※镇宁县	Zhenning	14.0	3.9	丹寨县	Danzhai	14.1	2.4
※关岭县	Guanling	13.8	4.3				
※紫云县	Ziyun	13.6	4.5	都匀市	Duyun	13.9	2.5
				福泉市	Fuquan	15.9	4.3
七星关区	Qixingguan	15.5	3.7	荔波县	Libo	14.2	2.3
大方县	Dafang	13.0	3.1	贵定县	Guiding	14.5	3.8
金沙县	Jinsha	15.0	4.4	瓮安县	Wengan	15.6	4.0
织金县	Zhijin	14.1	4.1	独山县	Dushan	14.9	3.4
纳雍县	Nayong	13.7	3.5	平塘县	Pingtang	15.0	4.2
※威宁县	Weining	14.6	3.9	罗甸县	Luodian	14.3	3.7
赫章县	Hezhang	11.9	3.3	长顺县	Changshun	15.9	3.9
黔西市	Qianxi	12.5	4.3	龙里县	Longli	16.0	4.5
				惠水县	Huishui	9.6	4.1
碧江区	Bijiang	14.7	6.1	※三都县	Sandu	14.4	3.6

25-41 各县(市、区、特区)金融机构人民币各项存贷款余额(2021)

Urban and Rural Resident Savings Deposit Balance and Loan by County (City, District, Special Region)

单位:亿元 (100 million yuan)

县(市、区、特区)名称	County (City,District, Special Region)	金融机构人民币各项存款余额 Total Deposits	#个人储蓄存款 Personal Savings Deposits	金融机构人民币各项贷款余额 Total Loans
开阳县	Kaiyang	174.62	110.55	226.37
息烽县	Xifeng	107.18	69.05	187.50
修文县	Xiuwen	226.92	115.26	292.67
清镇市	Qingzhen	345.17	185.29	397.15
六枝特区	Liuzhi	173.99	119.10	249.39
盘州市	Panzhou	427.49	267.46	539.89
桐梓县	Tongzi	216.00	161.70	227.12
绥阳县	Suiyang	186.35	123.70	168.09
正安县	Zhengan	187.99	132.24	258.38
※道真县	Daozhen	124.73	95.39	110.62
※务川县	Wuchuan	134.48	98.24	155.06
凤冈县	Fenggang	129.30	91.82	183.71
湄潭县	Meitan	190.75	149.78	222.98
余庆县	Yuqing	114.95	89.28	122.16
习水县	Xishui	248.11	145.76	312.62
赤水市	Chishui	175.53	123.11	196.26
仁怀市	Renhuai	2038.74	289.67	504.87
平坝区	Pingba	161.47	105.99	211.86
普定县	Puding	91.85	64.83	126.79
※镇宁县	Zhenning	94.83	62.57	181.75
※关岭县	Guanling	92.35	64.53	126.69
※紫云县	Ziyun	86.72	54.88	124.89
七星关区	Qixingguan	698.50	305.65	857.14
大方县	Dafang	207.97	157.19	236.08
金沙县	Jinsha	196.88	142.93	220.78
织金县	Zhijin	214.91	152.47	264.54
纳雍县	Nayong	165.96	117.14	177.16
※威宁县	Weining	205.88	151.24	311.30
赫章县	Hezhang	152.80	108.98	191.52
黔西市	Qianxi	219.84	146.58	256.54
碧江区	Bijiang	410.63	186.07	603.60
万山区	Wanshan	87.46	43.89	97.68

注:资料来源于中国人民银行贵阳中心支行。

Note: The data in the table are obtained from the Guiyang Central Sub-branch of the People´s Bank of China.

25-41 续表 continued (2021)

单位:亿元 (100 million yuan)

县(市、区、特区)名 称	County (City,District, Special Region)	金融机构人民币各项存款余额 Total Deposits	#个人储蓄存款 Personal Savings Deposits	金融机构人民币各项贷款余额 Total Loans
江口县	Jiangkou	73.99	53.15	100.38
※玉屏县	Yuping	76.89	51.54	115.12
石阡县	Shiqian	105.13	76.68	155.15
思南县	Sinan	164.26	122.96	196.48
※印江县	Yinjiang	144.98	98.36	196.22
德江县	Dejiang	148.47	95.17	212.72
※沿河县	Yanhe	165.54	116.94	176.83
※松桃县	Songtao	163.21	117.79	207.08
兴义市	Xingyi	778.84	339.28	856.36
兴仁市	Xingren	156.69	103.19	206.91
普安县	Puan	92.75	58.57	121.88
晴隆县	Qinglong	81.06	50.56	74.94
贞丰县	Zhenfeng	126.43	79.45	121.43
望谟县	Wangmo	80.38	44.02	119.36
册亨县	Ceheng	68.43	42.72	65.85
安龙县	Anlong	154.08	98.71	189.42
凯里市	Kaili	548.00	266.10	585.14
黄平县	Huangping	91.22	68.93	95.11
施秉县	Shibing	48.70	34.66	51.05
三穗县	Sansui	64.58	46.52	54.67
镇远县	Zhenyuan	69.35	54.41	73.74
岑巩县	Cengong	66.24	48.45	86.48
天柱县	Tianzhu	124.43	90.09	99.05
锦屏县	Jinping	81.08	60.28	78.95
剑河县	Jianhe	76.42	57.96	78.55
台江县	Taijiang	49.89	33.68	63.09
黎平县	Liping	133.51	102.27	124.35
榕江县	Rongjiang	102.65	75.32	129.97
从江县	Congjiang	79.97	55.66	80.64
雷山县	Leishan	53.63	35.33	54.74
麻江县	Majiang	59.68	44.25	71.12
丹寨县	Danzhai	51.36	36.42	46.81
都匀市	Duyun	434.55	212.67	533.35
福泉市	Fuquan	152.20	89.93	243.17
荔波县	Libo	65.63	49.05	110.48
贵定县	Guiding	86.76	66.69	103.16
瓮安县	Wengan	155.91	117.00	208.67
独山县	Dushan	123.36	85.70	140.79
平塘县	Pingtang	77.29	52.46	143.14
罗甸县	Luodian	76.74	51.93	119.07
长顺县	Changshun	73.71	41.25	120.21
龙里县	Longli	170.77	86.94	205.88
惠水县	Huishui	103.54	70.53	127.42
※三都县	Sandu	91.25	66.08	121.83

25-42 各县(市、区、特区)普通中学(2021)

县(市、区、特区)名称	County (City,District, Special Region)	学校数(所) Total Schools (unit)		毕业生数(人) Graduates(person)	
			#初中 Junior Secondary Schools	初中 Junior Secondary Schools	高中 Senior Secondary Schools
南明区	Nanming	66	55	7708	2398
云岩区	Yunyan	68	54	8379	4795
花溪区	Huaxi	59	47	7096	5359
乌当区	Wudang	16	11	3438	1560
白云区	Baiyun	22	15	4151	2761
观山湖区	Guanshanhu	38	28	5066	3487
开阳县	Kaiyang	18	16	3623	1702
息烽县	Xifeng	14	11	2827	1361
修文县	Xiuwen	18	13	3464	1886
清镇市	Qingzhen	26	18	6626	3963
钟山区	Zhongshan	60	48	12712	8331
六枝特区	Liuzhi	37	31	10501	3728
水城区	Shuicheng	47	38	12156	4988
盘州市	Panzhou	67	57	11095	10737
红花岗区	Honghuagang	49	34	12011	7878
汇川区	Huichuan	33	26	7880	3600
播州区	Bozhou	36	27	9972	6288
桐梓县	Tongzi	41	35	8489	4350
绥阳县	Suiyang	30	23	5279	3178
正安县	Zhengan	31	27	7529	3790
※道真县	Daozhen	23	20	4385	2581
※务川县	Wuchuan	26	22	6186	3329
凤冈县	Fenggang	20	15	4993	3093
湄潭县	Meitan	30	27	5621	3021
余庆县	Yuqing	15	13	4106	2207
习水县	Xishui	32	29	9418	4340
赤水市	Chishui	20	18	3547	1618
仁怀市	Renhuai	34	27	7912	4987
西秀区	Xixiu	64	48	14213	8450
平坝区	Pingba	21	16	5202	2237
普定县	Puding	20	18	6914	1645
※镇宁县	Zhenning	12	10	4677	1376
※关岭县	Guanling	28	24	6525	2009
※紫云县	Ziyun	20	18	5599	1633
七星关区	Qixingguan	108	85	30503	18231
大方县	Dafang	61	44	17066	7836
金沙县	Jinsha	34	29	10346	4238
织金县	Zhijin	46	39	16681	8060
纳雍县	Nayong	50	45	15546	6220
※威宁县	Weining	68	56	29484	13809
赫章县	Hezhang	50	40	13978	6106
黔西市	Qianxi	55	48	10872	5032
碧江区	Bijiang	26	20	7522	6807
万山区	Wanshan	16	12	2473	2370

注:资料来源于省教育厅(以下相关表同)。

Regular Secondary Schools by County (City, District, Special Region)

招生数(人) New Enrollment(person)		在校学生数(人) Students Enrollment(person)		专任教师(人) Full-time Teachers(person)	
初中 Junior Secondary Schools	高中 Senior Secondary Schools	初中 Junior Secondary Schools	高中 Senior Secondary Schools	初中 Junior Secondary Schools	高中 Senior Secondary Schools
8896	2600	24935	7379	2118	708
9286	5051	26582	15167	2276	1429
8900	4521	23933	15110	1907	1238
4092	1869	11109	5164	936	533
4861	3018	14210	9228	1066	856
7082	3530	18384	10847	1447	933
4575	1998	11912	5556	776	390
3155	1475	8722	4394	630	361
4442	1845	11782	5526	780	441
8367	4159	22255	12432	1490	1004
13790	8373	37642	25436	2619	1954
11835	4400	33111	12630	1990	913
11305	5347	31148	14878	1971	1200
13515	6739	35196	21588	2824	1759
14013	7460	38525	21951	3204	2038
8686	4029	24294	11031	1949	934
11200	5659	31243	16177	2463	1632
8905	4241	24850	12364	1626	827
5567	2920	16003	8835	1203	689
7240	3847	21095	11139	1597	759
4064	2424	12744	6848	956	514
5371	3333	15780	10293	1282	774
4939	2675	14647	8272	1108	663
5895	2974	17120	8788	1434	732
3822	2118	11634	6442	879	444
10857	4427	29961	13150	1826	789
3881	1923	11856	5391	849	354
8378	4488	23597	13896	2263	1127
14012	8432	39841	23801	2710	1789
5337	2324	14341	6494	1022	466
7359	1795	19965	5800	1326	419
5110	1323	13633	4028	1022	340
6116	2036	19745	6591	1296	471
5696	2215	17348	5625	1047	390
31637	17540	83757	50592	5533	3029
20825	8315	46713	22813	3052	1794
10206	5044	30297	14593	2033	979
16514	7648	44941	21674	2839	1473
15683	7336	43096	19828	2899	1024
27546	12044	77163	37304	5403	2263
14094	6114	41255	17887	2893	1259
12778	5659	34773	15672	2292	903
8219	6394	23098	19828	1693	1342
2710	2055	7483	6196	670	468

Note: The data in the table are provided by the Department of Education of Guizhou Province (the relative tables in the chapter are the same).

25-42 续表(2021)

县(市、区、特区)名称	County (City,Distric, Special Region)	学校数(所) Total Schools (unit)		毕业生数(人) Graduates(person)	
			#初中 Junior Secondary Schools	初中 Junior Secondary Schools	高中 Senior Secondary Schools
江口县	Jiangkou	11	9	2872	1664
※玉屏县	Yuping	6	5	2322	952
石阡县	Shiqian	28	24	5172	3429
思南县	Sinan	39	32	10005	7220
※印江县	Yinjiang	22	19	6188	3439
德江县	Dejiang	36	30	9685	5088
※沿河县	Yanhe	32	26	11860	4731
※松桃县	Songtao	39	33	8900	4408
兴义市	Xingyi	81	59	20921	15071
兴仁市	Xingren	43	38	9003	3235
普安县	Puan	29	26	5218	1783
晴隆县	Qinglong	24	22	4756	1129
贞丰县	Zhenfeng	21	18	8135	2117
望谟县	Wangmo	12	10	4847	2089
册亨县	Ceheng	14	12	2988	1591
安龙县	Anlong	27	23	6194	2794
凯里市	Kaili	44	31	9848	8075
黄平县	Huangping	14	10	4671	2731
施秉县	Shibing	6	5	2109	1002
三穗县	Sansui	7	6	2867	1281
镇远县	Zhenyuan	14	12	2898	1689
岑巩县	Cengong	14	12	3040	1731
天柱县	Tianzhu	14	11	4474	2090
锦屏县	Jinping	11	9	2614	1511
剑河县	Jianhe	12	9	3675	1796
台江县	Taijiang	5	4	2420	989
黎平县	Liping	25	20	6299	3178
榕江县	Rongjiang	13	10	4674	2294
从江县	Congjiang	19	17	4085	1675
雷山县	Leishan	6	5	1968	929
麻江县	Majiang	6	5	1770	966
丹寨县	Danzhai	6	5	2655	1182
都匀市	Duyun	19	11	4871	4739
福泉市	Fuquan	10	9	3191	1472
荔波县	Libo	8	7	2041	1202
贵定县	Guiding	9	7	3118	1391
瓮安县	Wengan	20	15	5744	3448
独山县	Dushan	9	6	3811	1828
平塘县	Pingtang	12	10	4131	1920
罗甸县	Luodian	11	8	4890	2364
长顺县	Changshun	7	4	2823	1559
龙里县	Longli	11	8	2803	1444
惠水县	Huishui	21	18	6333	3127
※三都县	Sandu	19	16	5698	2205

continued

招生数(人) New Enrollment(person)		在校学生数(人) Students Enrollment(person)		专任教师(人) Full-time Teachers(person)	
初中 Junior Secondary Schools	高中 Senior Secondary Schools	初中 Junior Secondary Schools	高中 Senior Secondary Schools	初中 Junior Secondary Schools	高中 Senior Secondary Schools
2963	1401	8104	4489	598	313
2299	1012	6652	2956	489	205
4279	2889	12380	9060	1120	733
7817	6677	22901	19856	2155	1459
4969	3220	15417	9758	1361	728
7483	4977	23001	15208	2201	916
8295	4444	27269	14308	2366	906
7912	5054	21143	14594	2022	1050
22413	16375	60777	46066	3913	3164
8231	3217	24776	9076	1853	776
3473	2094	10740	4802	1086	444
3879	2278	10845	6341	999	413
6263	2053	18753	6009	1357	438
4339	2420	14157	6963	1098	506
3277	1511	9064	4369	668	342
6128	4015	16479	10106	1235	503
11116	8602	30726	23852	2132	1819
4364	2952	12531	8227	912	537
2115	1017	5997	3039	394	178
3152	1421	9457	4058	543	241
3074	1778	8493	5016	583	335
3295	1768	9170	5294	651	391
4861	2497	13802	7095	848	493
2676	1523	7815	4578	515	350
3907	1906	10979	5405	683	351
2407	1135	7179	3214	441	211
7136	3788	20346	10056	1114	716
4912	2525	13900	7248	875	495
4880	1782	13972	5305	860	398
1943	1007	5758	2801	389	194
1738	887	5272	2631	447	234
2544	1223	7709	3400	483	204
5824	5161	16302	15133	1174	1160
4248	1414	11294	4088	734	319
2195	1152	6258	3422	423	254
3337	1814	9530	5815	678	414
6684	3033	18485	8989	1133	647
4135	2409	12719	6356	753	442
3616	1765	11097	5305	864	434
5125	2441	14663	6880	940	544
3296	1761	9024	5137	602	375
3546	1627	9461	4649	715	379
6390	2674	18151	8545	1174	624
5440	2606	15639	7439	980	497

25-43 各县(市、区、特区)小学(2021)

Primary Schools by County (City, District, Special Region)

县(市、区、特区)名称	County (City,District, Special Region)	学校数(个) Schools (unit)	毕业生数(人) Graduates (person)	招生数(人) New Enrollment (person)	在校学生数(人) Students Enrollment (person)	专任教师(人) Full-time Teachers (person)	学龄儿童入学率(%) Enrollment Ratio of Primary Schools(%)	学龄女童入学率(%) Enrollment Ratio of School Girls(%)
南明区	Nanming	76	9524	11552	66826	3798	99	99.5
云岩区	Yunyan	55	9996	14022	77579	4219	99.94	99.96
花溪区	Huaxi	85	9415	12066	69674	3574	99.95	99.94
乌当区	Wudang	40	3475	4610	26460	1553	99.98	100
白云区	Baiyun	48	4946	5753	35440	1818	99.58	99.63
观山湖区	Guanshanhu	48	6177	9868	52957	2821	100	100
开阳县	Kaiyang	47	4619	5121	31353	1477	99.98	99.98
息烽县	Xifeng	28	3303	3200	20873	1095	99.84	99.81
修文县	Xiuwen	32	4237	5076	31426	1550	99.98	99.99
清镇市	Qingzhen	77	7799	9689	57752	2850	99.99	100
钟山区	Zhongshan	103	13700	14577	91712	4689	100	100
六枝特区	Liuzhi	117	11822	9600	66887	3200	99.9	99.92
水城区	Shuicheng	95	10302	11434	71573	3212	99.76	99.76
盘州市	Panzhou	153	13116	19614	113119	4894	100	100
红花岗区	Honghuagang	100	12886	14215	82105	4641	100	100
汇川区	Huichuan	85	7783	8550	50871	2936	100	100
播州区	Bozhou	116	10425	11270	70021	4294	99.98	99.99
桐梓县	Tongzi	121	9087	7705	52991	2871	99.59	99.76
绥阳县	Suiyang	50	5763	5985	37077	2127	100	100
正安县	Zhengan	87	7069	5834	37468	2141	99.99	99.99
※道真县	Daozhen	41	4104	3152	21128	1369	97.78	98.35
※务川县	Wuchuan	53	5315	4957	31570	1710	99.96	99.96
凤冈县	Fenggang	75	4995	4065	28133	1664	99.97	99.93
湄潭县	Meitan	49	5873	5068	30983	1989	99.94	99.97
余庆县	Yuqing	61	3898	2868	20434	1229	99.71	99.7
习水县	Xishui	126	10636	10673	66152	3280	99.83	99.87
赤水市	Chishui	38	3963	3066	20773	1304	99.96	99.97
仁怀市	Renhuai	82	8577	10975	62417	3532	100	100
西秀区	Xixiu	119	13757	13808	87735	4525	100	100
平坝区	Pingba	82	5512	5724	35575	2069	99.36	99.33
普定县	Puding	69	7589	6389	43654	2275	99.75	99.68
※镇宁县	Zhenning	46	5641	4660	31518	1840	99.84	99.83
※关岭县	Guanling	62	6053	5383	35679	1881	99.49	99.66
※紫云县	Ziyun	76	5790	5552	37726	1860	99.75	99.88
七星关区	Qixingguan	316	29546	26676	160680	8378	99.97	99.97
大方县	Dafang	213	21016	16869	105362	5222	99.98	99.98
金沙县	Jinsha	93	10773	8375	57221	3458	99.76	99.72
织金县	Zhijin	207	16900	15998	103242	4676	99.96	99.97
纳雍县	Nayong	204	16651	14651	97071	4688	99.98	99.97
※威宁县	Weining	350	27605	23066	156723	8212	99.82	99.82
赫章县	Hezhang	130	14560	13517	85493	4680	99.84	99.82
黔西市	Qianxi	134	12725	13433	82300	4217	99.89	99.75
碧江区	Bijiang	52	7376	7699	48874	2446	99.79	99.86
万山区	Wanshan	38	2301	2832	16716	1029	100	100

25-43 续表 continued(2021)

县(市、区、特区)名 称	County (City,District, Special Region)	学校数(个) Schools (unit)	毕业生数(人) Graduates (person)	招生数(人) New Enrollment (person)	在校学生数(人) Students Enrollment (person)	专任教师(人) Full-time Teachers (person)	学龄儿童入学率(%) Enrollment Ratio of Primary Schools(%)	学龄女童入学率(%) Enrollment Ratio of School Girls(%)
江口县	Jiangkou	28	2919	2621	17976	1008	100	100
※玉屏县	Yuping	29	2413	2455	15876	826	100	100
石阡县	Shiqian	60	4163	3978	26564	1631	99.99	100
思南县	Sinan	110	7577	6188	43194	2496	99.54	99.49
※印江县	Yinjiang	60	5566	4081	29796	1800	99.99	100
德江县	Dejiang	90	7315	6538	42309	2979	99.91	99.95
※沿河县	Yanhe	133	8174	6818	48701	3359	100	100
※松桃县	Songtao	119	8161	7976	50235	3335	100	100
兴义市	Xingyi	167	17985	16498	109601	6060	99.93	99.92
兴仁市	Xingren	114	8520	6714	48050	3023	100	100
普安县	Puan	45	4170	4185	25962	1880	99.65	99.09
晴隆县	Qinglong	91	4674	3717	25141	1906	99.86	99.85
贞丰县	Zhenfeng	61	6416	5008	34343	1858	99.79	99.78
望谟县	Wangmo	50	4481	3182	22775	1532	99.89	99.94
册亨县	Ceheng	33	3452	3155	21847	1185	99.58	99.62
安龙县	Anlong	59	6521	6376	41798	2365	99.88	99.89
凯里市	Kaili	76	10256	10638	66066	3370	100	100
黄平县	Huangping	58	4235	3167	22552	1216	100	100
施秉县	Shibing	23	2177	2008	12708	709	99.78	99.76
三穗县	Sansui	34	3229	2638	20794	971	99.98	99.93
镇远县	Zhenyuan	28	3210	2424	18501	980	100	100
岑巩县	Cengong	21	3178	2621	18599	1026	100	100
天柱县	Tianzhu	49	4775	4029	29160	1409	100	100
锦屏县	Jinping	40	2604	2325	16366	890	99.87	99.82
剑河县	Jianhe	38	3817	3300	22914	1164	100	100
台江县	Taijiang	14	2288	1981	13701	714	100	100
黎平县	Liping	83	6930	7152	46745	2307	99.91	99.86
榕江县	Rongjiang	45	5069	5567	35077	1599	100	100
从江县	Congjiang	84	4956	7057	36304	1667	99.88	99.87
雷山县	Leishan	22	1977	1679	11978	674	100	100
麻江县	Majiang	21	1797	1803	12408	653	100	100
丹寨县	Danzhai	23	2560	2119	14997	835	99.64	99.62
都匀市	Duyun	46	5516	6573	38230	2102	99.73	99.73
福泉市	Fuquan	49	4388	4580	30791	1547	99.92	99.92
荔波县	Libo	35	2222	2368	15131	816	100	100
贵定县	Guiding	39	3449	3599	22797	1262	99.92	99.92
瓮安县	Wengan	44	6663	6367	40040	1976	99.9	99.9
独山县	Dushan	25	3724	3926	24022	1159	100	100
平塘县	Pingtang	52	3700	3934	24133	1216	100	100
罗甸县	Luodian	48	4969	4973	33131	1572	100	100
长顺县	Changshun	41	3335	3380	22562	1278	100	100
龙里县	Longli	28	3353	3837	22762	1356	99.91	99.96
惠水县	Huishui	55	6024	6142	38867	1972	99.9	99.89
※三都县	Sandu	60	5430	5202	36419	1759	100	100

全国及各省(区、市)资料

26

Main Statistics of Provinces (autonomous regions,municipalities) in the Whole Country

简要说明

一、主要内容

本篇资料包括全国及各省(自治区、直辖市)主要经济社会指标。

二、资料来源

由国家统计局相关专业司提供,部分数据来源于《2020 中国统计摘要》。

Brief Introduction

I. Main Contents

The data in this chapter mainly include national and provincial (autonomous regions, municipalities directly under the central government) economic and social indicators.

II. Sources of Data

The data are provided by the relevant professional division of the National Bureau of Statistics, some of which are from 2020 China Statistical Abstract.

26-1 全国及各省(区、市)人口、地区生产总值(2021)

单位:亿元

地 区	Region	年末常住人口(万人) Total Population at Year-end (10000 persons)	位 次 Order	地区生产总值 Gross Domestic Product	位 次 Order	第一产业增加值 Primary Industry	位 次 Order
全 国	**National Total**	**141260**		**1143670.00**	–	**83086.00**	–
北 京	Beijing	2189	26	40269.55	13	111.34	30
天 津	Tianjin	1373	27	15695.05	24	225.41	28
河 北	Hebei	7448	6	40391.27	12	4030.34	8
山 西	Shanxi	3480	18	22590.16	20	1286.87	24
内蒙古	Inner Mongolia	2400	24	20514.19	21	2225.23	19
辽 宁	Liaoning	4229	14	27584.08	17	2461.76	15
吉 林	Jilin	2375	25	13235.52	26	1553.84	22
黑龙江	Heilongjiang	3125	20	14879.19	25	3462.97	11
上 海	Shanghai	2489	23	43214.85	10	99.97	31
江 苏	Jiangsu	8505	4	116364.20	2	4722.42	5
浙 江	Zhejiang	6540	8	73515.76	4	2209.09	20
安 徽	Anhui	6113	9	42959.18	11	3360.59	12
福 建	Fujian	4187	15	48810.36	8	2897.74	13
江 西	Jiangxi	4517	13	29619.67	15	2334.29	18
山 东	Shandong	10170	2	83095.90	3	6029.03	1
河 南	Henan	9883	3	58887.41	5	5620.82	3
湖 北	Hubei	5830	10	50012.94	7	4661.67	6
湖 南	Hunan	6622	7	46063.09	9	4322.92	7
广 东	Guangdong	12684	1	124369.67	1	5003.66	4
广 西	Guangxi	5037	11	24740.86	19	4015.51	9
海 南	Hainan	1020	28	6475.20	28	1254.44	25
重 庆	Chongqing	3212	19	27894.02	16	1922.03	21
四 川	Sichuan	8372	5	53850.79	6	5661.86	2
贵 州	Guizhou	3852	17	19586.42	22	2730.92	14
云 南	Yunnan	4690	12	27146.76	18	3870.17	10
西 藏	Tibet	366	31	2080.17	31	164.12	29
陕 西	Shanxi	3954	16	29800.98	14	2409.39	16
甘 肃	Gansu	2490	22	10243.31	27	1364.72	23
青 海	Qinghai	594	30	3346.63	30	352.65	27
宁 夏	Ningxia	725	29	4522.31	29	364.48	26
新 疆	Xinjiang	2589	21	15983.65	23	2356.06	17

The Population and GDP of the Whole Country and All Provinces

(100 million yuan)

第二产业增加值 Secondary Industry	位次 Order	第三产业增加值 Tertiary Industry	位次 Order	地区生产总值比上年增长(%) Increase Rate of GDP over Preceding Year (%)	位次 Order
450904.00	–	**609680.00**	–	**8.1**	–
7268.60	21	32889.61	5	8.5	6
5854.27	24	9615.37	22	6.6	23
16364.22	11	19996.71	13	6.5	25
11213.13	15	10090.16	20	9.1	3
9374.19	19	8914.77	23	6.3	27
10875.23	17	14247.09	15	5.8	30
4768.28	25	6913.40	26	6.6	23
3975.29	26	7440.93	25	6.1	29
11449.32	14	31665.56	6	8.1	12
51775.39	1	59866.39	2	8.6	5
31188.57	4	40118.10	4	8.5	6
17613.19	10	21985.39	12	8.3	8
22866.32	6	23046.30	11	8.0	14
13183.21	13	14102.17	16	8.8	4
33187.16	3	43879.71	3	8.3	8
24331.65	5	28934.93	7	6.3	27
18952.90	8	26398.37	9	12.9	1
18126.09	9	23614.08	10	7.7	16
50219.19	2	69146.82	1	8.0	14
8187.90	20	12537.45	19	7.5	17
1238.80	30	3981.96	28	11.2	2
11184.94	16	14787.05	14	8.3	8
19901.38	7	28287.55	8	8.2	11
6984.70	22	9870.80	21	8.1	12
9589.37	18	13687.22	17	7.3	18
757.28	31	1158.77	31	6.7	21
13802.52	12	13589.07	18	6.5	25
3466.56	27	5412.02	27	6.9	20
1332.61	29	1661.37	30	5.7	31
2021.55	28	2136.28	29	6.7	21
5967.36	23	7660.23	24	7.0	19

26-2 全国及各省(区、市)固定资产投资(不含农户)、房地产开发情况(2021)

地 区	Region	固定资产投资增速(%) Growth Rate of Investment in Fixed Assets	位 次 Order	房地产开发投资增速(%) Growth Rate of Investment in Real Estate Development	位 次 Order
全 国	**National Total**	**4.9**		**4.4**	
北 京	Beijing	4.9	21	5.1	14
天 津	Tianjin	4.8	22	6.2	12
河 北	Hebei	3.0	25	9.2	5
山 西	Shanxi	8.7	10	6.3	10
内蒙古	Inner Mongolia	9.8	8	4.9	16
辽 宁	Liaoning	2.6	26	-2.6	27
吉 林	Jilin	11.0	4	5.5	13
黑龙江	Heilongjiang	6.4	14	-4.8	30
上 海	Shanghai	8.0	11	7.2	8
江 苏	Jiangsu	5.8	20	2.3	21
浙 江	Zhejiang	10.8	5	8.5	6
安 徽	Anhui	9.4	9	3.1	18
福 建	Fujian	6.0	17	2.8	19
江 西	Jiangxi	10.8	5	6.3	10
山 东	Shandong	6.0	17	3.9	17
河 南	Henan	4.5	23	1.2	22
湖 北	Hubei	20.4	1	25.2	1
湖 南	Hunan	8.0	11	11.2	4
广 东	Guangdong	6.3	15	0.9	23
广 西	Guangxi	7.6	13	-2.9	28
海 南	Hainan	10.2	7	2.8	19
重 庆	Chongqing	6.1	16	0.1	25
四 川	Sichuan	5.9	19	7.1	9
贵 州	Guizhou	-3.1	30	-1.0	26
云 南	Yunnan	4.0	24	-4.3	29
西 藏	Tibet	-14.2	31	-14.2	31
陕 西	Shaanxi	-3.0	29	0.8	24
甘 肃	Gansu	11.1	3	12.6	3
青 海	Qinghai	-2.9	28	5.0	15
宁 夏	Ningxia	2.2	27	7.8	7
新 疆	Xinjiang	15.0	2	19.1	2

注:本表固定资产投资统计口径为计划总投资500万元及以上固定资产项目投资和房地产开发项目投资,分省数据不含跨省项目。

The Investment in Fixed Assets(Excluding Rural Households) and Real Estate Development of the Whole Country and All Provinces

房地产开发企业房屋施工面积(万平方米) Floor Space under Construction (10000 aq.m)	位次 Order	房地产开发企业本年房屋竣工面积(万平方米) Floor Space Completed This Year (10000 aq.m)	位次 Order	房地产开发企业商品房销售面积(万平方米) Floor Space of Commercial Houses (10000 aq.m)	位次 Order
975386.51		**101411.94**		**179433.41**	
14055.32	23	1983.86	19	1107.07	27
12627.78	26	1892.82	20	1435.42	25
35681.38	10	2522.55	15	6133.15	14
24930.37	19	2639.30	13	3204.41	19
16394.65	22	1052.25	25	1858.95	23
25423.54	17	2339.06	18	3433.87	18
13061.62	25	845.45	28	1836.32	24
10740.95	27	968.12	26	1348.09	26
16627.90	20	2739.55	12	1880.45	22
68479.63	3	9140.70	2	16551.82	1
58818.94	5	6387.14	6	9990.65	7
46812.59	7	7012.89	4	10460.90	6
34667.18	11	4041.68	10	6976.44	11
25219.87	18	2517.44	16	7676.21	10
82771.67	2	11373.68	1	14272.85	2
62688.17	4	6841.90	5	13277.19	5
37741.37	9	3398.36	11	7940.78	9
42660.89	8	4604.23	7	9188.79	8
94247.53	1	8043.47	3	14011.26	3
34175.70	12	2433.25	17	6178.26	13
8938.51	28	474.68	29	888.92	29
26893.17	16	4196.21	9	6197.71	12
54248.70	6	4379.25	8	13692.91	4
28749.89	15	916.35	27	5585.99	15
29148.14	14	2540.97	14	3880.84	17
945.37	31	87.97	31	140.81	31
29978.08	13	1769.88	21	4260.06	16
13197.55	24	1463.07	23	2224.09	21
3398.79	30	159.71	30	386.16	30
5606.88	29	1144.42	24	1014.45	28
16454.39	21	1501.74	22	2398.61	20

Note: The statistical caliber of this table is the investment in fixed assets projects and real estate development projects with a total investment of 5 million yuan and above, and the data by province do not include inter-provincial projects.

26-3 全国及各省(区、市)内外贸易(2021)

Imports and Exports of the Whole Country and All Provinces

单位:亿美元 (USD 100 million)

地 区	Region	社会消费品零售总额增速(%) Growth Rate of Total Retail Sales of Consumer Goods (%)	位 次 Order	进出口总额 Total Exports and Imports	位 次 Order	出口额 Exports	位 次 Order	进口额 Imports	位 次 Order
全 国	**National Total**	**12.5**		**60501**		**33632**		**26868**	
北 京	Beijing	8.4	24	4709	5	947	7	3762	3
天 津	Tianjin	5.2	30	1326	9	600	13	726	8
河 北	Hebei	6.3	28	838	16	469	17	369	15
山 西	Shanxi	14.8	10	345	21	211	21	134	24
内蒙古	Inner Mongolia	6.3	28	191	26	74	24	117	25
辽 宁	Liaoning	9.2	20	1195	12	512	16	682	9
吉 林	Jilin	10.3	15	233	24	55	26	178	22
黑龙江	Heilongjiang	8.8	22	309	22	69	25	239	19
上 海	Shanghai	13.5	13	6285	4	2432	5	3852	2
江 苏	Jiangsu	15.1	9	8065	2	5035	2	3030	4
浙 江	Zhejiang	9.7	17	6410	3	4661	3	1748	6
安 徽	Anhui	17.1	5	1070	13	634	12	436	14
福 建	Fujian	9.4	19	2853	7	1673	6	1179	7
江 西	Jiangxi	17.7	4	771	18	568	14	202	21
山 东	Shandong	15.3	8	4538	6	2719	4	1819	5
河 南	Henan	8.3	25	1270	10	778	10	492	11
湖 北	Hubei	19.9	2	831	17	543	15	288	17
湖 南	Hunan	14.4	11	924	14	652	11	272	18
广 东	Guangdong	9.9	16	12796	1	7819	1	4977	1
广 西	Guangxi	9.0	21	917	15	454	18	463	12
海 南	Hainan	26.5	1	227	25	51	27	177	23
重 庆	Chongqing	18.5	3	1238	11	800	9	438	13
四 川	Sichuan	15.9	7	1474	8	884	8	590	10
贵 州	Guizhou	13.7	12	101	27	75	23	26	28
云 南	Yunnan	9.6	18	487	20	273	20	213	20
西 藏	Tibet	8.7	23	6	30	3	30	3	30
陕 西	Shaanxi	6.7	27	736	19	397	19	339	16
甘 肃	Gansu	11.1	14	76	28	15	29	61	26
青 海	Qinghai	8.0	26	5	31	3	31	2	31
宁 夏	Ningxia	2.6	31	33	29	27	28	6	29
新 疆	Xinjiang	17.0	6	243	23	197	22	46	27

26-4 全国及各省(区、市)主要工业产品产量(2021)

The Output of Main Industrial Products of the Whole Country and All Provinces

地区	Region	成品钢材(万吨) Products Steel (10000 tons)	水泥(万吨) Cement (10000 tons)	农用化肥(万吨) Chemical Fertilizers (10000 tons)	家用电冰箱(万台) Household refrigerator (10000 sets)	十种有色金属(万吨) Ten Kinds of Non-ferrous Metals (10000 tons)	磷矿石(万吨) Phosphorite Mineral (10000 tons)
全国	National Total						
北京	Beijing	203.4	258.1				
天津	Tianjin	5991.7	632.0	56.0	15.0	0.1	
河北	Hebei	29559.4	11124.6	201.6		3.8	57.2
山西	Shanxi	6173.9	5537.3	381.0		126.1	
内蒙古	Inner Mongolia	2957.6	3580.2	390.1		745.8	
辽宁	Liaoning	7759.1	4851.4	37.1	170.8	103.7	20.9
吉林	Jilin	1790.6	2125.3	28.8		10.4	
黑龙江	Heilongjiang	951.4	2170.8	71.9		15.5	0.1
上海	Shanghai	1941.4	435.0	1.1			
江苏	Jiangsu	15701.9	15374.2	178.3	1372.1	87.9	
浙江	Zhejiang	3451.8	13605.1	77.2	537.3	60.4	
安徽	Anhui	3820.3	14992.0	208.0	2381.4	297.5	
福建	Fujian	3980.5	10096.4	66.7		89.6	
江西	Jiangxi	3480.9	10130.7	97.5	72.3	219.0	
山东	Shandong	10667.6	16444.7	397.4	888.8	903.5	
河南	Henan	4336.0	11347.4	350.2	278.9	423.6	121.5
湖北	Hubei	3852.1	11870.8	573.6	562.8	94.8	4835.3
湖南	Hunan	2979.7	10454.8	59.6		233.2	31.3
广东	Guangdong	5111.2	17005.2	6.4	2091.6	50.0	
广西	Guangxi	5282.1	11426.9	30.8	176.0	427.7	
海南	Hainan		1937.5	67.0			
重庆	Chongqing	1310.5	6232.9	158.9	156.2	57.3	
四川	Sichuan	3496.3	14147.1	335.7	124.2	149.3	784.6
贵州	Guizhou	811.2	9328.4	336.2	162.0	142.8	2415.4
云南	Yunnan	2646.4	11436.9	240.7		571.6	2023.7
西藏	Tibet		991.6			0.8	
陕西	Shaanxi	2097.4	6678.8	159.4	2.8	211.8	
甘肃	Gansu	1080.6	4450.0	18.0		358.4	
青海	Qinghai	182.0	1099.5	494.3		298.4	
宁夏	Ningxia	582.3	1867.7	62.4		131.3	
新疆	Xinjiang	1467.7	4648.1	360.5		640.1	

注:本表统计口径为年主营业务收入2000万元及以上的工业企业。在纳入规模以上工业统计的主要产品中,本表选取了贵州支柱行业生产的主要产品列示。

Note: The statistical caliber of the table refers to the industry enterprises whose main business revenue are 20 millions yuan and above. Among the main industrial products above designated size, this table lists the main products produced by the pillar industries in Guizhou.